IFCD0029

PROGRAMACIÓN
JAVA BÁSICO

IFCD0029

PROGRAMACIÓN
JAVA BÁSICO

José María Vegas Gertrudix

 **Ra-Ma®**

La ley prohíbe
fotocopiar este libro

IFCD0029 - PROGRAMACIÓN JAVA BÁSICO
© José María Vegas Gertrudix
© De la edición: Ra-Ma 2025

Editado por:
RA-MA Editorial
Calle Jarama, 3A, Polígono Industrial Igarsa
28860 PARACUELLOS DE JARAMA, Madrid
Teléfono: 91 658 42 80
Fax: 91 662 81 39
Correo electrónico: *editorial@ra-ma.com*
Internet: *www.ra-ma.es* y *www.ra-ma.com*
ISBN: 979-13-8764-204-4
Depósito legal: M-1315-2025
Maquetación: Antonio García Tomé
Diseño de portada: Antonio García Tomé
Filmación e impresión: Safekat
Impreso en España en enero de 2025

*A mi madre, María, por su paciencia,
amor, apoyo y consejo durante toda mi vida
y especialmente en los momentos difíciles.*

*A mi padre, José María, y a mi abuela, Agustina,
por transmitir su experiencia en medio de la vorágine.*

*A mi hermanito, Shadi, por su incansable sentido del humor
y su inquebrantable amistad.*

*A Fabián y Avelino,
por su apoyo y consejo.*

A N.S.J.C., para quien todo es posible.

ÍNDICE

ACERCA DEL AUTOR 11

PREFACIO 13

CAPÍTULO 1. PROGRAMACIÓN ORIENTADA A OBJETOS 15

    1.1   TIPOS ABSTRACTOS DE DATOS, CLASES Y OBJETOS 15

    1.2   LA ESTRUCTURA ESTÁTICA: LAS CLASES 18

    1.3   LA ESTRUCTURA DINÁMICA: LOS OBJETOS 24

    1.4   CARACTERÍSTICAS CONSTANTES Y GLOBALES 29

    1.5   HERENCIA 34

    1.6   POLIMORFISMO Y VINCULACIÓN DINÁMICA 41

    1.7   INTERFACES 45

    1.8   OBJECT: LA SUPERCLASE CÓSMICA 51

    1.9   GESTIÓN DE EXCEPCIONES 63

    1.10 ENUMERADOS 69

    1.11 ARRAYS 73

    1.12 CLASES INTERNAS 78

CAPÍTULO 2. PROGRAMACIÓN GENÉRICA 83

    2.1   CLASES GENÉRICAS, MÉTODOS GENÉRICOS Y GENERICIDAD RESTRINGIDA 83

    2.2   EL BORRADO DE TIPOS Y CONSECUENCIAS 90

    2.3   TIPOS COMODÍN 97

    2.4   VARIANZA DE TIPOS 107

    2.5   TIPOS MATERIALIZABLES Y CONTAMINACIÓN DEL MONTÍCULO ... 113

    2.6   LA INTERFAZ COMPARABLE 115

CAPÍTULO 3. PROGRAMACIÓN POR CONTRATO.............................121

   3.1   ASERCIONES...121

   3.2   ROBUSTEZ...134

   3.3   PRUEBAS UNITARIAS...140

   3.4   DISEÑO DE ALGORITMOS ITERATIVOS.....................144

   3.5   DISEÑO DE ALGORITMOS RECURSIVOS....................151

CAPÍTULO 4. ESTRUCTURAS DE DATOS.......................................161

   4.1   PILAS...161

   4.2   COLAS...170

   4.3   LISTAS..177

   4.4   COLAS DOBLES...196

   4.5   CONJUNTOS...203

   4.6   TABLAS...212

   4.7   MULTICONJUNTOS...220

   4.8   ARRAYS..230

   4.9   TABLAS DE DISPERSIÓN..233

   4.10 ÁRBOLES BINARIOS..251

   4.11 ÁRBOLES BINARIOS DE BÚSQUEDA...........................263

CAPÍTULO 5. GRAFOS..**283**

   5.1   CONCEPTO Y DEFINICIÓN...283

   5.2   IMPLEMENTACIÓN...285

   5.3   ALGORITMOS: RECORRIDO EN PROFUNDIDAD.........298

   5.4   ALGORITMOS: RECORRIDO EN ANCHURA...................305

   5.5   ALGORITMOS: DETERMINAR SI UN GRAFO NO DIRIGIDO ES CONEXO..308

   5.6   ALGORITMOS: DETERMINAR COMPONENTES FUERTEMENTE CONEXAS DE UN GRAFO DIRIGIDO..309

   5.7   ALGORITMOS: ORDENACIÓN TOPOLÓGICA DE UN GRAFO DIRIGIDO ACÍCLICO....................................312

   5.8   ESTRUCTURAS DE DATOS: COLAS DE PRIORIDAD Y MONTÍCULOS DE FIBONACCI.................................314

   5.9   ESTRUCTURAS DE DATOS: PARTICIONES...................323

   5.10 MÉTODO ALGORÍTMICO VORAZ: CÁLCULO DE ÁRBOLES DE RECUBRIMIENTO DE COSTE MÍNIMO. ALGORITMOS DE PRIM Y KRUSKAL..........................326

   5.11 MÉTODO ALGORÍTMICO VORAZ: CÁLCULO DE CAMINOS DE COSTE MÍNIMO. ALGORITMO DE DIJKSTRA..332

5.12 MÉTODO ALGORÍTMICO DE PROGRAMACIÓN DINÁMICA: CÁLCULO DE CAMINOS DE COSTE MÍNIMO. ALGORITMO DE BELLMAN-FORD 334

5.13 MÉTODO ALGORÍTMICO DE PROGRAMACIÓN DINÁMICA: CÁLCULO DE CAMINOS DE COSTE MÍNIMO. ALGORITMO DE FLOYD-WARSHALL...338

5.14 MÉTODO ALGORÍTMICO DE VUELTA ATRÁS: COLOREADO DE UN GRAFO...342

5.15 MÉTODO ALGORÍTMICO DE VUELTA ATRÁS: CICLOS HAMILTONIANOS DE UN GRAFO...345

CAPÍTULO 6. PROGRAMACIÓN FUNCIONAL I 349
6.1 INTERFACES FUNCIONALES Y EXPRESIONES LAMBDA 349
6.2 EVALUACIÓN PEREZOSA. EFECTOS 369
6.3 REFERENCIAS A MÉTODOS 374
6.4 OPTIMIZACIÓN AVANZADA DE LA RECURSIVIDAD 379
6.5 MÓNADAS. MANEJANDO DATOS OPCIONALES CON LA MÓNADA OPTION 384
6.6 MANEJANDO ERRORES Y EXCEPCIONES CON LAS MÓNADAS EITHER Y RESULT 394
6.7 PROCESAMIENTO DE DATOS CON LA MÓNADA STREAM 412

CAPÍTULO 7. PROGRAMACIÓN FUNCIONAL II 437
7.1 INMUTABILIDAD 437
7.2 ESTRUCTURAS DE DATOS FUNCIONALES: LISTAS INMUTABLES 438
7.3 ENTRADA/SALIDA EN UN ENTORNO FUNCIONAL...........................460
7.4 REFACTORIZACIÓN DE PROGRAMAS IMPERATIVOS: LECTURA DE PROPIEDADES DE UN FICHERO.....................................467
7.5 REFACTORIZACIÓN DE PROGRAMAS IMPERATIVOS: LECTURA DE XML 476
7.6 ESTRUCTURAS DE DATOS FUNCIONALES: ÁRBOLES BINARIOS DE BÚSQUEDA...484
7.7 ESTRUCTURAS DE DATOS FUNCIONALES: MAPAS......................514

BIBLIOGRAFÍA...621

MATERIAL ADICIONAL..623

ACERCA DEL AUTOR

José María Vegas Gertrudix es ingeniero técnico en informática de sistemas y máster en desarrollo de videojuegos por la facultad de informática de la Universidad Complutense de Madrid.

Con más de 15 años de experiencia, actualmente trabaja como Ingeniero de Software en Xeridia para CecaBank. A lo largo de su carrera, ha compaginado el ejercicio del magisterio privado personalizado para lograr que los alumnos alcancen sus metas con su labor en la empresa privada. Experto en banca electrónica y comercio electrónico, ha realizado aplicaciones para la inmensa mayoría de los grandes bancos mundiales.

Escritor de artículos:

- En febrero de 2007, en la revista Sólo Programadores, titulado "¿Es viable una aplicación de escritorio con Java?".

- En agosto de 2011, en la página web de javaHispano, titulado "Multitarea en Swing".

- En agosto de 2011, en la página web de javaHispano, titulado "Tipos Abstractos de Datos y Diseño por Contrato".

PREFACIO

El **hardware** es la parte física de un computador, mientras que el **software** es la parte lógica del mismo.

Un **Ingeniero de Software** es aquella persona que construye un sistema software correcto y eficiente para ser ejecutado por el hardware de un computador.

Construir software es divertido y gratificante. En cierto modo, nos convierte en creadores de mundos nuevos. Pero también es difícil, porque los computadores tienen la mala costumbre de hacer lo que les decimos que hagan, no lo que queremos que hagan.

El camino para aprender a construir software correcto y eficiente es duro, pero estoy seguro de que libros como el que estás leyendo ahora mismo pueden ayudarte a hacerlo más fácil.

El libro está totalmente actualizado para Java 8, se dirige a aquellos programadores que quieren poner a trabajar la tecnología Java en proyectos reales. Se exige de los lectores una experiencia mínima en programación; por ejemplo, no se va a explicar qué es una variable o un bucle. No obstante, no es necesario que el lector tenga conocimiento alguno de Programación Orientada a Objetos, Programación Funcional ni Programación Concurrente.

El libro está pensado para ser leído secuencialmente, porque cada capítulo se construye sobre los conceptos aprendidos en los capítulos previos. No obstante, el lector que ya conozca determinados contenidos puede saltar directamente a los capítulos que le resulten desconocidos.

Es preciso tener en cuenta que lo normal no es entender todos los conceptos presentados en el libro simplemente leyendo el texto. Es importante estudiar el código, escribirlo, ejecutarlo e incluso depurarlo para llegar a entenderlo.

Aunque la obra aborda estructuras de programación modernas y actuales del lenguaje Java, no por ello olvida problemas clásicos de la programación, pero enfocados desde una óptica actual, como los métodos algorítmicos de backtracking y divide y vencerás, los problemas concurrentes del productor-consumidor o de la cena de los filósofos, las estructuras de datos clásicas, el patrón de diseño *Observador* o el patrón de arquitectura *Modelo-Vista-Controlador*.

El código del proyecto está disponible para descargar en la web del libro en:

www.ra-ma.es

Se trata de un proyecto Maven que puede ser importado en Eclipse. Cualquier versión de este entorno de desarrollo integrado debería servir, siempre y cuando soporte Java 8.

Me encantaría tener noticia de cualquier errata que exista en el libro o en el código. Para informar de una errata, está disponible el siguiente correo electrónico:

jomaveger@gmail.com

Al final de la presente obra, hay una sección dedicada a la bibliografía consultada para la elaboración de este manual. Quiero expresar mi más profundo agradecimiento tanto a los autores de dichas obras de consulta, como a las numerosas fuentes de internet que han ayudado a que este libro sea una realidad, tan amplias que son de difícil enumeración.

1

PROGRAMACIÓN ORIENTADA A OBJETOS

1.1 TIPOS ABSTRACTOS DE DATOS, CLASES Y OBJETOS

Cuando uno estudia programación, inevitablemente encuentra el término **tipo de datos**. Una triste confusión habitual en la mayoría de libros y manuales es considerar que el concepto matemático de conjunto es el más indicado para explicar qué es un tipo de datos; sin embargo, no es así, puesto que el concepto matemático que corresponde a la naturaleza de un tipo de datos es el de álgebra.

Un **tipo de datos** es un **álgebra**, es decir, un conjunto de valores, llamado dominio, caracterizados por el conjunto de operaciones que sobre ellos se pueden aplicar y por el conjunto de propiedades que dichas operaciones poseen y que determinan inequívocamente su comportamiento. Un **valor** perteneciente al dominio de un tipo de datos se denomina **instancia** o **ejemplar** del tipo de datos.

En programación, un **tipo abstracto de datos** es simplemente un tipo de datos que se define mediante una especificación que es independiente de cualquier implementación. Por tanto, la especificación del tipo abstracto de datos es la definición del mismo. Para acortar, con frecuencia abreviaremos el término *tipo abstracto de datos* con el acrónimo *tad*. En inglés el acrónimo es *adt*, de *abstract data type*.

Si queremos construir un tad, lo primero que hay que hacer es definirlo, por tanto especificarlo. Y para ello no se puede usar el lenguaje informal. Porque es impreciso, ambiguo y redundante. Se emplea, en cambio, un lenguaje matemático, formal, que no vamos a estudiar.

Lo que nos interesa remarcar es que una especificación de un tad es independiente de cualquier implementación. Cuando se habla de especificación y de implementación de un tad, parece que el mismo tipo abstracto de datos se divide en dos partes diferenciadas: Por un lado su especificación y por otro su implementación. Esto no es así. Lo que ocurre realmente es que no estamos ante un único tipo de datos sino ante dos tipos de datos distintos pero relacionados entre sí. El **tipo abstracto de datos** viene definido por su especificación y se llama **tipo implementado**, mientras que una **implementación de ese tad** es un tipo de datos distinto a dicho tad y se llama **tipo implementador**.

Como es lógico, es necesario que el tipo implementador implemente correctamente el tipo implementado. Ahora bien, lo que ocurre es que el tipo implementado, el tad, se define mediante una especificación matemática propia, mientras que el tipo implementador se define mediante un módulo software. Eso complica la comparación entre ambos porque se trata de diferentes lenguajes matemáticos.

Para que una implementación de un tad sea correcta, debe conservar las propiedades de la especificación que dice implementar. Para ello, se requieren ciertas condiciones matemáticas que en esencia dicen que el tipo implementador simula adecuadamente el tipo implementado; o, lo que es lo mismo, que el módulo software implementador define un álgebra que simula adecuadamente el álgebra definida por la especificación matemática.

Esto implica que implementar un tad consiste intuitivamente en:

- Simular o representar los valores del tipo a implementar, el tad, por medio de valores del tipo implementador.

- Simular las operaciones del tipo a implementar mediante operaciones del tipo implementador.

En consecuencia, una implementación es correcta cuando el usuario del tipo implementador no es capaz de notar la diferencia entre el tipo de datos especificado, el tad, y el tipo de datos implementador que lo simula.

¿Y toda esta información qué relación tiene con la Programación Orientada a Objetos? Es lo que vamos a estudiar a continuación.

La **clase** es el concepto básico en el método orientado a objetos. Una clase es un módulo software que define, puede que de forma parcial, un **tipo implementador**; o, lo que es lo mismo, una clase es un módulo software que define una implementación, que puede ser parcial, **de un tipo abstracto de datos**.

Dado que puede haber varias implementaciones distintas de un mismo tad, puede haber entonces varias clases distintas que implementen el mismo tad.

Una clase que está completamente implementada define una implementación completa de un tipo abstracto de datos y se denomina efectiva. Una clase que está implementada sólo parcialmente define una implementación parcial de un tipo abstracto de datos y se llama abstracta o diferida; en el caso más extremo, una clase diferida puede carecer completamente de implementación alguna.

Con estos conceptos en mente, podemos definir un programa, aplicación o sistema software orientado a objetos como una colección de tipos abstractos de datos parcial o totalmente implementados que interactúan entre sí.

De modo análogo, se puede definir el método orientado a objetos como el método de desarrollo de software que basa la arquitectura de cualquier aplicación en una colección estructurada de implementaciones, que pueden ser parciales, de tipos abstractos de datos. La colección de estas implementaciones, las clases, que conforman un programa orientado a objetos es estructurada gracias a dos relaciones entre ellas: clientelismo y herencia.

La clase fusiona dos conceptos, el de módulo software y el de tipo de datos. Por un lado, toda clase puede ser vista como un módulo de tal modo que el nombre del módulo es el de la clase. Por otro, toda clase puede ser vista como un tipo de datos de tal modo que el nombre del tipo de datos es el de la clase. La clase, vista como módulo, es la unidad básica de descomposición de un sistema software orientado a objetos y proporciona unas facilidades relacionadas que constituyen a su vez los componentes del álgebra que define la clase, vista como tipo de datos.

El objeto es el segundo concepto básico en el método orientado a objetos. Un **objeto** es un **ejemplar** o **instancia** de una clase, es decir, una **estructura de datos** o representación física en la memoria del computador, y que por tanto puede ser creada y manipulada por un sistema software durante su ejecución, de un valor del dominio del tipo abstracto de datos que implementa la clase de ese objeto.

Lo habitual en la inmensa mayoría de casos es no disponer de la especificación matemática de un tad. Por ello, se suele trabajar directamente tratando de implementar el tad a partir de una idea intuitiva o de una descripción en lenguaje informal del mismo. Como ayuda, podemos contar con distintas herramientas que proporcionan una serie de heurísticas que permiten escribir implementaciones correctas de un tad partiendo de la información que tenemos del mismo.

1.2 LA ESTRUCTURA ESTÁTICA: LAS CLASES

Recordemos que una variable es un espacio de la memoria del computador, a cuyo contenido se accede mediante un identificador conocido como nombre de la variable.

Java es un lenguaje con comprobación estática de tipos, porque comprueba el tipo de cada variable en tiempo de compilación. Los lenguajes de programación con comprobación dinámica de tipos comprueban el tipo de cada variable en tiempo de ejecución.

Java es un lenguaje con comprobación estricta de tipos o fuertemente tipado, porque todas las variables tienen que tener un tipo declarado de forma explícita. Los lenguajes de programación con comprobación laxa de tipos o débilmente tipados no comprueban el tipo de cada variable o bien no obligan a definirlo.

Java es un lenguaje orientado a objetos puro, pero su sistema de tipos no es uniforme. ¿Qué significa esta frase? Significa que, por un lado, Java es un lenguaje orientado a objetos puro en el sentido de que cada nuevo tipo que se crea en el lenguaje es una clase; pero, por otro lado, su sistema de tipos no es uniforme porque tiene una serie de tipos de datos primitivos predefinidos que no son clases.

Por si el lector se lo está preguntando, es verdad que, en Java, es posible crear un nuevo tipo que no sea una clase; se trataría de una interfaz. Lo que ocurre es que una interfaz no es más que un caso extremo de clase completamente abstracta.

Los **tipos de datos primitivos predefinidos** en Java son **byte**, **short**, **int**, **long**, **float**, **double**, **char** y **boolean**. Tienen **semántica de valor**, lo que significa que una variable de un tipo de datos primitivo contiene un valor de dicho tipo de datos.

Toda clase tiene la necesidad de dos tipos de características:

▸ Algunas características se representarán mediante espacio de memoria, es decir, asociando un cierto elemento de información a cada objeto de la clase. Se denominarán **atributos**.

▸ Algunas características se representarán en el tiempo, es decir, definiendo un cierto algoritmo aplicable a todos los objetos de la clase. Se denominarán **métodos**.

Los atributos construyen la estructura de datos de cada objeto de la clase.

El **estado** de un objeto en un instante determinado viene dado por el valor de sus atributos en ese instante concreto.

Los métodos son las operaciones aplicables a los objetos de una clase, y pueden acceder y manipular los atributos.

La **signatura** de un método está formada por el nombre del método y su lista de parámetros; en la lista de parámetros es importante tanto el número de parámetros como los tipos de datos de los mismos como, finalmente, su orden dentro de la lista.

La **cabecera** de un método está formada por la signatura del método más el tipo de retorno del mismo.

Una clase en Java se define como pública, en un fichero de código fuente que tiene el mismo nombre de la clase, y con el modificador de visibilidad **public**. En un fichero de código fuente, sólo puede haber una clase pública, pero se pueden tener tantas clases no públicas como se desee.

    ▶ Es recomendable que cada fichero de código fuente del proyecto contenga sólo una clase.

Si una clase no es pública, se dice que tiene visibilidad de paquete. Java permite agrupar las clases en una colección denominada **paquete**. Los paquetes son una forma cómoda de organizar nuestro trabajo, y también sirven para separar nuestro código de las bibliotecas de código que proporcionan otras personas. Además, garantizan la exclusividad de los nombres de las clases.

Cuando una clase se define como pública, cualquier otra clase, sea del mismo paquete o no, puede acceder a ella. Sin embargo, cuando una clase no se define como pública, sólo las demás clases del mismo paquete pueden acceder a ella.

La biblioteca estándar de Java se distribuye en un cierto número de paquetes, denominados **java.lang**, **java.util**, y así sucesivamente. Los paquetes estándar de Java son ejemplos de paquetes jerárquicos. Del mismo modo que se tienen subdirectorios anidados en el disco duro, es posible organizar los paquetes empleando niveles de anidamiento.

Para ubicar una clase dentro de un paquete, es preciso poner el nombre del paquete en la parte superior del fichero de código fuente:

```
package org.jomaveger.examples.chapter1;
```

Si no se pone una sentencia **package** en el código fuente, entonces la clase de ese fichero pertenece al paquete predeterminado. El paquete predeterminado carece de nombre.

▸ Es recomendable que ninguna clase del proyecto pertenezca al paquete predeterminado.

Los ficheros de un paquete se ubican en un subdirectorio que coincide con el nombre completo del paquete. Para anidar un nuevo paquete, se crearía un nuevo subdirectorio dentro de aquél.

Las clases pueden utilizar todas las clases de su propio paquete, así como todas las clases públicas de otros paquetes. Para acceder a las clases públicas de otros paquetes, se hace uso de la sentencia **import**. Se puede importar una clase concreta o bien todo el paquete. Las sentencias **import** se ponen al principio de los ficheros de código fuente, pero por debajo de la sentencia **package**.

Vamos a estudiar el aspecto que tiene una clase en Java. Nuestro primer ejemplo modela un contador.

```java
package org.jomaveger.examples.chapter1;
public class Counter {
    private Integer count;
    public Counter() {
        this.count = 0;
    }
    public Integer currentCount() {
        return this.count;
    }
    public void incrementCount() {
        this.count = this.count + 1;
    }
    public void reset() {
        this.count = 0;
    }
}
```

Como es de esperar, esta clase se almacenará en un fichero de código fuente llamado **Counter.java**.

En la definición de una clase, tanto los atributos como los métodos pueden llevar asociado también un **modificador de visibilidad**. Si el modificador de visibilidad de una característica de una determinada clase es **privado** (mediante la palabra reservada **private**), significa que sólo las demás características de la clase pueden acceder a ella. Si el modificador de visibilidad de una característica de una determinada clase es **público** (mediante la palabra reservada **public**), significa que cualquier clase de cualquier paquete puede acceder a ella. Si el modificador de visibilidad de una característica de una determinada clase está ausente, se dice que tiene visibilidad de paquete, lo que significa que cualquier clase puede acceder a ella, pero sólo si está en el mismo paquete.

 ☞ Es recomendable no emplear visibilidad de paquete para las características de las clases del proyecto.

El **conjunto de métodos públicos** de una clase se denomina **interfaz de la clase**.

Principio de encapsulamiento

 ☞ El único mecanismo de acceso a los atributos de una clase debe ser la interfaz de dicha clase, es decir, mediante el conjunto de métodos públicos de la misma.

Principio de ocultamiento de la información

 ☞ Los atributos de una clase deben estar ocultos o, lo que es lo mismo, deben ser privados.

Principio de diseño de separación de métodos en consultas y órdenes

 ☞ Los métodos de una clase se organizan en consultas y órdenes. Las consultas devuelven un resultado que representa información asociada con el estado del objeto, pero no modifican dicho estado. Las órdenes pueden cambiar el estado del objeto pero no devuelven resultado alguno.

En nuestra clase de ejemplo, los métodos **incrementCount()** y **reset()** son órdenes, mientras que **currentCount()** es una consulta.

El método **Counter()** es un constructor y se utiliza únicamente para construir objetos de la clase. Los constructores no se consideran características de la clase.

En todos los métodos está disponible el parámetro implícito **this**, que hace referencia al objeto actual de la clase que lo engloba. El parámetro implícito **this** puede acceder a todas las características de la clase, sean privadas o no. También es posible ver **this** como un puntero al objeto al que pertenece el método que se está ejecutando.

En nuestro ejemplo de clase **Counter**, el tipo del atributo **count** es la clase **Integer**. Se podía haber definido también **count** con el tipo primitivo **int**, pero de este modo, al evitar utilizar dicho tipo primitivo, se diseña un código fuente más uniforme, lo que es recomendable.

Integer es lo que se denomina una clase de envoltorio del tipo primitivo **int**. Todos los tipos primitivos poseen sus contrapartidas en forma de clases, que suelen denominarse *envoltorios*. Las clases de envoltorio tienen nombres bastante evidentes: **Integer**, **Long**, **Float**, **Double**, **Short**, **Byte**, **Character**, **Void** y **Boolean**. Las clases envoltorio son inmutables: No se puede modificar el valor que contienen una vez que se ha construido el envoltorio.

Una característica notable de Java es que el compilador inserta automáticamente instrucciones para empaquetar (en inglés **autoboxing**) un tipo primitivo en su respectiva clase de envoltorio cuando se realiza una asignación. El empaquetado se produce, por ejemplo, de un número entero **int** en un objeto de la clase **Integer** en la siguiente instrucción de asignación de nuestra clase:

```
this.count = 0;
```

De forma semejante, el compilador inserta automáticamente instrucciones para desempaquetar (en inglés **autounboxing**) el objeto, operar con el valor resultante y volver a empaquetarlo, cuando hay involucradas clases de envoltorio. Por ejemplo, este proceso ocurre en la siguiente instrucción de nuestra clase:

```
this.count = this.count + 1;
```

El empaquetado automático tiene una penalización en el rendimiento por lo que, en aplicaciones que requieran una computación numérica intensiva, puede ser necesario emplear los tipos primitivos, en lugar de sus clases de envoltorio correspondientes, para alcanzar el objetivo deseado de rendimiento de la aplicación.

Sea **S** una clase. Una clase **C** que contiene una declaración de la forma

S a;

Se dice que es cliente de **S**. A su vez, se dice que **S** es un proveedor de **C**.

En nuestra clase de ejemplo, **Counter** es un cliente de **Integer** e **Integer** es un proveedor de **Counter**. Entre ambos se establece una relación de clientelismo.

El mecanismo básico de la computación orientada a objetos es la invocación de una característica. En la ejecución de un sistema software orientado a objetos, toda computación es llevada a cabo a partir de la invocación de ciertas características en ciertos objetos. De manera general, una llamada a una característica puede manifestarse de dos formas:

- ▶ **x.a** donde **x** es el receptor de la llamada, una variable que en tiempo de ejecución será vinculada a un cierto objeto; **x** tiene un cierto tipo, dado por una clase **C**, luego **a** tiene que ser una característica de **C**, en concreto un atributo de **C**.

- ▶ **x.m(u, v, ...)** donde **x** es el receptor de la llamada, una variable que en tiempo de ejecución será vinculada a un cierto objeto; **x** tiene un cierto tipo, dado por una clase **C**, luego **m** tiene que ser una característica de **C**. Más precisamente, **m** es un método que puede tener cero, uno o más parámetros y **u, v, ...,** son los parámetros reales de la llamada, que deben igualar en tipo y número a los parámetros formales declarados para **m** en **C**.

El efecto en tiempo de ejecución de invocar una característica en un receptor es aplicar dicha característica al objeto vinculado al mencionado receptor, después de haber iniciado cada parámetro formal (si lo hay y si la característica es un método) con el valor del correspondiente parámetro real.

Toda operación en la computación orientada a objetos es relativa a un cierto objeto, la instancia actual en el momento de ejecutar esa operación. Es **this** el receptor de la llamada actual. En una llamada subsiguiente, **this** representará el receptor de esa nueva llamada.

Por tanto:

- ▶ Ningún elemento software es ejecutado salvo como parte de la llamada a un método.

- ▶ Toda llamada tiene su receptor.

En ocasiones, este receptor está implícito y no aparece en la invocación de una característica. Así, por ejemplo, el método **incrementCount()** podía haberse escrito correctamente también del siguiente modo:

```
count = count + 1;
```

1.3 LA ESTRUCTURA DINÁMICA: LOS OBJETOS

En Java, se utiliza un tipo especial de método, llamado **constructor**, para crear una nuevo objeto de una clase y darle un valor inicial. Un constructor tiene el mismo nombre que la clase. Una clase puede tener más de un constructor. Un constructor puede tener cero, uno o más parámetros.

La capacidad de que una clase pueda tener más de un constructor se denomina **sobrecarga de métodos**. Java permite sobrecargar cualquier método, no sólo los métodos constructores. La sobrecarga se produce cuando varios métodos poseen el mismo nombre pero distintos parámetros. Dos métodos poseen distintos parámetros si el número de parámetros de entrada es distinto, o bien si es igual pero el tipo de datos de alguno de los parámetros de entrada es diferente. El compilador tiene que averiguar cuál de los métodos debe ser invocado. El método correcto se determina comparando el número y tipos de los parámetros formales que aparecen en las declaraciones de los diferentes métodos con el número y tipos de los valores de los parámetros reales empleados en la llamada al método. Se produce un error de compilación si el compilador no localiza los parámetros o si se halla más de una solución posible.

Si no se le da valor explícitamente a un atributo en un constructor, ese atributo recibirá automáticamente un valor predeterminado: Los números se ponen a 0, los caracteres reciben el carácter nulo (**'\u0000'**), los booleanos reciben el valor falso (**false**) y las variables referencia reciben el valor nulo (**null**).

Ésta es una diferencia importante entre los atributos y las variables locales. Las variables locales de un método siempre deben recibir un valor inicial explícito.

Se denomina **constructor predeterminado** al constructor sin parámetros. Si se escribe una clase que carezca por completo de constructores, Java proporciona un constructor predeterminado, que da a todos los atributos sus valores predeterminados.

> ▶ Es recomendable no emplear la iniciación predeterminada de atributos en las clases del proyecto.

> ▶ Es recomendable no escribir clases que carezcan por completo de constructores.

Para iniciar un atributo, podemos limitarnos a asignar explícitamente un valor a cualquier atributo durante la definición de la clase. Esta asignación se lleva a cabo antes de que se ejecute el constructor, y es útil si todos los constructores de una clase deben asignar el mismo valor a un determinado atributo.

Si la primera sentencia de un constructor posee la forma **this(...)**, entonces el constructor llama a otro constructor de la misma clase. Resulta útil emplear la palabra reservada **this** de esta forma; así, sólo es preciso escribir una vez el código común de construcción.

Si deseamos construir un objeto de nuestra clase **Counter**, combinamos el constructor con el operador **new**, de la siguiente manera:

```
new Counter();
```

Esta expresión construye un nuevo objeto. El atributo del objeto es iniciado con el valor cero.

Es posible aplicar un método a un objeto recién construido. Así, podríamos hacer lo siguiente:

```
new Counter().incrementCount();
```

En este caso, se crea un nuevo objeto, cuyo atributo acaba teniendo el valor uno.

En estos dos ejemplos, el objeto construido es usado una sola vez. Normalmente, se desea mantener una conexión con los objetos que se construyen para poder seguir usándolos. La manera de hacerlo es almacenando el objeto en una **variable referencia**:

```
Counter counter = new Counter();
```

La variable **counter** es una variable referencia. Una **variable referencia** es aquella cuyo tipo de datos es una clase y almacena una referencia o puntero al objeto o, lo que es lo mismo, una dirección de la posición de memoria en la que se almacena el objeto.

Recordemos que los tipos de datos predefinidos tienen semántica de valor, lo que significa que una variable de un tipo de datos primitivo contiene un valor de dicho tipo de datos. Por el contrario, las clases tienen **semántica de referencia**, lo que significa que una variable de una clase contiene la dirección de la posición de memoria en la que se almacena un objeto de esa clase, y no el propio objeto.

Se dice que los tipos de datos predefinidos son tipos valor, mientras que las clases son tipos referencia.

Hay una diferencia importante entre los objetos y las variables referencia. Por ejemplo, la sentencia:

```
Counter myCounter;
```

Define una variable referencia, **myCounter**, que puede apuntar a objetos de tipo **Counter**. Es importante darse cuenta de que la variable **myCounter** no es un objeto y, de hecho, ni siquiera apunta todavía a un objeto. En este punto, no se puede invocar método alguno de la clase **Counter** sobre esta variable referencia. La sentencia:

```
myCounter.incrementCount();
```

Provocaría un error en tiempo de compilación.

Es necesario primero iniciar la variable referencia. Hay tres opciones. La primera es iniciar la variable con un objeto recién construido:

```
myCounter = new Counter();
```

La segunda es asignar a la variable un objeto existente:

```
myCounter = counter;
```

En este segundo caso, ambas variables referencia apuntan al mismo objeto. Esta segunda opción tiene una implicación especial.

Si **x** e **y** son dos variables referencia e **y** no es nulo, la asignación **x = y** da lugar a que **x** e **y** estén conectados al mismo objeto. El resultado es ligar **x** e **y** de una forma duradera, hasta que se produzca alguna asignación posterior a cualquiera de ellos. La conexión de **x** al mismo objeto que **y** se conoce como **alias dinámico** (en inglés *dynamic aliasing*): Alias porque la asignación hace que se pueda acceder y manipular un objeto a través de dos variables referencia; dinámico porque el alias ocurre en tiempo de ejecución.

Es importante volver a remarcar que una variable referencia no contiene realmente un objeto, sólo apunta a un objeto. En Java, el valor de cualquier variable referencia es un puntero a un objeto que está almacenado en otro lugar.

El valor de retorno del operador **new** es, por tanto, una referencia o puntero. Una sentencia como la siguiente:

```
Counter anotherCounter = new Counter();
```

Tiene dos partes. La expresión **new Counter()** construye un objeto de tipo **Counter**, y su valor es una referencia al objeto recién creado. Esa referencia (o dirección de memoria) es entonces almacenada en la variable **anotherCounter**.

La tercera opción es establecer explícitamente una variable referencia al valor nulo (**null**) para indicar que actualmente no se refiere a objeto alguno.

```
Counter yourCounter = null;
```

Si se invoca un método sobre una variable referencia que tiene el valor nulo, se obtiene un error en tiempo de ejecución.

Como ya se explicó, las variables locales de referencia no son automáticamente iniciadas al valor nulo, así que es obligatorio iniciarlas, bien invocando a **new**, bien asignándoles **null** o un objeto ya creado.

Una referencia es entonces un valor en tiempo de ejecución que o bien es nulo o bien está vinculado. Si está vinculada, una referencia identifica un único objeto (se dice entonces que está vinculada a ese objeto en particular).

El concepto de referencia trae consigo el concepto de identidad de un objeto. Todo objeto creado durante la ejecución de un sistema orientado a objetos tiene una identidad única, independientemente del estado del objeto. En particular:

- Dos objetos con diferentes identidades pueden tener idéntico estado.
- A la inversa, el estado de un objeto puede variar durante la ejecución de un sistema; pero este hecho no afecta a la identidad del objeto.

La identidad de un objeto es, por tanto, la propiedad del objeto que lo distingue de todos los demás. Esta unicidad de un objeto se consigue a través de un **identificador de objeto**, que es implementado a través de punteros de forma independiente de los atributos que definen el estado del objeto. Generalmente, un identificador de objeto es generado por el sistema y no puede ser modificado por el programador.

Podemos detallar en este momento qué etapas sigue la construcción de un objeto en Java cuando se invoca a un constructor de una clase:

▼ Primero, los atributos reciben el valor por defecto que les corresponde.

▼ Segundo, se ejecutan las sentencias de iniciación de los atributos, en el orden en el que aparecen en la definición de la clase.

▼ Tercero, si la primera sentencia del constructor llama a un segundo constructor con **this(...)**, entonces se ejecuta el cuerpo de este segundo constructor.

▼ Cuarto, se ejecuta el cuerpo del constructor. Si algún atributo no ha sido iniciado explícitamente, conservará al final de este paso su valor por defecto.

El lenguaje de programación Java utiliza siempre como mecanismo de **paso de parámetros** en los métodos el llamado **paso por valor**; es decir, cuando se realiza la llamada a un método, cada parámetro formal (es decir, cada parámetro declarado en la definición del método) reserva un espacio de memoria independiente y recibe una copia del valor del correspondiente parámetro real (es decir, del correspondiente parámetro indicado en la llamada al método).

Hay, no obstante, dos tipos de parámetros de métodos:

▼ Si el parámetro es de un tipo predefinido, el paso por valor significa que el parámetro formal recibe un valor nuevo copia del original y, por tanto, no se puede modificar el parámetro real durante la ejecución del método.

▼ Si el parámetro es de un tipo referencia, el paso por valor significa que el parámetro formal recibe una copia de una dirección de memoria y, por tanto, la referencia original no se puede modificar, durante la ejecución del método, logrando que el parámetro real referencie un objeto distinto. Lo que sí es posible es modificar el estado del parámetro real a través de la interfaz de su clase; para ello, se invocan a los métodos correspondientes a través de su parámetro formal.

Si un parámetro formal de un método tiene el mismo nombre que un atributo, entonces el nombre del parámetro ensombrece al nombre del atributo dentro del método. Para diferenciar entre el acceso al parámetro y el acceso al atributo, sería necesario utilizar **this** para acceder al atributo dentro de dicho método.

En el momento de retornar un valor, los métodos simplemente devuelven el valor de la variable que retornan, bien una referencia a un objeto o bien un valor de un tipo primitivo.

Java tiene recolección de basura, un mecanismo automático que permite recuperar como disponible el espacio de memoria ocupado por aquellos objetos de un programa en ejecución que son inalcanzables, es decir, aquellos objetos que existen en memoria pero que no pueden ser recuperados a partir de las variables referencia que existen en el programa. Gracias a la recolección de basura, no es necesario liberar memoria explícitamente cuando ya no necesitamos seguir trabajando con un objeto determinado. Los objetos se crean y se destruyen en una zona de memoria denominada el montículo (o *heap*, en inglés).

Hemos estudiado que el mecanismo básico de la computación orientada a objetos es la invocación de una característica. Implica que los objetos interactúan entre sí mediante el intercambio de mensajes. Los mensajes incluyen la petición para la realización de una acción acompañada de información adicional (parámetros) necesaria para realizar esa acción. Si un objeto acepta un mensaje, entonces acepta la responsabilidad de llevar a cabo la acción que indica ese mensaje. Esta acción es llevada a cabo mediante la ejecución de un método.

El comportamiento de un objeto está determinado por los métodos que implementa como respuesta a los mensajes que recibe. Es lo que hemos denominado interfaz de la clase ya que, debido al principio de encapsulamiento, los métodos públicos son el único interfaz mediante el cual podemos comunicarnos con el objeto.

Mensajes y métodos no son equivalentes ya que, ante el mismo mensaje, un objeto puede ejecutar distintos métodos debido a diferentes factores. Uno de estos factores es la sobrecarga de métodos.

1.4 CARACTERÍSTICAS CONSTANTES Y GLOBALES

Es posible definir un atributo de una clase como final (mediante la palabra reservada **final**), lo que significa que dicho atributo debe ser iniciado cuando el objeto es construido, pero después no puede ser modificado de nuevo.

Un atributo final implica que se garantiza que:

▸ Su valor ha sido establecido al finalizar la ejecución de cada constructor.

▸ Si es de un tipo predefinido, su valor no se puede cambiar; si es de un tipo referencia, es imposible reasignar la variable referencia a un objeto diferente, es decir, la variable referencia apunta siempre al mismo objeto.

Es posible definir cada parámetro formal de un método como final. Si bien el paso por valor impide que se pueda modificar el parámetro real, establecer el parámetro formal como final impide además que, dentro del método, la variable de dicho parámetro formal pueda ser reasignada.

▶ Es recomendable que los parámetros formales de los métodos sean finales.

Cada objeto tiene su propia copia de todos los atributos. Si se define un atributo como estático (mediante la palabra reservada **static**), hay sólo un atributo por clase; es más, el atributo existirá incluso aunque no exista objeto alguno de la clase, debido a que pertenece a la clase y no a un objeto individual concreto.

Un atributo puede ser final y estático, y entonces se trata de una constante.

▶ Es recomendable que los atributos constantes de una clase sean públicos.

Un método estático es aquel método que no opera sobre un objeto; es decir, carece del parámetro implícito **this**. Un método estático de una clase no puede acceder a los atributos de esa clase dado que no opera sobre objeto alguno, pero sí puede acceder a los atributos estáticos que tenga dicha clase.

▶ Se puede usar un método estático en alguna de las dos posibles situaciones siguientes:

- Cuando no necesita acceder al estado del objeto porque todos los parámetros que necesita le son suministrados como parámetros explícitos.

- Cuando sólo necesita acceder a atributos estáticos de la clase.

Para acceder a una característica estática de una clase, se utiliza el nombre de la clase, no un objeto de la misma.

Al igual que ocurre con los atributos no estáticos, los atributos estáticos toman el valor predefinido cero, carácter nulo, falso o nulo, en función de su tipo de datos, a menos que se les asigne uno distinto. Para iniciar un atributo estático, o bien se proporciona un valor inicial en la definición del mismo, o bien se emplea un bloque de iniciación estática. Este proceso de iniciación estática tiene lugar cuando la clase es cargada por primera vez y, por tanto, antes de la invocación a constructor alguno; es más, es independiente de que más tarde se invoque o no a algún constructor de la clase. En este proceso, las asignaciones de valores iniciales a atributos estáticos y los bloques de iniciación estática se ejecutan en el orden en el que aparecen en la definición de la clase. Si algún atributo estático no ha sido iniciado explícitamente, conservará al final de este paso su valor por defecto.

La sentencia **import** (mediante **import static**) también permite importar un método o atributo estático específico de una clase, o bien todos los métodos y atributos estáticos de la clase; en ambos casos, gracias a dicha importación, las características estáticas podrían utilizarse en el código sin utilizar como prefijo el nombre de la clase.

Como hemos comentado, se pueden invocar a métodos estáticos de una clase sin tener objeto alguno de la misma. El método estático por excelencia en Java es el método predefinido **main()**. De hecho, cuando un programa en Java empieza a ejecutarse, no existe objeto alguno; para que la máquina virtual pueda empezar la ejecución de la aplicación, el método **main()** debe estar definido de la siguiente forma en al menos una de las clases del proyecto:

```
public static void main(String[] args) {
...
}
```

El método **main()** es el encargado de crear los primeros objetos que la aplicación necesita. Según la lógica de la aplicación, es de esperar que estos objetos a su vez creen otros objetos, y así sucesivamente.

Toda clase puede tener su método **main()**. Simplemente, a la hora de ejecutar la aplicación, hay que seleccionar cuál de las clases de la aplicación se selecciona como principal, lo que significa que la máquina virtual ejecutará el método **main()** de dicha clase.

Nuestro siguiente clase, **Point2D**, que modela un punto bidimensional o vector de posición, muestra muchos de los conceptos que hemos visto. Esta clase se almacenará en un fichero de código fuente llamado **Point2D.java**.

```
package org.jomaveger.examples.chapter1;
import static java.lang.Math.*;
public class Point2D {
    private Double x;
    private Double y;
    private static Integer numberOfPoints;
    static {
        Point2D.numberOfPoints = 0;
    }
    public Point2D() {
        this(0.0, 0.0);
    }
```

```
    public Point2D(final Double x, final Double y) {
        this.x = x;
        this.y = y;
        Point2D.numberOfPoints++;
    }
    public Double getX() {
        return this.x;
    }
    public Double getY() {
        return this.y;
    }
    public static Integer getNumberOfPoints() {
        return Point2D.numberOfPoints;
    }
    public Double getRho() {
        return sqrt(pow(x, 2) + pow(y, 2));
    }
    public Double getTheta() {
        Double angrad = atan2(y, x);
        return toDegrees(angrad);
    }
    public Double getDistance(final Point2D p) {
        return sqrt(pow(x - p.x, 2) + pow(y - p.y, 2));
    }
    public void translate(final Double a, final Double b) {
        x += a;
        y += b;
    }
    public void scale(final Double factor) {
        x *= factor;
        y *= factor;
    }
    public void rotate(final Point2D p, final Double angle) {
        Double angrad = toRadians(angle);
        Double x1 = this.x - p.x;
        Double y1 = this.y - p.y;
        Double x2 = x1 * cos(angrad)
                    - y1 * sin(angrad);
        Double y2 = x1 * sin(angrad)
                    + y1 * cos(angrad);
        this.x = x2 + p.x;
        this.y = y2 + p.y;
    }
}
```

El atributo estático **numberOfPoints** permite llevar la cuenta del número de puntos que creamos en nuestro programa.

El método **getRho()** devuelve el radio de las coordenadas polares del punto.

El método **getTheta()** devuelve el ángulo en grados de las coordenadas polares del punto. Por convenio, el ángulo es positivo en sentido contrario a las agujas del reloj, y negativo en sentido de las agujas del reloj.

El método **getDistance()** devuelve la distancia entre dos puntos.

El método **translate()** traslada un punto, mientras que el método **scale()**lo escala.

Finalmente, el método **rotate()** rota el punto alrededor de otro punto un determinado ángulo expresado en grados.

A continuación, mostramos un ejemplo de clase principal que hace uso de las clases **Counter** y **Point2D**:

```java
package org.jomaveger.examples.chapter1;
public class Main {
    public static void main(String[] args) {
        Counter count = new Counter();
        System.out.println("Counter value: " + count.currentCount());
        count.incrementCount();
        count.incrementCount();
        count.incrementCount();
        System.out.println("Counter value: " + count.currentCount());
        System.out.println("Number of Points: " + Point2D.getNumberOfPoints());
        Point2D point = new Point2D(12.0, 5.0);
        System.out.println("Number of Points: " + Point2D.getNumberOfPoints());
        System.out.println("Radio de Coordenadas Polares: " + point.getRho());
        System.out.println("Angulo en Grados de Coordenadas Polares: "
            + point.getTheta());
        Point2D pointA = new Point2D(-1.0 , -1.0);
        Point2D pointB = new Point2D(2.0 , 3.0);
        System.out.println("Distancia del punto (-1.0, -1.0) " +
                "al punto (2.0, 3.0): " + pointA.getDistance(pointB));
        Point2D pointC = new Point2D(1.0 , 3.0);
        Point2D pointD = new Point2D(3.0 , 6.0);
        pointD.rotate(pointC, 270.0);
        System.out.println("Resultado de rotar el punto (3.0, 6.0) " +
                "alrededor del punto (1.0, 3.0) un angulo de 270 grados: "
                + pointD.getX() + " - " + pointD.getY());
        System.out.println("Number of Points: " + Point2D.getNumberOfPoints());
    }
}
```

La ejecución de esta clase principal produciría la siguiente salida:

```
Counter value: 0
Counter value: 3
Number of Points: 0
Number of Points: 1
Radio de Coordenadas Polares: 13.0
Angulo en Grados de Coordenadas Polares: 22.619864948040426
Distancia del punto (-1.0, -1.0) al punto (2.0, 3.0): 5.0
Resultado de rotar el punto (3.0, 6.0) alrededor del punto (1.0, 3.0) un angulo de
270 grados: 3.9999999999999996 - 0.9999999999999996
Number of Points: 5
Process finished with exit code 0
```

1.5 HERENCIA

La herencia es el mecanismo por el cual una clase **X** puede heredar características de una clase **Y** (se dice que **X** hereda de **Y**), de modo que los objetos de la clase **X** tienen acceso a los atributos y métodos públicos y protegidos de la clase **Y**, sin necesidad de volver a definirlos.

La palabra reservada **extends** indica que vamos a crear una nueva clase a partir de una clase existente. La clase existente se denomina *superclase, supertipo, clase base* o *clase padre*. La nueva clase se denomina *subclase, subtipo, clase derivada* o *clase hija*.

Un *descendiente* de una clase **C** es cualquier clase que herede directa o indirectamente de **C**, incluyendo el propio **C**. Un descendiente propio de **C** es otro descendiente de **C** que no sea el propio **C**.

Desde un punto de vista más abstracto, existe una relación *es-un* entre la subclase y la superclase, de modo que todo objeto de la subclase *es-un* objeto de la superclase. Pero, además, las subclases tienen más funcionalidad que sus superclases.

La razón del empleo de los prefijos *super* y *sub* viene de la teoría de conjuntos; ocurre que el conjunto de todos los objetos de la superclase es un superconjunto, es decir, contiene al conjunto de todos los objetos de la subclase; o, lo que es lo mismo, el conjunto de todos los objetos de la subclase es un subconjunto, es decir, es contenido por el conjunto de todos los objetos de la superclase.

La forma general de definición de una clase que hereda de una superclase es la siguiente:

```
public class subclase extends superclase {
    // cuerpo de la clase
}
```

Java no soporta herencia múltiple, por lo que sólo es posible especificar una única superclase para cualquier subclase que se defina. Sí es posible crear una jerarquía de herencia en la que una subclase es a su vez una superclase de otra subclase; no obstante, una clase no puede convertirse en superclase de sí misma.

Aunque una subclase incluye todas las características de su superclase, no puede tener acceso a aquellas características de la superclase que han sido definidas como privadas. Por ejemplo, la única manera de acceder a un atributo privado de la superclase es a través del método público apropiado de la misma. No obstante, existe otra solución a este problema. La superclase podría declarar el atributo como protegido (mediante la palabra reservada **protected**); así, en general, si el modificador de visibilidad de una característica de una determinada clase es protegido, significa que las subclases, además de las características de la propia clase, pueden acceder a ella. Sin embargo, los atributos protegidos presentan algunos problemas:

▸ El diseñador de la superclase no tiene control alguno sobre los autores de las subclases, de modo que cualquier método de las subclases puede corromper la información almacenada en los atributos de la superclase.

▸ Las clases con atributos protegidos son difíciles de modificar. Incluso aunque el autor de la superclase quisiera cambiar la implementación de los atributos, los atributos protegidos no podrían cambiarse, porque alguien en algún lugar ahí fuera habrá escrito una subclase cuyo código depende de ellos.

▸ En Java, los atributos protegidos presentan otro inconveniente añadido, y es que son accesibles no sólo por las subclases, sino también por el resto de clases del mismo paquete.

▸ Siguiendo el principio de ocultamiento de la información, los atributos de una clase deben ser privados, aunque se trate de una superclase. Si se desea conceder acceso a algún atributo sólo a las subclases, entonces lo recomendable es utilizar un método de consulta protegido en la superclase.

▸ En general, no hay inconveniente en utilizar la visibilidad protegida con métodos cuando se aplica herencia si se considera necesario por razones de diseño.

Cuando una subclase necesita referirse a su superclase inmediata, puede hacerlo empleando la palabra reservada **super**, ya que es una palabra reservada especial que dirige al compilador para que invoque al método de la superclase. La utilización de **super** tiene dos usos habituales.

El primero invoca al constructor de la superclase. En Java los constructores no se heredan. Cuando se aplica herencia, la llamada a un constructor de la clase padre es obligatoria, y debe ser la primera sentencia del código del constructor de la subclase. Una subclase puede invocar un constructor definido por su superclase mediante el uso de la siguiente forma de **super**:

```
super(arg-list);
```

Aquí, **arg-list** especifica cualesquier argumentos necesitados por el constructor de la superclase. Dado que los constructores pueden ser sobrecargados, **super(...)** puede ser llamado usando cualquier forma que esté definida en la superclase.

Si el constructor de la subclase no llama explícitamente a un constructor de la superclase, entonces se invoca al constructor predeterminado (sin parámetros) de la superclase; es decir, el compilador asume que la primera sentencia del código del constructor de la subclase es **super()**. Si la superclase no posee un constructor predeterminado y el constructor de la subclase no llama explícitamente a otro constructor de la superclase, entonces el compilador de Java notifica la existencia de un error.

El segundo uso de **super** consiste en acceder a un método de la superclase que se redefine en la subclase. La subclase hereda los métodos de la superclase; ahora bien, si no se está satisfecho con el comportamiento de un método heredado, es posible redefinir dicho método, adaptándolo a la semántica de la subclase.

Un método de una clase es una redefinición si tiene la misma signatura que un método de su clase padre. Si el método de la subclase cambia el tipo de algún parámetro o añade nuevos parámetros, está sobrecargando el método heredado, en lugar de redefinirlo.

No obstante, en el proceso de redefinición de un método se permite cambiar el tipo de retorno a otro más específico (es decir, una subclase del tipo de retorno original). Es lo que se denomina **regla covariante**.

También, en el proceso de redefinición, se puede cambiar el nivel de visibilidad del método para incrementarlo. El modificador de visibilidad de un método que redefine a otro debe proporcionar por lo menos la misma visibilidad que el método redefinido. Es decir:

▸ Si el método redefinido tenía visibilidad pública, el método que redefine debe ser público.

▸ Si el método redefinido tenía visibilidad protegida, el método que redefine debe ser público o protegido.

▸ Si el método redefinido tenía visibilidad de paquete (lo que no es recomendable), el método que redefine no puede ser privado.

▸ No se puede redefinir un método privado.

La redefinición de un método heredado puede ser de dos tipos:

▼ **Refinamiento**: Se añade nueva funcionalidad al comportamiento heredado.

▼ **Reemplazo**: Se sustituye completamente la implementación del método heredado.

En el refinamiento de un método, resulta útil invocar a la versión heredada del método; para invocar al método de la superclase desde el método de la subclase, se emplea la siguiente sintaxis:

```
super.methodName(parameters);
```

De este modo, se puede llamar a la versión del padre de un método que se redefine en la clase. Si se omite la palabra reservada **super**, el método de la subclase se llamaría a sí mismo en una invocación recursiva que nunca se detendría (hasta que se agotara la memoria de la máquina virtual de la plataforma Java).

▼ En general, el uso de **super** se recomienda sólo para constructores y para el refinamiento de métodos. No es recomendable utilizar **super** para llamar a métodos que se heredan.

Para ilustrar la herencia con un ejemplo, supongamos que tenemos una clase **Employee** que modela los empleados de una empresa; sin embargo, existe en la compañía una clase de empleados, los administradores, que reciben un trato distinto; por supuesto, los administradores son iguales a los empleados en muchos aspectos. Tanto los administradores como los empleados reciben un sueldo. Sin embargo, los administradores reciben un incentivo si consiguen hacer lo que se supone que deben hacer. En este caso, crearemos una clase **Manager** que herede de **Employee**. La clase **Employee** sería:

```
package org.jomaveger.examples.chapter1;
import java.util.Date;
import java.util.GregorianCalendar;
public class Employee {
    private final String nombre;
    private Double sueldo;
    private final Date fechaContrato;
    public Employee(final String nombre, final Double salario, final Integer anno,
                    final Integer mes, final Integer dia)
    {
        this.nombre = nombre;
        this.sueldo = salario;
        GregorianCalendar calendario = new GregorianCalendar(anno, mes - 1, dia);
        this.fechaContrato = calendario.getTime();
```

```
    }
    public String getNombre() {
        return this.nombre;
    }
    public Double getSueldo() {
        return this.sueldo;
    }
    public Date getFechaContrato() {
        return new Date(this.fechaContrato.getTime());
    }
    public void subirSueldo(Double porcentaje) {
        Double aumento = this.sueldo * porcentaje / 100;
        this.sueldo += aumento;
    }
}
```

La clase **Manager** sería:

```
package org.jomaveger.examples.chapter1;
public class Manager extends Employee {
    private Double incentivo;
    public Manager(final String nombre, final Double salario, final Integer anno,
                   final Integer mes, final Integer dia)
    {
        super(nombre, salario, anno, mes, dia);
        this.incentivo = 0.0;
    }
    public Double getIncentivo() {
        return this.incentivo;
    }
    public void setIncentivo(Double incentivo) {
        this.incentivo = incentivo;
    }
    @Override
    public Double getSueldo() {
        Double sueldoBase = super.getSueldo();
        return sueldoBase + this.incentivo;
    }
}
```

Cuando se hereda de una clase existente, se tiene la elección de redefinir o no los métodos de la superclase. En ocasiones, es deseable obligar a los programadores a redefinir un método. Esta situación se presenta cuando no existe una buena implementación por defecto para el método de la superclase y sólo el programador de la subclase puede saber cómo implementar el método adecuadamente. La solución para esta situación es definir el método de la superclase como un método abstracto. Un método abstracto es aquel método que carece de implementación. Esto fuerza a los implementadores de las subclases a especificar implementaciones concretas de este método.

Una clase que tiene al menos un método abstracto se dice que es una clase abstracta o también clase diferida. Si una clase hereda de una clase abstracta sin proporcionar una implementación de todos sus métodos abstractos, también es una clase abstracta.

No es posible crear objetos de una clase abstracta. No obstante, aunque no se pueda construir un objeto de una clase abstracta, sí es posible tener una variable referencia cuyo tipo sea una clase abstracta; por supuesto, el objeto real al que apunte debe ser una instancia de una subclase concreta (siempre y cuando no sea dicha subclase a su vez abstracta).

▶ Aunque es posible crear una clase abstracta que carezca de método abstracto alguno, no es recomendable.

Supongamos en este caso una clase **Shape** que representa una figura geométrica cualquiera. No tiene sentido calcular su área, pero sí la de un cuadrado o un círculo. Por ello, la clase **Shape** será abstracta.

```java
package org.jomaveger.examples.chapter1;
public abstract class Shape {
    private Point2D position;
    public Shape(final Point2D p) {
        this.position = p;
    }
    public Shape(final Integer x, final Integer y) {
        this.position = new Point2D(Double.parseDouble(x.toString()),
                        Double.parseDouble(y.toString()));
    }
    public Shape(final Double x, final Double y) {
        this.position = new Point2D(x, y);
    }
    public abstract Double getArea();
}
```

Ahora vamos a ver las distintas subclases. La primera subclase, **Circle**, que modela un círculo, calculará el área según la fórmula matemática que le corresponde, teniendo además en cuenta que el atributo heredado **position** almacena las coordenadas del centro del círculo:

```java
package org.jomaveger.examples.chapter1;
import static java.lang.Math.*;
public class Circle extends Shape {
    private Double radio;
    public Circle(final Point2D p, final Double r) {
        super(p);
        this.radio = r;
```

```
    }
    public Circle(final Integer x, final Integer y, final Double r) {
        super(x, y);
        this.radio = r;
    }
    public Circle(final Double x, final Double y, final Double r) {
        super(x, y);
        this.radio = r;
    }
    @Override
    public Double getArea() {
        return PI * this.radio * this.radio;
    }
}
```

La segunda subclase, **Square**, que modela un cuadrado, calculará el área según la fórmula matemática que le corresponde, teniendo además en cuenta que el atributo heredado **position** almacena las coordenadas de la esquina superior izquierda del cuadrado:

```
package org.jomaveger.examples.chapter1;
public class Square extends Shape {
    private Double side;
    public Square(final Point2D p, final Double side) {
        super(p);
        this.side = side;
    }
    public Square(final Integer x, final Integer y, final Double side) {
        super(x, y);
        this.side = side;
    }
    public Square(final Double x, final Double y, final Double side) {
        super(x, y);
        this.side = side;
    }
    @Override
    public Double getArea() {
        return this.side * this.side;
    }
}
```

Es posible evitar que se pueda heredar de una clase. Las clases que no pueden ser heredadas o extendidas son llamadas clases finales, y se utiliza el modificador **final** en la definición de la clase para indicar esta condición.

```
public final class subclase extends superclase {
    ...
}
```

También es posible hacer que un método específico de una clase sea final, utilizando el modificador **final** en la definición del método. De este modo, ninguna subclase puede redefinir ese método.

```
public class subclase extends superclase {
    ...
    public final tipo-retorno metodo(arg-list) {
        ...
    }
    ...
}
```

Naturalmente, se entiende que todos los métodos en una clase final son automáticamente finales.

1.6 POLIMORFISMO Y VINCULACIÓN DINÁMICA

Una **entidad** es uno de los siguientes elementos:

- Un atributo de una clase.
- Una variable local de un método.
- Un parámetro formal de un método.

El **polimorfismo** es la capacidad de una entidad de referenciar en tiempo de ejecución a objetos de diferentes clases. El polimorfismo es restringido por la herencia e implica que una entidad tiene un tipo estático y otro dinámico.

El **tipo estático** de una entidad es el tipo de datos asociado a la declaración de la entidad.

El **tipo dinámico** de una entidad es el tipo de datos correspondiente a la clase del objeto conectado a la entidad en tiempo de ejecución.

El conjunto de tipos dinámicos de una entidad está formado por la clase de la misma y todas sus subclases.

Si declaramos las siguientes variables referencia:

```
Employee empleado;
Manager administrador;
Shape figura;
Circle circulo;
Square cuadrado;
```

Entonces el tipo estático de **empleado** es la clase **Employee** y su conjunto de tipos dinámicos está formado por las clases **Employee** y **Manager**.

El tipo estático de **administrador** es la clase **Manager** y su conjunto de tipos dinámicos está formado por la clase **Manager**.

El tipo estático de **figura** es **Shape** y su conjunto de tipos dinámicos es **Circle** y **Square**.

El tipo estático de **circulo** es la clase **Circle** y su conjunto de tipos dinámicos es **Circle**.

El tipo estático de **cuadrado** es la clase **Square** y su conjunto de tipos dinámicos es **Square**.

Una clase **B** es **compatible** con otra clase **A** si **B** es descendiente de **A**.

Una asignación polimórfica es válida si el tipo estático de la parte derecha es compatible con el tipo estático de la parte izquierda. De forma semejante, un paso de parámetros es válido si el tipo estático del parámetro real es compatible con el tipo estático del parámetro formal.

Así, por ejemplo:

```
Shape figura;
Circle circulo = new Circle(...);
Square cuadrado = new Square(...);
//asignación polimórfica válida
figura = circulo;
figura = cuadrado;
//asignación polimórfica no válida
circulo = cuadrado;
```

En la asignación polimórfica válida, la variable referencia **figura** tiene el tipo estático **Shape**. Sin embargo, el tipo dinámico de la variable cambia: En primer lugar es la clase **Circle**, y después la clase **Square**.

En la asignación polimórfica no válida, el tipo estático **Square** no es descendiente del tipo estático **Circle**.

Es decir, las variables de tipo referencia en Java son polimórficas, lo que en esencia quiere decir que se puede utilizar un objeto del tipo de la subclase siempre que el programa espere un objeto de la superclase.

El polimorfismo es posible gracias a la vinculación dinámica de métodos.

La versión de un método en una clase es la introducida por la clase (redefinida) o la heredada.

La vinculación de métodos se encarga de relacionar la llamada a un método con la versión del método que se ejecuta finalmente. Hay dos tipos de vinculación: Estática y dinámica.

La vinculación estática consiste en realizar el proceso de vinculación en tiempo de compilación, de modo que se ejecuta la versión del método asociada al tipo estático de la entidad sobre la que se aplica el método. En Java se utiliza para los métodos estáticos, privados y finales, esencialmente porque no pueden ser redefinidos.

La vinculación dinámica consiste en realizar el proceso de vinculación en tiempo de ejecución, de modo que se ejecuta la versión del método asociada al tipo dinámico de la entidad sobre la que se aplica el método. En Java se utiliza para todos los métodos que no sean estáticos, privados ni finales, precisamente porque son los que pueden ser redefinidos.

Es decir, cuando se invoca un método, si la variable referencia cuyo tipo estático es una superclase está apuntando a un objeto de la superclase, se ejecutará el método de dicha superclase; ahora bien, si la misma variable referencia está apuntando en otro instante concreto a un objeto de una subclase, entonces se ejecutará la versión del método de esa subclase.

Sea como ejemplo el siguiente:

```
Employee empleado = new Employee(...);
Manager admin = new Manager(...);
admin.setIncentivo(...);
empleado.getSueldo(); //llama al método de la superclase
empleado = admin;
empleado.getSueldo(); //llama al método de la subclase
```

Hemos visto que el polimorfismo en esencia quiere decir que se puede utilizar un objeto del tipo de la subclase siempre que el programa espere un objeto de la superclase. Lo contrario no es cierto. No se puede asignar una referencia de una superclase a una variable del tipo de una subclase.

La herencia y el polimorfismo son consistentes con el sistema de tipos. Sobre una variable referencia cuyo tipo estático es de una subclase, podemos aplicar métodos heredados y redefinidos, y métodos propios. Si la variable referencia tiene como tipo estático una superclase, no podemos aplicar métodos propios de las subclases.

Este comportamiento se corresponde con la política pesimista de tipos que aplica la comprobación estática de tipos. Según esta política, existen ciertas operaciones con los tipos que pueden ser válidas pero, si no hay una seguridad absoluta de que lo son, entonces es mejor no permitirlas. La idea subyacente es que es mejor detectar los posibles errores en tiempo de compilación y no en tiempo de ejecución (ya que son una mayor molestia para el usuario de la aplicación). Debido a esta política, se rechazaría lo siguiente:

```
Employee empleado = new Manager(...);
empleado.setIncentivo(...); //Error de compilación
```

Las opciones disponibles para evitar este error de compilación son las siguientes:

▸ La primera opción es hacer un moldeado explícito de tipo (en inglés *type casting*). El compilador permite hacer un moldeado explícito de tipo de una variable referencia polimórfica a uno de los posibles tipos dinámicos de la variable (es decir, descendientes del tipo estático de la variable). En el caso anterior, la siguiente sentencia funcionaría sin problemas:

```
((Manager)empleado).setIncentivo(...);
```

Como sabemos que hay un **Manager**, hacemos un moldeado explícito y llamamos al método **setIncentivo()**. El problema es que, si no hubiera un **Manager**, obtendríamos un error en tiempo de ejecución. El compilador se desentiende porque la responsabilidad de que los moldeados explícitos de tipo sean correctos es del programador.

El moldeado explícito de una variable referencia no realiza una conversión de objetos. El moldeado de objetos debe entenderse como "el tipo dinámico de la variable referencia es compatible con el tipo indicado en el moldeado". Un moldeado no compila si el tipo indicado en el moldeado no es compatible (descendiente) con el tipo estático de la variable referencia. Y, como hemos indicado antes, que un moldeado compile no implica que sea correcto: puede fallar en tiempo de ejecución.

▸ La segunda es utilizar el operador **instanceof**, que permite consultar en tiempo de ejecución si el tipo dinámico de una variable referencia es compatible con un tipo. De nuevo, entendemos por tipo compatible el tipo de la consulta o cualquiera de sus subtipos. Por ejemplo, en el caso anterior, podríamos haber hecho lo siguiente:

```
if (empleado instanceof Manager) {
    ((Manager) empleado).setIncentivo(...);
}
```

Este operador permite garantizar que, cuando se realice el moldeado explícito de tipo, éste va a ser correcto en tiempo de ejecución.

El operador **instanceof** proporciona más seguridad que un moldeado explícito de tipo. No obstante, aunque a veces es apropiado utilizar **instanceof** (y en ocasiones no tenemos elección), generalmente su uso está desaconsejado porque conduce a un código muy poco orientado a objetos y revela problemas en el diseño estructural del sistema.

▶ La tercera opción sería ampliar la interfaz de la clase **Employee**, incluyendo el método **setIncentivo()**, de modo que los empleados que no sean administradores no realizarían acción alguna en ese método. No obstante, es una elección de diseño discutible. Se trata de un compromiso entre la flexibilidad que da trabajar con superclases genéricas y la necesidad de que los métodos específicos no suban en la jerarquía de herencia hacia clases más generales.

1.7 INTERFACES

Las interfaces son clases abstractas puras que permiten especificar un tipo implementador sin indicar cómo debe implementarse dicho tipo implementador.

Una interfaz se define con la palabra reservada **interface**, en lugar de emplear **class**.

Una interfaz contiene únicamente las cabeceras de los métodos que son, implícitamente, públicos y abstractos, pero no incluyen los cuerpos de los métodos.

Una interfaz puede contener atributos, pero serán implícitamente estáticos y finales, es decir, constantes de clase.

Una clase sólo puede heredar de una única clase; sin embargo, una interfaz puede extender cualquier número de interfaces. Es decir, se permite la herencia múltiple entre interfaces.

Una clase puede heredar de cualquier número de interfaces. En este sentido, en lugar de heredar, se dice que una clase implementa una interfaz (a través de la palabra reservada **implements**). La relación de implementación establecida por **implements** implica que la clase es subtipo de la interfaz que implementa.

Si una clase implementa una interfaz, debe dar implementación a todos los métodos incluidos en su interfaz (incluidos los métodos de las superinterfaces que extiende dicha interfaz), o bien declararse abstracta y diferir la implementación de la interfaz a sus subclases. Es decir, si una clase no implementa algún método de una interfaz, debe declararse abstracta, ya que los métodos de las interfaces son abstractos.

La forma general de definición de una clase que implementa una interfaz es la siguiente:

```
public class clase implements interfaz {
    // cuerpo de la clase
}
```

Si la clase implementa más de una interfaz, entonces los nombres de las interfaces aparecen separados por comas.

Por tanto, el concepto de interfaz permite que una clase pueda ampliar su compatibilidad de tipos implementando múltiples interfaces, más allá de la compatibilidad con sus ancestros limitada por la herencia simple.

Como es de esperar, una interfaz define un tipo de datos que puede ser utilizado para declarar variables referencia. Sin embargo, no se pueden construir objetos de una interfaz. Los objetos asignables a una variable referencia de tipo interfaz corresponden a clases efectivas (no abstractas) que implementan la interfaz.

Es posible utilizar el operador **instanceof** para saber si un objeto concreto de una clase implementa una interfaz.

Vamos a utilizar el concepto de interfaz para construir un modelo software sencillo de las cuentas bancarias de un banco. La interfaz **BankAccount** define qué operaciones debe tener un tipo implementador que implemente una cuenta bancaria.

```
package org.jomaveger.examples.chapter1;
public interface BankAccount {
    Double getBalance();
    void deposit(final Double amount);
    void withdraw(final Double amount);
}
```

El primer tipo implementador que vamos a considerar es la cuenta corriente, que no es remunerada, no permite descubierto y no tiene comisión de mantenimiento.

```java
package org.jomaveger.examples.chapter1;
public class CurrentBankAccount implements BankAccount {
    private Double balance;
    public CurrentBankAccount(final Double balance) {
        this.balance = balance;
    }
    @Override
    public Double getBalance() {
        return this.balance;
    }
    @Override
    public void deposit(final Double amount) {
        this.balance = this.balance + amount;
    }
    @Override
    public void withdraw(final Double amount) {
        if (amount < this.balance) {
            this.balance = this.balance - amount;
        }
    }
}
```

El segundo tipo implementador que vamos a considerar es la cuenta de ahorro, que sí es remunerada y tiene un determinado tipo de interés. Para simplificar, también consideramos que no permite descubierto y no tiene comisión de mantenimiento.

```java
package org.jomaveger.examples.chapter1;
public class SavingsBankAccount implements BankAccount {
    private double balance;
    private double annualInterestRate;
    private double lastAmountOfInterestEarned;
    public SavingsBankAccount(final Double balance, final Double interestRate) {
        this.balance = balance;
        this.annualInterestRate = interestRate;
        this.lastAmountOfInterestEarned = 0.0;
    }
    @Override
    public Double getBalance() {
        return this.balance;
    }
    @Override
    public void deposit(final Double amount) {
        this.balance = this.balance + amount;
    }
    @Override
    public void withdraw(final Double amount) {
        if (amount < this.balance) {
            this.balance = this.balance - amount;
        }
    }
    public void addInterest() {
        // Get the monthly interest rate.
        Double monthlyInterestRate = annualInterestRate / 12;
```

```
        // Calculate the last amount of interest earned.
        this.lastAmountOfInterestEarned = monthlyInterestRate * this.balance;
        // Add the interest to the balance.
        this.balance = this.balance + lastAmountOfInterestEarned;
    }
    public Double getAnnualInterestRate() {
        return this.annualInterestRate;
    }
    public Double getLastAmountOfInterestEarned() {
        return this.lastAmountOfInterestEarned;
    }
}
}
```

A partir de Java 8, es posible añadir métodos estáticos a las interfaces. Al igual que el resto de métodos de la interfaz, son públicos. No existe colisión entre dos métodos estáticos con la misma signatura implementados en dos interfaces diferentes, porque siempre se tienen que invocar utilizando el nombre de la interfaz. Es decir, cuando una clase implementa una interfaz que contiene un método estático, dicho método estático sigue siendo parte de la interfaz y no de la clase que la implementa. Por esta razón, no es posible invocar al método con el nombre de la clase; en cambio, se debe invocar al método con el nombre de la interfaz.

La posibilidad de crear métodos estáticos en interfaces hace posible agrupar métodos de utilidad relacionados, sin tener que crear clases de utilidad artificiales que son simplemente contenedores de métodos estáticos.

También, a partir de Java 8, es posible proporcionar una implementación por defecto para cualquier método de la interfaz; es decir, es posible añadir métodos implementados en una interfaz. Estos métodos se denominan métodos por defecto o métodos de extensión. Para ello, se etiqueta el método con el modificador **default**.

Al igual que el resto de métodos de la interfaz, se asume que un método por defecto es público. Una clase que implemente una interfaz con un método por defecto tiene dos opciones distintas:

▶ Aceptar la implementación que ofrece la interfaz.
▶ Proporcionar otra implementación.

La introducción de los métodos por defecto abre la puerta a los problemas derivados de la herencia múltiple. Recordemos que en Java sólo se permite herencia simple de clases, pero una clase puede implementar varias interfaces, lo que en la práctica supone una herencia múltiple de tipos. Como las interfaces pueden incluir métodos por defecto, una clase podría heredar dos implementaciones diferentes de un método con la misma signatura de dos interfaces distintas. Esto supondría una colisión de métodos que provoca un error en tiempo de compilación. Y no es el único caso posible de colisión que se puede presentar. En general, ¿qué ocurre si en una interfaz se define un método por defecto y luego de nuevo se define un método con la misma signatura en otra interfaz o en una superclase?

Sean las siguientes interfaces:

```
package org.jomaveger.examples.chapter1;
public interface A {
    default void doSth(){
        System.out.println("inside A");
    }
}
```

```
package org.jomaveger.examples.chapter1;
public interface B {
    default void doSth(){
        System.out.println("inside B");
    }
}
```

```
package org.jomaveger.examples.chapter1;
public interface C extends A {
    default void doSth(){
        System.out.println("inside C");
    }
}
```

```
package org.jomaveger.examples.chapter1;
public interface D {
}
```

Vamos a ver las reglas en Java para resolver las colisiones de métodos por defecto.

▸ Regla 1. Los métodos declarados en clases ganan sobre los métodos definidos en interfaces. En la versión más genérica de esta regla, si una superclase proporciona un método concreto implementado, entonces, en la subclase que hereda de ella, el método por defecto que tiene la misma signatura, y que procede de la interfaz que implementa, es ignorado. Por ejemplo, sea la siguiente clase:

```
package org.jomaveger.examples.chapter1;
public class App1 implements A {
```

```
    @Override
    public void doSth() {
        System.out.println("inside App1");
    }
    public static void main(String[] args) {
        new App1().doSth();
    }
}
```

El mensaje que aparecerá por la consola es **inside App1**, dado que el método declarado en la clase tiene prioridad sobre el método declarado en la interfaz que implementa.

▼ Regla 2. En otro caso, la interfaz más específica es seleccionada. Por ejemplo, sea la siguiente clase:

```
package org.jomaveger.examples.chapter1;
public class App2 implements C, D, A {
    public static void main(String[] args) {
        new App2().doSth();
    }
}
```

El mensaje que aparecerá por la consola es **inside C**.

▼ Regla 3. En otro caso, la clase tiene que invocar a la implementación deseada sin ambigüedades. Es decir, las interfaces chocan. Si una interfaz proporciona un método por defecto, y otra interfaz proporciona un método con la misma signatura (sea por defecto o no), es necesario que el programador resuelva el conflicto redefiniendo ese método. Así, si tenemos la siguiente clase:

```
package org.jomaveger.examples.chapter1;
public class App3 implements B, A {
    @Override
    public void doSth() {
        B.super.doSth();
    }
    public static void main(String[] args) {
        new App3().doSth();
    }
}
```

El mensaje que aparecerá por la consola es **inside B**.

1.8 OBJECT: LA SUPERCLASE CÓSMICA

Toda clase en Java extiende de la clase **Object**. No obstante, no es necesario escribir:

```
public class Employee extends Object {
    ...
}
```

La superclase **Object** se da por supuesta si ninguna superclase es explícitamente mencionada. Dado que toda clase en Java extiende de **Object**, es importante conocer qué métodos proporciona la clase **Object**.

El operador == se utiliza para consultar si dos referencias son idénticas, es decir, contienen el mismo identificador de objeto o, lo que es igual, apuntan al mismo objeto.

El método **equals()** de la clase **Object** se utiliza para consultar si dos objetos son iguales. La implementación por defecto del método que se encuentra en la clase **Object** se limita a comprobar que las referencias de los dos objetos son idénticas, es decir, lleva a cabo la misma funcionalidad que el operador ==. Esta implementación por defecto es razonable ya que, si dos referencias son idénticas, ciertamente se trata de objetos iguales. Y, aunque dicha implementación por defecto puede valer para algunos pocos casos, a menudo se desea implementar una comparación de igualdad basada en el estado de los objetos, en la cual dos objetos son iguales cuando tienen el mismo estado o el mismo valor para determinado subconjunto de sus atributos.

Es entonces necesario redefinir el método **equals()** en las clases donde necesitemos la operación de igualdad. La signatura del método **equals()** es la siguiente:

```
@Override
public boolean equals(Object otherObject) {
    ...
}
```

Es importante darse cuenta de que el parámetro formal del método es de tipo **Object**. Si por accidente lo declaramos de otro tipo, entonces estaremos intentando sobrecargar el método, en lugar de redefinirlo. Gracias a la etiqueta **@Override**, el compilador nos avisará de que, efectivamente, el método que estamos declarando no redefine método alguno de la superclase **Object**.

Vamos a ver la receta para escribir un método **equals()** correcto:

▸ El parámetro formal recibe el nombre **otherObject**. Más tarde, será necesario hacer un moldeado de tipo de dicho parámetro a una variable local cuyo nombre será **other**.

▸ Comprobaremos si **this** es idéntico a **otherObject**:

```
if (this == otherObject) return true;
```

▸ Comprobaremos si **otherObject** es **null** y devolveremos **false** en caso de que así sea:

```
if (otherObject == null) return false;
```

▸ Compararemos los tipos de **this** y **otherObject**. Si la semántica de **equals()** puede cambiar en las subclases, de forma que el método **equals()** implementado en la superclase no vale para las subclases, usaremos **getClass()** para hacer la comprobación:

```
if (this.getClass() != otherObject.getClass()) return false;
```

El método **getClass()** devuelve el tipo dinámico de la variable referencia sobre la que se aplica.

Por el contrario, si la misma semántica del método **equals()** de la superclase es válida para todas las subclases, se redefine el método **equals()** como final y usaremos **instanceof()** para hacer la comprobación:

```
if (!(otherObject instanceof ClassName)) return false;
```

▸ Haremos un moldeado de tipo de **otherObject** a una variable cuyo tipo de datos es la clase en la que nos encontramos:

```
ClassName other = (ClassName) otherObject;
```

▸ Ahora compararemos los atributos, según exija la semántica de igualdad de la clase con la que estamos trabajando. Emplearemos == para comparar atributos cuyos tipos de datos son tipos valor y **Objects.equals()** para los atributos cuyos tipos de datos son tipos referencia:

```
return field1 == other.field1 && Objects.equals(field2, other.field2) &&
... ;
```

Si estamos redefiniendo **equals()** en una subclase, no debemos olvidar incluir una llamada a **super.equals(other)**.

La clase **Objects** tiene algunos métodos de utilidad muy interesantes. Acabamos de utilizar **Objects.equals(a, b)**, un método estático que, cuando es invocado, devuelve **true** si ambos parámetros reales son **null**, **false** si sólo uno es **null** y, en caso contrario, invoca **a.equals(b)**.

Por ejemplo, el método **equals()** de nuestra clase **Employee** sería el siguiente:

```
package org.jomaveger.examples.chapter1;
import java.util.Date;
import java.util.GregorianCalendar;
import java.util.Objects;
public class Employee {
    //igual que antes
    @Override
    public boolean equals(Object otherObject) {
        if (this == otherObject) return true;
        if (otherObject == null) return false;
        if (this.getClass() != otherObject.getClass()) return false;
        Employee other = (Employee) otherObject;
        return Objects.equals(this.nombre, other.nombre) &&
                Objects.equals(this.sueldo, other.sueldo) &&
                Objects.equals(this.fechaContrato, other.fechaContrato);
    }
}
```

Y el método **equals()** para la clase **Manager** sería el siguiente:

```
package org.jomaveger.chapter1;
import java.util.Objects;
public class Manager extends Employee {
    //igual que antes
    @Override
    public boolean equals(Object otherObject) {
        if (!super.equals(otherObject)) return false;
        Manager other = (Manager) otherObject;
        return Objects.equals(this.incentivo, other.incentivo);
    }
}
```

El método **hashCode()** de la clase **Object** devuelve un número entero que representa el código de dispersión de un objeto. Es utilizado para almacenar los objetos en estructuras de datos cuya implementación se basa en una tabla de dispersión. La implementación de **hashCode()** siempre tiene que ser consistente con la implementación de **equals()**, de tal modo que, si dos objetos son iguales, entonces deben tener el mismo código de dispersión. La implementación por defecto de **hashCode()** en la clase **Object** proporciona para todo objeto un código de dispersión por defecto, donde este código es generado a partir de la dirección de memoria del objeto. Si se redefine el método **equals()** en una clase, es necesario redefinir también el método **hashCode()** para que las implementaciones sean consistentes. La implementación de los métodos **equals()/hashCode()** es consistente si está basada en los mismos atributos. Para redefinir el método **hashCode()**, nos apoyaremos en otro método de utilidad de la clase **Objects**:

```
static int hash(Object... objects)
```

Este método invoca a **Objects.hashCode()** para cada uno de sus parámetros reales y después combina los valores.

```
static int hashCode(Object a)
```

El método **Objects.hashCode()** devuelve **0** si su argumento es **null** y, en caso contrario, devuelve **a.hashCode()**.

Por ejemplo, el método **hashCode()** de nuestra clase **Employee** sería el siguiente:

```
//como antes
public class Employee {
//como antes
    @Override
    public boolean equals(Object otherObject) {
        if (this == otherObject) return true;
        if (otherObject == null) return false;
        if (this.getClass() != otherObject.getClass()) return false;
        Employee other = (Employee) otherObject;
        return Objects.equals(this.nombre, other.nombre) &&
                Objects.equals(this.sueldo, other.sueldo) &&
                Objects.equals(this.fechaContrato, other.fechaContrato);
    }
    @Override
    public int hashCode() {
        return Objects.hash(this.nombre, this.sueldo, this.fechaContrato);
    }
}
```

El método **hashCode()** se redefine en una subclase si también se ha redefinido el método **equals()**, como es lógico. Ahora bien, la redefinición de **hashCode()** en la subclase debe reutilizar la versión heredada. Así, por ejemplo, sea el método **hashCode()** para la clase **Manager**:

```java
//como antes
public class Manager extends Employee {
// como antes
    @Override
    public boolean equals(Object otherObject) {
        if (!super.equals(otherObject)) return false;
        Manager other = (Manager) otherObject;
        return Objects.equals(this.incentivo, other.incentivo);
    }
    @Override
    public int hashCode() {
        return Objects.hash(super.hashCode(), this.incentivo);
    }
}
```

El **toString()** de la clase **Object** devuelve una cadena de caracteres que representa el estado del objeto. Es recomendable que todas las clases redefinan este método, por una importante razón: Siempre que un objeto es concatenado con una cadena de caracteres mediante el operador +, el compilador de Java automáticamente invoca el método **toString()** para obtener una representación del objeto en forma de cadena de caracteres. Asimismo, cada vez que se escribe por consola un objeto, invocando a **System.out.println(someObject)**, se llama al **toString()** del objeto para obtener una representación del mismo en forma de cadena de caracteres.

Para redefinir el método **toString()**, nos apoyaremos en el ya visto método **getClass()**, que devuelve el tipo dinámico de la variable referencia sobre la que se aplica. Invocaremos **getClass().getName()** para obtener una cadena de caracteres con el nombre de la clase.

Vamos a redefinir el método **toString()** en la clase **Employee**:

```java
// como antes
public class Employee {
// como antes
    @Override
    public String toString() {
        return getClass().getName() + "[nombre=" + this.nombre +
                    ", sueldo=" + this.sueldo +
                    ", fechaContrato=" + this.fechaContrato + "]";
    }
}
```

El método **toString()** debe ser redefinido en una subclase si añade nuevos atributos. En este caso, si se redefine en la subclase, es necesario reutilizar la versión heredada. Así, para la clase **Manager**, la redefinición del método **toString()** sería:

```java
// como antes
public class Manager extends Employee {
// como antes
    @Override
    public String toString() {
        return super.toString() + "[incentivo=" + this.incentivo + ']';
    }
}
```

El operador = de asignación de referencias se utiliza para copiar la referencia o identificador de objeto de la variable referencia del lado derecho del operador a la variable referencia que se encuentra en el lado izquierdo del operador. En ningún caso se hace una réplica de la estructura de datos original, sino que ambas variables referencia acaban apuntando al mismo objeto.

Si realmente queremos hacer la copia de un objeto, una opción es emplear el método **clone()** de la clase **Object**. El método **clone()** genera una copia duplicada del objeto sobre el que es invocado. Sólo las clases que implementan la interfaz **Cloneable** pueden ser clonadas.

La interfaz **Cloneable** es una interfaz de marcado o de etiquetado, es decir, una interfaz vacía que carece de métodos. Una interfaz de marcado se utiliza meramente para aumentar el espectro de compatibilidad de tipos de una clase, indicando, en el caso de **Cloneable**, que una clase permite una copia bit a bit (es decir, un clon) de un objeto suyo. Si se trata de invocar al método **clone()** en una clase que no implementa **Cloneable**, se lanza la excepción **CloneNotSupportedException**.

▶ Es recomendable no definir en nuestro código interfaces de marcado.

El método **clone()** es declarado protegido en la clase **Object**. Esto significa que, por defecto, sólo puede ser llamado desde un método definido por la clase que **Cloneable**. Si se desea que pueda ser invocado desde cualquier método de cualquier clase, es necesario que sea explícitamente redefinido en dicha clase que implementa **Cloneable** para que su visibilidad sea pública.

El tipo de retorno de **clone()** en **Object** es **Object**. Ahora bien, cuando se redefine **clone()**, también se aplica la regla covariante y como tipo de retorno del método se declara el de la clase que implementa **Cloneable**.

La implementación por defecto de **clone()** realiza una copia superficial (en inglés *shallow copy*) del objeto original; es decir, realiza una copia bit a bit, atributo por atributo. Si los atributos son tipos valor, la copia es totalmente independiente del original. Pero, si los atributos son tipos referencia, por lo que el objeto original contiene referencias a subojetos, entonces copiar el atributo da otra referencia al mismo subobjeto, de modo que el original y el objeto clonado todavía comparten alguna información. La copia superficial sólo es aceptable si la *compartición de estructura* que se produce entre el objeto original y el objeto clonado se corresponde con una clase inmutable.

Si la implementación por defecto de **clone()** es insuficiente, deberemos realizar una copia profunda (en inglés *deep copy*). Para ello, lo normal será clonar los atributos mutables; no obstante, hay excepciones a esta norma. Por ejemplo, un atributo que represente un número de serie, un identificador único o el instante de tiempo de creación del objeto, incluso si el atributo es de un tipo valor o de una clase inmutable; en este caso, se necesita un ajuste con el objetivo de dar un valor válido a este atributo en el objeto clonado.

Como vemos, es complejo trabajar con el método **clone()**. Además, presenta otros inconvenientes:

- La arquitectura del método **clone()** es incompatible con el uso normal de los atributos finales en las clases mutables. Para garantizar que una clase sea clonable, es necesario eliminar los modificadores **final** de los atributos.

- Cuando se ejecuta el método **clone()**, no se invoca a constructor alguno con el fin de construir el objeto clonado a partir del objeto original. Por tanto, si se tiene un atributo que lleva la cuenta del número de objetos de la clase que se van creando, cuyo valor se incrementa en los constructores de la clase, entonces será necesario también incrementar su valor en el método **clone()**.

- Si se está redefiniendo el método **clone()** en una subclase, todas las superclases de la jerarquía de herencia deben tener redefinido a su vez el método **clone()**. De lo contrario, cuando la subclase ejecute **super. clone()**, la cadena de llamadas fallará.

Así, nuestra clase **Employee** no es clonable porque el atributo **fechaContrato** es final. Vamos a crear otra clase, **CloneableEmployee**, que sí será clonable porque no tendrá atributos finales.

```java
package org.jomaveger.examples.chapter1;
import java.util.Date;
import java.util.GregorianCalendar;
import java.util.Objects;
public class CloneableEmployee implements Cloneable {
    private final String nombre;
    private Double sueldo;
    private Date fechaContrato;
    public CloneableEmployee(final String nombre, final Double salario,
            final Integer anno, final Integer mes, final Integer dia)
    {
        this.nombre = nombre;
        this.sueldo = salario;
        GregorianCalendar calendario = new GregorianCalendar(anno, mes - 1,
dia);
        this.fechaContrato = calendario.getTime();
    }
    public String getNombre() {
        return this.nombre;
    }
    public Double getSueldo() {
        return this.sueldo;
    }
    public Date getFechaContrato() {
        return new Date(this.fechaContrato.getTime());
    }
    public void subirSueldo(Double porcentaje) {
        Double aumento = this.sueldo * porcentaje / 100;
        this.sueldo += aumento;
    }
    @Override
    public boolean equals(Object otherObject) {
        if (this == otherObject) return true;
        if (otherObject == null) return false;
        if (this.getClass() != otherObject.getClass()) return false;
        CloneableEmployee other = (CloneableEmployee) otherObject;
        return Objects.equals(this.nombre, other.nombre) &&
                Objects.equals(this.sueldo, other.sueldo) &&
                Objects.equals(this.fechaContrato, other.fechaContrato);
    }
    @Override
    public int hashCode() {
        return Objects.hash(this.nombre, this.sueldo, this.fechaContrato);
    }
    @Override
    public String toString() {
        return getClass().getName() + "[nombre=" + this.nombre
                + ", sueldo=" + this.sueldo
                + ", fechaContrato=" + this.fechaContrato + "]";
    }
    @Override
    public CloneableEmployee clone() throws CloneNotSupportedException {
        CloneableEmployee cloned = (CloneableEmployee) super.clone();
        cloned.fechaContrato = (Date) this.fechaContrato.clone();
        return cloned;
    }
}
```

La clase **CloneableManager** permite clonar administradores y extiende de **CloneableEmployee**.

```java
package org.jomaveger.examples.chapter1;
import java.util.Objects;
public class CloneableManager extends CloneableEmployee implements Cloneable {
    private Double incentivo;
    public CloneableManager(final String nombre, final Double salario,
            final Integer anno, final Integer mes, final Integer dia)
    {
        super(nombre, salario, anno, mes, dia);
        this.incentivo = 0.0;
    }
    public Double getIncentivo() {
        return this.incentivo;
    }
    public void setIncentivo(Double incentivo) {
        this.incentivo = incentivo;
    }
    @Override
    public Double getSueldo() {
        Double sueldoBase = super.getSueldo();
        return sueldoBase + this.incentivo;
    }
    @Override
    public boolean equals(Object otherObject) {
        if (!super.equals(otherObject)) return false;
        CloneableManager other = (CloneableManager) otherObject;
        return Objects.equals(this.incentivo, other.incentivo);
    }
    @Override
    public int hashCode() {
        return Objects.hash(super.hashCode(), this.incentivo);
    }
    @Override
    public String toString() {
        return super.toString() + "[incentivo=" + this.incentivo + ']';
    }
    @Override
    public CloneableManager clone() throws CloneNotSupportedException {
        return (CloneableManager) super.clone();
    }
}
```

Por todo lo visto, está desaconsejado el uso del método **clone()** para hacer copias de objetos. Otras posibilidades mucho más adecuadas son:

▸ El constructor de copia. Es simplemente un constructor que tiene un único parámetro formal cuyo tipo de datos es la clase que contiene el constructor. Por ejemplo, para la clase **Employee**:

```java
public Employee(Employee employee) {
    this.nombre = employee.nombre;
    this.sueldo = employee.sueldo;
    this.fechaContrato = new Date(employee.fechaContrato.getTime());
}
```

Y para clase **Manager**:

```java
public Manager(Manager manager) {
    super(manager);
    this.incentivo = manager.incentivo;
}
```

▶ El método factoría de copia. Se trata del análogo estático del constructor de copia. Por ejemplo, para la clas **Employee**:

```java
public static Employee newInstance(Employee employee) {
    return new Employee(employee);
}
```

Y para la clase **Manager** sería:

```java
public static Manager newInstance(Manager manager) {
    return new Manager(manager);
}
```

▶ La copia de objetos mediante serialización. Este método permite una copia profunda. Mediante este método, se serializa en memoria el objeto original que se quiere clonar, y posteriormente se deserializa de memoria el objeto clonado una vez terminado el proceso. La clase del objeto que necesita ser clonado tiene que implementar la interfaz **Serializable**, otra interfaz de marcado o etiquetado.

Con el fin de desarrollar un diseño reutilizable, vamos a crear una interfaz que extienda de **Serializable** con dos métodos estáticos responsables de realizar una copia profunda de un objeto, independientemente de cuál sea su clase.

```java
package org.jomaveger.lang;
import java.io.*;
public interface DeepCloneable extends Serializable {
    static <T extends Serializable> T deepCopy(T t) throws IOException,
                                     ClassNotFoundException
    {
```

```
        ByteArrayOutputStream bos = new ByteArrayOutputStream();
        serializeToOutputStream(t, bos);
        byte[] bytes = bos.toByteArray();
        ObjectInputStream ois = new ObjectInputStream(
                        new ByteArrayInputStream(bytes));
        return (T) ois.readObject();
    }
    static void serializeToOutputStream(Serializable ser, OutputStream os)
                                                throws IOException
    {
        ObjectOutputStream oos = null;
        try {
            oos = new ObjectOutputStream(os);
            oos.writeObject(ser);
            oos.flush();
        } finally {
            oos.close();
        }
    }
}
```

Una vez tenemos esta interfaz, modificamos nuestra clase **Employee** para tener la capacidad de clonar un objeto mediante este método:

```
package org.jomaveger.examples.chapter1;
import java.util.Date;
import java.util.GregorianCalendar;
import java.util.Objects;
import org.jomaveger.lang.DeepCloneable;
public class Employee implements DeepCloneable {
    private final String nombre;
    private Double sueldo;
    private final Date fechaContrato;
    public Employee(final String nombre, final Double salario, final Integer anno,
                    final Integer mes, final Integer dia)
    {
        this.nombre = nombre;
        this.sueldo = salario;
        GregorianCalendar calendario = new GregorianCalendar(anno, mes - 1,
dia);
        this.fechaContrato = calendario.getTime();
    }
    public Employee(Employee employee) {
        this.nombre = employee.nombre;
        this.sueldo = employee.sueldo;
        this.fechaContrato = new Date(employee.fechaContrato.getTime());
    }
    public static Employee newInstance(Employee employee) {
        return new Employee(employee);
    }
    public String getNombre() {
        return this.nombre;
    }
    public Double getSueldo() {
```

```
        return this.sueldo;
    }
    public Date getFechaContrato() {
        return new Date(this.fechaContrato.getTime());
    }
    public void subirSueldo(Double porcentaje) {
        Double aumento = this.sueldo * porcentaje / 100;
        this.sueldo += aumento;
    }
    @Override
    public boolean equals(Object otherObject) {
        if (this == otherObject) return true;
        if (otherObject == null) return false;
        if (this.getClass() != otherObject.getClass()) return false;
        Employee other = (Employee) otherObject;
        return Objects.equals(this.nombre, other.nombre) &&
                Objects.equals(this.sueldo, other.sueldo) &&
                Objects.equals(this.fechaContrato, other.fechaContrato);
    }
    @Override
    public int hashCode() {
        return Objects.hash(this.nombre, this.sueldo, this.fechaContrato);
    }
    @Override
    public String toString() {
        return getClass().getName() + "[nombre=" + this.nombre
                + ", sueldo=" + this.sueldo
                + ", fechaContrato=" + this.fechaContrato + "]";
    }
    public Employee deepCopy() throws Exception {
        return DeepCloneable.deepCopy(this);
    }
}
```

Para la clase **Manager**, el procedimiento sería semejante:

```
package org.jomaveger.examples.chapter1;
import java.util.Objects;
import org.jomaveger.lang.DeepCloneable;
public class Manager extends Employee implements DeepCloneable {
    private Double incentivo;
    public Manager(final String nombre, final Double salario, final Integer anno,
                final Integer mes, final Integer dia)
    {
        super(nombre, salario, anno, mes, dia);
        this.incentivo = 0.0;
    }
    public Manager(Manager manager) {
        super(manager);
        this.incentivo = manager.incentivo;
    }
    public static Manager newInstance(Manager manager) {
        return new Manager(manager);
    }
```

```java
    public Double getIncentivo() {
        return this.incentivo;
    }
    public void setIncentivo(Double incentivo) {
        this.incentivo = incentivo;
    }
    @Override
    public Double getSueldo() {
        Double sueldoBase = super.getSueldo();
        return sueldoBase + this.incentivo;
    }
    @Override
    public boolean equals(Object otherObject) {
        if (!super.equals(otherObject)) return false;
        Manager other = (Manager) otherObject;
        return Objects.equals(this.incentivo, other.incentivo);
    }
    @Override
    public int hashCode() {
        return Objects.hash(super.hashCode(), this.incentivo);
    }
    @Override
    public String toString() {
        return super.toString() + "[incentivo=" + this.incentivo + ']';
    }
    public Manager deepCopy() throws Exception {
        return DeepCloneable.deepCopy(this);
    }
}
```

Un inconveniente de este método es que no existe ningún control sobre el proceso de construcción del objeto; ocurría exactamente lo mismo utilizando el método **clone()**. Por ello, si hay atributos del objeto que requieren de un tratamiento especial (como un identificador único, un instante de tiempo de creación del objeto o un contador de objetos de la clase), entonces dichos atributos deberán ser inicializados correctamente después del proceso de serialización.

1.9 GESTIÓN DE EXCEPCIONES

Una excepción es un suceso en tiempo de ejecución que puede causar que un método no cumpla el fin principal para el que fue programado.

Aunque es posible hacerlo, el mecanismo de excepciones de Java nunca debe utilizarse para manejar eventos normales y esperados como si fuera otra estructura de control.

Como ejemplos de excepciones que se pueden presentar, tenemos los siguientes:

▶ Intento de utilizar una referencia de objeto a la cual todavía no se le ha asignado un objeto.

▶ Una conexión de red inestable o bien intentar abrir una URL mal formada.

▶ Intento de acceder a un fichero que no existe en el disco o intentar leer más allá del final del fichero.

▶ Un fallo en una operación aritmética, como un desbordamiento o una división por cero.

▶ Intento de acceder a una posición de un array que está fuera de los límites permitidos.

En Java, las excepciones son modeladas como objetos. En concreto, una excepción es una instancia de la clase **Throwable**.

La clase **Error** es hija **Throwable**, de modo que la clase **Error** y sus subclases representan errores internos -que pueden ser también de agotamiento de recursos- del sistema de tiempo de ejecución de Java, de los que un programa no se espera que se recupere.

La clase **Exception** es la otra hija de **Throwable**. La clase **RuntimeException** hereda de **Exception**. La clase **RuntimeException** y sus subclases se llaman excepciones no-comprobadas, mientras que el resto de las clases de excepción que heredan de **Exception** se llaman excepciones comprobadas.

El compilador comprueba que las excepciones comprobadas son gestionadas correctamente; para ello, analiza qué excepciones comprobadas pueden tener lugar en la ejecución de un método. Si es posible que una excepción comprobada sea lanzada en un método y el método no maneja la excepción, por lo que es posible que la excepción comprobada sea propagada al cliente que ha invocado al método, entonces la cabecera del método debe incluir la cláusula **throws**. Por otro lado, un método no necesita indicar en la cabecera que puede propagar al cliente que lo ha invocado una excepción no comprobada.

Por tanto, en Java, un método indica que puede producir un error declarando en su cabecera que lanza una excepción. Recordemos que la interfaz **DeepCloneable** es:

```
package org.jomaveger.lang;
import java.io.*;
public interface DeepCloneable extends Serializable {
    static <T extends Serializable> T deepCopy(T t) throws IOException,
```

```
                                        ClassNotFoundException
    {
        ByteArrayOutputStream bos = new ByteArrayOutputStream();
        serializeToOutputStream(t, bos);
        byte[] bytes = bos.toByteArray();
        ObjectInputStream ois = new ObjectInputStream(
                        new ByteArrayInputStream(bytes));
        return (T) ois.readObject();
    }
    static void serializeToOutputStream(Serializable ser, OutputStream os)
                                        throws IOException
    {
        ObjectOutputStream oos = null;
        try {
            oos = new ObjectOutputStream(os);
            oos.writeObject(ser);
            oos.flush();
        } finally {
            oos.close();
        }
    }
}
```

La idea es sencilla: Los métodos no sólo le van a decir al compilador de Java los valores que pueden proporcionar; además, le van a decir al compilador lo que puede ir mal. El lugar en que se anuncia que nuestro método puede lanzar una excepción es la cabecera del método; la cabecera cambia para reflejar las excepciones comprobadas que puede lanzar el método.

La signatura del método **deepCopy()** es la siguiente:

```
static <T extends Serializable> T deepCopy(T t) throws IOException,
                                        ClassNotFoundException
{
    ...
}
```

El método está indicando que es posible que falle por motivo de dos posibles errores. El primero puede ser un error de entrada/salida, representado por la excepción comprobada **IOException**: La clase **IOException** representa un error de entrada/salida, de modo que los objetos de esta clase se utilizan para notificar el error. El segundo posible error se debe a que la máquina virtual de Java intenta cargar una clase pero no encuentra definición alguna para la misma en las rutas de ejecución de la aplicación: La clase **ClassNotFoundException** es la excepción comprobada que representa este error.

La excepción **IOException** puede ser lanzada por el método **writeObject()** que emplea la interfaz, de ahí que el método **serializeToOutputStream()** la declare en su signatura. A la vez, la excepción **IOException** también puede ser lanzada por el método **readObject()**, el cual además puede lanzar la excepción **ClassNotFoundException**.

En resumen, los métodos deben declarar todas las excepciones comprobadas que pudieran lanzar. Las excepciones no comprobadas están fuera de nuestro control (**Error**) o bien son el resultado de situaciones que no deberíamos haber permitido desde un principio (**RuntimeException**). Si nuestro método no declara fielmente todas las excepciones comprobadas, el compilador emitirá un mensaje de error.

Por supuesto, en lugar de declarar una excepción también podemos capturarla. Entonces la excepción no llegará a salir del método y no es necesario especificar dicha excepción en la cláusula **throws**. En el caso de la interfaz **DeepCloneable**, realmente no sabe qué tratamiento general dar a las excepciones que lanza que sea de utilidad para todos sus posibles clientes; de ahí que el método **deepCopy()** propague dichas excepciones a dichos clientes mediante la cláusula **throws**.

El lenguaje Java exige al programador que no ignore las excepciones comprobadas que puedan suceder. Por tanto, cada vez que se invoca a **deepCopy**, es necesario dar tratamiento a las excepciones que pueden producirse. Un cliente de dicha interfaz podría a su vez propagar las excepciones mediante la cláusula **throws** (que es lo que han hecho hasta ahora las clases **Employee** y **Manager**) o bien capturarlas. Para esta última tarea, Java ofrece la construcción **try-catch**.

La construcción **try-catch** está formada por:

▶ Un bloque **try**: Un bloque de código que puede lanzar excepciones.

▶ Un bloque **catch** o manejadores de excepción: Uno o varios bloques de código encargados de dar tratamiento a las excepciones.

▶ Un bloque **finally**, que es opcional: Un bloque de código que siempre se ejecuta, se produzca o no excepción.

La construcción **try-catch** se interpreta del siguiente modo:

▶ Se intenta ejecutar el fragmento de código envuelto por el bloque **try**.

▶ Si la ejecución no lanza excepción alguna, el código continúa después del bloque **catch**.

> ☞ Si se produce algún error, se revisan en orden de declaración los manejadores de excepción y se ejecuta el primero que sea compatible con la excepción que ha sido lanzada.

> ☞ En el tratamiento de excepciones, el bloque **finally** es opcional. Se reserva para aquellas acciones que deben realizarse, sucedan o no excepciones.

En la nueva clase **EmployeeTryCatch**, hemos capturado las excepciones:

```java
package org.jomaveger.examples.chapter1;
import java.io.IOException;
import java.util.Date;
import java.util.GregorianCalendar;
import java.util.Objects;
import org.jomaveger.lang.DeepCloneable;
public class EmployeeTryCatch implements DeepCloneable,
                        Comparable<EmployeeTryCatch>
{
    // como antes
    public EmployeeTryCatch deepCopy() {
        try {
            return DeepCloneable.deepCopy(this);
        } catch (ClassNotFoundException | IOException ex) {
            return null;
        }
    }
    //como antes
}
```

De esta forma, si se produce una excepción en el proceso de clonación, devolvemos un valor nulo.

El bloque **catch** empleado es lo que se denomina un bloque **multi-catch**, debido a que en un único bloque manejador de excepción se especifican varias excepciones. Otra opción hubiera sido definir el método de la forma siguiente:

```java
public EmployeeTryCatch deepCopy() {
    try {
        return DeepCloneable.deepCopy(this);
    } catch (Exception ex) {
        return null;
    }
}
```

Es decir, dado que las excepciones están organizadas en una jerarquía de herencia, es posible aprovechar el sistema de compatibilidad de tipos para, como en el código anterior, utilizar un único bloque manejador de excepción para todas las excepciones. Dado que **IOException** y **ClassNotFoundException** heredan de **Exception**, si la invocación al método **deepCopy** lanza alguna de las dos excepciones, el bloque **catch (Exception ex)** da tratamiento a los dos posibles errores. La variable **Exception ex** es una referencia al objeto que contiene la notificación de error. Gracias al polimorfismo, permite referenciar a cualquier objeto cuyo tipo sea descendiente de **Exception**. En otros casos, puede ocurrir que distintas excepciones necesitan un tratamiento diferente entre sí y, por ello, sea necesario crear varios bloques **catch**.

No solamente se declara una excepción comprobada cuando se llama a un método que lanza una excepción comprobada -y no se captura, claro-. También hay que declarar una excepción comprobada cuando se detecta un error y lanzamos una excepción comprobada. En general, una excepción, sea comprobada o no, se lanza construyendo un objeto de la clase que representa la excepción y notificándolo con **throw**. El lanzamiento de una excepción implica la finalización de la ejecución del método en ese punto del código.

Nuestro código podría encontrarse con un problema que no sea descrito correctamente por ninguna de las clases de excepción estándar. En este caso, es posible y fácil crear nuestras propias clases de excepción. Si deseamos crear una excepción comprobada, crearemos una clase que herede de **Exception**; si deseamos crear una excepción no comprobada, crearemos una clase de excepción que herede de **RuntimeException**.

Una de las novedades que incorporó Java 7 es la construcción **try-with-resources** con el objetivo de cerrar los recursos de forma automática en la construcción **try-catch-finally** y hacer más simple el código. Un recurso podría ser, por ejemplo, un fichero, un flujo de datos, un lector, un escritor o un socket; técnicammente, es cualquier objeto cuya variable implemente la interfaz **java.lang.AutoCloseable**, que sólo tiene un método, **close()**. Aquellas variables cuyas clases implementan la interfaz **java.lang.AutoCloseable** pueden declararse en el bloque de inicialización de la construcción **try-with-resources** y sus métodos **close()** serán llamados automáticamente como si su código estuviese de forma explícita.

Por ejemplo, sea el siguiente fragmento de código:

```
try (FileWriter w = new FileWriter ("file.txt")) {
    w.write("Hello World");
}
```

El método **w.close()** es invocado automáticamente y llamado independientemente de si **w.write()** lanza una excepción o no. Conceptualmente, es similar a situar **w.close()** en un bloque **finally**.

En este ejemplo, una excepción **IOException** puede ser lanzada por las siguientes causas:

- La llamada al constructor **new FileWriter("file.txt")**
- La invocación a la instrucción **w.write("Hello World")**
- La llamada implícita a **w.close()**

Si el constructor lanza una excepción, no existirá objeto alguno sobre el que invocar el método **close()**, por lo que la excepción se propagará sin mayores complicaciones.

Si la llamada a **w.write()** lanza una excepción, **w.close()** será invocado, y además la excepción será propagada.

Si la llamada implícita **w.close()** lanza una excepción, entonces esta excepción se propaga.

Otra posibilidad es **w.write()** lance una excepción, y que después a su vez la llamada implícita a **w.close()** también lance una excepción. En este caso, la primera excepción "gana" y es la que se propaga, mientras que la segunda excepción es suprimida.

Por supuesto, podemos crear nuestros propios recursos implementando la interfaz **AutoCloseable**.

1.10 ENUMERADOS

Los tipos enumerados en Java son realmente clases para las que se especifica explícitamente cuáles son las únicas instancias que existen. Se definen con la construcción **enum**. Es decir, los tipos enumerados en Java proporcionan una manera conveniente para definir una clase que tiene un número pequeño de instancias prefijado.

Así, por ejemplo, podemos definir un tipo enumerado en Java para almacenar frutas:

```
package org.jomaveger.examples.chapter1;
public enum Fruits {
    APPLE,
```

```
    ORANGE,
    PEAR,
    BANANA
}
```

El tipo definido por esta declaración es realmente una clase. La clase tiene exactamente cuatro instancias y no es posible construir nuevos objetos.

No es necesario usar el método **equals()** para comparar valores de tipos enumerados. Es suficiente con utilizar el operador == para compararlos.

Las constantes de un tipo enumerado son implícitamente **public static final**. Dado que son estáticas, pueden ser accedidas mediante **EnumName.instanceName**.

Es posible, si se desea, añadir constructores, métodos y atributos a un tipo enumerado, incluso implementar interfaces. Es importante entender que cada constante enumerada es un objeto de su tipo enumerado. Por tanto, cuando se define un constructor para un tipo enumerado, dicho constructor es invocado cuando cada constante enumerada es creada. Además, cada constante enumerada tiene su propia copia de cualquier atributo definido por el tipo enumerado.

Por ejemplo, la siguiente versión de nuestro tipo enumerado **Fruits** almacena el precio asociado a cada fruta:

```java
package org.jomaveger.examples.chapter1;
public enum Fruits {
    APPLE(10),
    ORANGE(9),
    PEAR(12),
    BANANA(15);
    private Integer price;
    Fruits (Integer price) {
        this.price = price;
    }
    public Integer getPrice() {
        return this.price;
    }
}
```

En esta nueva versión del tipo enumerado **Fruits**, añadimos tres elementos. El primero es el atributo **price**, que se utiliza para almacenar el precio de cada fruta. El segundo es el método **getPrice()**, que devuelve el valor de **price**. El tercer es el constructor de **Fruits**, al que se le pasa el precio de una fruta. No se añade modificador de visibilidad al constructor de un tipo enumerado porque el constructor de un tipo enumerado es siempre implícitamente privado. Los números que acompañan la definición de las constantes enumeradas, 10 en **APPLE(10)** por ejemplo, son los argumentos del constructor.

Las instancias son creadas invocando al constructor pasándole el parámetro real, cuando son referenciadas por primera vez. No está permitido construir una nueva instancia de un tipo enumerado usando el operador **new**, porque los tipos enumerados mantienen una lista fija de constantes.

Una variable de tipo enumerado se puede utilizar para controlar una sentencia **switch**. Por supuesto, todas las sentencias **case** deben usar constantes del mismo tipo enumerado y que ha de ser el que se ha utilizado en la expresión de la sentencia **switch**.

El método **toString()** devuelve el nombre de la constante enumerada tal y como ha sido definida.

Todos los tipos enumerados contienen automáticamente dos métodos predefinidos:

- ▸ El método **valueOf(String str)** devuelve la constante enumerada cuyo valor corresponde con la cadena de caracteres que recibe como parámetro.

- ▸ El método **values()** devuelve un array que contiene la lista de las constantes del tipo enumerado.

Un tipo enumerado no puede heredar de clase alguna porque todos los tipos enumerados automáticamente heredan de **java.lang.Enum**. Un tipo enumerado tampoco puede ser una superclase.

Se puede obtener un valor que indica la posición de la constante enumerada en la lista de constantes. Se denomina su valor ordinal, y se obtiene llamando al método **ordinal()** de **java.lang.Enum**. Los valores ordinales empiezan a contar en cero. Por tanto, en nuestro tipo enumerado **Fruits**, **APPLE** tiene un valor ordinal de 0, **ORANGE** tiene un valor ordinal de 1 y así sucesivamente.

Es posible comparar el valor ordinal de dos constantes enumeradas del mismo tipo enumerado usando el método **int compareTo(enumType e)**. Aquí, **e** es la constante con la que se compara la constante que realiza la llamada al método, donde ambas constantes tienen que ser del mismo tipo enumerado. Si la constante que realiza la llamada al método tiene un valor ordinal menor que el de **e**, entonces **compareTo()** devuelve un valor negativo. Si los dos valores ordinales son iguales, entonces se devuelve cero. Si la constante que realiza la llamada al método tiene un valor ordinal mayor que el de **e**, entonces **compareTo()** devuelve un valor positivo.

Si ejecutamos el siguiente código de prueba:

```java
Fruits[] allFruits = Fruits.values();
for (Fruits f : allFruits)
    System.out.println(f);
System.out.println();
Fruits fruit = Fruits.valueOf("ORANGE");
System.out.println("fruit is " + fruit);
fruit = Fruits.APPLE;
if (fruit == Fruits.APPLE)
    System.out.println("fruit is an apple.");
switch(fruit) {
    case APPLE:
        System.out.println("The price of " + Fruits.APPLE + " is "
            + Fruits.APPLE.getPrice());
        break;
    case ORANGE:
        System.out.println("The price of " + Fruits.ORANGE + " is "
            + Fruits.ORANGE.getPrice());
        break;
    case PEAR:
        System.out.println("The price of " + Fruits.PEAR + " is "
            + Fruits.PEAR.getPrice());
        break;
    case BANANA:
        System.out.println("The price of " + Fruits.BANANA + " is "
            + Fruits.BANANA.getPrice());
        break;
}
for (Fruits f : allFruits)
    System.out.println(f + " " + f.ordinal());
Fruits orange = Fruits.ORANGE;
Fruits apple = Fruits.APPLE;
Fruits orange2 = Fruits.ORANGE;
if(orange.compareTo(apple) < 0)
    System.out.println(orange + " comes before " + apple);
if(orange.compareTo(apple) > 0)
    System.out.println(apple + " comes before " + orange);
if(orange.compareTo(orange2) == 0)
    System.out.println(orange + " equals " + orange2);
System.out.println();
if(orange.equals(apple))
    System.out.println("Error!");
if(orange.equals(orange2))
    System.out.println(orange + " equals " + orange2);
if(orange == orange2)
    System.out.println(orange + " == " + orange2);
```

Obtendríamos la siguiente salida:

```
APPLE
ORANGE
PEAR
```

```
BANANA
fruit is ORANGE
fruit is an apple.
The price of APPLE is 10
APPLE 0
ORANGE 1
PEAR 2
BANANA 3
APPLE comes before ORANGE
ORANGE equals ORANGE
ORANGE equals ORANGE
ORANGE == ORANGE
```

1.11 ARRAYS

Un array es una estructura de datos que contiene una colección de valores del mismo tipo de datos, almacenados en secuencia uno a continuación de otro.

Para declarar una variable de tipo array, se utilizan corchetes para indicar que se trata de un array y no de una simple variable del tipo especificado:

```
data_type[] values;
```

Donde **data_type** es el tipo de datos de los elementos del array, y **values** es el nombre de la variable de tipo array.

Los arrays son objetos, por lo que una variable de tipo array es una variable referencia. Cuando se declara una variable de tipo array, el propio array no está creado ni inicializado todavía, y la variable de tipo array recibirá el valor **null** si es un atributo o, en caso de ser una variable local, no tendrá un valor definido -debe ser inicializada-.

El array se crea y se inicializa con el operador **new**:

```
values = new data_type[NUMBER];
```

Entre corchetes se indica el tamaño del vector. Este tamaño, una vez establecido, es fijo; es decir, los arrays en Java son estáticos, no incrementan dinámicamente su tamaño. Si, por ejemplo, se comienza a trabajar con un array de 10 elementos y más tarde se decide que se necesitan más elementos, entonces sería necesario construir un nuevo array y copiar todos los elementos del array existente en el nuevo array.

El operador **new** reserva espacio de memoria para el número de elementos especificado y devuelve la referencia al primero de ellos, de modo que la variable referencia de tipo array queda inicializada.

Al crear un array de un tipo valor, todos los elementos del array son inicializados con el valor por defecto del tipo de datos correspondiente -Los números se ponen a 0, los caracteres reciben el caracter nulo ('**\u0000'**) y los booleanos reciben el valor falso (**false**)-. Si el array es de un tipo referencia, todos los elementos del array son inicializados a **null**, indicando que aún no apuntan a objeto alguno.

Se puede consultar el número de elementos de un array a través de su atributo **length**, que está definido como público y final.

Para acceder a los elementos de un array, se utilizan índices; de este modo, se indica la posición del elemento dentro del array:

```
values[index]
```

El índice del primer elemento de un array es siempre 0. Por tanto, el índice del último elemento es **length - 1**.

Si se construye un array de 100 elementos y se intenta acceder al elemento que está en la posición 100 -o cualquier otro índice fuera del rango que va de 0 a 99, ambos inclusive-, se producirá una excepción no comprobada **ArrayIndexOutOfBoundsException** y el programa terminará.

Dado que **values** es un array de elementos del tipo de datos **data_type**, cada elemento **values[index]** puede utilizarse como si fuera una variable del tipo de datos **data_typ**e.

Es posible asignar un valor inicial a los elementos del array en la propia declaración de la variable de tipo array, de forma que el compilador deduzca automáticamente el tamaño del mismo contando los valores iniciales que se le proporcionan. Así, por ejemplo, para el siguiente código:

```
Integer[] array = {5, 7, 9, 13, 15};
System.out.println(array.length);
```

obtendríamos la siguiente salida:

```
5
```

puesto que son 5 los valores iniciales que hemos proporcionado en la declaración de la variable.

Se puede pasar un array como parámetro a un método, sin olvidar que realmente estamos pasando por valor la variable referencia de tipo array. También es posible para un método tener como tipo de retorno un array, lo que significa que el método devuelve una referencia a un array.

Java posee una sentencia iterativa mejorada, vista en la sección anterior de enumerados, que permite iterar a través de cada elemento de un array sin necesidad de utilizar índices. Es el llamado bucle **foreach**. El array del ejemplo anterior se procesaría entonces mediante este bucle del siguiente modo:

```
for (Integer i : array)
    System.out.println(i);
```

La salida por consola que produce este código sería:

```
5
7
9
13
15
```

La variable **i** del bucle recorre los elementos del array, no los índices del mismo.

Este bucle sería equivalente al siguiente bucle **for** tradicional:

```
for (int i = 0; i < array.length; i++)
    System.out.println(array[i]);
```

El **foreach** no está diseñado para utilizarse exclusivamente con los arrays. Está disponible también para ser empleado por cualquier clase que implemente la interfaz **Iterable**.

Es posible escribir métodos que puedan ser invocados con un número variable de parámetros. Para lograr esta situación, el método define un parámetro formal de tamaño variable. Dentro del método, el parámetro se manipula como si fuera un array. La norma de uso es que sólo puede haber un parámetro formal de tamaño variable en un método, y debe estar al final de la lista de parámetros.

Como ejemplo, el siguiente método calcula el máximo de un número variable de números reales:

```java
public static Double max(Double... values) {
    Double largest = Double.NEGATIVE_INFINITY;
    for (Double v : values)
        if (v > largest)
            largest = v;
    return largest;
}
```

Podemos invocar al método, por ejemplo, con las siguientes llamadas:

```java
Double m = max(3.1, 40.4, -5.0);
System.out.println(m);
m = max();
System.out.println(m);
```

En la primera llamda, el compilador pasa al método **max** como parámetro real el array **new Double[] {3.1, 40.4, -5.0}**.

La segunda llamada demuestra que los métodos con un número variable de parámetros tienen como caso particular que el parámetro formal de tamaño variable no reciba ningún parámetro real.

La salida obtenida al ejecutar el código anterior sería:

```
40.4
-Infinity
```

Es perfectamente legal tener arrays de tamaño cero. Un array así puede ser útil si se escribe un método que calcula un array y el resultado resulta estar vacío. Se construye un array de longitud cero del siguiente modo:

```
new data_type[0]
```

Nótese que un array de longitud cero no es lo mismo que **null**.

Utilizando el operador de asignación, se copia una variable de tipo array en otra pero, entonces, ambas variables apuntan al mismo array.

Si realmente se desea copiar todos los valores de un array en uno nuevo, tenemos otras opciones. En primer lugar, se puede utilizar el método **arrayCopy()** de la clase **java.lang.System**, que copia un array origen en un array destino, empezando desde la posición especificada en el array origen a la posición especificada en el array destino, una longitud determinada de elementos.

Los argumentos que toma este método son: El array origen, la posición especificada en el array origen desde la que empezar a copiar, el array destino, la posición especificada en el array destino en la que copiar los elementos del array origen, y el número de elementos que se van a copiar. Este último argumento proporciona una manera sencilla de copia una subsecuencia de un array en otro.

El método de copia lanza la **NullPointerException** si el array origen o el array destino son nulos; asimismo, lanza la excepción **IndexOutOfBoundException** si alguno de sus argumentos enteros son nulos o fuera de rango.

El siguiente ejemplo muestra cómo se realiza la copia completa de un array a otro:

```java
int[] array = {23, 43, 55};
int[] copiedArray = new int[3];

System.arraycopy(array, 0, copiedArray, 0, 3);
```

El siguiente ejemplo muestra la copia de una subsecuencia de un array origen en un array destino:

```java
int[] array = {23, 43, 55, 12, 65, 88, 92};
int[] copiedArray = new int[3];

System.arraycopy(array, 2, copiedArray, 0, 3);
```

De modo que los elementos **copiedArray** serán **{55, 12, 65}**.

En segundo lugar, se puede usar para copiar un array en otro el método **copyOf()** de la **java.util.Arrays**. Por ejemplo:

```java
int[] array = {23, 43, 55, 12};
int newLength = array.length;

int[] copiedArray = Arrays.copyOf(array, newLength);
```

El segundo parámetro es la longitud del nuevo array. Un uso común de este método es incrementar el tamaño de un array:

```java
array = Arrays.copyOf(array, 2 * array.length);
```

Los elementos adicionales se rellenan con cero si el array contiene números, **false** si contiene valores booleanos y **null** si el array contiene objetos de un tipo referencia. A la inversa, si la nueva longitud es menor que la longitud del array original, entonces sólo se copian los valores iniciales.

Es importante tener en cuenta que estos dos métodos para copiar arrays realizan una copia superficial de los objetos cuando se aplican a un array que no está definido sobre un tipo primitivo.

1.12 CLASES INTERNAS

Una clase interna es una clase definida dentro de otra clase. La sintaxis de las clases internas es compleja. El siguiente ejemplo, aunque artificial, demuestra su uso:

```java
package org.jomaveger.examples.chapter1;
public class OuterClass {
    private int outerVariable = 100;

    public class InnerClass {
        int innerVariable = 20;

        int getSum(int parameter) {
            return innerVariable +  outerVariable + parameter;
        }
    }

    public static void main(String[] args) {
        OuterClass outer = new OuterClass();
        InnerClass inner = outer.new InnerClass();
        System.out.println(inner.getSum(3));
        outer.run();
    }

    void run() {
        InnerClass localInner = new InnerClass();
        System.out.println(localInner.getSum(5));
    }
}
```

Nótese que la clase **InnerClass** está situada dentro de la clase **OuterClass**. Esto no significa que todo objeto de la clase **OuterClass** tiene un atributo de la clase **InnerClass**, ya que los objetos de la clase interna tienen que ser creados explícitamente. Por otra parte, cualquier método de una clase interna tiene acceso tanto a sus propios atributos como a los atributos de la clase externa que la envuelve (aunque sean privados); para que esto sea así, todo objeto de una clase interna siempre incluye una referencia implícita al objeto que lo creó.

Mientras que una clase normal siempre tiene que ser pública o bien tener visibilidad de paquete, una clase interna puede ser también privada.

Existen una reglas de sintaxis especiales para las clases internas. Así, la expresión:

```
OuterClass.this
```

Denota la referencia al objeto actual de la clase externa. A la inversa, es posible escribir el constructor del objeto de la clase interna de forma explícita utilizando la siguiente sintaxis:

```
outerObject.new InnerClass(construction parameters)
```

Nótese que nos referimos a una clase interna del siguiente modo:

```
OuterClass.InnerClass
```

Cuando ocurre fuera del ámbito de la clase externa.

Cualquier atributo estático de una clase interna debe ser final. A su vez, una clase interna no puede tener métodos estáticos.

Es interesante saber que las clases internas son una característica del compilador de Java, no de la máquina virtual. Es decir, el compilador de Java entiende las clases internas y las traduce a clases normales que son las únicas que es capaz de interpretar la máquina virtual de Java.

Una clase interna local es una clase interna que se define dentro de un método, de modo que sólo es accesible dentro de ese método; por tanto, una clase interna local nunca se declara con un modificador de visibilidad.

Una clase interna local tienen varias ventajas.

La primera ventaja es que está completamente oculta del mundo exterior, incluso de los demás métodos de la clase externa que la envuelve, puesto que sólo es accesible dentro del método en el que se ha definido.

La segunda ventaja es que no sólo puede acceder a los atributos de la clase externa que la envuelve, aunque sean privados, sino que incluso puede acceder a las variables locales del método dentro del cual se define. No obstante, dichas variables locales deben ser declaradas finales o bien ser *efectivamente finales*, lo que significa que no deben ser modificadas una vez se les ha asignado un valor.

El siguiente ejemplo muestra el uso de una clase interna local:

```java
package org.jomaveger.examples.chapter1;
public class OuterClass2 {
    private int outerVariable = 10000;
    private static int staticOuterVariable = 2000;

    public static void main(String[] args) {
        OuterClass2 outer = new OuterClass2();
        System.out.println(outer.run());
    }

    Object run() {
        int localVariable = 666;
        final int finalLocalVariable = 300;

        class LocalClass {
            int innerVariable = 40;

            int getSum(int parameter) {
                return outerVariable + staticOuterVariable + localVariable +
                    finalLocalVariable + innerVariable + parameter;
            }
        }
        LocalClass local = new LocalClass();
        System.out.println(local.getSum(5));
        return local;
    }
}
```

Cuando se utilizan clases internas locales, se puede ir un paso más allá. Si sólo se desea crear un único objeto de la clase, ni siquiera es necesario otorgar un nombre a dicha clase. Es lo que se conoce como clase interna anónima. Una clase interna anónima puede extender una clase, lo que podríamos expresar mediante la siguiente sintaxis:

```java
new SuperClass(parameters) {
    class body
}
```

Aquí, **SuperClass** no es el nombre de la clase que estamos definiendo sino el nombre de la clase que estamos extendiendo; a su vez, **parameters** son los parámetros que se pasan al constructor de la superclase.

Una clase interna anónima también puede implementar una interfaz:

```java
new Interface() {
    class body
}
```

Aquí, **Interface** es el nombre de la interfaz implementada por la clase interna anónima.

Una clase interna anónima no puede tener constructores porque el nombre de un constructor debe ser igual que el nombre de la clase, pero una clase interna anónima no tiene nombre; en lugar de eso, los parámetros de construcción son pasados al constructor de la superclase. En particular, cuando una clase interna anónima implementa una interfaz, no puede tener parámetros de construcción.

Las clases internas anónimas se utilizan con frecuencia como oyentes de eventos. El siguiente ejemplo muestra una clase interna anónima utilizada como un oyente de eventos para un botón en una pequeña aplicación gráfica realizada con **Swing**:

```
package org.jomaveger.examples.chapter1;
import java.awt.event.ActionEvent;
import java.awt.event.ActionListener;
import javax.swing.*;

public class OuterClass3 extends JFrame {

    public static void main(String[] args) {
        OuterClass3 outer = new OuterClass3();
        JButton button = new JButton("Don't click me!");
        button.addActionListener(new ActionListener() {
            public void actionPerformed(ActionEvent event) {
                System.out.println("Ouch!");
            }
        });
        outer.setDefaultCloseOperation(EXIT_ON_CLOSE);
        outer.add(button);
        outer.pack();
        outer.setVisible(true);
    }
}
```

Finalmente, tenemos las clases internas estáticas, también conocidas como clases anidadas. En ocasiones, queremos usar una clase interna simplemente para esconder una clase dentro de otra, pero no necesitamos que el objeto de la clase interna tenga una referencia al objeto de la clase externa. Es posible suprimir la generación de esa referencia declarando la clase interna como estática. Por supuesto, sólo las clases internas pueden ser declaradas como estáticas.

Para referirse a una clase interna estática desde un ámbito situado fuera de la clase que la envuelve, se utiliza la sintaxis:

```
OuterClassName.InnerClassName
```

Una clase interna estática puede tener atributos y métodos estáticos.

Una clase interna declarada dentro de una interfaz es automáticamente estática y pública.

Si el objeto de la clase interna se crea dentro de un método estático de la clase envolvente, entonces la clase interna debe ser necesariamente estática, debido a que en ese método estático no existe un objeto de la clase envolvente del que un objeto de una clase interna pudiera guardar la referencia.

El siguiente ejemplo ilustra las clases internas estáticas:

```java
package org.jomaveger.examples.chapter1;
public class OuterClass4 {
    int outerVariable = 100;
    private static int staticOuterVariable = 200;

    public static class StaticMemberClass {
        int innerVariable = 20;

        int getSum(int parameter) {
            return innerVariable + staticOuterVariable + parameter;
        }
    }

    public static void main(String[] args) {
        OuterClass4 outer = new OuterClass4();
        StaticMemberClass inner = new StaticMemberClass();
        System.out.println(inner.getSum(3));
        outer.run();
    }

    void run() {
        StaticMemberClass localInner = new StaticMemberClass();
        System.out.println(localInner.getSum(5));
    }
}
```

Nótese que la variable **outerVariable** no es accesible dentro de la clase interna estática, pero sí lo es **staticOuterVariable**.

2

PROGRAMACIÓN GENÉRICA

2.1 CLASES GENÉRICAS, MÉTODOS GENÉRICOS Y GENERICIDAD RESTRINGIDA

La programación genérica sólo tiene sentido en lenguajes con comprobación estática de tipos, como es el caso de Java.

Si queremos implementar un tipo abstracto de datos que se caracteriza por ser un contenedor de elementos, nos encontramos con que reconciliar la comprobación estática de tipos con los requisitos de reutilización para las clases que describen dichas estructuras contenedoras significa que se desea:

▶ Declarar un tipo para cada entidad que aparezca en el texto de la clase, incluyendo las entidades que representen a elementos del contenedor.

▶ Escribir la clase de modo que no tenga dependencia alguna con el tipo de los elementos y que entonces se pueda utilizar para construir contenedores de elementos arbitrarios.

He aquí la idea de la genericidad: Una clase genérica es una clase parametrizada por un tipo de datos, equipada con el nombre de un tipo cualquiera inexacto y desconocido, denominado parámetro genérico formal.

Aunque hablemos de clases al definir la genericidad, las interfaces también pueden ser genéricas.

Por convenio, se emplean letras mayúsculas como parámetros genéricos formales, y nombres cortos. Por ejemplo, **E, K, U V** y **T**. Esto es una recomendación de estilo, no una regla formal.

Las clases genéricas pueden tener más de un parámetro genérico formal. La sintaxis incluirá los parámetros genéricos formales entre corchetes angulares < >, después del nombre de la clase.

Sea la siguiente clase genérica de ejemplo, que modela una pareja de elementos:

```java
package org.jomaveger.examples.chapter2;
public class Pair<T> {
    private T first;
    private T second;
    public Pair() {
        this.first = null;
        this.second = null;
    }
    public Pair(final T first, final T second) {
        this.first = first;
        this.second = second;
    }
    public T getFirst() {
        return this.first;
    }
    public T getSecond() {
        return this.second;
    }
    public void setFirst(final T first) {
        this.first = first;
    }
    public void setSecond(final T second) {
        this.second = second;
    }
}
```

En la clase, se puede utilizar un parámetro genérico formal no sólo para especificar los tipos proporcionados por los métodos, sino también los tipos de los atributos y de las variables locales, así como los tipos de los parámetros formales de los métodos.

Un cliente puede utilizar una clase genérica para declarar sus propias entidades. En tal caso, la declaración debe proporcionar los tipos, denominados parámetros genéricos actuales o reales -tantos como parámetros genéricos formales tenga la clase. En nuestro ejemplo, sólo habría que proporcionar uno:

```java
Pair<String> pair = new Pair<String>();
```

Como vemos, el parámetro genérico real es **String**.

Java tiene la capacidad de inferir el parámetro genérico real del lado derecho. Por ello, podemos no especificarlo y utilizar en su lugar el operador diamante, dejando a Java la tarea de deducirlo:

```
Pair<String> pair = new Pair<>();
```

El dar un parámetro genérico real a una clase genérica para producir un tipo se denomina **derivación genérica**. El tipo resultante se dice que está derivado genéricamente.

Una derivación genérica produce y requiere un tipo:

▶ El resultado de la derivación es un tipo.
▶ Para producir este resultado, se necesita un tipo existente para servir como parámetro genérico real.

El parámetro genérico real es un tipo cualquiera. En particular, nada impide que se escoja a su vez un tipo derivado genéricamente. Por ejemplo, podríamos hacer lo siguiente:

```
Pair<Pair<String>> pair2 = new Pair<Pair<String>>();
```

En este caso, el parámetro genérico real es **Pair< String >**.

Mediante el uso de la genericidad, se puede garantizar por el compilador que una estructura de datos contenga elementos de un único tipo. Es decir, si se intenta almacenar un objeto **Integer** en **pair**:

```
pair.setFirst(new Integer(2));
```

Entonces el compilador nos devuelve el siguiente error en tiempo de compilación:

```
Error:(10, 27) java: incompatible types: java.lang.Integer cannot be converted
to
java.lang.String
```

Dado que el parámetro genérico formal **T** de una clase genérica denota un tipo de datos indeterminado, sobre una variable de tipo **T** sólo es posible aplicar métodos públicos de la clase **Object** -recordemos que el método **clone()** no es público-; también podemos utilizar la asignación (=) y comparación de identidad (== o !=). Finalmente, dentro de la clase genérica, no es posible construir objetos del parámetro genérico formal **T**, puesto que no se sabe nada sobre los constructores que puedan tener los posibles tipos de datos que sean los parámetros genéricos reales que se puedan hacer corresponder con **T**. Con este conocimiento, podemos completar nuestra clase genérica del siguiente modo:

```java
package org.jomaveger.examples.chapter2;
import java.util.Objects;
public class Pair<T> {
    private T first;
    private T second;
    public Pair() {
        this.first = null;
        this.second = null;
    }
    public Pair(final T first, final T second) {
        this.first = first;
        this.second = second;
    }
    public T getFirst() {
        return this.first;
    }
    public T getSecond() {
        return this.second;
    }
    public void setFirst(final T first) {
        this.first = first;
    }
    public void setSecond(final T second) {
        this.second = second;
    }
    @Override
    public boolean equals(Object otherObject) {
        if (this == otherObject) return true;
        if (otherObject == null) return false;
        if (this.getClass() != otherObject.getClass()) return false;
        Pair<T> other = (Pair<T>) otherObject;
        return Objects.equals(this.first, other.first) &&
                Objects.equals(this.second, other.second);
    }
    @Override
    public int hashCode() {
        return Objects.hash(this.first, this.second);
    }
    @Override
    public String toString() {
        return getClass().getName() + "[first=" + this.first
                + ", second=" + this.second + "]";
    }
}
```

Es posible también definir métodos genéricos, de forma que estén parametrizados, al igual que las clases genéricas, por un tipo de datos. El parámetro genérico formal es especificado en corchetes angulares antes del tipo de retorno del método. La clase que contiene el método genérico no tiene por qué ser a su vez genérica.

Sea el siguiente método genérico, que devuelve el elemento que se encuentra en la posición media del array de entrada:

```java
public static <T> T getMiddle(final T... a) {
    return a[a.length / 2];
}
```

Para invocar a un método genérico, es posible colocar el parámetro genérico real entre corchetes angulares antes del nombre del método. Por tanto, si ejecutamos el siguiente código:

```java
String middle = Main.<String>getMiddle("Hola", "soy", "Jose", "Maria");
Integer middle2 = Main.<Integer>getMiddle(12, 33, 45);
System.out.println(middle);
System.out.println(middle2);
```

Entonces obtendremos el resultado siguiente:

```
Jose
33
```

En la mayoría de casos, no es necesario especificar el parámetro genérico real en la llamada al método. Esto es debido a la inferencia de tipos, por la cual Java deduce cuál es la forma requerida del método a partir de los parámetros reales. Así, para los dos casos anteriores, podíamos haber escrito simplemente:

```java
String middle = Main.getMiddle("Hola", "soy", "Jose", "Maria");
Integer middle2 = Main.getMiddle(12, 33, 45);
System.out.println(middle);
System.out.println(middle2);
```

Y el resultado obtenido hubiera sido el mismo.

La genericidad y la herencia son dos mecanismos que trabajan unidos: Cuando se define una estructura de datos genérica, también es una estructura de datos polimorfa. Es decir, un objeto contenedor descrito por una clase

```
public class Clase<T> {
    ...
}
```

Para un cierto **T**, puede contener objetos cuyos tipos no sean sólo **T** sino descendientes de **T**.

Así, por ejemplo, el código siguiente:

```
Employee employee = new Employee("Juan", 27000.0, 2016, 4, 16);
Manager manager = new Manager("Juan", 27000.0, 2016, 4, 16);
Pair<Employee> pair = new Pair<>();
pair.setFirst(employee);
pair.setSecond(manager);
System.out.println(pair);
```

Daría lugar a la siguiente salida:

```
org.jomaveger.examples.chapter2.Pair[
first=org.jomaveger.examples.chapter1.Employee[nombre=Juan, sueldo=27000.0,
fechaContrato=Sat Apr 16 00:00:00 CEST 2016],
second=org.jomaveger.examples.chapter1.Manager[nombre=Juan, sueldo=27000.0,
fechaContrato=Sat Apr 16 00:00:00 CEST 2016]
[incentivo=0.0]]
```

Pero hay otra combinación interesante, la genericidad restringida, en la cual la herencia sirve para definir qué es y qué no es aceptable como parámetro genérico real para una cierta clase genérica. De este modo, se limitan los posibles tipos que se pueden utilizar como parámetro genérico real. Al restringir los tipos, obtenemos el beneficio de poder aplicar métodos sobre una variable declarada del parámetro genérico formal. Una clase que emplea genericidad restringida sólo permite derivaciones genéricas de tipos compatibles con el de la restricción -es decir, el propio de la restricción o uno de sus descendientes-. La restricción se expresa mediante la cláusula **extends** cuando se especifica el parámetro genérico formal:

```
<T extends BoundingType>
```

La notación anterior expresa que **T** sólo puede ser reemplazado por un descendiente del tipo de la restricción -**BoundingType**-. El tipo de la restricción puede ser una clase o una interfaz.

Puede haber múltiples interfaces en la restricción. Más aún, una restricción puede incluir una clase y una o más interfaces; en este caso, la clase debe ir especificada primero.

Cuando se especifica una restricción que tiene una clase y una interfaz, o múltiples interfaces, se usa el **&** para conectarlas. Así, por ejemplo:

```
public class Gen<T extends MyClass & MyInterface> {
    ...
}
```

En este caso, el parámetro genérico formal **T** está limitado por la **MyClass** y la . Por tanto, cualquier parámetro genérico real pasado **T** debe ser descendiente de **MyClass** y también **MyInterface**.

Vimos en el capítulo anterior un ejemplo de genericidad restringida, que ahora estamos en disposición de entender. Se trata del método genérico **deepCopy()** en la interfaz **DeepCloneable()**. La restricción del método consiste en que el parámetro genérico real debe implementar la interfaz **Serializable**. Por tanto, para clonar en profundidad un objeto utilizando **DeepCloneable**, hay dos posibilidades:

- ◤ Implementar **DeepCloneable** y redefinir el método **deepCopy** con la regla covariante, como se hizo con la clase **Employee**.

- ◤ Implementar la interfaz **Serializable** y definir un método que llame a **DeepCloneable.deepCopy()** para que devuelva el nuevo objeto clonado a partir del objeto original.

Esta segunda opción es la que vamos a utilizar con la clase **Pair< T >**, que entonces quedaría del siguiente modo:

```
package org.jomaveger.examples.chapter2;
import java.io.Serializable;
import java.util.Objects;
import org.jomaveger.lang.DeepCloneable;
public class Pair<T> implements Serializable {
    private T first;
    private T second;
    public Pair() {
        this.first = null;
        this.second = null;
    }
    public Pair(final T first, final T second) {
        this.first = first;
        this.second = second;
    }
}
```

```java
public T getFirst() {
    return this.first;
}
public T getSecond() {
    return this.second;
}
public void setFirst(final T first) {
    this.first = first;
}
public void setSecond(final T second) {
    this.second = second;
}
@Override
public boolean equals(Object otherObject) {
    if (this == otherObject) return true;
    if (otherObject == null) return false;
    if (this.getClass() != otherObject.getClass()) return false;
    Pair<T> other = (Pair<T>) otherObject;
    return Objects.equals(this.first, other.first) &&
            Objects.equals(this.second, other.second);
}
@Override
public int hashCode() {
    return Objects.hash(this.first, this.second);
}
@Override
public String toString() {
    return getClass().getName() + "[first=" + this.first
        + ", second=" + this.second + "]";
}
public Pair<T> deepCopy() {
    try {
        return DeepCloneable.deepCopy(this);
    } catch (Exception e) {
        return new Pair<>();
    }
}
}
}
```

Nótese que, si se produce una excepción en el proceso de clonación, no devolvemos un valor nulo, sino un objeto inicializado con el constructor por defecto. En general, retornar un valor nulo es una mala práctica de diseño que debe evitarse siempre que sea posible.

2.2 EL BORRADO DE TIPOS Y CONSECUENCIAS

La implementación de la genericidad en Java se realiza mediante la técnica conocida como borrado de tipos -en inglés *type erasure*-. La técnica del borrado de tipos es el proceso mediante el cual el compilador, en la etapa de compilación, borra toda la información relativa a los tipos genéricos; para ello, define, para cada tipo genérico -sea una clase genérica o una interfaz genérica-, el correspondiente tipo puro -en inglés *raw type*.

La definición del tipo puro consiste en:

▸ Definir el nombre del tipo puro como simplemente el nombre del tipo genérico, borrando los parámetros genéricos formales.

▸ En el cuerpo del tipo, los parámetros genéricos formales son borrados y reemplazados por el primer tipo de la restricción -o **Object** si no se trata de genericidad restringida.

Por ejemplo, el tipo puro para la clase **Pair< T >** sería el siguiente:

```
package org.jomaveger.examples.chapter2.raw;
import java.util.Objects;
public class Pair {
    private Object first;
    private Object second;
    public Pair() {
        this.first = null;
        this.second = null;
    }
    public Pair(final Object first, final Object second) {
        this.first = first;
        this.second = second;
    }
    public Object getFirst() {
        return this.first;
    }
    public Object getSecond() {
        return this.second;
    }
    public void setFirst(final Object first) {
        this.first = first;
    }
    public void setSecond(final Object second) {
        this.second = second;
    }
    @Override
    public boolean equals(Object otherObject) {
        if (this == otherObject) return true;
        if (otherObject == null) return false;
        if (this.getClass() != otherObject.getClass()) return false;
        Pair other = (Pair) otherObject;
        return Objects.equals(this.first, other.first) &&
                Objects.equals(this.second, other.second);
    }
    @Override
    public int hashCode() {
        return Objects.hash(this.first, this.second);
    }
}
```

```
@Override
public String toString() {
    return getClass().getName() + "[first=" + this.first
        + ", second=" + this.second + "]";
    }
}
```

Dado que, en este caso, **T** es un parámetro genérico formal no restringido, es simplemente reemplazado por **Object**.

Como es lógico, nuestros programas pueden tener muchos tipos diferentes de **Pair**, como **Pair< Integer >** o **Pair< String >**, pero el borrado de tipos los convierte a todos en el tipo puro **Pair** en tiempo de ejecución. Es decir, no existen tipos genéricos en la máquina virtual.

Sea ahora la siguiente clase genérica que moldea un intervalo delimitado por una cota inferior y por una cota superior:

```
package org.jomaveger.examples.chapter2;
import java.io.Serializable;
public class Interval<T extends Comparable<T> & Serializable> {
    private T lower;
    private T upper;
    public Interval(final T first, final T second) {
        if (first.compareTo(second) <= 0) {
            this.lower = first;
            this.upper = second;
        } else {
            this.lower = second;
            this.upper = first;
        }
    }
    public T getLower() {
        return this.lower;
    }
    public void setLower(final T lower) {
        this.lower = lower;
    }
    public T getUpper() {
        return this.upper;
    }
    public void setUpper(final T upper) {
        this.upper = upper;
    }
}
```

En este caso, la genericidad es restringida y los tipos de la restricción son **Comparable< T > & Serializable**. Para construir el correspondiente tipo puro, el parámetro genérico formal se reemplaza por el primer tipo de la restricción -o, lo que es lo mismo, el tipo de la restricción más a la izquierda-. De este modo, el tipo puro **Interval** quedaría del siguiente modo:

```
package org.jomaveger.examples.chapter2.raw;
public class Interval {
    private Comparable lower;
    private Comparable upper;
    public Interval(final Comparable first, final Comparable second) {
        if (first.compareTo(second) <= 0) {
            this.lower = first;
            this.upper = second;
        } else {
            this.lower = second;
            this.upper = first;
        }
    }
    public Comparable getLower() {
        return this.lower;
    }
    public void setLower(final Comparable lower) {
        this.lower = lower;
    }
    public Comparable getUpper() {
        return this.upper;
    }
    public void setUpper(final Comparable upper) {
        this.upper = upper;
    }
}
```

Si intercambiáramos los tipos de la restricción, definiendo la clase genérica del siguiente modo:

```
// como antes
public class Interval<T extends Serializable & Comparable<T>> {
// como antes
}
```

Entonces el compilador construye el tipo puro reemplazando el parámetro genérico formal **T** por **Serializable**, e inserta moldeados de tipo explícitos **Comparable** cuando sea necesario. Por tanto, por eficiencia, con el fin de evitar dichos moldeados explícitos de tipo, se deberían colocar las interfaces de etiquetado al final de la lista de tipos de la restricción.

Ahora supongamos que tenemos el siguiente código que utiliza la clase genérica **Pair< T >** que desarrollamos antes:

```
Pair<Employee> buddies = new Pair<>();
buddies.setFirst(new Employee("Juan", 27000.0, 2016, 4, 16));
buddies.setSecond(new Employee("Jorge", 29000.0, 2016, 4, 16));
Employee buddy = buddies.getFirst();
```

En tiempo de ejecución, el borrado de tipos aplicado al método **getFirst()** resulta en que tiene tipo de retorno **Object**, de modo que el compilador automáticamente inserta el moldeado explícito a **Employee**. Es decir, el compilador traduce la llamada al método en dos instrucciones de la máquina virtual:

▸ Una llamada al método del tipo **Pair.getFirst()**.

▸ Un moldeado explícito de tipo del objeto retornado de tipo **Object** a un objeto de tipo **Employee**.

Los moldeados explícitos de tipos se insertan cuando se invocan métodos cuyo tipo de retorno se vio modificado durante el borrado de tipos. La invocación de métodos para los que los tipos de los parámetros formales se vieron modificados por el borrado de tipos no requiere de la inserción de moldeado explícito de tipo alguno. Por ejemplo, después del borrado de tipos, los métodos **setFirst()** y **setSecond()** de la clase **Pair** tienen parámetros formales de tipo **Object**; invocar estos métodos con parámetros de un tipo compatible, como es el caso de **Employee**, es posible sin la necesidad de moldeado explícito de tipo alguno.

Por tanto, en tiempo de ejecución se aplican los moldeados explícitos de tipos que sean necesarios, a la hora de invocar a los métodos, para mantener la compatibilidad y seguridad de tipos; dichos moldeados explícitos de tipos vienen determinados por los correspondientes parámetros genéricos reales.

La genericidad en Java tiene una serie de limitaciones, muchas de las cuales son consecuencia del borrado de tipos. Estas limitaciones son las siguientes:

▸ El parámetro genérico real utilizado en una derivación genérica no puede ser de un tipo primitivo predefinido.

▸ Preguntar por el tipo en tiempo de ejecución sólo funciona con los tipos puros. Si se utiliza el operador **instanceof** para preguntar si un objeto pertenece a un tipo genérico, a un parámetro genérico formal o bien a una derivación genérica concreta, se obtiene un error del compilador. Por tanto, el siguiente código es erróneo:

```
if (a instanceof Pair<String>) {
}
if (a instanceof Pair<T>) {
```

```
    }
    if (a instanceof T) {
    }
```

▶ Si se utiliza un moldeado explícito de tipo a una derivación genérica concreta, a un tipo genérico o a un parámetro genérico formal, se obtiene una advertencia del compilador. Así, **obj** es una variable declarada de tipo **Object**, las siguientes sentencias provocarían dicha advertencia del compilador:

```
    (Pair<Integer>) obj;
    (Pair<T>) obj;
    (T) obj;
```

Estos moldeados explícitos de tipo no son comprobados en tiempo de ejecución y, por ello, son esencialmente inseguros. Las comprobaciones en tiempo de ejecución sólo pueden verificar que, en los dos primeros casos, **obj** es alguna clase de **Pair** y, en el tercer caso, que **obj** es un **Object**. Si **obj** es, digamos, un **Pair< String >**, el moldeado incorrecto:

```
    (Pair<Integer>) obj
```

No fallará de primeras en tiempo de ejecución; es decir, no se lanzará una excepción hasta que se intente utilizar **obj** como un **Pair< Integer >**, por ejemplo, cuando se intente evaluar **obj.getFirst() + 1**.

En cada uno de los casos anteriores, el compilador producirá una advertencia de que se trata de un moldeado no comprobado, con el fin de alertar al programador de la discrepancia que existe entre el tipo estático y la información de tipo disponible en tiempo de ejecución. Es responsabilidad del programador asegurarse de que el moldeado que causó la advertencia no fallará en tiempo de ejecución. Por supuesto, la raíz de este problema es el borrado de tipos, lo que provoca que lo único que se puede comprobar para garantizar la seguridad de tipos es que el objeto es del tipo puro.

▶ De forma semejante a los dos puntos anteriores, el método **getClass()** siempre devuelve el tipo puro. Por tanto, en el siguiente código la comparación devuelve **true** porque ambas llamadas a **getClass()** devuelven **Pair.class**:

```
Pair<String> stringPair = ...;
Pair<Employee> employeePair = ...;
if (stringPair.getClass() == employeePair.getClass()) {
}
```

▶ No es posible crear un array de una derivación genérica concreta ni tampoco de una clase genérica. Por tanto, el siguiente código es erróneo:

```
Pair<T> p = new Pair<T>[3];
Pair<Integer> pair = new Pair<Integer>[3];
```

▶ Relacionado con el punto anterior, las reglas se han relajado un poco y sólo se obtiene una advertencia del compilador cuando se pasan parámetros reales que son derivaciones genéricas a un método que tiene un número variable de parámetros. Es posible eliminar la advertencia del compilador anotando el método con **@SafeVarargs**.

▶ No es posible instanciar (es decir, crear objetos a partir de) parámetros genéricos formales. Por ejemplo, el siguiente código es erróneo:

```
public Pair() {
    this.first = new T();
    this.second = new T();
}
```

▶ No es posible construir un array genérico. Por tanto, el siguiente código es erróneo:

```
public static <T> T[] makeArray() {
    T[] ret = new T[3];
    return ret;
}
```

▶ Los parámetros genéricos formales no son válidos en los contextos estáticos de las clases genéricas. No es posible entonces referenciar parámetros genéricos formales en atributos estáticos ni en métodos estáticos.

▶ Una clase genérica no puede heredar de **Throwable** de forma directa ni indirecta. La gestión de excepciones es un mecanismo de tiempo de ejecución y la máquina virtual de Java no tiene información alguna sobre los tipos genéricos en tiempo de ejecución. La máquina virtual de Java no sería capaz de distinguir entre diferentes derivaciones genéricas de un hipotético tipo genérico de excepción. Por tanto, una clase de excepción genérica es un sin sentido.

- La relación de herencia no se preserva en la genericidad. Es decir, si el parámetro genérico real **S** es descendiente del parámetro genérico real **T**, entonces la derivación genérica **C< S >** no es descendiente de la derivación genérica **C< T >**. No obstante, si **T1< E >** y **T2< E >** son tipos genéricos tales que **T1< E >** es subtipo de **T2< E >**, entonces, si **S** es un parámetro genérico real, se preserva la relación de subtipado en la derivación genérica **T1< S >** y **T2< S >**, de modo que **T1< S >** es subtipo de **T2< S >**.

- Una clase no puede implementar dos derivaciones genéricas diferentes de la misma interfaz genérica.

- No es posible sobrecargar métodos que sólo se diferencien en las diferentes derivaciones genéricas del mismo tipo genérico.

2.3 TIPOS COMODÍN

Un comodín es una construcción sintáctica que describe una familia de tipos. Hay tres clases diferentes de comodines:

- El comodín no acotado, **?**, que describe la familia que incluye a todos los tipos referencia; o, lo que es lo mismo, se puede leer como *cualquier tipo referencia*.

- Un comodín acotado superiormente, **?** **extends** **T**, que se puede leer como *T o cualquier subtipo de T*; o, lo que es igual, describe la familia que incluye a todos los tipos referencia que son subtipos de **T**, incluyendo al propio **T**.

- Un comodín acotado inferiormente, **?** **super** **T**, que se puede leer como *T o cualquier supertipo de T*; o, lo que es igual, describe la familia que incluye a todos los tipos referencia que son supertipos de **T**, incluyendo al propio **T**.

Los comodines se usan para declarar los llamados tipos comodín, de modo que un comodín se usa como parámetro genérico real para una derivación genérica de un tipo genérico. Pero un tipo comodín no es un tipo concreto que pueda aparecer en una expresión **new**. Un tipo comodín es semejante a un tipo de datos interfaz

interface en el sentido de que es posible declarar variables referencia del tipo comodín, pero no pueden crearse objetos directamente de dicho tipo comodín con el operador **new**. Las variables referencia del tipo comodín sí pueden, en cambio, referirse a un objeto que sea del tipo que pertenece a la familia de tipos que describe el tipo comodín.

Sea el siguiente código de ejemplo para un tipo comodín no acotado:

```
List<?> list = new ArrayList<Integer>();
List<String> stringList = new ArrayList<>();
list = stringList;
stringList = list; //ERROR DE COMPILACION
```

La última sentencia es errónea. Todas las derivaciones genéricas son compatibles en asignación con el tipo comodín no acotado. Así, la asignación de otra derivación genérica al tipo comodín no acotado se permite sin advertencia alguna por parte del compilador; sin embargo; el compilador da error si se intenta hacer a la inversa, es decir, si se intenta asignar el tipo comodín no acotado a otra derivación genérica.

Los tipos comodín se pueden utilizar para proporcionar el tipo de atributos y variables locales, y también de parámetros formales y valores de retorno de métodos. Los tipos comodín también se emplean como parámetros genéricos reales en derivaciones genéricas de otros tipos genéricos. Es lo que se denomina un comodín multinivel o anidado. Así, por ejemplo, el siguiente código sería correcto, demostrando que podemos añadir parejas de cualquier tipo a la lista **pairs**:

```
List<Pair<?>> pairs = new ArrayList<Pair<?>>();
pairs.add(new Pair<Integer>(3, 5));
pairs.add(new Pair<String>("Luke", "Obi-Wan"));
System.out.println(pairs);
```

El resultado de la ejecución sería el siguiente:

```
[org.jomaveger.examples.chapter2.Pair[first=3, second=5],
org.jomaveger.examples.chapter2.Pair[first=Luke, second=Obi-Wan]]
```

¿Qué métodos son accesibles a través de una variable referencia declarada de un tipo estático comodín? Veámoslo para las tres clases de tipos comodín:

▶ Si el tipo estático es un tipo comodín no acotado, entonces no se pueden invocar métodos que reciban argumentos del parámetro genérico formal, pero sí se pueden invocar métodos que devuelven objetos del parámetro genérico formal. Por ejemplo, sea el siguiente código:

```
Pair<?> pair = new Pair<String>("Luke", "Han");
pair.setFirst("Leia");        // error
pair.setFirst(null);        // ok
pair.toString(); // ok
String second = pair.getSecond();  // error
Object o = pair.getSecond();  // ok
```

No podemos invocar al método **setFirst()** de la clase genérica **Pair** a través de una variable referencia de tipo estático **Pair< ? >**, porque el método recibe un argumento que es del tipo desconocido representado por el comodín. De la información de tipo que proporciona **Pair< ? >**, el compilador no sabe si el objeto que estamos pasando al método es compatible con el objeto real contenido en la primera posición de la pareja. Si la variable referencia **pair** estuviera apuntando a un objeto **Pair< Integer >**, entonces claramente se violaría la seguridad del sistema de tipos si pudiéramos colocar como primer elemento una cadena de caracteres en la pareja que se supone que contiene un par de números enteros. El único argumento que se acepta es la referencia **null**, porque no tiene tipo.

Es posible invocar libremente métodos que ni reciben ni retornan objetos del parámetro genérico formal.

De forma semejante, se puede invocar a los métodos que devuelven un objeto del parámetro genérico formal, que a su vez se puede asignar a una variable referencia de tipo **Object**, pero en ningún caso se puede asignar el objeto del parámetro genérico formal a una variable referencia de un tipo más específico.

▶ Si el tipo estático es un tipo comodín acotado superiormente, las reglas son las mismas que para un tipo comodín no acotado. Es decir, si el tipo estático es un tipo comodín acotado superiormente, entonces no se pueden invocar métodos que reciban argumentos del parámetro genérico formal, pero sí se pueden invocar métodos que devuelvan objetos del parámetro genérico formal; la diferencia es que, en este caso, sí se sabe que el objeto retornado del parámetro genérico formal es compatible con la cota superior. Por ejemplo, sea el siguiente código:

```
Employee e1 = new Employee("Juan", 27000.0, 2016, 4, 16);
Employee e2 = new Employee("Jorge", 29000.0, 2016, 4, 16);
Employee e3 = new Employee("Jaime", 31000.0, 2016, 4, 16);
Pair<? extends Employee> pair = new Pair<Employee>(e1, e2);
pair.setFirst(e3);        // error
```

```
pair.setFirst(null);      // ok
pair.toString(); // ok
Employee second = pair.getSecond();   // ok
Object o = pair.getSecond();   // ok
```

▶ Si el tipo estático es un tipo comodín acotado inferiormente, entonces se pueden invocar métodos que reciban argumentos del parámetro genérico formal, y se pueden invocar métodos que devuelvan objetos del parámetro genérico formal -pero sólo se pueden tratar como si fueran del tipo **Object**-. Sea el siguiente código de ejemplo:

```
Employee e1 = new Employee("Juan", 27000.0, 2016, 4, 16);
Employee e2 = new Employee("Jorge", 29000.0, 2016, 4, 16);
Employee e3 = new Employee("Jaime", 31000.0, 2016, 4, 16);
Manager manager = new Manager("Jose", 35000.0, 2016, 4, 16);
Pair<? super Manager> pair = new Pair<Employee>(e1, e2);
pair.setFirst(e3);      // error
pair.setFirst(manager);     // ok
pair.setFirst(null);      // ok
pair.toString(); // ok
Manager second = pair.getSecond();   // error
Object o = pair.getSecond();   // ok
```

Los métodos que reciben un argumento del tipo desconocido pueden ser invocados o bien con **null** o bien con un argumento cuyo tipo sea la cota inferior o un subtipo de la misma.

Los métodos que devuelven un valor del tipo desconocido pueden ser invocados, pero únicamente si no se hace suposición alguna sobre el tipo del objeto retornado y es tratado como un **Object**.

El propósito de emplear tipos comodín en las signaturas de los métodos es ampliar el conjunto de tipos de argumentos que un método acepta respecto al que aceptaría si se utilizara una derivación genérica concreta.

Ya hemos introducido brevemente las listas en dos ejemplos anteriores. Las listas son probablemente la colección más ampliamente usada en la práctica. La interfaz para las listas del API de las colecciones de Java es **java.util.List< E >**. Las clases **java.util.ArrayList< E >** y **java.util.LinkedList< E >** son sus dos implementaciones de referencia. La primera utiliza internamente para la implementación un array redimensionable y la segunda emplea una lista doblemente enlazada.

Sea el problema de escribir por consola los elementos de una lista cualquiera. Utilizando genericidad, implementamos el método en la siguiente interfaz **WildCards**:

```java
package org.jomaveger.examples.chapter2;
import org.jomaveger.examples.chapter1.Employee;
import java.util.ArrayList;
import java.util.List;
public interface WildCards {
    static void printList(List<Object> list) {
        for (int i = 0; i < list.size(); i++)
            System.out.println(list.get(i));
    }
}
```

Este código no es muy útil porque sólo toma como argumento una **List< Object >**, que no es precisamente un supertipo de todas las clases de listas. Por ejemplo, este método rechaza el argumento **List< String >** o el argumento **List< Integer >** porque tienen un tipo incompatible.

Lo que necesitamos aquí es el supertipo de todas las clases de listas y eso es precisamente lo que representa el tipo comodín no acotado. Así, el método en la interfaz quedaría finalmente:

```java
package org.jomaveger.examples.chapter2;
import org.jomaveger.examples.chapter1.Employee;
import java.util.ArrayList;
import java.util.List;
public interface WildCards {
    static void printList(List<?> list) {
        for (int i = 0; i < list.size(); i++)
            System.out.println(list.get(i));
    }
}
```

Ahora bien, a menudo tenemos dos alternativas para escribir un método:

- Una opción sería definir la signatura del método utilizando tipos comodín.
- La otra opción sería definir la signatura del método utilizando parámetros genéricos formales, sin tipos comodín de por medio.

Para cada caso particular, la semántica del método determinará si una alternativa es mejor que otra. En algunas situaciones, no hay diferencia semántica entre las dos alternativas y se trata simplemente de una cuestión de estilo cuál de las dos se escoje. Pero es cierto que también se presentan problemas cuya semántica no puede expresarse con tipos comodín al igual que casos que no pueden resolverse sin tipos comodín.

Supongamos que queremos diseñar un método que invierte una lista que recibe como argumento -es decir, coloca sus elementos en orden inverso. La implementación del método en su forma genérica sería la siguiente:

```java
static <T> void reverse(List<T> list) {
    List<T> reverse = new ArrayList<>();
    for (Integer i = 0; i < list.size(); i++)
        reverse.add(list.get(list.size() - i - 1));
    for (Integer i = 0; i < list.size(); i++)
        list.set(i, reverse.get(i));
}
```

De manera alternativa, se podría implementar este método también utilizando tipos comodín:

```java
static void reverse(List<?> list) {
    reverseHelper(list);
}
static <T> void reverseHelper(List<T> list) {
    List<T> reverse = new ArrayList<>();
    for (Integer i = 0; i < list.size(); i++)
        reverse.add(list.get(list.size() - i - 1));
    for (Integer i = 0; i < list.size(); i++)
        list.set(i, reverse.get(i));
}
```

Ambas formas de implementación son semánticamente equivalentes en este caso. No obstante, ambos métodos no pueden estar en la misma interfaz **WildCards** debido a que el borrado de tipos los convierte en dos métodos con la misma signatura, a saber:

```java
static void reverse(List list);
```

La segunda implementación utiliza una técnica conocida como *captura del comodín*, que estudiamos en profundidad un poco más adelante.

Supongamos ahora que diseñamos el método que invierte una lista de modo que recibe una lista como argumento y devuelve una nueva lista que es el resultado de invertir aquélla -es decir, colocar sus elementos en orden inverso. La implementación del método en su forma genérica sería la siguiente

```
static <T> List<T> reverse(List<T> list) {
    List<T> reverse = new ArrayList<T>();
    for (int i = 0; i < list.size(); i++) {
        reverse.add(list.get(list.size() - i - 1));
    }
    return reverse;
}
```

De manera alternativa, se podría implementar este método también utilizando tipos comodín:

```
static List<?> reverse(List<?> list) {
    return reverseHelper(list);
}
static <T> List<T> reverseHelper(List<T> list) {
    List<T> reverse = new ArrayList<T>();
    for (int i = 0; i < list.size(); i++) {
        reverse.add(list.get(list.size() - i - 1));
    }
    return reverse;
}
```

Sin embargo, hay un problema fundamental que hace que las dos implementaciones no sean semánticamente equivalentes, aunque en apariencia lo parezcan. Sea el siguiente fragmento de código que ejecuta la segunda versión que utiliza tipos comodín:

```
List<Integer> list = new ArrayList<>();
list.add(0, 0);
list.add(1, 1);
list.add(2, 2);
list.add(3, 3);
list.add(4, 4);
list.add(5, 5);
list.add(6, 6);
list.add(7, 7);
System.out.println(list);;
List<?> reverse = WildCards.reverse(list);
System.out.println(reverse);
```

Como vemos, aunque el argumento del método es de tipo **List< Integer >**, lo único que podemos decir del resultado es que es un **List< ? >**, en ningún caso un **List< Integer >**, como sería lo lógico.

Pero el problema va más lejos. La versión genérica del método afirma que acepta una lista de un cierto tipo desconocido de elementos y devuelve una lista de ese mismo tipo. Ahora bien, en una declaración, cada aparición de un comodín representa potencialmente un tipo diferente. Entonces, la versión con tipos comodín afirma que acepta una lista de un cierto tipo desconocido de elementos y devuelve una lista que potencialmente puede tener un tipo diferente de elementos. En consecuencia, es mejor evitar el uso de tipos comodín en el tipo de retorno de un método. Además, este consejo tiene otra razón de ser, y es que no hay mucho que el cliente pueda hacer con el resultado que recibe a través de una variable referencia de un tipo comodín.

Otra situación en la que se presenta semántica diferente entre la signatura del método genérico y la versión con tipos comodín es cuando la signatura del método utiliza tipos comodín multinivel. Por ejemplo, sean los siguientes métodos:

```
static <T> void print1(List<Pair<T>> list) {
    for (Pair<T> pair : list) {
        System.out.println(pair);
    }
}
static void print2(List<Pair<?>> list) {
    for (Pair<?> pair : list) {
        System.out.println(pair);
    }
}
static void print3(List<? extends Pair<?>> list) {
    for (Pair<?> pair : list) {
        System.out.println(pair);
    }
}
```

Estos métodos no son equivalentes. El primer método, la versión genérica, requiere una lista homogénea de parejas del mismo tipo. El segundo método, la versión con tipos comodín, acepta una lista heterogénea de parejas de diferente tipo. El tercer método también utiliza tipos comodín pero es una versión más relajada, ya que acepta cualquier tipo de lista, sea homogénea o heterogénea. Veamos el ejemplo de código:

```
List <Pair<?>> list1 = new ArrayList<Pair<?>>(); // lista heterogenea
list1.add(0, new Pair<String>("Luke", "Han"));
list1.add(1, new Pair<Integer>(100, 200));
List <Pair<Object>> list2 = new ArrayList<Pair<Object>>(); // lista homogenea
list2.add(0, new Pair<Object>("Darth Maul", "Darth Vader"));
list2.add(1, new Pair<Object>(300, 400));
WildCards.print1(list1);   // error
WildCards.print2(list1);   // ok
WildCards.print3(list1);   // ok
WildCards.print1(list2);   // ok
WildCards.print2(list2);   // error
WildCards.print3(list2);   // ok
```

La lista homogénea de tipo **List< Pair< Object > >** no se puede pasar como argumento al método **print2()** debido a que este método espera una lista de parejas en las que no existe restricción alguna sobre el tipo de las parejas; sin embargo, **list2** tiene en su tipo estático declarado que las parejas son de tipo **Object**.

Para finalizar esta sección, vamos a ver algunos ejemplos más de métodos que emplean tipos comodín. Por ejemplo, sea el siguiente método:

```
static Object projection(Pair<?> pair, Integer index) {
    if (index.equals(1)) {
        return pair.getFirst();
    } else {
        return pair.getSecond();
    }
}
```

El parámetro formal **pair** del método es del tipo **Pair< ? >**, lo que significa que es un **Pair** de algún tipo. Por tanto, el método puede ser invocado con cualquier tipo de **Pair** como parámetro real:

```
Pair<String> p1 = new Pair<>("hello", "bonjour");
Pair<Integer> p2 = new Pair<>(1, 2);
Object o1 = WildCards.projection(p1, 1);
Object o2 = WildCards.projection(p2, 1);
```

Dado que el parámetro formal de **projection** puede ser cualquier tipo de **Pair**, lo único que podemos concluir sobre el valor retornado por la invocación a **getFirst()** o a **getSecond()** es que se trata de un **Object**. De ahí que se defina que el valor retornado por **projection** es del tipo **Object**.

Supongamos ahora que queremos diseñar un método que calcule la suma de los sueldos de todos los empleados, ya pertenezcan a la clase **Employee** o a la clase **Manager**. Podemos expresar *una lista de T donde T es cualquier subtipo de Employee, incluido el propio Employee* como **List <? extends Employee>**. El método sería el siguiente:

```
static Double totalSalary(List<? extends Employee> list) {
    Double sum = 0.0;
    for (int i = 0; i < list.size(); i++)
        sum = sum + list.get(i).getSueldo();
    return sum;
}
```

Dado que podemos estar seguros de que el argumento proporcionado a este método es una **List< T >** donde **T** es algún subtipo de **Employee**, entonces el valor retornado **list.get(i)** será un **Employee** y el método **getSueldo()** puede ser invocado.

Por ejemplo, consideremos el siguiente método que devuelve verdadero si dos listas tienen la misma longitud y falso en caso contrario:

```java
static Boolean sameLength(List<?> one, List<?> two) {
    return one.size() == two.size();
}
```

El primer parámetro real del método debe ser una lista de algún tipo y el segundo parámetro real debe ser también una lista de algún tipo. Pero no es un requisito que los tipos de las listas sean iguales.

Supongamos ahora que queremos escribir un método que intercambia los elementos de una pareja. La signatura del método sería la siguiente:

```java
static void swap(Pair<?> p);
```

Un comodín no se puede usar como un tipo, así que la siguiente implementación sería ilegal:

```java
static void swap(Pair<?> p) {
    ? t = p.getFirst();   //error
    p.setFirst(p.getSecond());
    p.setSecond(t);
}
```

Sin duda, se trata de un problema porque necesitamos almacenar temporalmente el primer elemento mientras hacemos el intercambio. Afortunadamente, existe una solución interesante a este problema. Podemos escribir un método colaborador genérico como el siguiente:

```java
static <T> void swapHelper(Pair<T> p) {
    T t = p.getFirst();
    p.setFirst(p.getSecond());
    p.setSecond(t);
}
```

Nótese que **swapHelper()** es un método genérico, mientras que el método **swap()** no lo es, ya que tiene un parámetro formal fijo de tipo **Pair< ? >**. Ahora lo que podemos hacer es invocar **swapHelper()** desde **swap()**:

```
static void swap(Pair<?> p) {
    swapHelper(p);
}
```

En este caso, se dice que el parámetro formal **T** del método **swapHelper()** *captura el comodín*. No es conocido el tipo descrito por el comodín, pero es un tipo definido, y la definición de **swapHelper()** tiene sentido cuando **T** denota ese tipo.

Sea el siguiente código de ejemplo:

```
Pair<String> p1 = new Pair<>("hello", "bonjour");
System.out.println(p1);
WildCards.swap(p1);
System.out.println(p1);
```

El resultado sería el siguiente:

```
org.jomaveger.examples.chapter2.Pair[first=hello, second=bonjour]
org.jomaveger.examples.chapter2.Pair[first=bonjour, second=hello]
```

2.4 VARIANZA DE TIPOS

Recordemos que un tipo **A** es **compatible** con otro tipo **B** si **A** es subtipo de **B**, incluyendo el propio **B**.

Si **A** y **B** son tipos, **F** es una transformación de tipo y $\leq$ es la relación de subtipado (es decir, $A \leq B$ significa que **A** es subtipo de **B**), entonces:

- ▶ **F** es **covariante** si $A \leq B$ implica que $F(A) \leq F(B)$.
- ▶ **F contravariante** si $A \leq B$ implica que $F(B) \leq F(A)$.
- ▶ **F** es **invariante** si no es covariante ni contravariante.

Sea **F** como transformación de tipo la asignación. Se define que una sentencia de asignación es válida si el tipo estático de la parte derecha es compatible con el tipo estático de la parte izquierda. Por lo tanto, la asignación es covariante.

Sea el siguiente ejemplo de código:

```
public class Clazz { }
public class SubClazz extends Clazz { }
Clazz instance = new SubClazz();
SubClazz subinstance = new Clazz();   //error
```

Sea **F** como transformación de tipo un método. Para que sea válida la ejecución del método, el paso de parámetros debe ser covariante, por lo que el argumento que recibe el método debe ser compatible con el parámetro formal de la signatura del método; también la devolución del valor de retorno del método debe ser covariante, es decir, dicho valor de retorno del método debe ser compatible con el tipo de retorno especificado en la signatura del método.

Sea el siguiente código ejemplo:

```
public Clazz makeClazz() {
    return new SubClazz();
}
public Clazz takeClazz(Clazz foo) { }
takeClazz(new SubClazz());
```

Sea **F** como transformación de tipo la redefinición de un método. Para que sea válida dicha redefinición, el tipo de retorno es covariante y los tipos de los parámetros formales son invariantes. Es decir, se permite que el tipo de retorno de la signatura del método sea compatible con el tipo de retorno del método redefinido, pero los tipos de los parámetros formales deben ser exactamente iguales a los tipos de los parámetros formales del método redefinido.

Sea el siguiente código de ejemplo:

```
public interface Parent {
    public Clazz act(Clazz argument);
}
public interface Child extends Parent {
    @Override
    public SubClazz act(Clazz argument);
}
```

Vamos con otros ejemplos que tienen más relación con el tema que estamos tratando. Sea F como transformación de tipo un array. Es decir, sea **F(A) = A[]**.

Los arrays en Java son covariantes en el tipo de los objetos que pueden almacenar, lo que básicamente significa que un array de tipo **T[]** puede contener elementos de tipo **T** o de cualquier subtipo de **T**. Por ejemplo:

```
Clazz[] array = new Clazz[10];
array[0] = new SubClazz();
Number[] numbers = new Number[3];
numbers[0] = new Integer(10);
numbers[1] = new Double(3.14);
numbers[2] = new Byte(0);
```

Pero no sólo eso. Los arrays son también covariantes en el tipo del propio array. Es decir, si **S** es un subtipo de **T**, entonces un array de tipo **S[]** es un subtipo de un array de tipo **T[]**. Por lo tanto, lo siguiente también es válido:

```
Clazz[] array = new SubClazz[10];
Integer[] myInts = {1,2,3,4};
Number[] myNumber = myInts;
```

Podemos decir entonces que un array de **Integer[]** es un subtipo de un array de **Number[]** porque **Integer** es un subtipo de **Number**.

No obstante, debemos tener cuidado porque el código anterior es peligroso. Aunque el tipo de la variable array anterior es **Clazz[]**, el objeto array real en el montículo es de tipo **SubClazz[]**. Por esta razón, el siguiente código compila perfectamente pero lanza la excepción **java.lang.ArrayStoreException** en tiempo de ejecución:

```
Clazz[] array = new SubClazz[10];
array[0] = new Clazz();
```

De forma semejante, ¿qué pasaría en este caso?

```
myNumber[0] = 3.14;    //intento de contaminación del montículo (heap pollution)
```

Esta última línea compila perfectamente, pero si ejecutamos este código obtendremos una **ArrayStoreException** porque estamos intentando poner un valor de tipo **Double** en un array de **Integer**. El hecho de que estemos accediendo al array a través de una referencia de tipo **Number** es irrelevante aquí. Lo que realmente importa es que el array es un array de enteros.

Esto quiere decir que podemos engañar al compilador, pero no podemos engañar al sistema de tipos en tiempo de ejecución. Decimos entonces que los arrays son tipos materializables (en inglés *reifiable type*), porque tienen existencia material en tiempo de ejecución.

Sea **F** como transformación de tipo un tipo genérico. Es decir, sea **F(A) = C< A >** para cierta clase **C** declarada así:

```
public class C<T> { ... }
```

Ya hemos visto que los tipos genéricos en Java son covariantes en el tipo de los objetos que pueden almacenar, lo que básicamente significa que un tipo genérico de tipo **C< A >** puede contener elementos de tipo **A** o de cualquier subtipo de **A**.

Ahora bien, como también hemos estudiado, los tipos genéricos son invariantes respecto al propio tipo genérico; es decir, si $A \leq B$, entonces ni **C< A >** es subtipo de **C< B >**, ni **C< B >** es subtipo de **C< A >**.

Ahora bien, los tipos comodín añaden características nuevas a las reglas del juego, que se deducen de lo estudiado en la sección anterior.

Por ejemplo, el tipo **Pair< ? >** es subtipo de **Object**. Y **Pair< T >** para cualquier tipo **T** es un subtipo de **Pair< ? >**.

Si el tipo se define **Pair< ? extends Employee>**, entonces es subtipo de **Pair< ? >**. A su vez, **Pair< Employee >** y **Pair< Manager >** son subtipos de **Pair< ? extends Employee>**.

Si el tipo se define como **Pair< ? super Employee>**, entonces es subtipo de **Pair< ? >**. A su vez, **Pair< Employee >** y **Pair< Object >** son subtipos de **Pair< ? super Employee>** pero **Pair< Manager >** no lo es.

Vamos a profundizar más en los tipos comodín.

El tipo comodín no acotado utiliza el comodín como parámetro genérico real, de forma que **Pair< ? >** es el supertipo abstracto de todas las derivaciones genéricas del tipo genérico, de forma que todas las derivaciones genéricas de **Pair< T >** son compatibles con **Pair< ? >**:

```
Pair<?> referenciaComodin;
referenciaComodin = new Pair<String>();
referenciaComodin = new Pair<Integer>();
```

Dado que el tipo comodín es abstracto, sólo se puede usar para declarar referencias y no para crear objetos, por lo que **new Pair< ? >()** sería rechazado por el compilador.

Podemos afirmar entonces que el tipo comodín no acotado es covariante.

Los comodines acotados son necesarios en los casos en que ciertas propiedades se necesitan que sean cumplidas por el parámetro genérico formal.

El tipo comodín acotado superiormente **Pair< ? extends Employee >** es el supertipo abstracto de todas las derivaciones genéricas de **Pair< T >** tales que **T** es **Employee** o un subtipo de **Employee**. Así, **Pair< Manager >** es compatible con **Pair< ? extends Employee >**:

```
Pair<? extends Employee> referenciaComodin;
referenciaComodin = new Pair<Employee>();
referenciaComodin = new Pair<Manager>();
referenciaComodin = new Pair<Object>();    // error: sólo funcionan los subtipos
```

Para expresarlo de forma más general, si **T** es un subtipo de **S**, entonces **C< T >** es un subtipo de **C< ? extends S >**. Por tanto, la transformación de tipo **? extends** es covariante.

En general, si una estructura es covariante -es decir, contiene elementos con un tipo comodín acotado superiormente-, podemos extraer elementos de la estructura, pero no podemos insertar elementos en la estructura.

El tipo comodín acotado inferiormente **Pair< ? super Employee >** es el supertipo abstracto de todas las derivaciones genéricas de **Pair< T >** tales **T** es **Employee** o un supertipo de **Employee**. Así, **Pair< Object >** es compatible con **Pair< ? super Employee >**:

```
Pair<? super Employee> referenciaComodin;
referenciaComodin = new Pair<Employee>();
referenciaComodin = new Pair<Manager>();    // error: no es supertipo
referenciaComodin = new Pair<Object>();
```

Para expresarlo de forma más general, si **T** es un subtipo de **S**, entonces **C< S >** es un subtipo de **C< ? super T >**. Por tanto, la transformación de tipo **? super** es contravariante.

En general, si una estructura es contravariante -es decir, contiene elementos con un tipo comodín acotado inferiormente-, podemos insertar elementos en la estructura, pero no podemos extraer elementos de la estructura.

Un principio que nos va a orientar en el empleo de los tipos comodín es el **Principio Get-Put**: Se utiliza un tipo comodín acotado superiormente cuando sólo se quiere extraer elementos de una estructura; se utiliza un tipo comodín acotado inferiormente cuando sólo se quiere insertar elementos en una estructura y no se utiliza tipo comodín alguno cuando se quiere tanto insertar como extraer elementos de la estructura.

Por ejemplo, sea la signatura del siguiente método, que añadimos a nuestra interfaz **WildCards**:

```java
static <T> void copy(List<? super T> dest, List<? extends T> src)
```

El método extrae valores de la estructura origen **src**, de modo que es declarada con un tipo comodín acotado superiormente; y a su vez el método inserta valores en la estructura **dest**, de modo que ésta es declarada con un tipo comodín acotado inferiormente.

La implementación del método sería la siguiente:

```java
static <T> void copy(List<? super T> dest, List<? extends T> src) {
    for (int i = 0; i < src.size(); i++) {
        dest.add(src.get(i));
    }
}
```

De este modo, **? super T** significa que la estructura destino puede tener elementos de cualquier tipo que sea T o un supertipo de T, al igual que **? extends T** significa que la estructura origen puede tener elementos de cualquier tipo que sea T o un subtipo de T.

Así, sea el siguiente código de ejemplo:

```java
List<Integer> list = new ArrayList<>();
list.add(0, 0);
list.add(1, 1);
list.add(2, 2);
list.add(3, 3);
list.add(4, 4);
list.add(5, 5);
list.add(6, 6);
list.add(7, 7);
System.out.println(list);
List<Integer> dest = new ArrayList<>();
WildCards.copy(dest, list);
System.out.println(dest);
```

```
List<Object> dest2 = new ArrayList<>();
WildCards.copy(dest2, list);
System.out.println(dest2);
```

Obtenemos el siguiente resultado:

```
[0, 1, 2, 3, 4, 5, 6, 7]
[0, 1, 2, 3, 4, 5, 6, 7]
[0, 1, 2, 3, 4, 5, 6, 7]
```

Por supuesto, podríamos haber declarado el método con la siguiente signatura:

```
static <T> void copy(List<T> dst, List<T> src)
```

Elegir entre una u otra depende de las necesidades que tengamos, pero hay que tener siempre presente que esta segunda signatura es más restrictiva, puesto que sólo permite que se invoque al método cuando la estructura destino y la estructura origen tienen ambas el mismo tipo.

El **Principio Get-Put** funciona también en sentido inverso. Si un comodín acotado superiormente está presente, sólo podemos extraer valores de ese tipo, pero no podemos insertar valores de dicho tipo; lo único que sí podemos insertar en la estructura es **null**. Si es un comodín acotado inferiormente el que está presente, sólo podemos insertar valores de ese tipo, pero no podemos extraer valores de dicho tipo; lo que sí es posible hacer es extraer los valores como referencias de tipo **Object**.

2.5 TIPOS MATERIALIZABLES Y CONTAMINACIÓN DEL MONTÍCULO

Un tipo es materializable si el tipo está completamente representado en tiempo de ejecución; es decir, si el borrado de tipos no elimina información útil alguna. Por tanto, un tipo es materializable si es alguno de los siguientes:

▸ Un tipo de datos primitivo predefinido.

▸ Una clase o interfaz no genérica.

▸ Una derivación genérica en la que los parámetros genéricos reales son comodines no acotados.

▸ Un tipo puro.

▸ Un array cuyos elementos tengan un tipo también materializable.

Un tipo no es materializable si es alguno de los siguientes:

▶ Un parámetro formal genérico.

▶ Una derivación genérica.

▶ Un tipo genérico que emplee genericidad restringida o bien comodines acotados.

Por tanto, el tipo **List<? extends Object>** no es materializable, aun cuando es equivalente a **List< ? >**, que sí es materializable.

Existe la manera de crear un array genérico, aunque para ello es necesario emplear internamente moldeados de tipo no comprobados. La clave está en reservar memoria para un array de **Object** y luego realizar el moldeado de tipo no comprobado a **T[]**. Sería, resumidamente, del siguiente modo:

```
T[] array = (T[]) new Object[10];
```

La contaminación del montículo se puede producir no sólo mediante el uso de arrays, como vimos en la sección anterior. También es posible que se presente si se hace mal uso de mezclar tipos genéricos con sus respectivos tipos puros. De hecho, no es recomendable emplear tipos puros. Veamos en código las circunstancias bajo las cuales se puede producir la contaminación del montículo:

```
List<String> strings;
strings = new ArrayList<>();
strings.add("Hello World!");
List objects = strings;
objects.add(42); // unchecked warning, heap pollution in strings
for (String string : strings) {
    System.out.println(string); // ClassCastException is thrown
}
```

Un tipo **List< String >** puede asignarse a un **List** y luego añadir a ese **List** un **Integer**, momento en el que el compilador nos avisa con una advertencia no comprobada (en ingles *unchecked warning*), indicando que no puede validar que a la lista pura, dado que apunta a un tipo genérico, se le está añadiendo una referencia del tipo que debería tener, por lo que el compilador nos informa de que esa responsabilidad la tenemos nosotros. Ignorando esta advertencia, se produce un **ClassCastException** al acceder al elemento **Integer** que contiene la **List< String >**.

Veamos otro ejemplo:

```
List<String> strings;
strings = new ArrayList<>();
strings.add("Hello World!");
List objects = strings;
List<Number> numbers = objects; // unchecked warning
numbers.add(42); // heap pollution in strings
for (String string : strings) {
    System.out.println(string); // ClassCastException is thrown
}
```

También podemos asignar un **List** a un **List< Number >**. En este caso, el compilador tampoco puede validar que la **List** sea realmente una **List< Number >** y lo indica también con una advertencia no comprobada. De nuevo, al ignorar esta advertencia, se produce un **ClassCastException** al acceder al elemento **Integer** que contiene la **List< String >**.

2.6 LA INTERFAZ COMPARABLE

La interfaz **Comparable < T >** es una importante interfaz genérica. Dicha interfaz contiene un método que se implementa para comparar un objeto con otro:

```
interface Comparable<T> {
    int compareTo(T o);
}
```

El método **compareTo()** devuelve un valor que es negativo, cero o positivo dependiendo de si este objeto es, respectivamente, menor, igual o mayor que el objeto argumento dado.

Cuando una clase implementa **Comparable**, el ordenamiento especificado por esta interfaz es llamado el ordenamiento natural para esa clase.

El contrato para la interfaz **Comparable < T >** especifica tres propiedades. Las propiedades están definidas usando la función signo, que se define tal que **sgn(x)** devuelve **-1, 0** ó **1** dependiendo, respectivamente, de si **x** es negativo, cero o positivo. Las mencionadas tres propiedades son:

▶ La comparación es anti-simétrica; es decir, invertir el orden de los argumentos invierte el resultado:

```
sgn(x.compareTo(y)) == -sgn(y.compareTo(x))
```

▼ La comparación es transitiva:

```
if x.compareTo(y) < 0 and y.compareTo(z) < 0 then x.compareTo(z) < 0
```

▼ La comparación es una congruencia; es decir, si dos valores son iguales, entonces ambos han de comparar de la misma forma con un tercer valor:

```
if x.compareTo(y) == 0 then sgn(x.compareTo(z)) == sgn(y.compareTo(z))
```

Por último, se recomienda encarecidamente que la comparación sea compatible con la igualdad, en el sentido siguiente:

```
x.equals(y) if and only if x.compareTo(y) == 0
```

Lo normal es que un objeto que pertenece a una clase sólo pueda ser comparado con un objeto que pertenece a la misma clase. Por ejemplo, **Integer** implementa **Comparable< Integer >**:

```
Integer int0 = 0;
Integer int1 = 1;
System.out.println(int0.compareTo(int1));
```

El resultado que obtenemos al ejecutar el código anterior es **-1**.

Por ejemplo, podemos modificar nuestra clase **Employee** para añadirle la capacidad de ser comparable:

```
package org.jomaveger.examples.chapter1;
// El resto igual
public class Employee implements DeepCloneable, Comparable<Employee> {
// El resto igual
    @Override
    public final int compareTo(Employee o) {
        return sueldo.compareTo(o.sueldo);
    }
}
```

Dado que **Manager** extiende de **Employee**, implementa **Comparable< Employee >** y no **Comparable< Manager >**. Si **Manager** elige redefinir **compareTo()**, entonces se enfrenta como primer problema a la situación de tener que comparar objetos de la clase **Manager** con objetos de la clase **Employee**. Para solucionar este problema, se plantean dos posibles escenarios:

▸ Si las subclases tienen diferentes conceptos de cómo ha de implementarse la comparación, entonces es preciso prohibir la comparación de objetos que pertenecen a diferentes clases. Cada método **compareTo()** debería comenzar con la comprobación:

```
if (this.getClass != other.getClass()) throw new ClassCastException();
```

▸ Si hay un algoritmo común para comparar objetos de las subclases, es suficiente con proporcionar un único método **compareTo()** en la superclase y declararlo **final**.

Supongamos ahora que queremos escribir un método para calcular el elemento más pequeño de una lista. Incluimos este método en nuestra interfaz **WildCards**:

```
static <T extends Comparable<T>> T min(List<T> list) {
    if (list.size() == 0) return null;
    T smallest = list.get(0);
    for (int i = 1; i < list.size(); i++) {
        if (smallest.compareTo(list.get(i)) > 0) {
            smallest = list.get(i);
        }
    }
    return smallest;
}
```

Si ejecutamos el siguiente código de prueba:

```
Employee employee1 = new Employee("Juan", 27000.0, 2016, 4, 16);
Employee employee2 = new Employee("Jaime", 25000.0, 2016, 4, 16);
Manager manager1 = new Manager("Josema", 40000.0, 2010, 4, 16);
Manager manager2 = new Manager("Joseluis", 43000.0, 2010, 4, 16);
List<Employee> list1 = new ArrayList<>();
list1.add(employee1); list1.add(employee2);
list1.add(manager1); list1.add(manager2);
List<Employee> list2 = new ArrayList<>();
list2.add(employee1); list2.add(employee2);
List<Manager> list3 = new ArrayList<>();
list3.add(manager1); list3.add(manager2);
System.out.println(WildCards.min(list1));
System.out.println(WildCards.min(list2));
```

Entonces obtenemos el siguiente resultado:

```
org.jomaveger.examples.chapter1.Employee[nombre=Jaime, sueldo=25000.0,
fechaContrato=Sat Apr 16 00:00:00 CEST 2016]
org.jomaveger.examples.chapter1.Employee[nombre=Jaime, sueldo=25000.0,
fechaContrato=Sat Apr 16 00:00:00 CEST 2016]
```

Sin embargo, la siguiente línea no compila:

```
System.out.println(WildCards.min(list3));
```

porque **Manager** no implementa **Comparable< Manager >**, que es lo que requiere la condición expresada por la restricción **T extends Comparable< T >**. Ahora bien, podemos usar **? super T** para admitir que el **compareTo** esté definido en una superclase. Entonces, el método **min()** quedaría:

```
static <T extends Comparable<? super T>> T min(List<T> list) {
    if (list.size() == 0) return null;
    T smallest = list.get(0);
    for (int i = 1; i < list.size(); i++) {
        if (smallest.compareTo(list.get(i)) > 0) {
            smallest = list.get(i);
        }
    }
    return smallest;
}
```

De esta forma, la línea anterior sí compila:

```
System.out.println(WildCards.min(list3));
```

Y obtenemos el siguiente resultado:

```
org.jomaveger.examples.chapter1.Manager[nombre=Josema, sueldo=40000.0,
fechaContrato=Fri Apr 16 00:00:00 CEST 2010][incentivo=0.0]
```

La interfaz **WildCards** quedaría hasta este momento de la forma siguiente:

```
package org.jomaveger.examples.chapter2;
import org.jomaveger.examples.chapter1.Employee;
import java.util.ArrayList;
```

```java
import java.util.List;
public interface WildCards {
    static void printList(List<?> list) {
        for (int i = 0; i < list.size(); i++)
            System.out.println(list.get(i));
    }
    static void reverse(List<?> list) {
        reverseHelper(list);
    }
    static <T> void reverseHelper(List<T> list) {
        List<T> reverse = new ArrayList<>();
        for (Integer i = 0; i < list.size(); i++)
            reverse.add(list.get(list.size() - i - 1));
        for (Integer i = 0; i < list.size(); i++)
            list.set(i, reverse.get(i));
    }
    static <T> List<T> rev(List<T> list) {
        List<T> reverse = new ArrayList<T>();
        for (int i = 0; i < list.size(); i++) {
            reverse.add(list.get(list.size() - i - 1));
        }
        return reverse;
    }
    static <T> void print1(List<Pair<T>> list) {
        for (Pair<T> pair : list) {
            System.out.println(pair);
        }
    }
    static void print2(List<Pair<?>> list) {
        for (Pair<?> pair : list) {
            System.out.println(pair);
        }
    }
    static void print3(List<? extends Pair<?>> list) {
        for (Pair<?> pair : list) {
            System.out.println(pair);
        }
    }
    static Object projection(Pair<?> pair, Integer index) {
        if (index.equals(1)) {
            return pair.getFirst();
        } else {
            return pair.getSecond();
        }
    }
    static Double totalSalary(List<? extends Employee> list) {
        Double sum = 0.0;
        for (int i = 0; i < list.size(); i++)
            sum = sum + list.get(i).getSueldo();
        return sum;
    }
    static Boolean sameLength(List<?> one, List<?> two) {
        return one.size() == two.size();
    }
    static void swap(Pair<?> p) {
        swapHelper(p);
    }
```

```java
        static <T> void swapHelper(Pair<T> p) {
            T t = p.getFirst();
            p.setFirst(p.getSecond());
            p.setSecond(t);
        }
        static <T> void copy(List<? super T> dest, List<? extends T> src) {
            for (int i = 0; i < src.size(); i++) {
                dest.add(src.get(i));
            }
        }
        static <T extends Comparable<? super T>> T min(List<T> list) {
            if (list.size() == 0) return null;
            T smallest = list.get(0);
            for (int i = 1; i < list.size(); i++) {
                if (smallest.compareTo(list.get(i)) > 0) {
                    smallest = list.get(i);
                }
            }
            return smallest;
        }
    }
```

3

PROGRAMACIÓN POR CONTRATO

3.1 ASERCIONES

Es habitual, y no por ello deja de ser problemático, no prestar la debida atención a la semántica del software que se desarrolla. Con frecuencia, se intenta implementar rápidamente un comportamiento sin haberlo definido con exactitud antes. Vamos a volver a las raíces pero sin perder de vista lo aprendido hasta ahora.

Como ya estudiamos en el primer capítulo, implementar un tipo abstracto de datos implica simular la semántica de dicho tipo abstracto de datos mediante la semántica de una clase. He aquí muy resumido en qué consiste el desarrollo orientado a objetos. Ahora bien, damos por supuesto que la semántica del tipo abstracto de datos está bien definida por su especificación matemática, la cual no es materia de estudio en esta obra. De hecho, en la práctica de la vida real, es improbable que tengamos a nuestra disposición la especificación matemática de un tipo abstracto de datos para, comenzando a partir de ahí, desarrollar nuestro software. Lo habitual es encontrarnos con una descripción informal en lenguaje natural del tipo abstracto de datos o, lo que por desgracia es más frecuente de lo que debería ser, sólo un conocimiento intuitivo del tipo abstracto de datos del que necesitamos realizar la implementación. Por tanto, es necesario un método que permita especificar correcta y formalmente la semántica de una clase, en base a la información que se nos haya proporcionado de cuál debe ser su comportamiento.

Este método es la Programación por Contrato. El término original en inglés es *Design by Contract* y fue inventado y registrado por Bertrand Meyer, creador del lenguaje de programación Eiffel. La Programación por Contrato no es ni más ni menos que la aplicación práctica de conceptos y teorías de la ciencia de la computación.

Para prestar la atención debida a la semántica del software, tenemos que tener en cuenta que lo que nos interesa de verdad de un elemento software (sea una clase, un método o una única instrucción) es que sea correcto. Pero lo primero que habría que preguntarse es qué significa que un elemento software sea correcto. Para considerar significativa la pregunta, se necesita tener no sólo el elemento software, sino también una descripción precisa de su semántica, o sea, de lo que se supone que este elemento software debe hacer, es decir, una especificación. Por tanto, un elemento software no es correcto o incorrecto por sí mismo, sino que es correcto o incorrecto con respecto a cierta especificación.

Otra forma de verlo. Podríamos decir que la descripción de lo que un elemento software hace realmente es su semántica real; la descripción de lo que un elemento software debería hacer es su semántica intencional o simplemente semántica. Cuando ambas coinciden, el elemento software es correcto.

Estrictamente hablando, no se debería discutir sobre si un elemento software es o no correcto, sino sobre si es consistente con su especificación. No obstante, se utiliza el término bien aceptado de corrección pero no se aplica a un elemento software aislado: Se aplica al par formado por un elemento software y su especificación. Así pues, la corrección es un concepto relativo.

Vamos a aprender la forma de expresar la especificación de un elemento software con el fin de establecer la corrección del mismo. Para expresar dicha especificación usaremos aserciones.

Sea **A** un cierto elemento software de un programa. Una **fórmula de corrección**, también llamada **Tripleta de Hoare**, es una expresión de la forma:

```
{P} A {Q}
```

Que denota la propiedad siguiente, que puede ser cierta o no:

Una ejecución de **A** que comience en un estado de ejecución en el que se cumple **P** terminará en un estado de ejecución en el que se cumple **Q**.

Un **estado de ejecución** de un programa es el conjunto formado por los Valores de todas las variables alcanzables de dicho programa en un momento dado de su ejecución.

P y **Q** aserciones, **P** es la **precondición** y **Q** es la **postcondición**. Una Aserción es una expresión booleana que involucra algunas variables de un programa y que establece una propiedad lógica que dichas variables deben satisfacer en uno o más estados de ejecución.

Si un estado de ejecución cumple una aserción, se dice que dicho estado de ejecución satisface dicha aserción.

Una aserción **A** implica otra aserción **B** o, lo que es lo mismo, una aserción **B** es consecuencia lógica de otra aserción **A** si y sólo si todo estado de ejecución que **A** también satisface **B**. De forma semejante, dos aserciones son equivalentes si las satisfacen los mismos estados de ejecución.

En lugar de hablar de los estados de ejecución que satisfacen una aserción, podemos hablar de forma completamente equivalente de los estados de ejecución definidos por una aserción, de modo tal que toda aserción define un conjunto de estados de ejecución formado por todos aquellos estados que la satisfacen.

De este modo, la propiedad denotada por la fórmula de corrección, que puede ser cierta o no, es interpretada del siguiente modo:

Una ejecución **A** que comience en un estado de ejecución definido por **P** terminará en un estado de ejecución definido por **Q**.

Cuanto mayor sea el conjunto de estados que define una aserción, diremos que más débil es. A la inversa, cuanto menor sea el conjunto de estados que define, diremos que más fuerte es.

Se dice que la aserción **A** es más fuerte que la aserción **B** o, lo que es lo mismo, una aserción **B** es más débil que otra aserción **A** si y sólo si el conjunto de estados definidos por **A** está incluido en el conjunto de estados definido por **B**. Obviamente, la aserción **A** es más fuerte que la aserción **B** si y sólo si **A** implica **B**; o, dicho de otro modo, **B** es más débil **A** si **B** es consecuencia lógica de **A**.

Por todo ello, la aserción **Falso** es la más fuerte posible ya que define el conjunto vacío de estados o, lo que es equivalente, implica cualquier otra aserción; de forma semejante, la aserción **Verdadero** es la más débil posible ya que define el conjunto de todos los estados posibles o, lo que es equivalente, es consecuencia lógica de cualquier otra aserción.

Este repaso breve a conceptos básicos de la ciencia de la computación nos va a resultar útil. La Programación por Contrato recoge estos conceptos y utiliza las aserciones como una forma de reintroducir en la clase las propiedades semánticas del tipo abstracto de datos subyacente. Las aserciones así pasan, de ser una mera construcción teórica para guiar el razonamiento en el desarrollo del software, a tener también una aplicación práctica.

La Programación por Contrato aplica de forma práctica las aserciones definiendo, en primer lugar, una precondición y una postcondición para cada método de la clase. Llegado este punto, puede que nos preguntemos qué sentido tiene la palabra contrato en la Programación por Contrato. Quizá sorprenda la respuesta. **Una tripleta de Hoare** donde **A** es un método, **es un contrato** de ese método que lo vincula con quienes lo invocan. Pero veámoslo con calma.

El primer uso de las aserciones es la especificación semántica de los métodos. Un método no es solamente un trozo de código; como implementación de alguna operación de la especificación de un tipo abstracto de datos, debería realizar alguna tarea útil. Es necesario expresar esta tarea con precisión, como ayuda para el diseño -no se puede aspirar a asegurar que un método sea correcto a menos que se haya especificado lo que se supone que hace- y como ayuda para la comprensión posterior del texto del código fuente. Para especificar la tarea se necesita algo más que el nombre del método, que sólo da una idea imprecisa de lo que hace. Se puede especificar la tarea que lleva a cabo un método mediante dos aserciones asociadas al método, como ya sabemos: Una precondición y una postcondición.

La precondición establece las propiedades que se tienen que cumplir cada vez que se llama al método; es decir, expresa las restricciones bajo las que un método funcionará correctamente. La precondición se aplica a todas las llamadas al método, tanto desde dentro de la clase como desde los clientes. Un sistema correcto nunca ejecutará una llamada en un estado que no satisfaga la precondición del método al que se llama.

La postcondición establece las propiedades que debe garantizar el método cuando retorne; es decir, expresa propiedades del estado resultante de la ejecución de un método. La presencia de una postcondición en un método expresa una garantía por parte de quien implementa el método de que éste producirá un estado en el que se satisfacen ciertas propiedades si se supone que ha sido invocado satisfaciéndose la precondición.

Por tanto, definir una precondición y una postcondición para un método es una forma de definir un contrato que vincula al método con quienes lo llaman.

Al asociar una precondición **pre** y una postcondición **post** con un método **m**, la clase le está diciendo a sus clientes:

Si usted me promete llamar a **m** con **pre** satisfecho, entonces yo le prometo entregar un estado final en el que **post** es satisfecho.

Un par precondición-postcondición de un método describe el contrato que el método -es decir, el proveedor de un cierto servicio- define para los que lo llaman -los clientes del servicio-. Un buen contrato entraña tanto obligaciones como beneficios para ambas partes, ya que lo que es una obligación para uno se convierte en un beneficio para el otro. Así:

- ▸ La precondición compromete al cliente: Define las condiciones bajo las cuales es legítima la llamada a un método. Es una obligación para el cliente y un beneficio para el proveedor.

- ▸ La postcondición compromete al proveedor: Define las condiciones que debe asegurar el método al retornar. Esto es un beneficio para el cliente y una obligación para el proveedor.

Los beneficios son para el cliente la garantía de que ciertas propiedades se van a cumplir después de la llamada, y para el proveedor que se puede suponer que determinados presupuestos se van a cumplir cada vez que se llame al método.

Las obligaciones para el cliente son satisfacer los requisitos que establecen las precondiciones, y para el proveedor cumplir con la tarea que establece la postcondición.

La precondición es un beneficio para el proveedor porque, si el cliente no cumple con su parte, es decir, si la llamada no satisface la precondición, entonces la clase no está obligada a cumplir la postcondición. En este caso, es lícito para el método hacer lo que quiera: Retornar cualquier valor, caer en un bucle infinito sin retornar valor alguno o incluso acabar con la ejecución de una manera drástica lanzando una excepción.

La primera ventaja de esta convención es que simplifica considerablemente el estilo de programación. Habiendo especificado como precondición las restricciones bajo las cuales se puede llamar a un método, el que desarrolla la clase puede suponer, cuando escribe el cuerpo del método, que las restricciones se satisfacen, por lo que no es necesario verificar éstas en el cuerpo del método; de hecho, la Programación por Contrato va más allá: No solamente es innecesario, sino que es inaceptable. Es lo que se conoce como **principio de no redundancia**:

- ▸ Bajo ninguna circunstancia debe el cuerpo del método verificar el cumplimiento de su precondición.

El principio de no redundancia realmente indica que, para cualquier condición de consistencia que pudiera hacer peligrar el funcionamiento apropiado de un método, se le debe asignar el asegurar esta condición a una sola de las dos partes del contrato. ¿A cuál de las dos? La respuesta puede variar, y es en parte un asunto de estilo de diseño. Hay dos posibilidades:

▶ O se le asigna la responsabilidad a los clientes, en cuyo caso la condición aparecerá como parte de la precondición del método, y recibe el nombre de **diseño exigente de las precondiciones**.

▶ O se le pasa al proveedor en cuyo caso la condición aparecerá en una instrucción condicional en el cuerpo del método, y recibe el nombre de **diseño tolerante de las precondiciones**.

¿Cuál es el mejor estilo? Hasta cierto punto es un asunto de criterio personal, al contrario que el principio de no redundancia, que es absoluto cuando establece que nunca es aceptable tratar una condición de corrección desde ambos lados, el del cliente y el del proveedor.

En nuestro caso, consideramos más apropiado el diseño exigente de las precondiciones, ya que el autor de un método no tiene que ser más listo que los clientes; si no está seguro de lo que tiene que hacer el método en una cierta situación anormal, debe excluir ésta explícitamente en la precondición.

Ahora bien, el diseño exigente de las precondiciones sólo es aplicable si las precondiciones se mantienen razonables. ¿Qué es lo que significa "razonable" para la precondición de un método? A continuación se da una caracterización más precisa, mediante el **principio de la precondición razonable**:

La precondición de todo método en el diseño exigente de las precondiciones debe satisfacer los siguientes requisitos:

▶ La precondición aparece en la documentación oficial distribuida a los autores de los módulos clientes.

▶ Es posible justificar la necesidad de una precondición exclusivamente en términos de la especificación.

El segundo requisito excluye restricciones que sean sólo para conveniencia del proveedor al implementar el método. Ahora bien, algunas restricciones pueden surgir debido a la forma general de implementación que se seleccione. Por ejemplo, utilizar un array estático para implementar las pilas tendrá como consecuencia que el método **push()** (que apila un elemento en la cima de la pila) tenga una precondición que exija que la pila no esté llena. Pero un caso como éste no viola el principio porque la naturaleza acotada de dicha implementación se hace parte de la especificación: La clase no se anunciará para representar pilas de cualquier tamaño, sino sólo pilas de una capacidad máxima finita.

El principio de no redundancia es contrario a lo que se conoce a menudo con el nombre de programación defensiva. Ésta establece que para obtener software fiable hay que diseñar componentes que se protejan a sí mismos todo lo posible. Es mejor comprobar demasiado, según este enfoque, que demasiado poco: Uno nunca es demasiado cuidadoso cuando tiene que tratar con extraños. Una comprobación redundante puede no ayudar, pero al menos no hace daño.

La Programación por Contrato proviene de la observación opuesta: Las comprobaciones redundantes pueden hacer daño. Si se restringe el panorama al estrecho mundo de un único método, entonces puede parecer que dicho método es más robusto con una comprobación adicional que sin ella. Pero el mundo de un sistema software no está restringido a un único método: Contiene una multitud de métodos en una multitud de clases. Para obtener sistemas software fiables, se debe pasar de este enfoque tan microscópico a uno macroscópico que considere la arquitectura completa.

Si se considera esta visión global, la sencillez se convierte en un criterio crucial. Como ya se sabe, la complejidad es el mayor enemigo de la calidad. Cuando se tiene esto en cuenta, las posibles comprobaciones redundantes ¡ya no parecen tan inocuas! Extrapoladas a miles de métodos de un sistema software de tamaño medio -o decenas o cientos de miles de métodos en uno muy grande-, una comprobación adicional basada en una única instrucción condicional, que es inocua a primera vista, comienza a parecer un monstruo de complejidad inútil.

La Programación por Contrato invita a identificar las condiciones de consistencia que son necesarias para el funcionamiento correcto de cada cooperación cliente-proveedor -es decir, cada contrato- y a especificar, para cada una de estas condiciones, de quién es la responsabilidad de asegurar la misma, del cliente o del proveedor. Una vez que se ha tomado una decisión, hay que basarse en ella: Si en una precondición aparece un requisito de corrección, lo cual indica que el requisito es parte de la responsabilidad del cliente, no debe haber una comprobación correspondiente en el método; y, si no está en una precondición, entonces el método debe comprobar el requisito.

Es importante entender que los contratos son una herramienta excelente para mejorar la corrección y seguridad de nuestro software, pero no dejan de ser precisamente eso, una herramienta más que complementa a otras. A veces puede ocurrir que en un proyecto no es posible utilizarlos. Y no hay que perder de vista que el desarrollo de software tiene sus propias reglas: Reglas debidas al hecho de que se ejecuta en máquinas reales que están limitadas en espacio de memoria y en velocidad de ejecución. Hay momentos en los que es necesario tomar decisiones de ingeniería y evaluar que es mejor no ir más allá en la especificación de las clases para no afectar en demasía al rendimiento de la ejecución del programa. Porque, efectivamente, por si alguien se lo había preguntado, comprobar que se cumplen los contratos de la clase durante la ejecución del programa supone una penalización en el rendimiento del mismo.

En particular, en la programación de videojuegos, donde se busca maximizar el rendimiento de la aplicación que se está ejecutando, es buena idea limitar qué contratos son aquellos que se verifican en tiempo de ejecución. Generalmente, sólo se comprueban las precondiciones.

Existen una serie de heurísticas que guían en el descubrimiento de las aserciones de una clase:

▶ Dividir métodos en órdenes y consultas. Las consultas devuelven un resultado pero no cambian las propiedades visibles del objeto. Las órdenes pueden cambiar el objeto pero no devuelven un resultado. Seguir este principio, que ya conocemos, es importante porque permite usar consultas en aserciones sin temor de que puedan cambiar el estado del objeto.

▶ Separar las consultas básicas de las consultas derivadas. Las consultas derivadas pueden ser especificadas en términos de las consultas básicas.

▶ Para cada consulta derivada, escribir una postcondición que especifique qué resultado será devuelto, en términos de una o más consultas básicas. Así, si sabemos los valores de las consultas básicas, también sabemos los valores de las consultas derivadas.

▶ Para cada orden, escribir una postcondición que especifique el valor de cada consulta básica. Así sabemos el efecto total visible de cada orden.

▶ Para cada consulta y cada orden, decidir una precondición apropiada.

▶ Escribir invariantes para definir propiedades invariables de los objetos. Hay que concentrarse en propiedades que ayudan al lector de la clase a construirse un modelo conceptual apropiado de la abstracción que la clase representa.

▶ Añadir restricciones físicas donde sea apropiado. Una de las restricciones más habituales es exigir que las variables no sean nulas.

▶ Intentar que las consultas usadas en las precondiciones sean poco costosas de calcular.

▶ Restringir atributos usando el invariante. Cuando una consulta derivada es implementada como un atributo, puede ser restringida a ser consistente con otras consultas mediante una aserción en el invariante de la clase.

Realmente, los contratos establecen supuestos que deben cumplirse para que el software se ejecute correctamente. Hacen explícito lo que está implícitamente codificado en el sistema software. Sin contratos, estos supuestos son usualmente indicados como comentarios.

Las precondiciones y las postcondiciones describen las propiedades semánticas de los métodos individuales. También es necesario expresar las propiedades semánticas globales de todas las instancias de una clase, que deben ser preservadas por todos los métodos. Tales propiedades semánticas constituyen el **invariante de la clase** y capturan las restricciones de integridad que caracterizan a una clase.

Si bien se comprueba que se verifica la precondición a la entrada del método y que se verifica la postcondición a la salida del mismo, un invariante de una clase es una aserción que debe satisfacer cada instancia de la clase en todos los momentos estables. Los momentos estables de una instancia de una clase son aquellos en los que el objeto es observable desde fuera, en el sentido de que un cliente le puede aplicar una característica. Estos momentos estables son:

▶ El estado resultante de la creación del objeto.
▶ El estado inmediatamente antes y después de una llamada ejecutada por un cliente a un método público de la clase de ese objeto.

Por ello, si fuéramos exhaustivos en comprobar que se cumplen todos los contratos de una clase, habría que verificar el cumplimiento del invariante de clase en los siguientes casos:

▶ A la salida de los métodos constructores.
▶ A la entrada y salida de los métodos públicos y de los métodos con visibilidad de paquete.

Para que una precondición pueda ser satisfecha por un cliente, no debe utilizar características de la clase que estén ocultas a los clientes, es decir, que sean privadas. Tenemos así la **regla de disponibilidad de la precondición**:

▶ Toda característica que aparezca en la precondición de un método debe estar disponible para cualquier cliente para el que esté disponible dicho método.

Sin embargo, no hay una regla similar para las postcondiciones o los invariantes de clase. No es un error el que algunas cláusulas de una postcondición o del invariante de clase se refieran a atributos o métodos privados. Esto significa simplemente que se están expresando propiedades del efecto del método que no son utilizables directamente por los clientes. Se llaman **propiedades de implementación**.

La ocultación de la información no versa sobre ocultar el código fuente al cliente -es decir, al autor de las clases cliente-, sino sobre que éste no pueda escribir su código basándose en características privadas, incluyendo entre ellas la representación interna de la clase. Por ello, las precondiciones deben usar siempre características públicas, que son visibles para el cliente, de modo que éste pueda comprobar que se cumplen. Sin embargo, las postcondiciones y los invariantes no tienen que cumplir este requisito: En este caso no es un error incluir características privadas porque ello no causa problemas al cliente. Aunque el cliente pueda leer las cláusulas de las postcondiciones y del invariante que muestran propiedades de implementación de la clase, del mismo modo que aunque pudiera leer el código fuente completo de la clase, no se viola el principio de ocultación de la información porque al cliente no se le permite escribir una clase cliente basándose en esas características privadas, incluida entre ellas la representación interna de la clase, por la simple razón de que no puede acceder a ellas.

Es importante hacer notar que los contratos que aquí se discuten ocurren entre un método -el proveedor- y otro método -el cliente que lo llama-. En la obtención de información del mundo externo -de entradas de usuario, de una red, de sensores, de un sistema de ficheros, etc. -, no se puede basar uno en precondiciones. En este contexto es útil el diseño tolerante de las precondiciones y en este caso no hay sustituto para las estructuras de control condicionales habituales.

Debe quedar claro que las aserciones no son estructuras de control para manejar casos especiales. Si se quiere escribir un método que calcule la raíz cuadrada de un número real y trate los argumentos negativos de cierta manera y los argumentos no negativos de otra, entonces no se necesita una precondición sino las clásicas estructuras de control condicionales.

Las aserciones son otra cosa. Expresan las condiciones de corrección. Si dicho método que calcula la raíz cuadrada de un número real tiene una precondición que exige que el argumento sea mayor o igual que cero, una llamada a dicho método con un argumento negativo no es un caso especial: Es un error simple y llano. Y dada la visión de las aserciones como contrato, podemos enunciar la **regla de violación de las aserciones**:

- La violación en tiempo de ejecución de una aserción es la manifestación de un error en el software.
- La violación de una precondición es la manifestación de un error en el cliente.

▼ La violación de una postcondición es la manifestación de un error en el proveedor.

▼ La violación de un invariante es la manifestación de un error en el proveedor.

La herencia de contratos funciona de la misma manera para la implementación de interfaces como para la herencia de clases. La clase que implementa una interfaz hereda los contratos de ésta y la clase hijo hereda los contratos de la clase padre. Más aún, los contratos se pueden refinar. Y, a diferencia del mecanismo de redefinición de métodos, los contratos no se reemplazan: La clase que implementa una interfaz combina sus contratos con los de ésta y la clase hijo combina sus contratos con los de la clase padre. Veamos cuáles son las reglas de combinación.

La **regla de herencia del invariante** establece que el invariante de la clase padre de una clase se aplica por igual a la clase hija; de manera análoga, el invariante de la interfaz implementada por una clase se aplica por igual a dicha clase. Los invariantes de la clase padre y de la interfaz se añaden a los de la propia clase mediante el operador lógico **AND**. Si en una clase no hay invariante, se considerará que tiene por invariante la cláusula **True**.

Cuando se implementa o bien se redefine un método, se pueden conservar las aserciones originales, pero también se podría:

▼ Reemplazar la precondición por una más débil.
▼ Reemplazar la postcondición por una más fuerte.

El primer caso significa ser más generoso que el método original, es decir, aceptar más casos. Esto no puede causar daño alguno al cliente que satisfacía la precondición original antes de la llamada.

El segundo caso implica hacer más cosas de las que se prometía; lo cual tampoco puede causar daño al cliente que se basaba en que la postcondición original se cumplía después de la llamada.

La **regla de herencia de las aserciones** establece que una implementación o redefinición de un método sólo puede reemplazar la precondición original por una igual o más débil y la postcondición original por una igual o más fuerte.

La regla expresa que la nueva versión debe aceptar todas las llamadas que eran aceptadas por el original y debe garantizar al menos lo mismo que garantizaba el original. Esta nueva versión puede -aunque no tiene por qué hacerlo- aceptar más casos o dar garantías más fuertes.

Resumiendo, los casos posibles en la herencia de contratos:

▶ Las precondiciones son combinadas mediante el operador lógico **OR**.
▶ Las postcondiciones y los invariantes de clase son combinados mediante el operador lógico **AND**.

Una vez que ya sabemos qué son las precondiciones, las postcondiciones y los invariantes, podemos definir lo que significa que una clase sea correcta. La base de la respuesta ya ha sido estudiada: Una clase, como cualquier otro elemento software, es correcta o incorrecta no por sí misma sino con respecto a una especificación. Introduciendo las precondiciones, postcondiciones e invariantes se tiene una forma de incluir la especificación en el propio texto de la clase. Esto proporciona una base para precisar la corrección: La clase es correcta si y sólo si su implementación, según se da en los cuerpos de los métodos, es consistente con las precondiciones, las postcondiciones y los invariantes.

Existen varias bibliotecas en Java que implementan la Programación por Contrato. No obstante, están obsoletas o son difíciles de configurar.Por ello, vamos a emplear una forma muy simple, pero efectiva, de llevar a término la Programación por Contrato. Tenemos a nuestra disposición una clase final que dispone de métodos sencillos pero eficaces para determinar si una aserción se cumple:

```java
package org.jomaveger.lang.dbc;
import org.jomaveger.lang.dbc.exceptions.ContractViolationException;
public final class Contract {

    public static final String PRECONDITION_ERROR = "Precondicion Fallida.";
    public static final String POSTCONDITION_ERROR = "Postcondicion Fallida.";
    public static final String CLASS_INVARIANT_ERROR = "Invariante de Clase Falli-
do.";
    public static final String CHECK_ERROR = "Asercion Fallida.";
    public static void require(boolean condition) {
        if (!condition) {
            throw new ContractViolationException(PRECONDITION_ERROR);
        }
    }

    public static void require(boolean condition, String description) {
        if (!condition) {
            throw new ContractViolationException(PRECONDITION_ERROR + descrip-
tion);
        }
    }

    public static void ensure(boolean condition) {
        if (!condition) {
            throw new ContractViolationException(POSTCONDITION_ERROR);
        }
```

```
      }

      public static void ensure(boolean condition, String description) {
          if (!condition) {
              throw new ContractViolationException(POSTCONDITION_ERROR + descrip-
tion);
          }
      }

      public static void invariant(boolean condition) {
          if (!condition) {
              throw new ContractViolationException(CLASS_INVARIANT_ERROR);
          }
      }

      public static void invariant(boolean condition, String description) {
          if (!condition) {
              throw new ContractViolationException(CLASS_INVARIANT_ERROR + descrip-
tion);
          }
      }

      public static void check(boolean condition) {
          if (!condition) {
              throw new ContractViolationException(CHECK_ERROR);
          }
      }

      public static void check(boolean condition, String description) {
          if (!condition) {
              throw new ContractViolationException(CHECK_ERROR + description);
          }
      }
  }
```

Los contratos se escriben en el código fuente Java mediante expresiones lógicas válidas en el lenguaje Java. Se verifica el cumplimiento de los contratos de la siguiente manera:

- Las precondiciones de métodos mediante la invocación del método estático **Contract.require()**.

- Las postcondiciones de métodos mediante la invocación del método estático **Contract.ensure()**.

- Los invariantes de clase mediante la invocación del método estático **Contract.invariant()**.

Se pueden escribir contratos tanto para clases como para interfaces.

Cualquier otro tipo de aserción que se desee verificar se valida a través del método estático **Contract.check()**.

Las precondiciones y las postcondiciones son evaluadas en el contexto del método al que están unidas. En las precondiciones y las postcondiciones, se puede acceder a los valores de los parámetros de los métodos.

3.2 ROBUSTEZ

La robustez es la capacidad de un sistema software de reaccionar adecuadamente ante situaciones excepcionales.

Un sistema software no sólo ha de ser correcto sino también robusto.

En un sistema software, es recomendable emplear un diseño exigente de las precondiciones para la comunicación que tiene lugar entre un método -el proveedor- y otro método -el cliente que lo llama-.

Aunque estudiaremos las pilas como estructuras de datos más adelante, supongamos que tenemos definida una interfaz genérica **IStack< T >**, que define las operaciones que se pueden aplicar a una pila cualquiera, y una clase **LinkedStack< T >** que implementa dicha interfaz. Consideremos, por ejemplo, el método **peek()** de las pilas, que desapila el elemento que se encuentra en la cima de la pila. Este método tiene como precondición que la pila no puede estar vacía, puesto que no tiene sentido intentar eliminar el elemento de la cima de la pila si no hay elemento alguno en ella.

Nótese que un cliente de la clase **LinkedStack** no debe llamar a **peek()** cuando la pila está vacía. La explicación teórica es que el comportamiento de **peek()** en una pila vacía está indefinido por definición, desde el mismo momento en que no se cumple la precondición. La explicación práctica es que el control de aserciones puede no estar activado cuando se ejecuta una aplicación -aunque debería estarlo-, pero sin duda el código debe funcionar de la misma manera tanto si está activado el control de aserciones como si no lo está; además, la gestión de excepciones nunca debe emplearse como una estructura de control condicional. Por eso, no hay que escribir código como éste:

```
IStack<Integer> stack = new LinkedStack<>();
try {
    stack.peek();
} catch (PreconditionError e) {
    // Hacer lo que sea en caso de que la pila esté vacía.
}
```

En lugar del código anterior, habría que escribir código como el siguiente:

```
IStack<Integer> stack = new LinkedStack<>();
if (stack.isEmpty()) {
    // Hacer lo que sea en caso de que la pila esté vacía.
} else {
    stack.peek();
}
```

Por supuesto, puede ocurrir que la comunicación de la que hemos hablado entre el método proveedor y el método cliente no termine con la satisfacción del contrato.

Una llamada a un método tiene éxito si termina su ejecución en un estado en el que satisface el contrato del método. Fracasa, en cambio, si no tiene éxito.

Una excepción es un suceso en tiempo de ejcución que puede causar que un método fracase.

Una excepción puede ocurrir durante la ejecución de un método **m** como resultado de alguna de las situaciones siguientes:

1. Intentar hacer una llamada **a.f(...)** y encontrar que **a** es nulo.

2. Ejecutar una operación que produce una condición anormal detectada por el hardware o el sistema operativo.

3. Invocar a un método que fracasa.

4. Encontrar que la precondición **m** no se cumple al tratar de entrar en **m**.

5. Encontrar que la postcondición de **m** no se cumple al salir de **m**.

6. Encontrar que el invariante de **m** no se cumple al entrar o salir de **m**.

7. Ejecutar una instrucción que pida explícitamente elevar o lanzar una excepción.

El sistema de control de aserciones que hemos diseñado define la siguiente excepción no comprobada:

> ▶ **org.jomaveger.lang.dbc.exceptions.ContractViolationException**, que se lanza cuando se detecta que un contrato se ha violado porque una aserción no se cumple.

```
package org.jomaveger.lang.dbc.exceptions;
public class ContractViolationException extends RuntimeException {
    public ContractViolationException(String s) {
        super(s);
    }
}
```

El caso **2** es resultado de señales que el sistema operativo envía a una aplicación cuando detecta un suceso anormal, tal como un fallo en una operación aritmética -por ejemplo, desbordamiento-, un intento de asignar memoria cuando no hay memoria disponible, un intento de acceder a un fichero que no existe en el disco duro o un intento de obtener datos de la red cuando el cable de red está desconectado.

El caso **3** surge cuando un método fracasa, como resultado de una excepción ocurrida durante su propia ejecución y de la cual no fue capaz de recuperarse. Como resultado, podemos concluir lo siguiente:

▶ Un fracaso de un método causa una excepción en quien lo llama.

Los casos **4, 5 y 6** sólo pueden ocurrir si está activado el control en tiempo de ejecución de las aserciones.

El caso **7** supone que el software puede incluir llamadas de la forma **throw**, cuyo único objetivo es elevar o lanzar una excepción.

Una llamada a un método fracasa si y sólo si ocurre una excepción durante la ejecución del mismo y, al mismo tiempo, no se puede recuperar de dicha excepción.

Cuando se desarrollan componentes software que tratan con fuentes externas de error como, por ejemplo, interfaces gráficas de usuario, módulos de comunicación de red o sistemas de ficheros, no hay forma de estar seguro de que los usuarios de un sistema software introducirán siempre valores correctos, que la conexión de red nunca se caerá o bien que los ficheros siempre van a existir y a estar disponibles para ser leídos. En estos casos, es recomendable usar un diseño tolerante de las precondiciones.

Ciertamente, no tiene sentido establecer como precondición que *el fichero existe y puede ser abierto para lectura.* ¿Cómo podría el cliente verificar esta precondición? Se podría argumentar que el cliente podría verificar que el fichero existe y, de ser así, intentar abrir el fichero para lectura. El problema es, no obstante, no la posibilidad de comprobar la precondición, sino el hecho de que durante la diferencia de tiempo entre la comprobación del cliente y la llamada al método del proveedor, el fichero puede haber sido borrado o bloqueado por otro proceso.

Mediante el diseño tolerante de las precondiciones, es el método proveedor -y no el cliente- el que comprobará si el fichero existe y puede ser abierto para lectura; de no ser así, lanzará una excepción.

Como norma, un bloque **catch** debe garantizar siempre que el método deja su objeto en un estado consistente, es decir, en un estado en el que se cumple el invariante de la clase.

Ahora bien, ¿qué tipo de excepciones debemos lanzar? ¿Comprobadas o no comprobadas? La polémica entre ambos tipos de excepciones existe desde hace mucho tiempo. De hecho, las excepciones comprobadas presentan una serie de problemas, tanto teóricos como prácticos:

▶ En cualquier código de una aplicación real, la mayoría de bloques **catch** de las excepciones comprobadas son un sin sentido, dado que se limitan a escribir un mensaje de error o bien a relanzar la excepción que más tarde será reportada como un error.

▶ En la mayoría de los casos, cuando una excepción comprobada es lanzada, no hay posibilidad de recuperarse. Podemos mostrar un mensaje de error al usuario y registrar el problema en el fichero de trazas de la aplicación de modo que nos aseguremos que esa excepción no ocurre de nuevo. Dado que la mayoría de las excepciones son errores en nuestro código y todo lo que hacemos es registrar el problema en un fichero de trazas, no tiene sentido estar obligados a relanzar las excepciones una y otra vez.

▶ Es fácil ignorar una excepción comprobada relanzándola como una instancia de una excepción no comprobada.

▶ Es fácil ignorar una excepción comprobada silenciándola, es decir, escribiendo un bloque **catch** vacío.

▶ Es muy fácil caer en la tentación de usar las excepciones comprobadas como si fueran simplemente valores de retorno alternativos por los cuales el cliente tuviera que preguntar al proveedor.

Por todo ello, como recomendación de diseño, es mejor crear y lanzar excepciones no comprobadas.

Algunas recomendaciones en el empleo de excepciones serían las siguientes:

▶ No debemos silenciar el tratamiento de una excepción; es decir, no debemos crear un manejador de excepciones vacío. Si no sabemos cómo tratar una determinada excepción, debe propagarse al cliente; en este caso, si va a ser propagada y se trata de una excepción comprobada, será relanzada como una no comprobada que conceptualmente sea de más alto nivel.

▼ Si el tratamiento de la excepción consiste en registrar y notificar el error -lo que ocurre en la mayoría de casos-, entonces conviene primero anotarlo en el fichero de trazas de la aplicación y después notificarlo al usuario final a través de la interfaz de usuario.

▼ Al crear una excepción con el fin de lanzarla, es conveniente establecer el mensaje de error personalizado que explica por qué se va a lanzar esa excepción. Tal mensaje de error puede ser consultado a través del método **getMessage()** de la clase **Throwable**.

▼ El método **printStackTrace()** de la clase **Throwable** es útil para depurar porque escribe en la consola estándar de salida la traza con la pila de llamadas que ha provacado una excepción. Es posible tener también dicha traza almacenada en una cadena de caracteres, por ejemplo para guardarla en un fichero de trazas:

```java
public static String getStackTrace(Throwable throwable) {
    StringWriter sw = new StringWriter();
    PrintWriter pw = new PrintWriter(sw);
    throwable.printStackTrace(pw);
    return sw.toString();
}
```

▼ Existe un truco muy útil que se puede utilizar en caso de necesitar propagar una excepción comprobada. Si no se desea relanzarla como una no comprobada que conceptualmente sea de más alto nivel, pero tampoco se quiere declarar en la cabecera del método, he aquí otra opción:

```java
public static RuntimeException softenException(Exception e) {
    return checkednessRemover(e);
}
private static <T extends Exception> T checkednessRemover(Exception e)
throws T {
    throw (T) e;
}
```

En primer lugar, la derivación genérica asocia el parámetro genérico formal **T** con **RuntimeException**, ya que es el tipo de retorno del método **softenException()**. Esto significa que la expresión **throws T** se convierte en **throws RuntimeException**, que el compilador interpreta como si no se lanzaran excepciones -ya que **RuntimeException** es la clase padre de todas las excepciones no comprobadas-.

No obstante, la sentencia **throw (T)e;** teóricamente debería evaluar a **throw (RuntimeException)e;**. Si **e** fuera, por ejemplo, **NoSuchFileException**, lo lógico sería esperar que esa sentencia resultara en una excepción **ClassCastException**. Pero, por la manera en la que trabajan los genéricos en Java, la información de tipo es eliminada por el compilador. Por tanto, el código de bytes generado para la máquina virtual de Java realmente es **throw (Exception)e;**, que es correcto.

Este truco muestra que las excepciones comprobadas son puramente una característica del compilador. No existe una verificación en tiempo de ejecución de excepciones comprobadas.

La siguiente clase engloba todas estas utilidades:

```java
package org.jomaveger.lang.exceptions;
import java.io.PrintWriter;
import java.io.StringWriter;
public final class ExceptionUtils {
    private ExceptionUtils() {
    }

    public static String getStackTrace(Throwable throwable) {
        StringWriter sw = new StringWriter();
        PrintWriter pw = new PrintWriter(sw);
        throwable.printStackTrace(pw);
        return sw.toString();
    }

    public static String getExpandedMessage(Throwable throwable) {
        StringBuilder string = new StringBuilder();
        string.append(throwable.getClass().getName() + "[");
        string.append(throwable.getMessage());
        string.append("]");
        string.append("\n");
        string.append(ExceptionUtils.getStackTrace(throwable));
        return string.toString();
    }

    public static RuntimeException softenException(Exception e) {
        return checkednessRemover(e);
    }

    private static <T extends Exception> T checkednessRemover(Exception e) throws T {
        throw (T) e;
    }
}
```

3.3 PRUEBAS UNITARIAS

La realización de las pruebas es una tarea fundamental del desarrollo de cualquier sistema software. Las pruebas nos ayudan, como desarrolladores, a crear código de calidad y sencillo de mantener. Aunque es cierto que esta tarea puede ralentizar en cierto modo el desarrollo, nos aseguramos un código donde los posibles errores se habrán reducido a prácticamente cero antes de la puesta en producción.

Otra característica importante es que nos permiten evolucionar nuestras aplicaciones de forma segura. Si las pruebas pasan con éxito al modificar una clase existente o añadir una nueva, ofrecen la certeza de no haber roto ninguna funcionalidad; en caso contrario, nos avisan de que nuestros cambios han alterado el funcionamiento de la aplicación de manera inesperada.

Existen diferentes tipos de pruebas:

▶ Una **prueba unitaria** es una sección de código software automatizado que invoca a una unidad de trabajo del sistema software para después verificar una serie de condiciones sobre el comportamiento de dicha unidad de trabajo.

Una **unidad de trabajo** es un caso de uso lógico-funcional del sistema software, considerado de manera aislada, que puede ser invocado mediante una interfaz pública. Una unidad de trabajo puede corresponderse con un único método, o bien con una clase completa o incluso con múltiples clases que trabajan juntas para lograr un único propósito lógico que puede ser verificado.

▶ Una **prueba de integración** es una sección de código software automatizado que verifica que dos o más unidades de trabajo del sistema software están correctamente integradas. Por ejemplo, se podría probar el uso de una biblioteca externa dentro de uno de nuestros métodos.

▶ Una **prueba funcional** es una sección de código software automatizado que verifica el sistema software completo desde el punto de vista del usuario final.

Nos vamos a concentrar en las pruebas unitarias. Para realizarlas, vamos a utilizar la biblioteca [JUnit](https://junit.org/junit4/).

Para que las pruebas unitarias sean útiles y efectivas, deben cumplir una serie de propiedades cuyas iniciales en inglés forman la palabra **FIRST**.

▶ **F de Fast**: Una prueba unitaria debe ser rápida, ejecutarse rápidamente.

▶ **I** de **Isolated**: Una prueba unitaria debe estar aislada y tener una única razón para fallar. Por tanto, debe ser independiente de factores externos y también de cualquier otra prueba. Es decir, la prueba no debe hablar con base de datos alguna, ni debe utilizar la red, tampoco el sistema de ficheros ni debe requerir modificación alguna del entorno para ser ejecutada. Si hiciera falta acceder a una base de datos, por ejemplo, se deben utilizar dobles de prueba para lograr el aislamiento necesario.

▶ **R** de **Repeatable**: Una prueba unitaria debe ser repetible y se deben obtener los mismos resultados cada vez que se ejecuta. Así, por ejemplo, no se admiten números aleatorios en pruebas unitarias.

▶ **S** de **Self-Verifying**: Una prueba unitaria debe ser verificable por sí misma, pasa o falla inequívocamente.

▶ **T** de **Timely**: Una prueba unitaria debe ser oportuna. No se debe esperar a tener el código de producción terminado para empezar a escribir las pruebas unitarias.

Hay quienes enfrentan la programación por contrato a las pruebas unitarias, cuando realmente se trata de herramientas complementarias:

▶ Los contratos capturan la semántica general de un método, mientras que las pruebas unitarias verifican una ruta de ejecución específica.

▶ Los contratos están escritos en el código de producción, mientras que las pruebas unitarias dan un ejemplo de uso correcto en código que no es de producción.

▶ Los contratos son impuestos durante la ejecución viva y poco fiable del código, mientras que las pruebas unitarias ejercitan el código en un entorno de pruebas seguro. Por tanto, es recomendable dejar los contratos activos, incluso en producción.

▶ La programación por contrato previene los defectos en el código. Las pruebas unitarias detectan los defectos del código.

El concepto fundamental en JUnit es el caso de prueba.

Un **caso de prueba** es una clase que dispone de métodos para probar una unidad de trabajo.

Normalmente, una unidad de trabajo se corresponde con una clase. Por tanto, para cada clase que quisiéramos probar, definiríamos su correspondiente clase de caso de prueba.

A la hora de implementar las pruebas con JUnit, deberemos seguir una serie de buenas prácticas que se detallan a continuación:

▶ La clase de prueba se llamará igual que la clase a probar, pero con el sufijo **Test**. Por ejemplo, si queremos probar la clase **MiClase**, la clase de prueba se llamará **MiClaseTest**.

▶ La clase de prueba se ubicará en el mismo paquete en el que estaba la clase probada. Si **MiClase** está en el paquete **es.jomaveger.examples. chapter3**, **MiClaseTest** pertenecerá e ese mismo paquete. De esta forma, nos aseguramos tener acceso a todos los miembros de la clase a probar que tienen visibilidad protegida y de paquete.

▶ Mezclar clases reales de la aplicación con clases que sólo nos servirán para realizar las pruebas durante el desarrollo no es nada recomendable, pero no queremos renunciar a poner la clase de prueba en el mismo paquete que la clase probada. Para solucionar este problema, lo que se hará es crear las clases de prueba en un directorio de fuentes diferente. Si los fuentes de la aplicación se encuentran normalmente en un directorio llamado **main** dentro de la carpeta **src**, los fuentes de pruebas irán en un directorio dentro de **src**.

▶ Los métodos de prueba (aquellos anotados con la **@Test** de JUnit) tendrán como nombre el mismo que el del método probado, pero con prefijo **test** y con sufijo una descripción de lo que se está probando.

▶ Aunque dentro de un método de prueba podemos poner tantos **assert** como queramos, es recomendable crear un método de prueba diferente por cada caso de prueba que tengamos. Por ello, podemos tener varios métodos de prueba dedicados a probar la distinta casuística de un único método.

Una clase de prueba es una clase común en la que los métodos de prueba son marcados con la **@Test**. Esta anotación indica al ejecutor de pruebas unitarias de JUnit que el método representa una prueba unitaria y que, por tanto, debería ser ejecutado. En estos métodos de prueba, llamaremos al método probado pasándole los parámetros de entrada establecidos para cada caso de prueba y comprobaremos si el resultado obtenido es igual al resultado esperado.

Es importante saber que JUnit no garantiza que las pruebas unitarias se ejecutan en un orden determinado. Aunque pueda pensarse que el orden de ejecución de los métodos de prueba sería el mismo con el que han sido declarados, no es así. Por ello, las pruebas unitarias deben ser independientes entre sí.

Para comprobar si el resultado obtenido coincide con el resultado esperado, utilizaremos los métodos estáticos de aseveración **assert** de la biblioteca JUnit, que se encuentran en la clase **org.junit.Assert**. Estos métodos de aseveración nos permiten comprobar en una prueba si una condición se cumple y, por tanto, la prueba pasa o, por el contrario, la condición no se cumple y la prueba falla. En los métodos de aseveración con dos parámetros, el primero siempre es el resultado esperado y el segundo es el resultado real obtenido. Existen multitud de variantes de estos métodos; por ejemplo:

- El método **assertArrayEquals()**, que compara si dos arrays son iguales entre sí. En otras palabras, si los dos arrays contienen el mismo número de elementos y contienen además los mismos elementos y en el mismo orden.

- El método **assertEquals()**, que compara si dos objetos son iguales entre sí.

- Los métodos **assertTrue()** y **assertFalse()**, que comprueban si el valor de una variable o expresión son, respectivamente, **true** o **false**.

- Los métodos **assertNull()** y **assertNotNull()**, que comprueban si el valor de una variable o expresión son, respectivamente, **null** o diferente de **null**.

- Los métodos **assertSame()** y **assertNotSame()**, que comprueban, respectivamente, si dos referencias a objetos apuntan al mismo objeto o no.

En algunos casos de prueba, lo que se espera como salida no es que el método nos devuelva un determinado valor, sino que se produzca una excepción. Con JUnit también se puede comprobar en una prueba que nuestra aplicación lanza las excepciones esperadas. Para ello, se agrega el atributo **expected**, indicando qué excepción se espera, a la anotación **@Test**.

Ya hemos indicado que, en una clase de prueba, JUnit sólo ejecuta los métodos que poseen la anotación **@Test**; otros métodos que haya en la misma clase sin esa anotación no son ejecutados por el ejecutor de pruebas unitarias, a excepción de cuatro métodos que pueden existir anotados con sendas diferentes anotaciones predefinidas que podemos utilizar si nos resultan útiles:

- ► El método con la anotación **@Before**, que se ejecuta justo antes de la ejecución de cada uno de los métodos de prueba.

- ► El método con la anotación **@After**, que se ejecuta justo después de la ejecución de cada uno de los métodos de prueba.

- ► El método con la anotación **@BeforeClass**, que se ejecuta antes de que se ejecute método de prueba alguno.

- ► El método con la anotación **@AfterClass**, que se ejecuta después de que se ejecuten todos los métodos de prueba.

Definir los casos de prueba para una unidad de trabajo no es una tarea que se realice al azar o por ciencia infusa. El origen de estos casos de prueba está en los contratos que se han definido para la unidad de trabajo que se desea probar. No debemos olvidar que, en realidad, una prueba no deja de ser un cliente de dicha unidad de trabajo.

3.4 DISEÑO DE ALGORITMOS ITERATIVOS

Aunque parezca lo contrario, es sumamente difícil de desarrollar de forma correcta un bucle. Algunos de los problemas típicos que se presentan cuando se trabaja con instrucciones iterativas son los siguientes:

- ► Llevar a cabo una iteración de más o de menos.

- ► Manejar incorrectamente los casos límite, tales como las estructuras vacías; por ejemplo, un bucle puede trabajar bien con un array grande pero fallar cuando el array tiene cero o un único elemento.

- ► No llegar a terminar en algunos casos: Es lo que se conoce como el síndrome del bucle infinito.

El cálculo de un bucle tiene los siguientes componentes:

- ► Un invariante del bucle, que no debe confundirse con el invariante de clase para la clase que lo encierra. El invariante del bucle es una aserción que describe todos los estados por los que atraviesa el cálculo realizado por el bucle, observados justo antes de evaluar la condición de terminación del bucle.

➤ Una función de cota, que depende de las variables del cuerpo del bucle.

El invariante se satisface antes de la primera iteración, después de cada una de ellas y, en particular, después de la última, es decir, a la terminación del bucle. El invariante del bucle es a la vez precondición y postcondición del bucle, ya que éste modifica el estado pero no las relaciones entre las variables. En general, el invariante del bucle es consecuencia lógica de la precondición; además, el invariante del bucle es una generalización de la postcondición, es decir, incluye a la postcondición como un caso especial.

La función de cota es mayor o igual que cero mientras no se cumpla la condición de salida del bucle. Además, cada ejecución del cuerpo del bucle decrementa la función de cota.

Por ejemplo, queremos diseñar un método que, dado un vector de enteros, nos indique si está ordenado o no de manera creciente. Una primera aproximación a la implementación del método sería escribir una especificación del siguiente modo:

```java
public static boolean isSorted(int[] v) {
    Contract.require(v != null);
    ...
    Contract.ensure(isSorted == ArrayUtils.isSorted(v));
    return isSorted;
}
```

donde **ArrayUtils** es una clase que pertenece a un paquete que contiene una gran cantidad de clases de utilidad, proporcionado por la fundación Apache. Aquí, **ArrayUtils** se utiliza como método auxiliar en la especificación de la condición de corrección del método, no como ayuda en la implementación del mismo.

Parece claro que necesitaremos una variable booleana **isSorted**, iniciada a **true** al comienzo del método, lo que indica que la propiedad de ordenación se cumple. Sólo tiene sentido que sigamos examinando el vector mientras continúe cumpliéndose la propiedad de ordenación.

También necesitamos una variable de tipo entero **i** que tenga la función de índice para recorrer el vector. El diseño del método puede basarse en la idea de recorrer el vector de izquierda a derecha en un bucle, comprobando si los elementos están ordenados de forma no decreciente. Dado que se compara un elemento y su siguiente, el índice empezará a recorrer el vector desde el elemento que está en la posición cero hasta el elemento que está en la posición (**v.length - 2**).

La función de cota es una expresión numérica que es siempre mayor o igual que cero, aunque su valor se decremente cada vez que se ejecuta una iteración del bucle. En este ejemplo, la función de cota es la siguiente, puesto que siempre se va a cumplir que:

```
v.length - 1 - i >= 0;
```

Por otro lado, el invariante del bucle, aserción que se va a cumplir después de cada iteración, es simplemente:

```
i >= 0 && (i < v.length) && (isSorted || (v[i-1] > v[i]))
```

Dos apuntes sobre el invariante:

▶ Se podría pensar que el segundo término debería ser

```
(i < v.length - 1)
```

Sin embargo, esta opción no funciona porque, en la última iteración, el índice **i** se incrementa por última vez, aunque no vaya a ejecutarse el bucle de nuevo, pudiendo alcanzar **i** el valor **v.length - 1**. Por tanto, fortalecer el invariante del bucle de esta manera es contraproducente.

▶ El invariante del bucle también tiene que cumplirse antes de la primera iteración. Alguien podría objetar que, si **i** está iniciado a cero, la condición (**v[i-1] > v[i]**) fallaría necesariamente si se ejecuta antes de haber empezado el bucle. Lo que ocurre es que el operador || en Java se ejecuta en cortocircuito y, como **isSorted** es **true** antes de ejecutarse el bucle, Java ya no evalúa la siguiente condición del operador ||, por lo que no se produciría ningún fallo.

Basándonos en todas estas explicaciones, quedaría el siguiente método:

```java
package org.jomaveger.examples.chapter3;
import org.apache.commons.lang3.ArrayUtils;
import org.jomaveger.lang.dbc.Contract;
public class Loop {
    public static boolean isSorted(int[] v) {
```

```
        Contract.require(v != null);

        int i = 0;
        boolean isSorted = true;
        while (i < v.length - 1 && isSorted) {

            Contract.check(v.length - 1 - i >= 0);

            isSorted = v[i] <= v[i+1];
            i++;

            Contract.check(i >= 0 && (i < v.length) && (isSorted || (v[i-1] >
v[i])));
        }

        Contract.ensure(isSorted == ArrayUtils.isSorted(v));
        return isSorted;
    }
}
```

La clase de prueba para este método sería la siguiente:

```java
package org.jomaveger.examples.chapter3;
import static org.junit.Assert.*;
import org.jomaveger.lang.dbc.exceptions.ContractViolationException;
import org.junit.Test;
public class LoopTest {
    @Test
    public void testIsSortedTrue() {
        int[] array = {5, 7, 9, 13, 15};
        assertTrue(Loop.isSorted(array));
    }

    @Test
    public void testIsSortedFalse() {
        int[] array = {5, 7, 25, 13, 15};
        assertFalse(Loop.isSorted(array));
    }

    @Test(expected = ContractViolationException.class)
    public void testIsSortedPreconditionError() {
        int[] array = null;
        assertTrue(Loop.isSorted(array));
    }
}
```

Sea otro ejemplo en el que queremos diseñar un método tal que, dado un vector de enteros y un número entero, nos devuelva el índice en el vector resultado de aplicar en el mismo la búsqueda binaria de dicho número entero. Seguimos operando en la misma clase **Loop** y partimos de la siguiente especificación:

```
public static int binarySearch(int[] v, int e) {
    Contract.require(v != null && Loop.isSorted(v));

    int k;
    ...
    Contract.ensure((k >= -1) && (k <= v.length -1) && checkOrderingPost(v,
e, k));
    return k;
}
```

Nótese que la precondición exige que el vector esté ordenado.

Asimismo, la postcondición permite devolver el valor -1, que no corresponde a ninguna posición del vector; es decir, la postcondición garantiza que las posiciones estrictamente superiores a **k**, si existen, no contienen el valor **e**. Esta afirmación se cumple para todo el vector en el caso de que **k** tenga el valor -1. Por tanto, el método no contesta a la pregunta de si el elemento está o no en el vector. En su lugar, si el elemento está en el vector, el resultado **k** es el índice de la posición del vector en la que se encuentra dicho elemento; ahora bien, si el elemento no está en el vector, el resultado **k + 1** marca la posición en la que debería estar el elemento si apareciera en el vector o, dicho de otra forma, el punto en que habría que hacerle sitio para insertarlo en él manteniendo la ordenación. Estas ideas se reúnen en el método **checkOrderingPost()** que se emplea para especificar la postcondición:

```
private static boolean checkOrderingPost(int[] v, int e, int k) {
    boolean ordering = true;
    int j = 0;
    while (j <= k && ordering) {
        ordering = v[j] <= e;
        j++;
    }
    j = k + 1;
    ordering = true;
    while (j < v.length && ordering) {
        ordering = e < v[j];
        j++;
    }
    return ordering;
}
```

Para escribir las expresiones booleanas que conforman las aserciones contamos con la posibilidad de incluir llamadas a métodos auxiliares. No obstante, hay un riesgo. Tan pronto como se permiten métodos en las aserciones, se introducen elementos potencialmente imperativos en un mundo esencialmente declarativo y se corre el riesgo de modificar accidentalmente el estado del objeto. Por ello, cualquier método que se utilice en una aserción no debe causar ningún cambio permanente en el estado del objeto.

Un método auxiliar que sólo se usa en la construcción de aserciones carece a su vez de ellas. No tiene sentido verificar a los guardias a la vez que están inspeccionando las credenciales de los visitantes. Cualquier comprobación se llevará a cabo con anterioridad.

Un método que se emplea únicamente en postcondiciones o el invariante no va a ser usado directamente por el cliente de la clase, por lo que su ámbito es privado.

Dicho esto, pasemos al desarrollo.

Para generalizar o debilitar la postcondición, de modo que obtengamos un invariante de bucle, incluiremos en ella dos índices: Uno de ellos será virtualmente idéntico a **k** pero de nombre **i**, y el otro aparecerá en sustitución de la expresión **k + 1** pero de nombre **d**. El dominio del primero será el mismo que el de **k**, y el dominio del segundo el mismo que el de **k + 1**.

Cuando termine de ejecutarse el bucle, debe ser posible que se cumpla la postcondición, por lo que exigimos que se cumpla:

```
i + 1 == d
```

Por ello, elegimos como condición de ejecución del bucle

```
i + 1 != d
```

Esto implica que en el invariante se cumple también la condición:

```
i + 1 <= d
```

Lo que nos permite elegir como función de cota la expresión

```
d - i
```

Para decidir qué posición del vector evaluar, el algoritmo de búsqueda binaria utiliza un valor próximo al punto medio:

```
(i + d) / 2
```

El método de búsqueda binaria quedaría finalmente de la siguiente forma:

```java
public static int binarySearch(int[] v, int e) {
    Contract.require(v != null && Loop.isSorted(v));

    int k;
    int i = -1;
    int d = v.length;

    while (i + 1 != d) {

        Contract.check(d - i >= 0);

        int m = (i + d) / 2;

        if (v[m] <= e) i = m;
        else d = m;

        Contract.check((i >= -1) && (i <= v.length -1) && (d >= 0) && (d <=
v.length)
            && (i + 1 <= d) && checkOrderingInv(v, e, i, d));
    }

    k = i;
    Contract.ensure((k >= -1) && (k <= v.length -1) && checkOrderingPost(v, e,
k));
    return k;
}
```

Donde el método auxiliar **checkOrderingInv()** es la versión de **checkOrderingPost()** ajustada a **i** y **d** según el debilitamiento realizado de la postcondición:

```java
private static boolean checkOrderingInv(int[] v, int e, int i, int d) {
    boolean ordering = true;
    int j = 0;
    while (j <= i && ordering) {
        ordering = v[j] <= e;
        j++;
    }
    j = d;
    ordering = true;
    while (j < v.length && ordering) {
        ordering = e < v[j];
        j++;
    }
    return ordering;
}
```

Las pruebas realizadas de la búsqueda binaria se han incluido también en la clase **LoopTest**:

```
@Test
public void testBinarySearch1() {
    int[] array = {5, 7, 9, 13, 15};
    assertEquals(0, Loop.binarySearch(array, 5));
}

@Test(expected = ContractViolationException.class)
public void testBinarySearchPreconditionError() {
    int[] array = {5, 7, 25, 13, 15};
    assertEquals(0, Loop.binarySearch(array, 5));
}

@Test
public void testBinarySearch2() {
    int[] array = {5, 7, 9, 13, 15};
    assertEquals(4, Loop.binarySearch(array, 15));
}

@Test
public void testBinarySearch3() {
    int[] array = {5, 7, 9, 13, 15};
    assertEquals(1, Loop.binarySearch(array, 8));
}
```

3.5 DISEÑO DE ALGORITMOS RECURSIVOS

Un método es recursivo si su cuerpo incluye llamadas a sí mismo. Con el objetivo de no invocarse a sí mismo infinitas veces, el diseño de todo método recursivo se basa en realizar un análisis de sus argumentos de entrada para distinguir entre:

▶ Caso Directo: El argumento de entrada es tal que el resultado puede calcularse directamente de forma sencilla. Un método recursivo puede tener uno o más casos directos.

▶ Caso Recursivo: El resultado se calcula mediante llamadas recursivas que realiza el método a sí mismo, teniendo en cuenta que se sabe cómo calcular a partir de los argumentos de entrada otros argumentos de entrada más pequeños, y sabemos además cómo calcular el resultado para los argumentos de entrada originales **suponiendo** conocido el resultado para dichos argumentos de entrada más pequeños. Un método recursivo puede tener uno o más casos recursivos.

Cada llamada recursiva de un método recursivo puede acceder a su correspondiente copia de sus variables locales y argumentos de entrada, no pudiendo acceder a los valores de la copia de las llamadas recursivas anteriores. Al final de la ejecución de la llamada recursiva, se destruyen esos valores temporales; ahora bien, mientras está pendiente de terminar una llamada recursiva, sus llamadas anteriores también están pendientes de terminar.

A diferencia de lo que ocurre con las variables locales y los argumentos de entrada, los atributos están asociados a los objetos y a las clases, y todas las llamadas recursivas actúan sobre esas mismas variables y sus valores.

Un método recursivo tiene recursión simple o lineal si cada caso recursivo realiza exactamente una llamada recursiva.

Un método recursivo simple tiene recursión no final si el resultado de la llamada recursiva se combina en una expresión para dar lugar al resultado final del método recursivo.

Un método recursivo simple tiene recursión final (en inglés *tail recursion*) si el resultado que es devuelto es el resultado de la ejecución de la última llamada recursiva. Los métodos recursivos finales tienen la interesante propiedad de que pueden ser traducidos de manera directa a soluciones iterativas.

Un método recursivo tiene recursión múltiple si, al menos en un caso recursivo, se realizan al menos dos llamadas recursivas.

Un ejemplo clásico de método recursivo simple no final sería el cálculo del factorial de un número entero positivo:

```java
package org.jomaveger.examples.chapter3;
import java.math.BigInteger;
public final class Recursion {
    public Recursion() {
    }
    public static BigInteger factorialRecursive(Integer x) {
        Contract.require(x >= 0);
        if (x == 0) {
            return BigInteger.ONE;
        } else {
            return factorialRecursive(x - 1).multiply(BigInteger.valueOf(x));
        }
    }
}
```

Las pruebas para este método serían las siguientes:

```java
package org.jomaveger.examples.chapter3;
import static org.junit.Assert.*;
import java.math.BigInteger;
import org.jomaveger.lang.dbc.exceptions.ContractViolationException;
```

```
import org.junit.Test;
public class RecursionTest {
    @Test
    public void testFactorialRecursive0() {
        assertEquals(BigInteger.valueOf(1), Recursion.factorialRecursive(0));
    }

    @Test(expected = ContractViolationException.class)
    public void testFactorialRecursiveMinus1() {
        assertEquals(1, Recursion.factorialRecursive(-1));
    }
    @Test
    public void testFactorialRecursive5() {
        assertEquals(BigInteger.valueOf(120), Recursion.factorialRecursive(5));
    }
}
```

Un ejemplo clásico de método recursivo final sería el cálculo del máximo común divisor de dos números enteros positivos mayores que cero por el método de Euclides:

```
//class Recursion...
public static Integer gcd(Integer x, Integer y) {
    Contract.require(x > 0 && y > 0);
    Integer m = 1;
    if (x == y) {
        m = x;
    }
    else if (x > y) {
        m = gcd(x - y, y);
    }
    else if (x < y) {
        m = gcd(x, y - x);
    }
    return m;
}
```

Posibles pruebas para este método serían las siguientes:

```
//class RecursionTest...
@Test
public void testGcd() {
    assertEquals(new Integer(6), Recursion.gcd(12, 18));
}

@Test(expected = ContractViolationException.class)
public void testGcdNegative() {
    assertEquals(new Integer(1), Recursion.gcd(-1, 3));
}
```

Un ejemplo clásico de método recursivo múltiple sería el cálculo del número de Fibonacci dentro de la sucesión de Fibonacci de un número entero positivo:

```java
//class Recursion...
public static BigInteger fibonacci(Integer x) {
    Contract.require(x >= 0);
    if (x == 0 || x == 1) {
        return BigInteger.valueOf(x);
    }
    return fibonacci(x - 1).add(fibonacci(x - 2));
}
```

Las pruebas para este método serían las siguientes:

```java
//class RecursionTest...
@Test
public void testFibonacci() {
    assertEquals(BigInteger.valueOf(55), Recursion.fibonacci(10));
}

@Test(expected = ContractViolationException.class)
public void testFibonacciNegative() {
    assertEquals(new Integer(1), Recursion.fibonacci(-1));
}
```

Podemos estudiar cómo sería una posible versión recursiva de la búsqueda binaria. Así pues, dado un vector **v** de números enteros ordenado crecientemente y un número entero, se ha de indicar si este número se halla en el vector y en qué posición, o bien si no se halla y, en ese caso, en qué posición habría de insertarse para mantener la propiedad de ordenación del vector. Como es lógico, el rango de las posibles posiciones de inserción del número entero se extiende desde cero hasta **v.length**, ya que insertar un elemento quiere decir aumentar en uno los elementos del vector **v**.

Dado que queremos devolver dos elementos de información, creamos la siguiente clase para devolver el resultado del método:

```java
package org.jomaveger.examples.chapter3;
public class SearchResult {

    public boolean found;
    public int index;
}
```

Partimos entonces de la siguiente especificación, situada en la clase **Recursion**:

```
public static SearchResult binarySearch(int[] v, int e) {
    Contract.require(Loop.isSorted(v));

    SearchResult result = ...;

    Contract.ensure((!result.found ||
        (result.index >= 0 && (result.index <= v.length - 1) && (e == v[result.
index])))
            && (result.found ||
        (result.index >= 0 && (result.index <= v.length) && checkOrdering(v, e, re-
sult.index)))));

    return result;
}
```

Se ha utilizado la implicación lógica en forma disyuntiva en la postcondición, gracias a la siguiente ley de equivalencia lógica:

```
p -> q = !p v q
```

Así, la postcondición dice lo siguiente: Si el número entero buscado ha sido encontrado, entonces el índice resultado marca la posición en el vector en la que se encuentra. A la vez, si el número entero buscado no se ha encontrado, el índice resultado se encuentra entre cero y **v.length**, cumpliéndose que todos los elementos del vector situados antes del índice son menores que el número buscado, y también que el número buscado es menor que todos los elementos del vector situados después del índice resultado. Esta última propiedad se verifica en el método **checkOrdering()**:

```
//class Recursion...
private static boolean checkOrdering(int[] v, int e, int index) {
    boolean ordering = true;
    int j = 0;
    while (j <= index - 1 && ordering) {
        ordering = v[j] < e;
        j++;
    }
    j = index;
    ordering = true;
    while (j < v.length && ordering) {
        ordering = e < v[j];
        j++;
    }
    return ordering;
}
```

Para poder llamar recursivamente al método, hemos de generalizarlo, permitiendo que busque en cualquier sección del vector. Nuestro método quedaría así entonces:

```java
//class Recursion...
public static SearchResult binarySearch(int[] v, int e) {
    Contract.require(Loop.isSorted(v));

    SearchResult result = gBinarySearch(v, e, 0, v.length);

    Contract.ensure((!result.found ||
      (result.index >= 0 && (result.index <= v.length - 1) && (e == v[result.
index]))) 
        && (result.found ||
      (result.index >= 0 && (result.index <= v.length) && checkOrdering(v, e, re-
sult.index)))));

    return result;
}
```

Donde **gBinarySearch()** es el método más general implementado recursivamente. La cabecera del método es la siguiente:

```java
public static SearchResult gBinarySearch(int[] v, int e, int c, int f);
```

El caso directo consiste en examinar secciones vacías, de modo que **c > f**. El caso recursivo sería, por tanto, cuando la sección del vector que vamos a examinar no está vacía, es decir, **c <= f**. En este último caso, lo que hacemos es evaluar el elemento que se halla en la posición media del vector. Si no es el buscado, ocurrirá que el número que buscamos es mayor o menor que el elemento investigado del vector. Aprovechando la propiedad de que el vector está ordenado, se descarta, en el primer caso, la sección izquierda y la búsqueda prosigue en la mitad derecha; en el segundo caso, se descarta la sección derecha y la búsqued prosigue en la mitad izquierda.

El método recursivo quedaría finalmente del siguiente modo:

```java
//class Recursion...
public static SearchResult gBinarySearch(int[] v, int e, int c, int f) {
    SearchResult result = new SearchResult();

    if (c > f) {
        result.found = false;
        result.index = c;
    }
    if (c <= f) {
```

```
    int m = (c + f) / 2;
    if (e < v[m]) return gBinarySearch(v, e, c, m - 1);
    if (e == v[m]) {
        result.found = true;
        result.index = m;
    }
    if (e > v[m]) return gBinarySearch(v, e, m + 1, f);
}

return result;
}
```

Las pruebas de este método serían las siguientes:

```
//class RecursionTest
@Test
public void testBinarySearch1() {
    int[] array = {5, 7, 9, 13, 15};
    SearchResult result = Recursion.binarySearch(array, 5);
    assertEquals(0, result.index);
    assertEquals(true, result.found);
}

@Test(expected = ContractViolationException.class)
public void testBinarySearchPreconditionError() {
    int[] array = {5, 7, 25, 13, 15};
    assertEquals(null, Recursion.binarySearch(array, 5));
}

@Test
public void testBinarySearch2() {
    int[] array = {5, 7, 9, 13, 15};
    SearchResult result = Recursion.binarySearch(array, 15);
    assertEquals(4, result.index);
    assertEquals(true, result.found);
}

@Test
public void testBinarySearch3() {
    int[] array = {5, 7, 9, 13, 15};
    SearchResult result = Recursion.binarySearch(array, 8);
    assertEquals(2, result.index);
    assertEquals(false, result.found);
}
```

Si observamos la traza de las llamadas de un método recursivo, podemos comprobar que, para que la ejecución del método pueda recorrer el camino de vuelta, en algún lugar se deberán almacenar los valores de los parámetros de entrada y de las variables locales de las llamadas recursivas anteriores. Este lugar es una zona de memoria conocida como la pila de ejecución. Debido a que en la ejecución de un método recursivo podemos tener que realizar muchas llamadas hasta alcanzar los casos directos, puede darse la situación de que se llene la pila de ejecución y se produzca un error de desbordamiento de pila (en inglés *Stack Overflow*). Siempre que se desarrolla un método recursivo existe la posibilidad de que, durante su ejecución, pueda llegar a ocurrir un desbordamiento de la pila de ejecución. La ocurrencia o no de este hecho depende finalmente de las características de los datos de entrada: Cuanto más grande sea el tamaño de los datos de entrada, más fácil es que tenga lugar un desbordamiento de la pila.

Por tanto, si en una determinada aplicación se conoce que los datos de entrada son de tamaño moderado, entonces no haría falta optimizar la recursión. En caso de que los datos de entrada tuvieran un tamaño grande, sería conveniente, para evitar sorpresas desagradables, realizar algún tipo de optimización sobre el diseño inicial recursivo, que con frecuencia suele ser más evidente.

Antes comentamos que los métodos recursivos finales tienen la interesante propiedad de que pueden ser traducidos de manera directa a soluciones iterativas. En particular, estas soluciones iterativas son más eficientes. Hay compiladores que incorporan entre sus características la optimización de la recursión final (en inglés conocida como *tail call elimination* o bien *tail call optimization*): Transforman automáticamente un método recursivo final a iterativo. Muchos lenguajes de programación, incluyendo Java, no incluyen esta optimización automática, y es necesario hacerla de manera manual; es decir, el programador debe convertir él mismo el método recursivo final en un método iterativo.

Así, por ejemplo, si necesitamos optimizar el método recursivo final que calcula el máximo común divisor, podemos convertirlo a un método iterativo de una manera directa:

```java
//class Recursion...
public static Integer gcdIter(Integer x, Integer y) {
    Integer m = 1;
    while (x != y) {
        if (x > y) {
            x = x - y;
        } else if (x < y) {
            y = y - x;
        }
    }
    m = x;
    return m;
}
```

Si es necesario optimizar un método recursivo simple no final como el factorial, primero es necesario convertirlo en un método recursivo final. Para ello, se utiliza una técnica de generalización (también llamada *técnica de inmersión*), de forma que se añade al método un nuevo parámetro donde se va acumulando el resultado a medida que se construye. Particularizando este nuevo parámetro al valor 1, se obtiene el comportamiento original del método. Por tanto, la versión recursiva final del factorial sería la siguiente:

```
//class Recursion...
public static BigInteger acuFact(BigInteger a, Integer n) {
    BigInteger r = BigInteger.ONE;
    if (n == 0) {
        r = a;
    } else if (n > 0) {
        r = acuFact(a.multiply(BigInteger.valueOf(n)), n - 1);
    }
    return r;
}
public static BigInteger fact(Integer n) {
    return Recursion.acuFact(BigInteger.ONE, n);
}
```

Para generar la solución iterativa, el parámetro acumulador **a** se convierte en una variable local inicializada a 1:

```
//class Recursion...
public static BigInteger factIter(Integer n) {
    BigInteger r;
    BigInteger a = BigInteger.ONE;
    while (n > 0) {
        a = a.multiply(BigInteger.valueOf(n));
        n = n - 1;
    }
    r = a;
    return r;
}
```

Si es necesario optimizar un método recursivo múltiple, como es el caso del método que calcula el número de Fibonacci, podemos emplear también la técnica de generalización para transformarlo primero en un método recursivo final. Dado que Fibonacci realiza dos llamadas recursivas, necesitamos dos parámetros acumuladores. Por tanto, la versión recursiva final de Fibonacci sería la siguiente:

```
//class Recursion...
public static BigInteger acuFib(BigInteger acc1, BigInteger acc2, BigInteger x)
{
    if (x.equals(BigInteger.ZERO)) {
        return BigInteger.ZERO;
    } else if (x.equals(BigInteger.ONE)) {
```

```
        return acc1.add(acc2);
    } else {
        return acuFib(acc2, acc1.add(acc2), x.subtract(BigInteger.ONE));
    }
}
public static BigInteger fib(Integer x) {
    return acuFib(BigInteger.ONE, BigInteger.ZERO, BigInteger.valueOf(x));
}
```

Para generar la solución iterativa, los dos parámetros acumuladores se convierten en sendas variables locales:

```
//class Recursion...
public static BigInteger fibIter(Integer x) {
    BigInteger r;
    BigInteger acc1 = BigInteger.ONE;
    BigInteger acc2 = BigInteger.ZERO;
    BigInteger temp;
    while (x > 1) {
        temp = acc2;
        acc2 = acc1.add(acc2);
        acc1 = temp;
        x = x - 1;
    }
    r = acc1.add(acc2);
    return r;
}
```

4

ESTRUCTURAS DE DATOS

4.1 PILAS

Una pila es una secuencia de elementos, que puede estar vacía, tal que un único extremo, conocido como la cima, es el que se usa para insertar y recuperar elementos, de modo que el último que entra es el primero que sale, comportamiento conocido en inglés por las siglas *LIFO* (*Last In First Out*); es decir, que el último elemento que se inserta en la pila es el primero que se recupera.

Podemos definir las operaciones que caracterizan a una pila mediante una interfaz genérica:

```
package org.jomaveger.structures;
public interface IStack<T> {

    void push(final T elem);

    void pop();
    T peek();
    Boolean isEmpty();
    Integer size();
    IStack<T> deepCopy();
}
```

tal que:

- ▶ El método **push()** es una orden que apila un elemento en la cima de la pila.

- ▶ El método **pop()** es una orden que desapila el elemento de la cima de la pila.

▶ El método **peek()** es una consulta que devuelve el elemento de la cima de la pila, sin desapilarlo.

▶ El método **isEmpty()** es una consulta que devuelve si la pila está vacía o no.

▶ El método **size()** es una consulta que devuelve el número de elementos de la pila.

Una posible implementación de una pila es mediante una estructura enlazada lineal. La base sobre la que se construye esta estructura es el nodo simplemente enlazado, que contiene tanto el elemento almacenado como la referencia al siguiente nodo de la estructura. La clase que implementa este nodo es simple y no es necesario escribir contratos para ella:

```java
package org.jomaveger.structures;
import java.io.Serializable;
public class LinkedNode<T> implements Serializable {
    private T elem;
    private LinkedNode<T> next;
    public LinkedNode(final T elem) {
        this.elem = elem;
        this.next = null;
    }
    public LinkedNode(final T elem, final LinkedNode<T> next) {
        this.elem = elem;
        this.next = next;
    }
    public void setElem(final T elem) {
        this.elem = elem;
    }
    public T getElem() {
        return this.elem;
    }
    public void setNext(final LinkedNode<T> next) {
        this.next = next;
    }
    public LinkedNode<T> getNext(){
        return this.next;
    }
}
```

Partiendo del nodo simplemente enlazado, vamos a implementar las pilas:

```java
package org.jomaveger.structures;
import java.io.Serializable;
import java.util.Objects;
import org.jomaveger.lang.DeepCloneable;
import org.jomaveger.lang.dbc.Contract;
```

```java
public class LinkedStack<T> implements IStack<T>, Serializable {
    private LinkedNode<T> top;
    private Integer size;
    public LinkedStack() {
        this.top = null;
        this.size = 0;

        Contract.ensure(isEmpty());
        Contract.invariant(checkInvariant());
    }
    @Override
    public void push(final T elem) {
      Contract.invariant(checkInvariant());
      Contract.require(elem != null);
      int oldSize = size();

        LinkedNode<T> newNode = new LinkedNode<T>(elem);
        newNode.setNext(this.top);
        this.top = newNode;
        this.size++;

        Contract.ensure((peek() == elem) && !isEmpty() && (size() == oldSize +
1));
        Contract.invariant(checkInvariant());
    }
    @Override
    public void pop() {
      Contract.invariant(checkInvariant());
      Contract.require(!isEmpty());
      int oldSize = size();

        this.top = this.top.getNext();
        this.size--;

        Contract.ensure(size() == oldSize - 1);
        Contract.invariant(checkInvariant());
    }
    @Override
    public T peek() {
      Contract.invariant(checkInvariant());
      Contract.require(!isEmpty());
      int oldSize = size();

        T elem = this.top.getElem();

        Contract.ensure(size() == oldSize);
        Contract.invariant(checkInvariant());
        return elem;
    }
    @Override
    public Boolean isEmpty() {
      Contract.invariant(checkInvariant());
      Boolean condition = this.size == 0;

        Contract.ensure(condition == (this.size == 0));
        Contract.invariant(checkInvariant());
        return condition;
```

```java
    }
    @Override
    public Integer size() {
      Contract.invariant(checkInvariant());
        Integer size = this.size;

        Contract.ensure(this.size >= 0);
        Contract.invariant(checkInvariant());
        return size;
    }
    @Override
    public String toString() {
        StringBuilder string = new StringBuilder();
        string.append(this.getClass().getName() + "[");
        LinkedNode<T> temp = this.top;
        while (temp != null) {
            string.append(temp.getElem()).append(", ");
            temp = temp.getNext();
        }
        string.append("]");
        return string.toString();
    }
    @Override
    public boolean equals(Object otherObject) {
        if (this == otherObject) return true;
        if (otherObject == null || this.getClass() != otherObject.getClass())
            return false;
        LinkedStack<T> that = (LinkedStack<T>) otherObject;
        if (!Objects.equals(this.size, that.size)) return false;
        LinkedNode<T> tempThis = this.top;
        LinkedNode<T> tempThat = that.top;
        while (tempThis != null) {
            if (!Objects.equals(tempThis.getElem(), tempThat.getElem()))
                return false;
            tempThis = tempThis.getNext();
            tempThat = tempThat.getNext();
        }
        return true;
    }
    @Override
    public int hashCode() {
        Object[] array = new Object[this.size + 1];
        array[0] = this.size;
        LinkedNode<T> temp = this.top;
        Integer i = 1;
        while (temp != null && i < array.length) {
            array[i] = temp.getElem();
            i++;
            temp = temp.getNext();
        }
        return Objects.hash(array);
    }
    @Override
    public IStack<T> deepCopy() {
      Contract.invariant(checkInvariant());
      IStack<T> deepCopy;
        try {
```

```
            deepCopy = DeepCloneable.deepCopy(this);
        } catch (Exception e) {
            deepCopy = new LinkedStack<>();
        }
        Contract.ensure(deepCopy.equals(this) || deepCopy.isEmpty());
        Contract.invariant(checkInvariant());
        return deepCopy;
    }

    private boolean checkInvariant() {
        if (this.size < 0) {
            return false;
        }
        if (this.size == 0) {
            if (this.top != null) return false;
        }
        else if (this.size == 1) {
            if (this.top == null)            return false;
            if (this.top.getNext() != null) return false;
        }
        else {
            if (this.top == null)            return false;
            if (this.top.getNext() == null) return false;
        }
        int numberOfNodes = 0;
        for (LinkedNode<T> x = this.top; x != null && numberOfNodes <= this.
size; x = x.getNext()) {
            numberOfNodes++;
        }
        if (numberOfNodes != this.size) return false;
        return true;
    }
}
```

La clase **LinkedStack** que implementa las pilas incluye los contratos para cada uno de los métodos de la interfaz.

Como podemos observar, dotar de semántica a la interfaz no es necesariamente un trabajo ingente, puesto que las aserciones no son complicadas. De hecho, el objetivo es, siempre en la medida de lo posible, emplear aserciones lo más simples y autoexplicativas posibles.

Tanto **pop()** como **peek()** tienen como precondición que la pila no esté vacía, lo cual es lógico puesto que no se puede eliminar ni acceder, respectivamente, al elemento de la cima si éste no existe.

La postcondición de **pop()** expresa que el número de elementos de la pila después de eliminar la cima ve decrementado en uno su valor una vez termina la ejecución del método.

La postcondición de **peek()** expresa que el número de elementos de la pila no se ve afectado por la ejecución de este método.

La postcondición del método **push()** expresa que, después de ejecutarse, la pila ya no estará vacía, su número de elementos se verá incrementado en uno y además que la cima de la pila es el último elemento apilado. Su precondición se limita a exigir que el elemento a apilar no sea nulo.

La postcondición de **isEmpty()** es el resultado de comparar el valor que devuelve **size()** con cero.

La postcondición de **size()** garantiza que devuelve un valor mayor o igual a cero.

La postcondición del método de clonación **deepCopy()** establece que o bien el resultado es una copia fiel del objeto actual o bien -si se produce una excepción durante el proceso de clonación- será la pila vacía.

El constructor asegura en su precondición que la pila creada está vacía.

Finalmente, hemos añadido el invariante de la clase, que contiene únicamente una llamada a una función auxiliar que comprueba una serie de consistencias internas propias de la implementación.

Ahora es el momento de probar nuestra implementación de las pilas, mediante pruebas unitarias.

La clase de prueba de las pilas sería la siguiente:

```java
package org.jomaveger.structures;
import static org.junit.Assert.assertEquals;
import static org.junit.Assert.assertTrue;
import org.jomaveger.lang.dbc.exceptions.ContractViolationException;
import org.junit.After;
import org.junit.Before;
import org.junit.Test;
public class LinkedStackTest {

    private IStack<Integer> stack;
    @Before
    public void setUp() {
        stack = new LinkedStack<>();
    }

    @After
    public void tearDown() {
        stack = null;
    }
```

```java
@Test
public void testDefaultConstructorEnsuresStackIsEmpty() {
    assertEquals((Integer)0, stack.size());
}

@Test(expected = ContractViolationException.class)
public void testPushPrecondition() {
    stack.push(null);
}

@Test
public void testPushPostcondition1() {
  Integer siete = 7;
    stack.push(siete);

    assertEquals(siete, stack.peek());
}

@Test
public void testPushPostcondition2() {
  Integer siete = 7;
    stack.push(siete);

    assertTrue(stack.size() > 0);
}

@Test
public void testPushPostcondition3() {
  Integer oldSize = stack.size();
  Integer siete = 7;
    stack.push(siete);

    assertEquals((Integer)(1 + oldSize), stack.size());
}

@Test(expected = ContractViolationException.class)
public void testPopPrecondition() {
    stack.pop();
}
@Test
public void testPopPostcondition() {
  Integer siete = 7;
  Integer tres = 3;
  Integer cinco = 5;
    stack.push(siete);
    stack.push(tres);
    stack.push(cinco);
    Integer oldSize = stack.size();
    stack.pop();

    assertEquals((Integer)(oldSize - 1), stack.size());
}

@Test(expected = ContractViolationException.class)
public void testPeekPrecondition() {
    stack.peek();
}
```

```java
@Test
public void testPeekPostcondition() {
  Integer siete = 7;
  Integer tres = 3;
  Integer cinco = 5;
    stack.push(siete);
    stack.push(tres);
    stack.push(cinco);
    Integer oldSize = stack.size();
    Integer peek = stack.peek();

    assertEquals(cinco, peek);
    assertEquals((Integer)(oldSize), stack.size());
}

@Test
public void testDeepCopyPostcondition() {
  Integer siete = 7;
  Integer tres = 3;
  Integer cinco = 5;
    stack.push(siete);
    stack.push(tres);
    stack.push(cinco);

    IStack<Integer> clone = stack.deepCopy();

    assertTrue(stack.equals(clone));
}
}
```

Un método recursivo final, en general, se puede transformar a su versión iterativa de una manera sencilla y directa, como vimos en el capítulo anterior. La razón es que la ejecución de una llamada a un método recursivo puede verse como un bucle descendente, que va generando los resultados de cada una de las llamadas recursivas, y de otro bucle ascendente que iría devolviendo cada uno de los resultados de cada llamada a la llamada que la invocó. Ahora bien, como en este proceso no se modifican los resultados que se transmiten por tratarse de recursión final, este bucle ascendente puede ser ignorado.

Un método recursivo lineal no final, sin embargo, presenta alguna que otra complicación. A veces se puede hacer una conversión directa a su versión iterativa, siempre que se haga previo proceso de conversión a recursión final, como hicimos en el capítulo anterior con el factorial. Pero otras veces no es posible.

Se llama función sucesor a la función que calcula los argumentos para la siguiente llamada recursiva. Precisamente, es posible la conversión directa de un método recursivo a su versión iterativa cuando existe la inversa de la función sucesor. Pero es bien cierto que no siempre va a ser posible porque o bien no existe la inversa o su cálculo es demasiado costoso. En estos casos, la solución es usar una pila. En este caso, los parámetros reales de las diferentes llamadas se irán almacenando en una pila durante el curso del bucle descendente y se irán recuperando de ésta durante el curso del bucle ascendente.

Así, sea el siguiente método recursivo que calcula la representación binaria de un número decimal:

```java
package org.jomaveger.examples.chapter4;
import org.jomaveger.lang.dbc.Contract;
public class Binary {

    public static long binary(int n) {
        Contract.require(n > 0);

        long r = 0;

        if (n < 2) r = n;
        else r = 10 * binary(n / 2) + (n % 2);

        return r;
    }
}
```

Su clase de prueba sería la siguiente:

```java
package org.jomaveger.examples.chapter4;
import static org.junit.Assert.*;
import org.junit.Test;
public class BinaryTest {
    @Test
    public void testBin() {
        assertEquals(1010, Binary.binary(10));
    }
}
```

La transformación a la versión iterativa sería la siguiente:

```java
//class Binary...
public static long itBinary(int n) {
    Contract.require(n > 0);

    long r = 0;
    int nn = 0;
    IStack<Integer> ns = new LinkedStack<>();

    nn = n;
    while (nn >= 2) {
        ns.push(nn);
```

```
        nn = nn / 2;
    }

    r = nn;

    while(!ns.isEmpty()) {
        nn = ns.peek();
        r = 10 * r + nn % 2;
        ns.pop();
    }

    return r;
}
```

```
//class BinaryTest...
@Test
public void testItBin() {
    assertEquals(1010, Binary.itBinary(10));
}
```

4.2 COLAS

Una cola es una secuencia de elementos, que puede estar vacía, tal que la inserción de un elemento se realiza por el extremo de la cola llamado final, mientras que la extracción de un elemento se realiza por el extremo de la cola llamado cabecera, de modo que el primero que entra es el primero que sale, comportamiento conocido en inglés por las siglas *FIFO* (*First In First Out*); es decir, que el primer elemento que se inserta en la cola es el primero que se recupera.

Podemos definir las operaciones que caracterizan a una cola mediante una interfaz genérica:

```
package org.jomaveger.structures;
public interface IQueue<T> {

    void enqueue(final T elem);

    void dequeue();
    T front();
    Boolean isEmpty();
    Integer size();
    IQueue<T> deepCopy();
}
```

tal que:

▶ El método **enqueue()** es una orden que añade un elemento al final de la cola.

▶ El método **dequeue()** es una orden que elimina el elemento de la cabecera de la cola.

▶ El método **front()** es una consulta que devuelve el elemento de la cabecera de la cola, sin eliminarlo.

▶ El método **isEmpty()** es una consulta que devuelve si la cola está vacía o no.

▶ El método **size()** es una consulta que devuelve el número de elementos de la cola.

Una posible implementación de una cola es mediante una estructura enlazada lineal empleando, al igual que hicimos con las pilas, el nodo simplemente enlazado. A diferencia de las pilas, cuya implementación necesitaba almacenar una sola referencia a la cima de la pila, en el caso de las colas necesitamos almacenar dos referencias, una al nodo cabecera y otra al nodo final de la cola. La implementación sería la siguiente:

```java
package org.jomaveger.structures;
import java.io.Serializable;
import java.util.Objects;
import org.jomaveger.lang.DeepCloneable;
import org.jomaveger.lang.dbc.Contract;
public class LinkedQueue<T> implements IQueue<T>, Serializable {
    private LinkedNode<T> first;
    private LinkedNode<T> last;
    private Integer size;
    public LinkedQueue() {
        this.first = null;
        this.last = null;
        this.size = 0;

        Contract.ensure(isEmpty());
        Contract.invariant(checkInvariant());
    }
    @Override
    public void enqueue(final T elem) {
      Contract.invariant(checkInvariant());
      Contract.require(elem != null);
      int oldSize = size();

      LinkedNode<T> oldLast = this.last;
      this.last = new LinkedNode<>(elem);
      if (this.size == 0)
          this.first = this.last;
```

```java
        else
            oldLast.setNext(this.last);
        this.size++;

        Contract.ensure((!(size() == 1) || (front() == elem)) && (size() ==
(oldSize + 1)));
        Contract.invariant(checkInvariant());
    }
    @Override
    public void dequeue() {
        Contract.invariant(checkInvariant());
        Contract.require(size > 0);
        int oldSize = size();

        this.first = this.first.getNext();
        this.size--;
        if (this.size == 0)
            this.last = null;

        Contract.ensure(size() == (oldSize - 1));
        Contract.invariant(checkInvariant());
    }
    @Override
    public T front() {
        Contract.invariant(checkInvariant());
        Contract.require(size > 0);
        int oldSize = size();

        T elem = this.first.getElem();

        Contract.ensure(size() == oldSize);
        Contract.invariant(checkInvariant());
        return elem;
    }
    @Override
    public Boolean isEmpty() {
        Contract.invariant(checkInvariant());

        Boolean condition = this.size == 0;

        Contract.ensure(condition == (this.size == 0));
        Contract.invariant(checkInvariant());
        return condition;
    }
    @Override
    public Integer size() {
        Contract.invariant(checkInvariant());

        Integer size = this.size;

        Contract.ensure(this.size >= 0);
        Contract.invariant(checkInvariant());
        return size;
    }
    @Override
    public IQueue<T> deepCopy() {
        Contract.invariant(checkInvariant());
```

```java
    IQueue<T> deepCopy;
      try {
        deepCopy = DeepCloneable.deepCopy(this);
      } catch (Exception e) {
        deepCopy = new LinkedQueue<>();
      }
      Contract.ensure(deepCopy.equals(this) || deepCopy.isEmpty());
      Contract.invariant(checkInvariant());
      return deepCopy;
  }
  @Override
  public String toString() {
      StringBuilder string = new StringBuilder();
      string.append(this.getClass().getName() + "[");
      LinkedNode<T> temp = this.first;
      while (temp != null) {
          string.append(temp.getElem()).append(", ");
          temp = temp.getNext();
      }
      string.append("]");
      return string.toString();
  }
  @Override
  public boolean equals(Object otherObject) {
      if (this == otherObject) return true;
      if (otherObject == null || this.getClass() != otherObject.getClass())
          return false;
      LinkedQueue<T> that = (LinkedQueue<T>) otherObject;
      if (!Objects.equals(this.size, that.size)) return false;
      LinkedNode<T> tempThis = this.first;
      LinkedNode<T> tempThat = that.first;
      while (tempThis != null) {
          if (!Objects.equals(tempThis.getElem(), tempThat.getElem()))
              return false;
          tempThis = tempThis.getNext();
          tempThat = tempThat.getNext();
      }
      return true;
  }
  @Override
  public int hashCode() {
      Object[] array = new Object[this.size + 1];
      array[0] = this.size;
      LinkedNode<T> temp = this.first;
      Integer i = 1;
      while (temp != null && i < array.length) {
          array[i] = temp.getElem();
          i++;
          temp = temp.getNext();
      }
      return Objects.hash(array);
  }

  private boolean checkInvariant() {
    if (this.size < 0) {
        return false;
    }
```

```
            else if (this.size == 0) {
                if (this.first != null) return false;
                if (this.last  != null) return false;
            }
            else if (this.size == 1) {
                if (this.first == null || this.last == null) return false;
                if (this.first != this.last)                 return false;
                if (this.first.getNext() != null)            return false;
            }
            else {
                if (this.first == null || this.last == null) return false;
                if (this.first == this.last)                 return false;
                if (this.first.getNext() == null)            return false;
                if (this.last.getNext() != null)             return false;
                int numberOfNodes = 0;
                for (LinkedNode<T> x = this.first; x != null && numberOfNodes <=
    this.size; x = x.getNext()) {
                    numberOfNodes++;
                }
                if (numberOfNodes != this.size) return false;
                LinkedNode<T> lastNode = this.first;
                while (lastNode.getNext() != null) {
                    lastNode = lastNode.getNext();
                }
                if (this.last != lastNode) return false;
            }
            return true;
        }
    }
```

Aquí también se ha utilizado la implicación lógica en forma disyuntiva en la primera cláusula de la postcondición de **enqueue()**. Es decir, la cláusula:

```
!(size()==1) || (front() == elem)
```

Se puede leer como una implicación lógica. El asunto es que Java no tiene sintaxis definida para la implicación lógica. Por ello, toda implicación lógica tiene que definirse en Java como una disyunción. Por tanto, dicha cláusula puede interpretarse de dos formas:

1. O bien el número de elementos de la cola no es uno, o bien el elemento de la cabecera de la cola es el último elemento encolado.

2. Si el número de elementos de la cola es uno, entonces el elemento de la cabecera de la cola es el último elemento encolado.

La clase de prueba para las colas es la siguiente:

```java
package org.jomaveger.structures;
import static org.junit.Assert.*;
import org.jomaveger.lang.dbc.exceptions.ContractViolationException;
import org.junit.After;
import org.junit.Before;
import org.junit.Test;
public class LinkedQueueTest {
    private IQueue<Integer> q;
    @Before
    public void setUp() {
        q = new LinkedQueue<>();
    }

    @After
    public void tearDown() {
        q = null;
    }

    @Test
    public void testDefaultConstructorEnsuresQueueIsEmpty() {
        assertEquals((Integer)0, q.size());
    }

    @Test(expected = ContractViolationException.class)
    public void testEnqueuePrecondition() {
        q.enqueue(null);
    }

    @Test
    public void testEnqueuePostcondition1() {
        Integer siete = 7;
        q.enqueue(siete);

        assertEquals(siete, q.front());
    }

    @Test
    public void testEnqueuePostcondition2() {
        Integer siete = 7;
        Integer tres = 3;
        Integer cinco = 5;
        q.enqueue(siete);
        q.enqueue(tres);
        q.enqueue(cinco);

        Integer oldSize = q.size();

        Integer nueve = 9;
        q.enqueue(nueve);

        assertEquals((Integer)(1 + oldSize), q.size());
    }

    @Test(expected = ContractViolationException.class)
    public void testDequeuePrecondition() {
        q.dequeue();
    }
```

```java
@Test
public void testDequeuePostcondition() {
  Integer siete = 7;
  Integer tres = 3;
  Integer cinco = 5;
    q.enqueue(siete);
    q.enqueue(tres);
    q.enqueue(cinco);
    Integer oldSize = q.size();
    q.dequeue();

    assertEquals((Integer)(oldSize - 1), q.size());
}

@Test(expected = ContractViolationException.class)
public void testFrontPrecondition() {
    q.front();
}

@Test
public void testFrontPostcondition() {
  Integer siete = 7;
  Integer tres = 3;
  Integer cinco = 5;
    q.enqueue(siete);
    q.enqueue(tres);
    q.enqueue(cinco);
    Integer oldSize = q.size();
    Integer peek = q.front();

    assertEquals(siete, peek);
    assertEquals((Integer)(oldSize), q.size());
}

@Test
public void testSizePostcondition() {
  Integer siete = 7;
  Integer tres = 3;
  Integer cinco = 5;

  assertTrue(q.size() >= 0);

    q.enqueue(siete);
    q.enqueue(tres);
    q.enqueue(cinco);

    assertTrue(q.size() >= 0);

    q.dequeue();
    q.dequeue();

    assertTrue(q.size() >= 0);

    Integer nueve = 9;
    q.enqueue(nueve);
    q.dequeue();
    q.dequeue();
```

```
                assertTrue(q.size() >= 0);
        }

        @Test
        public void testDeepCopyPostcondition() {
            Integer siete = 7;
            Integer tres = 3;
            Integer cinco = 5;
              q.enqueue(siete);
              q.enqueue(tres);
              q.enqueue(cinco);

              IQueue<Integer> clone = q.deepCopy();

              assertTrue(q.equals(clone));
        }
}
```

4.3 LISTAS

Una lista es una secuencia lineal de elementos, que puede estar vacía, tal que cada elemento de la lista excepto el primero tiene un único predecesor y cada elemento de la lista excepto el último tiene un único sucesor, de modo que todo elemento de la lista tiene una posición en la misma y tal que la inserción y la extracción de un elemento de la lista puede realizarse en cualquier posición de la misma.

Podemos definir las operaciones que caracterizan a una lista mediante la siguiente interfaz genérica:

```
package org.jomaveger.structures;
public interface IList<T> extends Iterable<T> {
    void addFirst(final T elem);
    void addLast(final T elem);
    T getFirst();
    T getLast();
    void removeFirst();
    void removeLast();
    Boolean contains(final T elem);
    void remove(final T elem);
    void clear();
    T get(Integer index);
    void set(Integer index, final T elem);
    void add(Integer index, final T elem);
    void remove(Integer index);
    Integer indexOf(final T elem);
    Integer lastIndexOf(final T elem);
    Boolean isEmpty();
    Integer size();
    IList<T> deepCopy();
}
```

tal que:

- ▶ El método **addFirst()** es una orden que añade un elemento a la cabeza de la lista.

- ▶ El método **addLast()** es una orden que añade un elemento a la cola de la lista.

- ▶ El método **getFirst()** es una consulta que retorna el elemento que está en la cabeza de la lista.

- ▶ El método **getLast()** es una consulta que retorna el elemento que está en la cola de la lista.

- ▶ El método **removeFirst()** es una orden que elimina el elemento que está en la cabeza de la lista.

- ▶ El método **removeLast()** es una orden que elimina el elemento que está en la cola de la lista.

- ▶ El método **contains()** es una consulta que devuelve si un elemento se encuentra o no en la lista.

- ▶ El método **remove()** es una orden que elimina un elemento de la lista. Como máximo, un único elemento es eliminado, por lo que cualquier duplicado sigue permaneciendo en la lista.

- ▶ El método **clear()** es una orden que borra todos los elementos de la lista.

- ▶ El método **get()** es una consulta que devuelve el elemento que se encuentra en una determinada posición de la lista. Las posiciones de una lista se contabilizan empezando por cero.

- ▶ El método **set()** es una orden que almacena un nuevo elemento, sustituyendo el antiguo, en una determinada posición de la lista. El número de elementos de la lista después de ejecutar esta operación permanece inalterado.

- ▶ El método **add()** es una orden que añade a la lista un nuevo elemento en una determinada posición.

- ▶ El método **remove()** es una orden que elimina el elemento de la lista que se encuentra en una determinada posición.

- ▶ El método **indexOf()** es una consulta que retorna la primera posición que ocupa un elemento en la lista.

▶ El método **lastIndexOf()** es una consulta que retorna la última posición que ocupa un elemento en la lista.

▶ El método **isEmpty()** es una consulta que devuelve si la lista está vacía o no.

▶ El método **size()** es una consulta que devuelve el número de elementos de la lista.

Una posible implementación de una lista es mediante una estructura lineal doblemente enlazada. La base sobre la que se construye esta estructura es el nodo doblemente enlazado, que contiene tanto el elemento almacenado como dos referencias, una referencia al siguiente nodo de la estructura y otra referencia al nodo anterior de la estructura. La clase que implementa este nodo es la siguiente, la cual carece de contratos por su simplicidad:

```java
package org.jomaveger.structures;
import java.io.Serializable;
public class DoublyLinkedNode<T> implements Serializable {
    private T elem;
    private DoublyLinkedNode<T> next;
    private DoublyLinkedNode<T> previous;
    public DoublyLinkedNode(final T elem,
                            final DoublyLinkedNode<T> next,
                            final DoublyLinkedNode<T> previous) {
        this.elem = elem;
        this.next = next;
        if (this.next != null)
            this.next.previous = this;
        this.previous = previous;
        if (this.previous != null)
            this.previous.next = this;
    }
    public DoublyLinkedNode(final T elem) {
        this(elem,null,null);
    }
    public T getElem() {
        return this.elem;
    }
    public void setElem(final T elem) {
        this.elem = elem;
    }
    public DoublyLinkedNode<T> getNext() {
        return this.next;
    }
    public void setNext(final DoublyLinkedNode<T> next) {
        this.next = next;
    }
    public DoublyLinkedNode<T> getPrevious() {
        return this.previous;
    }
}
```

```
    public void setPrevious(final DoublyLinkedNode<T> previous) {
        this.previous = previous;
    }
}
```

Partiendo del nodo doblemente enlazado, implementamos las listas. Para ello, almacenamos dos referencias, una al nodo cabecera de la lista y otra al nodo cola de la misma. La implementación es la siguiente:

```
package org.jomaveger.structures;
import java.io.Serializable;
import java.util.ConcurrentModificationException;
import java.util.Iterator;
import java.util.NoSuchElementException;
import java.util.Objects;
import org.jomaveger.lang.DeepCloneable;
import org.jomaveger.lang.dbc.Contract;
public class LinkedList<T> implements IList<T>, Serializable {
    private Integer size;
    private Integer modCount;
    private DoublyLinkedNode<T> head;
    private DoublyLinkedNode<T> tail;
    public LinkedList() {
        this.head = null;
        this.tail = null;
        this.size = 0;
        this.modCount = 0;

        Contract.ensure(isEmpty());
        Contract.invariant(checkInvariant());
    }
    @Override
    public void addFirst(final T elem) {
      Contract.invariant(checkInvariant());
      Contract.require(elem != null);
      int oldSize = size();

        this.head = new DoublyLinkedNode<T>(elem, this.head, null);
        if (this.tail == null)
            this.tail = this.head;
        this.size++;
        this.modCount++;

        Contract.ensure((getFirst() == elem) && (size() == (oldSize + 1)));
        Contract.invariant(checkInvariant());
    }
    @Override
    public void addLast(final T elem) {
      Contract.invariant(checkInvariant());
      Contract.require(elem != null);
      int oldSize = size();

        this.tail = new DoublyLinkedNode<T>(elem, null, this.tail);
```

```
        if (this.head == null)
            this.head = this.tail;
        this.size++;
        this.modCount++;

        Contract.ensure((getLast() == elem) && (size() == (oldSize + 1)));
        Contract.invariant(checkInvariant());
    }
    @Override
    public T getFirst() {
      Contract.invariant(checkInvariant());
      Contract.require(!isEmpty());
      int oldSize = size();

      T elem = this.head.getElem();

      Contract.ensure((elem == get(0)) && (size() == oldSize));
      Contract.invariant(checkInvariant());
        return elem;
    }
    @Override
    public T getLast() {
      Contract.invariant(checkInvariant());
      Contract.require(!isEmpty());
      int oldSize = size();

      T elem = this.tail.getElem();

      Contract.ensure((elem == get(size() - 1)) && (size() == oldSize));
      Contract.invariant(checkInvariant());
        return elem;
    }
    @Override
    public void removeFirst() {
      Contract.invariant(checkInvariant());
      Contract.require(!isEmpty());
      int oldSize = size();

        DoublyLinkedNode<T> temp = this.head;
        this.head = this.head.getNext();
        if (this.head != null) {
            this.head.setPrevious(null);
        } else {
            this.tail = null;
        }
        temp.setNext(null);
        this.size--;
        this.modCount++;

        Contract.ensure(size() == oldSize - 1);
      Contract.invariant(checkInvariant());
    }
    @Override
    public void removeLast() {
      Contract.invariant(checkInvariant());
      Contract.require(!isEmpty());
      int oldSize = size();
```

```java
        DoublyLinkedNode<T> temp = this.tail;
        this.tail = this.tail.getPrevious();
        if (this.tail == null) {
            this.head = null;
        } else {
            this.tail.setNext(null);
        }
        this.size--;
        this.modCount++;

        Contract.ensure(size() == oldSize - 1);
    Contract.invariant(checkInvariant());
}
@Override
public Boolean contains(final T elem) {
    Contract.invariant(checkInvariant());
    Contract.require(elem != null);
    int oldSize = size();

        DoublyLinkedNode<T> finger = this.head;
        while ((finger != null) && (!finger.getElem().equals(elem))) {
            finger = finger.getNext();
        }
        boolean condition = finger != null;

        Contract.ensure(size() == oldSize);
    Contract.invariant(checkInvariant());
        return condition;
}
@Override
public void remove(final T elem) {
    Contract.invariant(checkInvariant());
    Contract.require(elem != null);
    int oldSize = size();

    DoublyLinkedNode<T> finger = this.head;
        while (finger != null && !finger.getElem().equals(elem)) {
            finger = finger.getNext();
        }
        if (finger != null) {
            if (finger.getPrevious() != null) {
                finger.getPrevious().setNext(finger.getNext());
            } else {
                this.head = finger.getNext();
            }
            if (finger.getNext() != null) {
                finger.getNext().setPrevious(finger.getPrevious());
            } else {
                this.tail = finger.getPrevious();
            }
            this.size--;
            this.modCount++;
        }

        Contract.ensure(!contains(elem) || size() == (oldSize - 1));
    Contract.invariant(checkInvariant());
```

```java
      }
      @Override
      public void clear() {
        Contract.invariant(checkInvariant());

          this.head = null;
          this.tail = null;
          this.size = 0;
          this.modCount++;

          Contract.ensure(isEmpty());
        Contract.invariant(checkInvariant());
      }
      @Override
      public T get(Integer index) {
        Contract.invariant(checkInvariant());
        Contract.require(!isEmpty() && (index >= 0) && (index <= (size() - 1)));
        int oldSize = size();

          DoublyLinkedNode<T> finger = this.head;
          while (index > 0) {
              finger = finger.getNext();
              index--;
          }
          T elem = finger.getElem();

          Contract.ensure((elem != null) && (size() == oldSize));
        Contract.invariant(checkInvariant());
          return elem;
      }
      @Override
      public void set(Integer index, final T elem) {
        Contract.invariant(checkInvariant());
        Contract.require(!isEmpty() && (elem != null) && (index >= 0) && (index <=
(size() - 1)));
        int oldSize = size();

          DoublyLinkedNode<T> finger = this.head;
          while (index > 0) {
              finger = finger.getNext();
              index--;
          }
          finger.setElem(elem);

          Contract.ensure(size() == oldSize);
        Contract.invariant(checkInvariant());
      }
      @Override
      public void add(Integer index, final T elem) {
        Contract.invariant(checkInvariant());
        Contract.require((elem != null) && (index >= 0) && (index <= size()));
        int oldSize = size();

          if (index == 0)
              this.addFirst(elem);
          else if (index == this.size())
              this.addLast(elem);
```

```java
    else {
        DoublyLinkedNode<T> before = null;
        DoublyLinkedNode<T> after = this.head;
        while (index > 0) {
            before = after;
            after = after.getNext();
            index--;
        }
        DoublyLinkedNode<T> current =
                new DoublyLinkedNode<T>(elem, after, before);
        this.size++;
        this.modCount++;
        before.setNext(current);
        after.setPrevious(current);
    }

    Contract.ensure((size() == (oldSize + 1)) && (contains(elem) == true));
    Contract.invariant(checkInvariant());
}
@Override
public void remove(Integer index) {
    Contract.invariant(checkInvariant());
    Contract.require(!isEmpty() && (index >= 0) && (index <= (size() - 1)));
    int oldSize = size();
    if (index == 0)
        this.removeFirst();
    else if (index == this.size() - 1)
        this.removeLast();
    else {
        DoublyLinkedNode<T> previous = null;
        DoublyLinkedNode<T> finger = this.head;
        while (index > 0) {
            previous = finger;
            finger = finger.getNext();
            index--;
        }
        previous.setNext(finger.getNext());
        finger.getNext().setPrevious(previous);
        this.size--;
        this.modCount++;
    }

    Contract.ensure(size() == (oldSize - 1));
    Contract.invariant(checkInvariant());
}
@Override
public Integer indexOf(final T elem) {
    Contract.invariant(checkInvariant());
    Contract.require(elem != null);
    int oldSize = size();

    Integer i = 0;
    DoublyLinkedNode<T> finger = head;
    Integer index = 0;
    while (finger != null
            && !finger.getElem().equals(elem)) {
        finger = finger.getNext();
```

```
            i++;
        }
        if (finger == null) {
            index = -1;
        } else {
            index = i;
        }

        Contract.ensure((size() == oldSize) && ((index == -1) ||
(contains(elem))));
        Contract.invariant(checkInvariant());
        return index;
    }
    @Override
    public Integer lastIndexOf(final T elem) {
        Contract.invariant(checkInvariant());
        Contract.require(elem != null);
        int oldSize = size();

        Integer i = this.size() - 1;
        DoublyLinkedNode<T> finger = this.tail;
        Integer index = 0;
        while (finger != null &&
                !finger.getElem().equals(elem)) {
            finger = finger.getPrevious();
            i--;
        }
        if (finger == null) {
            index = -1;
        } else {
            index = i;
        }

        Contract.ensure((size() == oldSize) && ((index == -1) ||
(contains(elem))
                && ((index == -1) || (index >= indexOf(elem)))));
        Contract.invariant(checkInvariant());
        return index;
    }
    @Override
    public Boolean isEmpty() {
        Contract.invariant(checkInvariant());

        Boolean condition = this.size == 0;

        Contract.ensure(condition == (this.size == 0));
        Contract.invariant(checkInvariant());
        return condition;
    }
    @Override
    public Integer size() {
        Contract.invariant(checkInvariant());

        Integer size = this.size;

        Contract.ensure(this.size >= 0);
        Contract.invariant(checkInvariant());
```

```java
        return size;
    }

    @Override
    public IList<T> deepCopy() {
      Contract.invariant(checkInvariant());
      IList<T> deepCopy;
        try {
          deepCopy = DeepCloneable.deepCopy(this);
        } catch (Exception e) {
          deepCopy = new LinkedList<>();
        }
        Contract.ensure(deepCopy.equals(this) || deepCopy.isEmpty());
        Contract.invariant(checkInvariant());
        return deepCopy;
    }
    @Override
    public Iterator<T> iterator() {
        return new LinkedListIterator();
    }
    @Override
    public String toString() {
        StringBuilder string = new StringBuilder();
        string.append(this.getClass().getName() + "[");
        for (T elem: this) {
            string.append(elem).append(", ");
        }
        string.append("]");
        return string.toString();
    }
    @Override
    public boolean equals(Object otherObject) {
        if (this == otherObject) return true;
        if (otherObject == null
                || this.getClass() != otherObject.getClass())
            return false;
        LinkedList<T> that = (LinkedList<T>) otherObject;
        if (!Objects.equals(this.size, that.size))
            return false;
        DoublyLinkedNode<T> tempOther = that.head;
        for (T elem: this) {
            if (!Objects.equals(elem, tempOther.getElem()))
                return false;
            tempOther = tempOther.getNext();
        }
        return true;
    }
    @Override
    public int hashCode() {
        Object[] array = new Object[this.size + 1];
        array[0] = this.size;
        Integer i = 1;
        for (T elem: this) {
            array[i] = elem;
            i++;
        }
        return Objects.hash(array);
```

```
        }

    private boolean checkInvariant() {
        if (this.size < 0) {
            return false;
        }
        if (this.size == 0) {
            if (this.head != null) return false;
            if (this.tail != null) return false;
        }
        else if (this.size == 1) {
            if (this.head == null)         return false;
            if (this.head != this.tail) return false;
        }
        else {
            if (this.head == null)               return false;
            if (this.tail == null)               return false;
            if (this.head.getPrevious() != null) return false;
            if (this.tail.getNext() != null)  return false;
        }
        int numberOfNodes = 0;
        for (DoublyLinkedNode<T> x = this.head; x != null && numberOfNodes <=
this.size; x = x.getNext()) {
            numberOfNodes++;
        }
        if (numberOfNodes != this.size) return false;
        return true;
    }

    private class LinkedListIterator implements Iterator<T> {
        private DoublyLinkedNode<T> current;
        private DoublyLinkedNode<T> lastVisited;
        private T lastElementReturned;
        private Integer expectedModCount;
        private Integer index;
        public LinkedListIterator() {
            this.current = LinkedList.this.head;
            this.lastVisited = null;
            this.expectedModCount = LinkedList.this.modCount;
            this.index = 0;
        }
        @Override
        public boolean hasNext() {
            if (this.expectedModCount != LinkedList.this.modCount)
                throw new ConcurrentModificationException();
            return this.index < LinkedList.this.size();
        }
        @Override
        public T next() {
            if (!this.hasNext())
                throw new NoSuchElementException();
            this.lastElementReturned = this.current.getElem();
            this.lastVisited = this.current;
            this.current = this.current.getNext();
            this.index++;
            return this.lastElementReturned;
        }
```

```
        @Override
        public void remove() {
            if (this.expectedModCount != LinkedList.this.modCount)
                throw new ConcurrentModificationException();
            if (this.lastVisited == null)
                throw new IllegalStateException();
            LinkedList.this.remove(this.lastElementReturned);
            this.lastVisited = null;
            this.index--;
            this.expectedModCount++;
        }
    }
}
```

La implementación se merece algunos comentarios.

La interfaz genérica **IList** extiende a otra interfaz genérica proporcionada por Java, **java.lang.Iterable**. Esta interfaz genérica **Iterable** tiene un único método **iterator()** que ha de retornar un objeto que tiene que implementar la interfaz genérica **java.util.Iterator**. Para implementar **Iterator**, se debe proporcionar obligatoriamente una implementación para tres métodos abstractos: **next()**, **hasNext()** y **remove()**.

La propia implementación del iterador se ha llevado a cabo mediante una clase interna privada. La clase **LinkedList** tiene un atributo de nombre **modCount** que es utilizado precisamente por el iterador para determinar si la lista ha sido estructuralmente cambiada mientras una iteración está en progreso.

De esta manera, la implementación de nuestras listas es iterable. Por tanto, no sólo se puede recorrer con el siguiente esquema:

```
for (Integer i = 0; i < list.size(); i++) {
    doSomething(list.get(i));
}
```

Sino que también podemos usar el iterador:

```
Iterator<type> iter = list.iterator();
while (iter.hasNext()) {
    doSomething(iter.next());
}
```

donde **type** es el tipo del parámetro genérico real de la derivación genérica. Pero aún hay otra opción más. Es posible utilizar también el bucle **foreach**. En realidad, Java permite utilizar este bucle con cualquier objeto que implemente la interfaz genérica **Iterable**. Sería del siguiente modo:

```
for (type element : list) {
    doSomething(element);
}
```

De nuevo, **type** es el tipo del parámetro genérico real de la derivación genérica. Aquí, lo que ocurre es que el compilador simplemente traduce el bucle **foreach** a un bucle con un iterador.

Otro tema digno de mención es que, en la implementación del iterador mediante la clase interna privada, se ha empleado el diseño tolerante de las precondiciones. La razón es que los únicos métodos que están disponibles en la interfaz **Iterator** son los tres ya mencionados, por lo que no existen métodos públicos para que el cliente pueda verificar las precondiciones propias de cada método; ahora bien, como ya indicamos, en caso de tener que lanzar una excepción si no se cumple una precondición, se tratará de una excepción no comprobada.

La clase de prueba para las listas es la siguiente:

```
package org.jomaveger.structures;
import static org.junit.Assert.*;
import org.jomaveger.lang.dbc.exceptions.ContractViolationException;
import org.junit.After;
import org.junit.Before;
import org.junit.Test;
public class LinkedListTest {
    private IList<Integer> list;
    Integer siete = 7;
    Integer tres = 3;
    Integer cinco = 5;
    Integer nueve = 9;
    @Before
     public void setUp() {
        list = new LinkedList<>();
    }

    @After
    public void tearDown() {
        list = null;
    }

    @Test
    public void testDefaultConstructorEnsuresListIsEmpty() {
        assertEquals((Integer)0, list.size());
    }

    @Test(expected = ContractViolationException.class)
    public void testAddFirstPrecondition() {
        list.addFirst(null);
    }
```

```java
@Test
public void testAddFirstPostcondition() {
    list.addFirst(siete);
    list.addFirst(tres);
    list.addFirst(cinco);
    Integer oldSize = list.size();

    list.addFirst(nueve);
    assertEquals(list.getFirst(), nueve);
    assertEquals((Integer)(1 + oldSize), list.size());
}

@Test(expected = ContractViolationException.class)
public void testAddLastPrecondition() {
    list.addLast(null);
}

@Test
public void testAddLastPostcondition() {
    list.addLast(siete);
    list.addLast(tres);
    list.addLast(cinco);
    Integer oldSize = list.size();

    list.addLast(nueve);
    assertEquals(list.getLast(), nueve);
    assertEquals((Integer)(1 + oldSize), list.size());
}

@Test(expected = ContractViolationException.class)
public void testGetFirstPrecondition() {
    list.getFirst();
}

@Test
public void testGetFirstPostcondition() {
    list.addLast(siete);
    list.addLast(tres);
    list.addLast(cinco);
    Integer oldSize = list.size();

    assertEquals(list.get(0), list.getFirst());
    assertEquals((Integer)(oldSize), list.size());
}

@Test(expected = ContractViolationException.class)
public void testGetLastPrecondition() {
    list.getLast();
}

@Test
public void testGetLastPostcondition() {
    list.addLast(siete);
    list.addLast(tres);
    list.addLast(cinco);
    Integer oldSize = list.size();
```

```java
        assertEquals(list.get(list.size() - 1), list.getLast());
        assertEquals((Integer)(oldSize), list.size());
    }

    @Test(expected = ContractViolationException.class)
    public void testRemoveFirstPrecondition() {
        list.removeFirst();
    }

    @Test
    public void testRemoveFirstPostcondition() {
      list.addLast(siete);
        list.addLast(tres);
        list.addLast(cinco);
        Integer oldSize = list.size();

        list.removeFirst();
        assertEquals((Integer)(oldSize - 1), list.size());
    }

    @Test(expected = ContractViolationException.class)
    public void testRemoveLastPrecondition() {
        list.removeLast();
    }

    @Test
    public void testRemoveLastPostcondition() {
      list.addLast(siete);
        list.addLast(tres);
        list.addLast(cinco);
        Integer oldSize = list.size();

        list.removeLast();
        assertEquals((Integer)(oldSize - 1), list.size());
    }

    @Test(expected = ContractViolationException.class)
    public void testContainsPrecondition() {
        list.contains(null);
    }

    @Test
    public void testContainsPostcondition() {
      list.addLast(siete);
        list.addLast(tres);
        list.addLast(cinco);
        list.addLast(siete);
        Integer oldSize = list.size();

        assertTrue(list.contains(siete) && list.indexOf(siete) >= 0);
        assertEquals((Integer)(oldSize), list.size());
    }

    @Test(expected = ContractViolationException.class)
    public void testRemovePrecondition() {
        IList<String> slist = new LinkedList<>();
        slist.remove((String)null);
```

```java
    }

    @Test
    public void testRemovePostcondition() {
      IList<String> slist = new LinkedList<>();
      slist.addLast("Han");
      slist.addLast("Luke");
      slist.addLast("Leia");
        Integer oldSize = slist.size();

        slist.remove("Luke");
        assertEquals((Integer)(oldSize - 1), slist.size());
    }

    @Test
    public void testClearPostcondition() {
      list.addLast(siete);
        list.addLast(tres);
        list.addLast(cinco);
        list.addLast(siete);
        list.clear();

        assertTrue(list.isEmpty());
    }

    @Test(expected = ContractViolationException.class)
    public void testGetPrecondition() {
      list.get(0);
    }

    @Test
    public void testGetPostcondition() {
      list.addLast(siete);
        list.addLast(tres);
        list.addLast(cinco);
        list.addLast(siete);
        Integer oldSize = list.size();

        assertTrue(list.get(3) != null);
        assertEquals((Integer)(oldSize), list.size());
        assertEquals(siete, list.get(3));
    }

    @Test(expected = ContractViolationException.class)
    public void testSetPrecondition1() {
      list.set(0, siete);
    }

    @Test(expected = ContractViolationException.class)
    public void testSetPrecondition2() {
      list.set(0, null);
    }

    @Test(expected = ContractViolationException.class)
    public void testSetPrecondition3() {
      list.set(-1, tres);
    }
```

```java
@Test(expected = ContractViolationException.class)
public void testSetPrecondition4() {
  list.addLast(siete);
    list.addLast(tres);
    list.addLast(cinco);
    list.addLast(siete);
  list.set(4, nueve);
}

@Test
public void testSetPostcondition() {
  list.addLast(siete);
    list.addLast(tres);
    list.addLast(cinco);
    list.addLast(siete);
    Integer oldSize = list.size();

    list.set(2, nueve);
    assertEquals(nueve, list.get(2));
    assertEquals((Integer)(oldSize), list.size());
}

@Test(expected = ContractViolationException.class)
public void testAddPrecondition1() {
  list.add(0, null);
}

@Test(expected = ContractViolationException.class)
public void testAddPrecondition2() {
  list.add(-1, tres);
}

@Test(expected = ContractViolationException.class)
public void testAddPrecondition3() {
  list.addLast(siete);
    list.addLast(tres);
    list.addLast(cinco);
    list.addLast(siete);
  list.add(5, nueve);
}

@Test
public void testAddPostcondition() {
  list.addLast(siete);
    list.addLast(tres);
    list.addLast(cinco);
    list.addLast(siete);
    Integer oldSize = list.size();

    list.add(2, nueve);
    assertEquals(nueve, list.get(2));
    assertEquals((Integer)(oldSize + 1), list.size());
    assertTrue(list.contains(nueve));
}

@Test(expected = ContractViolationException.class)
```

```java
public void testRemovePrecondition1() {
  IList<String> slist = new LinkedList<>();
    slist.remove((Integer)0);
}

@Test(expected = ContractViolationException.class)
public void testRemovePrecondition2() {
  IList<String> slist = new LinkedList<>();
    slist.remove((Integer)(-1));
}

@Test(expected = ContractViolationException.class)
public void testRemovePrecondition3() {
  IList<String> slist = new LinkedList<>();
  slist.addLast("Han");
  slist.addLast("Luke");
  slist.addLast("Leia");
  slist.remove((Integer)3);
}

@Test
public void testRemoveWithIndexPostcondition() {
  IList<String> slist = new LinkedList<>();
  slist.addLast("Han");
  slist.addLast("Luke");
  slist.addLast("Leia");
    Integer oldSize = slist.size();

    slist.remove(1);
    assertEquals((Integer)(oldSize - 1), slist.size());
}

@Test(expected = ContractViolationException.class)
public void testIndexOfPrecondition() {
  list.indexOf(null);
}

@Test
public void testIndexOfPostcondition1() {
  list.addLast(siete);
    list.addLast(tres);
    list.addLast(cinco);
    list.addLast(siete);
    Integer oldSize = list.size();

    assertEquals((Integer)(oldSize), list.size());
    assertEquals((Integer)(-1), list.indexOf(nueve));
}

@Test
public void testIndexOfPostcondition2() {
  list.addLast(siete);
    list.addLast(tres);
    list.addLast(cinco);
    list.addLast(siete);
    Integer oldSize = list.size();
```

```java
        assertEquals((Integer)(oldSize), list.size());
        assertEquals((Integer)(0), list.indexOf(siete));
        assertTrue(list.contains(siete));
    }

    @Test(expected = ContractViolationException.class)
    public void testLastIndexOfPrecondition() {
      list.indexOf(null);
    }

    @Test
    public void testLastIndexOfPostcondition1() {
      list.addLast(siete);
        list.addLast(tres);
        list.addLast(cinco);
        list.addLast(siete);
        Integer oldSize = list.size();

        assertEquals((Integer)(oldSize), list.size());
        assertEquals((Integer)(-1), list.lastIndexOf(nueve));
    }

    @Test
    public void testLastIndexOfPostcondition2() {
      list.addLast(siete);
        list.addLast(tres);
        list.addLast(cinco);
        list.addLast(siete);
        Integer oldSize = list.size();

        assertEquals((Integer)(oldSize), list.size());
        assertEquals((Integer)(3), list.lastIndexOf(siete));
        assertTrue(list.contains(siete));
        assertTrue(list.lastIndexOf(siete) >= list.indexOf(siete));
    }

    @Test
    public void testDeepCopyPostcondition() {
      list.addLast(siete);
        list.addLast(tres);
        list.addLast(cinco);
        list.addLast(siete);

        IList<Integer> clone = list.deepCopy();

        assertTrue(list.equals(clone));
    }
  }
```

4.4 COLAS DOBLES

Una cola doble es una secuencia de elementos, que puede estar vacía, tal que la inserción y la extracción de un elemento se realiza sólo por ambos extremos de la cola.

Podemos definir las operaciones que caracterizan a una cola doble mediante la siguiente interfaz genérica:

```
package org.jomaveger.structures;
public interface IDequeue<T> {

    void addFirst(final T elem);
    void addLast(final T elem);
    T getFirst();
    T getLast();
    void removeFirst();
    void removeLast();
    Boolean contains(final T elem);
    Boolean isEmpty();
    Integer size();
    IDequeue<T> deepCopy();
}
```

No hace falta explicarlas una por una puesto que se trata de un subconjunto de las operaciones de la interfaz de las listas.

Una posible implementación de una cola doble es mediante una estructura lineal doblemente enlazada, utilizando el nodo doblemente enlazado, de forma análoga a la implementación realizada para las listas. Así, de igual modo, almacenamos dos referencias, una al nodo cabecera de la cola doble y otra al nodo final de la misma. No obstante, a diferencia de las listas y a semejanza de las pilas y las colas, las colas dobles no implementan **Iterable** porque sólo permiten consultar el primer elemento y el último; para consultar cualquier otro, es necesario empezar por borrar cualquiera de ellos. La implementación sería la siguiente:

```
package org.jomaveger.structures;
import java.io.Serializable;
import java.util.Objects;
import org.jomaveger.lang.DeepCloneable;
import org.jomaveger.lang.dbc.Contract;
public class LinkedDequeue<T> implements IDequeue<T>, Serializable {
    private Integer size;
    private DoublyLinkedNode<T> head;
    private DoublyLinkedNode<T> tail;

    public LinkedDequeue() {
        this.head = null;
```

```java
        this.tail = null;
        this.size = 0;

        Contract.ensure(isEmpty());
        Contract.invariant(checkInvariant());
    }

    @Override
    public void addFirst(final T elem) {
      Contract.invariant(checkInvariant());
      Contract.require(elem != null);
      int oldSize = size();

        this.head = new DoublyLinkedNode<>(elem, this.head, null);
        if (this.tail == null)
            this.tail = this.head;
        this.size++;

        Contract.ensure((getFirst() == elem) && (size() == (oldSize + 1)));
        Contract.invariant(checkInvariant());
    }
    @Override
    public void addLast(final T elem) {
      Contract.invariant(checkInvariant());
      Contract.require(elem != null);
      int oldSize = size();

        this.tail = new DoublyLinkedNode<>(elem, null, this.tail);
        if (this.head == null)
            this.head = this.tail;
        this.size++;

        Contract.ensure((getLast() == elem) && (size() == (oldSize + 1)));
        Contract.invariant(checkInvariant());
    }
    @Override
    public T getFirst() {
      Contract.invariant(checkInvariant());
      Contract.require(!isEmpty());
      int oldSize = size();

        T elem = this.head.getElem();

        Contract.ensure(size() == oldSize);
      Contract.invariant(checkInvariant());
        return elem;
    }
    @Override
    public T getLast() {
      Contract.invariant(checkInvariant());
      Contract.require(!isEmpty());
      int oldSize = size();

        T elem = this.tail.getElem();

        Contract.ensure(size() == oldSize);
      Contract.invariant(checkInvariant());
```

```java
      return elem;
   }
   @Override
   public void removeFirst() {
      Contract.invariant(checkInvariant());
      Contract.require(!isEmpty());
      int oldSize = size();

        DoublyLinkedNode<T> temp = this.head;
        this.head = this.head.getNext();
        if (this.head != null) {
            this.head.setPrevious(null);
        } else {
            this.tail = null;
        }
        temp.setNext(null);
        this.size--;

        Contract.ensure(size() == oldSize - 1);
      Contract.invariant(checkInvariant());
   }
   @Override
   public void removeLast() {
      Contract.invariant(checkInvariant());
      Contract.require(!isEmpty());
      int oldSize = size();

        DoublyLinkedNode<T> temp = this.tail;
        this.tail = this.tail.getPrevious();
        if (this.tail == null) {
            this.head = null;
        } else {
            this.tail.setNext(null);
        }
        this.size--;

        Contract.ensure(size() == oldSize - 1);
      Contract.invariant(checkInvariant());
   }
   @Override
   public Boolean contains(T elem) {
      Contract.invariant(checkInvariant());
      Contract.require(elem != null);
      int oldSize = size();

        DoublyLinkedNode<T> finger = this.head;
        while ((finger != null) && (!finger.getElem().equals(elem))) {
            finger = finger.getNext();
        }
        boolean condition = finger != null;

        Contract.ensure(size() == oldSize);
      Contract.invariant(checkInvariant());
        return condition;
   }
   @Override
   public Boolean isEmpty() {
```

```java
        Contract.invariant(checkInvariant());

        Boolean condition = this.size == 0;

        Contract.ensure(condition == (this.size == 0));
        Contract.invariant(checkInvariant());
        return condition;
    }
    @Override
    public Integer size() {
        Contract.invariant(checkInvariant());

        Integer size = this.size;

        Contract.ensure(this.size >= 0);
        Contract.invariant(checkInvariant());
        return size;
    }
    @Override
    public IDequeue<T> deepCopy() {
        Contract.invariant(checkInvariant());
        IDequeue<T> deepCopy;
        try {
            deepCopy = DeepCloneable.deepCopy(this);
        } catch (Exception e) {
            deepCopy = new LinkedDequeue<>();
        }
        Contract.ensure(deepCopy.equals(this) || deepCopy.isEmpty());
        Contract.invariant(checkInvariant());
        return deepCopy;
    }

    @Override
    public String toString() {
        StringBuilder string = new StringBuilder();
        string.append(this.getClass().getName() + "[");
        DoublyLinkedNode<T> temp = this.head;
        while (temp != null) {
            string.append(temp.getElem()).append(", ");
            temp = temp.getNext();
        }
        string.append("]");
        return string.toString();
    }
    @Override
    public boolean equals(Object otherObject) {
        if (this == otherObject) return true;
        if (otherObject == null || this.getClass() != otherObject.getClass())
            return false;
        LinkedDequeue<T> that = (LinkedDequeue<T>) otherObject;
        if (!Objects.equals(this.size, that.size)) return false;
        DoublyLinkedNode<T> tempThis = this.head;
        DoublyLinkedNode<T> tempThat = that.head;
        while (tempThis != null) {
            if (!Objects.equals(tempThis.getElem(), tempThat.getElem()))
                return false;
            tempThis = tempThis.getNext();
```

```
            tempThat = tempThat.getNext();
        }
        return true;
    }
    @Override
    public int hashCode() {
        Object[] array = new Object[this.size + 1];
        array[0] = this.size;
        DoublyLinkedNode<T> temp = this.head;
        Integer i = 1;
        while (temp != null && i < array.length) {
            array[i] = temp.getElem();
            i++;
            temp = temp.getNext();
        }
        return Objects.hash(array);
    }
    private boolean checkInvariant() {
        if (this.size < 0) {
            return false;
        }
        if (this.size == 0) {
            if (this.head != null) return false;
            if (this.tail != null) return false;
        }
        else if (this.size == 1) {
            if (this.head == null)        return false;
            if (this.head != this.tail) return false;
        }
        else {
            if (this.head == null)                  return false;
            if (this.tail == null)                  return false;
            if (this.head.getPrevious() != null) return false;
            if (this.tail.getNext() != null)     return false;
        }
        int numberOfNodes = 0;
        for (DoublyLinkedNode<T> x = this.head; x != null && numberOfNodes <=
this.size; x = x.getNext()) {
            numberOfNodes++;
        }
        if (numberOfNodes != this.size) return false;
        return true;
    }
}
```

La clase de prueba para las colas dobles es la siguiente:

```
package org.jomaveger.structures;
import org.jomaveger.lang.dbc.exceptions.ContractViolationException;
import static org.junit.Assert.*;
import org.junit.After;
import org.junit.Before;
import org.junit.Test;
public class LinkedDequeTest {
```

```java
    private IDequeue<Integer> d;
    Integer siete = 7;
    Integer tres = 3;
    Integer cinco = 5;
    Integer nueve = 9;
    @Before
    public void setUp() {
        d = new LinkedDequeue<>();
    }
    @After
    public void tearDown() {
        d = null;
    }
    @Test
    public void testDefaultConstructorEnsuresDequeueIsEmpty() {
        assertEquals((Integer)0, d.size());
    }
    @Test(expected = ContractViolationException.class)
    public void testAddFirstPrecondition() {
        d.addFirst(null);
    }
    @Test
    public void testAddFirstPostcondition() {
        d.addFirst(siete);
        d.addFirst(tres);
        d.addFirst(cinco);
        Integer oldSize = d.size();
        d.addFirst(nueve);
        assertEquals(d.getFirst(), nueve);
        assertEquals((Integer)(1 + oldSize), d.size());
    }
    @Test(expected = ContractViolationException.class)
    public void testAddLastPrecondition() {
        d.addLast(null);
    }
    @Test
    public void testAddLastPostcondition() {
        d.addLast(siete);
        d.addLast(tres);
        d.addLast(cinco);
        Integer oldSize = d.size();
        d.addLast(nueve);
        assertEquals(d.getLast(), nueve);
        assertEquals((Integer)(1 + oldSize), d.size());
    }
    @Test(expected = ContractViolationException.class)
    public void testGetFirstPrecondition() {
        d.getFirst();
    }
    @Test
    public void testGetFirstPostcondition() {
        d.addLast(siete);
        d.addLast(tres);
        d.addLast(cinco);
        Integer oldSize = d.size();
        assertEquals((Integer)(oldSize), d.size());
    }
```

```java
@Test(expected = ContractViolationException.class)
public void testGetLastPrecondition() {
    d.getLast();
}
@Test
public void testGetLastPostcondition() {
    d.addLast(siete);
    d.addLast(tres);
    d.addLast(cinco);
    Integer oldSize = d.size();
    assertEquals((Integer)(oldSize), d.size());
}
@Test(expected = ContractViolationException.class)
public void testRemoveFirstPrecondition() {
    d.removeFirst();
}
@Test
public void testRemoveFirstPostcondition() {
    d.addLast(siete);
    d.addLast(tres);
    d.addLast(cinco);
    Integer oldSize = d.size();
    d.removeFirst();
    assertEquals((Integer)(oldSize - 1), d.size());
}
@Test(expected = ContractViolationException.class)
public void testRemoveLastPrecondition() {
    d.removeLast();
}
@Test
public void testRemoveLastPostcondition() {
    d.addLast(siete);
    d.addLast(tres);
    d.addLast(cinco);
    Integer oldSize = d.size();
    d.removeLast();
    assertEquals((Integer)(oldSize - 1), d.size());
}
@Test(expected = ContractViolationException.class)
public void testContainsPrecondition() {
    d.contains(null);
}
@Test
public void testContainsPostcondition() {
    d.addLast(siete);
    d.addLast(tres);
    d.addLast(cinco);
    d.addLast(siete);
    Integer oldSize = d.size();
    assertEquals((Integer)(oldSize), d.size());
}
@Test
public void testDeepCopyPostcondition() {
    d.addLast(siete);
    d.addLast(tres);
    d.addLast(cinco);
    d.addLast(siete);
```

```
        IDequeue<Integer> clone = d.deepCopy();
        assertTrue(d.equals(clone));
    }
}
```

4.5 CONJUNTOS

Un conjunto es una colección de valores sin un orden definido en la que no se permiten elementos repetidos.

Podemos definir las operaciones que caracterizan a un conjunto mediante la siguiente interfaz genérica:

```
package org.jomaveger.structures;
public interface ISet<T> {
    void makeUnitSet(final T elem);
    void clear();
    void add(final T elem);
    Boolean contains(final T elem);
    void remove(final T elem);
    Boolean isSubset(final ISet<T> other);
    void union(final ISet<T> other);
    void intersection(final ISet<T> other);
    void difference(final ISet<T> other);
    Boolean isEmpty();
    Integer cardinal();
    ISet<T> deepCopy();
}
```

tal que:

- ⚑ El método **makeUnitSet()** es una orden que forma un conjunto unitario con un elemento dado.

- ⚑ El método **clear()** es una orden que borra todos los elementos del conjunto.

- ⚑ El método **add** es una orden que añade un elemento a un conjunto.

- ⚑ El método **contains()** es una consulta que devuelve la relación de pertenencia entre un elemento y un conjunto, es decir, si un elemento se encuentra o no en el conjunto.

- ⚑ El método **remove()** es una orden que quita un elemento del conjunto.

▶ El método **isSubset()** es una consulta que devuelve si este conjunto es subconjunto de otro.

▶ El método **union()** es una orden que calcula la unión de conjuntos.

▶ El método **intersection()** es una orden que calcula la intersección de conjuntos.

▶ El método **difference()** es una orden que calcula la diferencia de conjuntos.

▶ El método **isEmpty()** es una consulta que devuelve si el conjunto está vacío o no.

▶ El método **cardinal()** es una consulta que devuelve el número de elementos del conjunto.

Para implementar los conjuntos, utilizamos como tipo representante las listas enlazadas que previamente hemos implementado.

```java
package org.jomaveger.structures;
import java.io.Serializable;
import java.util.Objects;
import org.jomaveger.lang.DeepCloneable;
import org.jomaveger.lang.dbc.Contract;
public class Set<T> implements ISet<T>, Serializable {
    private IList<T> set;
    public Set() {
        this.set = new LinkedList<>();

        Contract.ensure(isEmpty() && (cardinal() == 0));
        Contract.invariant(checkInvariant());
    }
    @Override
    public void makeUnitSet(final T elem) {
      Contract.invariant(checkInvariant());
      Contract.require(elem != null);

        this.clear();
        this.add(elem);

        Contract.ensure(!isEmpty() && (cardinal() == 1) && (contains(elem) ==
true));
        Contract.invariant(checkInvariant());
    }
    @Override
    public void clear() {
      Contract.invariant(checkInvariant());

        this.set.clear();
```

```java
      Contract.ensure(isEmpty() && (cardinal() == 0));
      Contract.invariant(checkInvariant());
   }
   @Override
   public void add(final T elem) {
     Contract.invariant(checkInvariant());
     Contract.require(elem != null);
     boolean oldContains = contains(elem);
     int oldCardinal = cardinal();

       if (! this.set.contains(elem)) {
          this.set.addLast(elem);
       }

       Contract.ensure(!isEmpty() && (contains(elem) == true) && (oldContains
|| cardinal() == oldCardinal + 1));
       Contract.invariant(checkInvariant());
   }
   @Override
   public Boolean contains(final T elem) {
     Contract.invariant(checkInvariant());
     Contract.require(elem != null);
     int oldCardinal = cardinal();

     Boolean contains = this.set.contains(elem);

     Contract.ensure(cardinal() == oldCardinal);
       Contract.invariant(checkInvariant());
       return contains;
   }
   @Override
   public void remove(final T elem) {
     Contract.invariant(checkInvariant());
     Contract.require(elem != null);
     int oldCardinal = cardinal();

       this.set.remove(elem);

       Contract.ensure(!contains(elem) || (cardinal() == oldCardinal - 1));
       Contract.invariant(checkInvariant());
   }
   @Override
   public Boolean isSubset(final ISet<T> other) {
     Contract.invariant(checkInvariant());
     Contract.require(other != null);
     int oldCardinal = cardinal();

     Boolean isSubset = Boolean.TRUE;
       for (Integer i = 0; i < this.set.size(); i++) {
          if (! other.contains(this.set.get(i))) {
            isSubset = Boolean.FALSE;
          }
       }

       Contract.ensure(cardinal() == oldCardinal);
       Contract.invariant(checkInvariant());
       return isSubset;
```

```java
  }
  @Override
  public void union(final ISet<T> other) {
    Contract.invariant(checkInvariant());
    Contract.require(other != null);
    int oldCardinal = cardinal();
    int oldOtherCardinal = other.cardinal();

    Set<T> otherSet = (Set<T>) other;
    for (Integer i = 0; i < otherSet.set.size(); i++) {
      if (! this.set.contains(otherSet.set.get(i))) {
        this.set.addLast(otherSet.set.get(i));
      }
    }

    Contract.ensure(cardinal() <= oldCardinal + oldOtherCardinal);
    Contract.invariant(checkInvariant());
  }
  @Override
  public void intersection(final ISet<T> other) {
    Contract.invariant(checkInvariant());
    Contract.require(other != null);
    int oldCardinal = cardinal();
    int oldOtherCardinal = other.cardinal();

    ISet<T> temp = new Set<T>();
    for (T elem : this.set) {
      if (other.contains(elem)) {
        temp.add(elem);
      }
    }
    this.clear();
    Set<T> tempSet = (Set<T>) temp;
    for (Integer i = 0; i < tempSet.set.size(); i++) {
      this.add(tempSet.set.get(i));
    }

    Contract.ensure(cardinal() <= oldCardinal + oldOtherCardinal);
    Contract.invariant(checkInvariant());
  }
  @Override
  public void difference(final ISet<T> other) {
    Contract.invariant(checkInvariant());
    Contract.require(other != null);
    int oldCardinal = cardinal();

    Set<T> otherSet = (Set<T>) other;
    for (Integer i = 0; i < otherSet.set.size(); i++) {
      this.remove(otherSet.set.get(i));
    }

    Contract.ensure(cardinal() <= oldCardinal);
    Contract.invariant(checkInvariant());
  }
  @Override
  public Boolean isEmpty() {
    Contract.invariant(checkInvariant());
```

```java
      Boolean condition = this.set.isEmpty();

      Contract.ensure(condition == (cardinal() == 0));
    Contract.invariant(checkInvariant());

      return condition;
  }
  @Override
  public Integer cardinal() {
    Contract.invariant(checkInvariant());

      Integer size = this.set.size();

      Contract.ensure(size >= 0);
      Contract.invariant(checkInvariant());
      return size;
  }
  @Override
  public ISet<T> deepCopy() {
    Contract.invariant(checkInvariant());
    ISet<T> deepCopy;
      try {
        deepCopy = DeepCloneable.deepCopy(this);
      } catch (Exception e) {
        deepCopy = new Set<>();
      }
      Contract.ensure(deepCopy.equals(this) || deepCopy.isEmpty());
      Contract.invariant(checkInvariant());
      return deepCopy;
  }

  private boolean checkInvariant() {
    return this.set != null;
  }
  @Override
  public boolean equals(Object otherObject) {
      if (this == otherObject) return true;
      if (otherObject == null
              || this.getClass() != otherObject.getClass())
          return false;
      Set<T> that = (Set<T>) otherObject;
      return Objects.equals(this.set, that.set);
  }
  @Override
  public int hashCode() {
      return Objects.hash(this.set);
  }
  @Override
  public String toString() {
      StringBuilder string = new StringBuilder();
      string.append(this.getClass().getName() + "[");
      string.append(this.set.toString());
      string.append("]");
      return string.toString();
  }
}
```

La clase de prueba de los conjuntos sería la siguiente:

```java
package org.jomaveger.structures;
import static org.junit.Assert.*;
import org.jomaveger.lang.dbc.exceptions.ContractViolationException;
import org.junit.After;
import org.junit.Before;
import org.junit.Test;
public class SetTest {
    private ISet<Integer> set;
    Integer siete = 7;
    Integer tres = 3;
    Integer cinco = 5;
    Integer nueve = 9;
    Integer uno = 1;
    Integer dos = 2;
    Integer cuatro = 4;
    Integer seis = 6;
    Integer ocho = 8;
    Integer cero = 0;
    @Before
     public void setUp() {
        set = new Set<>();
     }

    @After
    public void tearDown() {
        set = null;
    }

    @Test
    public void testDefaultConstructorEnsuresSetIsEmpty() {
        assertEquals((Integer)0, set.cardinal());
        assertTrue(set.isEmpty());
    }

    @Test(expected = ContractViolationException.class)
    public void testmakeUnitSetPrecondition() {
        set.makeUnitSet(null);
    }

    @Test
    public void testmakeUnitSetPostcondition() {
        set.makeUnitSet(siete);
        assertTrue(!set.isEmpty());
        assertEquals((Integer)1, set.cardinal());
        assertTrue(set.contains(siete));
    }

    @Test
    public void testClearPostcondition() {
        set.clear();
        assertEquals((Integer)0, set.cardinal());
        assertTrue(set.isEmpty());
    }
```

```java
@Test(expected = ContractViolationException.class)
public void testAddPrecondition() {
    set.add(null);
}

@Test
public void testAddPostcondition() {
  set.add(siete);
    set.add(tres);
    set.add(cinco);
    Integer oldCardinal = set.cardinal();

    set.add(cinco);
    set.add(nueve);
    assertTrue(!set.isEmpty());
    assertEquals((Integer) (oldCardinal + 1), set.cardinal());
    assertTrue(set.contains(nueve));
}

@Test(expected = ContractViolationException.class)
public void testContainsPrecondition() {
    set.contains(null);
}

@Test
public void testContainsPostcondition() {
  set.add(siete);
    set.add(tres);
    set.add(cinco);
    Integer oldCardinal = set.cardinal();

    assertTrue(set.contains(siete));
    assertEquals((Integer) (oldCardinal), set.cardinal());
}

@Test(expected = ContractViolationException.class)
public void testRemovePrecondition() {
    set.remove(null);
}

@Test
public void testRemovePostcondition() {
  set.add(siete);
    set.add(tres);
    set.add(cinco);
    Integer oldCardinal = set.cardinal();

    set.remove(tres);
    assertTrue(!set.contains(tres));
    assertEquals((Integer) (oldCardinal - 1), set.cardinal());
}

@Test(expected = ContractViolationException.class)
public void testIsSubsetPrecondition() {
    set.isSubset(null);
}
```

```java
@Test
public void testIsSubsetPostcondition() {
  set.add(siete);
    set.add(tres);
    set.add(cinco);
    set.add(nueve);
    Integer oldCardinal = set.cardinal();

    ISet<Integer> other = new Set<>();
    other.add(siete);
    other.add(tres);
    other.add(cinco);
    other.add(nueve);
    other.add(uno);
    other.add(cuatro);
    other.add(ocho);
    other.add(seis);

    assertTrue(set.isSubset(other));
    assertEquals((Integer) (oldCardinal), set.cardinal());
}

@Test(expected = ContractViolationException.class)
public void testUnionPrecondition() {
    set.union(null);
}

@Test
public void testUnionPostcondition() {
  set.add(siete);
    set.add(tres);
    set.add(cinco);
    set.add(nueve);
    Integer oldCardinal = set.cardinal();

    ISet<Integer> other = new Set<>();
    other.add(siete);
    other.add(tres);
    other.add(cinco);
    other.add(nueve);
    other.add(uno);
    other.add(cuatro);
    other.add(ocho);
    other.add(seis);

    set.union(other);
    assertEquals((Integer) (8), set.cardinal());
    assertTrue(set.cardinal() <= oldCardinal + other.cardinal());
    assertTrue(set.contains(tres));
    assertTrue(set.contains(siete));
    assertTrue(set.contains(cinco));
    assertTrue(set.contains(nueve));
    assertTrue(set.contains(uno));
    assertTrue(set.contains(cuatro));
    assertTrue(set.contains(ocho));
    assertTrue(set.contains(seis));
```

```java
}

@Test(expected = ContractViolationException.class)
public void testIntersectionPrecondition() {
    set.intersection(null);
}

@Test
public void testIntersectionPostcondition() {
  set.add(siete);
    set.add(tres);
    set.add(cinco);
    set.add(nueve);
    Integer oldCardinal = set.cardinal();

    ISet<Integer> other = new Set<>();
    other.add(siete);
    other.add(tres);
    other.add(cinco);
    other.add(nueve);
    other.add(uno);
    other.add(cuatro);
    other.add(ocho);
    other.add(seis);

    set.intersection(other);
    assertEquals((Integer) (4), set.cardinal());
    assertTrue(set.cardinal() <= oldCardinal + other.cardinal());
    assertTrue(set.contains(tres));
    assertTrue(set.contains(siete));
    assertTrue(set.contains(cinco));
    assertTrue(set.contains(nueve));
}

@Test(expected = ContractViolationException.class)
public void testDifferencePrecondition() {
    set.difference(null);
}

@Test
public void testDifferencePostcondition() {
  set.add(siete);
    set.add(tres);
    set.add(cinco);
    set.add(nueve);
    set.add(cero);
    Integer oldCardinal = set.cardinal();

    ISet<Integer> other = new Set<>();
    other.add(siete);
    other.add(tres);
    other.add(cinco);
    other.add(nueve);
    other.add(uno);
    other.add(cuatro);
    other.add(ocho);
    other.add(seis);
```

```
        set.difference(other);
        assertEquals((Integer) (1), set.cardinal());
        assertTrue(set.cardinal() <= oldCardinal);
        assertTrue(set.contains(cero));
        assertTrue(!set.contains(siete));
        assertTrue(!set.contains(cinco));
        assertTrue(!set.contains(nueve));
        assertTrue(!set.contains(tres));
    }

    @Test
    public void testDeepCopyPostcondition() {
        set.add(siete);
        set.add(tres);
        set.add(cinco);
        set.add(nueve);

        ISet<Integer> clone = set.deepCopy();

        assertTrue(set.equals(clone));
    }
}
```

4.6 TABLAS

Una tabla, también llamada mapa o diccionario, es una colección de elementos identificados por una clave, que debe ser única para cada elemento de la colección, y donde el acceso, tanto para lectura como para escritura, se hace mediante dicha clave.

Podemos definir las operaciones que caracterizan a una tabla mediante la siguiente interfaz genérica:

```
package org.jomaveger.structures;
public interface ITable<K, V> {

    void set(final K key, final V value);
    V get(final K key);
    void remove(final K key);
    void clear();
    Boolean contains(final K key);
    Boolean isEmpty();
    Integer size();
    ITable<K, V> deepCopy();

    IList<K> keyList();
}
```

tal que:

▶ El método **set()** es una orden que inserta un valor asociado a una clave, o bien actualizarlo si la clave ya tiene asignado un valor.

▶ El método **get()** es una consulta que devuelve el valor asociado a una clave.

▶ El método **remove()** es una orden que elimina la correspondencia entre una clave y su valor, es decir, elimina un par clave-valor.

▶ El método **clear()** es una orden que borra todos los elementos de la tabla.

▶ El método **contains()** es una consulta que determina si una clave tiene asociado algún valor.

▶ El método **isEmpty()** es una consulta que devuelve si la tabla está vacía o no.

▶ El método **size()** es una consulta que devuelve el número de pares clave-valor de la tabla.

▶ El método **keyList()** es una consulta que devuelve una lista con las claves que hay almacenadas en la tabla.

Para implementar las tablas, utilizamos como tipo representante las listas enlazadas que previamente hemos implementado. En este caso, cada elemento de la lista será un par clave-valor, de modo que nos apoyaremos en la siguiente clase auxiliar la cual, debida a su sencillez, se presenta sin contratos:

```java
package org.jomaveger.structures;
import java.io.Serializable;
import java.util.Objects;
public class TableEntry<K, V> implements Serializable {
    private K key;
    private V value;
    public TableEntry(final K key, final V value) {
        this.key = key;
        this.value = value;
    }
    public void setKey(final K key) {
        this.key = key;
    }
    public K getKey() {
        return this.key;
    }
    public V getValue() {
        return this.value;
```

```java
    }
    public void setValue(final V value) {
        this.value = value;
    }
    @Override
    public String toString() {
        StringBuilder string = new StringBuilder();
        string.append(this.getClass().getName() + "[");
        string.append(this.key + ", " + this.value);
        string.append("]");
        return string.toString();
    }
    @Override
    public boolean equals(Object otherObject) {
        if (this == otherObject) return true;
        if (otherObject == null
                || this.getClass() != otherObject.getClass())
            return false;
        TableEntry<K, V> that = (TableEntry<K, V>) otherObject;
        return Objects.equals(this.key, that.key) &&
                Objects.equals(this.value, that.value);
    }
    @Override
    public int hashCode() {
        Object[] array = new Object[2];
        array[0] = this.key;
        array[1] = this.value;
        return Objects.hash(array);
    }
}
}
```

Finalmente, la implementación de las tablas es:

```java
package org.jomaveger.structures;
import java.io.Serializable;
import java.util.Objects;
import org.jomaveger.lang.DeepCloneable;
import org.jomaveger.lang.dbc.Contract;
public class LinkedTable<K, V> implements ITable<K, V>, Serializable {
    private IList<TableEntry<K, V>> table;
    public LinkedTable() {
        this.table = new LinkedList<>();

        Contract.ensure(isEmpty());
        Contract.invariant(checkInvariant());
    }
    @Override
    public void set(final K key, final V value) {
        Contract.invariant(checkInvariant());
        Contract.require(key != null && value != null);
        int oldSize = size();
        boolean oldContains = contains(key);
        int oldKeyListSize = keyList().size();
```

```
            boolean insert = true;
            for (Integer i = 0; i < this.table.size(); i++) {
                if (this.table.get(i).getKey().equals(key)) {
                    this.table.get(i).setValue(value);
                    insert = false;
                }
            }
            if (insert) {
                this.table.addLast(new TableEntry<>(key, value));
            }

            Contract.ensure(!isEmpty() && (oldContains || size() == oldSize + 1)
                && (!oldContains || oldKeyListSize == keyList().size()));
            Contract.invariant(checkInvariant());
        }
        @Override
        public V get(final K key) {
          Contract.invariant(checkInvariant());
          Contract.require(key != null);
          int oldSize = size();
          boolean oldContains = contains(key);
          int oldKeyListSize = keyList().size();

            V result = null;
            for (Integer i = 0; i < this.table.size(); i++) {
                if (this.table.get(i).getKey().equals(key))
                    result = this.table.get(i).getValue();
            }

            Contract.ensure(size() == oldSize && (oldKeyListSize == keyList().
size())
                && ((!oldContains && result == null) || (oldContains && result !=
null)));
            Contract.invariant(checkInvariant());
            return result;
        }
        @Override
        public void remove(final K key) {
          Contract.invariant(checkInvariant());
          Contract.require(key != null);
          int oldSize = size();
          boolean oldContains = contains(key);
          int oldKeyListSize = keyList().size();
            for (Integer i = 0; i < this.table.size(); i++) {
                if (this.table.get(i).getKey().equals(key))
                    this.table.remove(i);
            }

            Contract.ensure((oldContains || oldKeyListSize == keyList().size())
                && (oldContains || size() == oldSize)
                && (!oldContains || oldKeyListSize - 1 == keyList().size())
                && (!oldContains || size() == oldSize - 1));
            Contract.invariant(checkInvariant());
        }
        @Override
        public void clear() {
          Contract.invariant(checkInvariant());
```

```java
        this.table.clear();

        Contract.ensure(isEmpty());
        Contract.invariant(checkInvariant());
    }
    @Override
    public Boolean contains(final K key) {
      Contract.invariant(checkInvariant());
      Contract.require(key != null);
      int oldSize = size();

        Boolean contains = Boolean.FALSE;
        for (Integer i = 0; i < this.table.size(); i++) {
            if (this.table.get(i).getKey().equals(key))
                contains = Boolean.TRUE;
        }

        Contract.ensure(size() == oldSize);
        Contract.invariant(checkInvariant());
        return contains;
    }
    @Override
    public Boolean isEmpty() {
      Contract.invariant(checkInvariant());

        Boolean condition = this.table.isEmpty();

        Contract.ensure(condition == (size() == 0));
      Contract.invariant(checkInvariant());
        return condition;
    }
    @Override
    public Integer size() {
      Contract.invariant(checkInvariant());

        Integer size = this.table.size();

        Contract.ensure(size >= 0);
        Contract.invariant(checkInvariant());
        return size;
    }
    @Override
    public ITable<K, V> deepCopy() {
      Contract.invariant(checkInvariant());
        ITable<K, V> deepCopy;
        try {
            deepCopy = DeepCloneable.deepCopy(this);
        } catch (Exception e) {
            deepCopy = new LinkedTable<>();
        }
        Contract.ensure(deepCopy.equals(this) || deepCopy.isEmpty());
        Contract.invariant(checkInvariant());
        return deepCopy;
    }
    @Override
    public IList<K> keyList() {
```

```
    Contract.invariant(checkInvariant());

    IList<K> list = new LinkedList<K>();
    for (int i = 0; i < this.table.size(); i++) {
        list.addLast(this.table.get(i).getKey());
    }

    Contract.ensure(list != null && list.size() >= 0);
    Contract.invariant(checkInvariant());
    return list;
}
private boolean checkInvariant() {
    return this.table != null;
}
@Override
public boolean equals(Object otherObject) {
    if (this == otherObject) return true;
    if (otherObject == null
            || this.getClass() != otherObject.getClass())
        return false;
    LinkedTable<K, V> that = (LinkedTable<K, V>) otherObject;
    return Objects.equals(this.table, that.table);
}
@Override
public int hashCode() {
    return Objects.hash(this.table);
}
@Override
public String toString() {
    StringBuilder string = new StringBuilder();
    string.append(this.getClass().getName() + "[");
    string.append(this.table.toString());
    string.append("]");
    return string.toString();
}
}
```

La clase de prueba de las tablas sería la siguiente:

```
package org.jomaveger.structures;
import org.jomaveger.lang.dbc.exceptions.ContractViolationException;
import static org.junit.Assert.*;
import org.junit.After;
import org.junit.Before;
import org.junit.Test;
public class LinkedTableTest {
    private ITable<String, Integer> table;
    @Before
    public void setUp() {
        table = new LinkedTable<>();
    }
    @After
    public void tearDown() {
        table = null;
```

```java
    }
    @Test
    public void testDefaultConstructorEnsuresTableIsEmpty() {
        assertEquals((Integer)0, table.size());
        assertTrue(table.isEmpty());
    }
    @Test(expected = ContractViolationException.class)
    public void testSetPrecondition1() {
        table.set(null, 100);
    }
    @Test(expected = ContractViolationException.class)
    public void testSetPrecondition2() {
        table.set("Luke", null);
    }
    @Test
    public void testSetPostcondition() {
        table.set("Luke", 100);
        table.set("Han", 200);
        table.set("Leia", 300);
        Integer oldSize = table.size();
        IList<String> oldKeyList = table.keyList();
        table.set("Han", 400);
        assertTrue(!table.isEmpty());
        assertEquals(oldSize, table.size());
        assertEquals(oldKeyList, table.keyList());
        table.set("Yoda", 500);
        assertTrue(!table.isEmpty());
        assertEquals((Integer) (oldSize + 1), table.size());
        assertEquals((Integer) (oldKeyList.size() + 1), table.keyList().size());
    }
    @Test(expected = ContractViolationException.class)
    public void testGetPrecondition() {
        table.get(null);
    }
    @Test
    public void testGetPostcondition() {
        table.set("Luke", 100);
        table.set("Han", 200);
        table.set("Leia", 300);
        Integer oldSize = table.size();
        IList<String> oldKeyList = table.keyList();
        Integer value = table.get("Han");
        assertEquals((Integer) 200, value);
        assertEquals(oldSize, table.size());
        assertEquals(oldKeyList, table.keyList());
        assertTrue(table.contains("Han"));
        Integer val = table.get("Yoda");
        assertTrue(val == null);
        assertEquals(oldSize, table.size());
        assertEquals(oldKeyList, table.keyList());
        assertTrue(!table.contains("Yoda"));
    }
    @Test(expected = ContractViolationException.class)
    public void testRemovePrecondition() {
        table.remove(null);
    }
    @Test
```

```java
    public void testRemovePostcondition() {
        table.set("Luke", 100);
        table.set("Han", 200);
        table.set("Leia", 300);
        Integer oldSize = table.size();
        IList<String> oldKeyList = table.keyList();
        assertTrue(table.contains("Han"));
        table.remove("Han");
        assertEquals((Integer) (oldSize - 1), table.size());
        assertEquals((Integer) (oldKeyList.size() - 1), table.keyList().size());
        oldSize = table.size();
        oldKeyList = table.keyList();
        assertTrue(!table.contains("Yoda"));
        table.remove("Yoda");
        assertEquals(oldSize, table.size());
        assertEquals(oldKeyList, table.keyList());
    }
    @Test
    public void testClearPostcondition() {
        table.set("Luke", 100);
        table.set("Han", 200);
        table.set("Leia", 300);
        table.clear();
        assertTrue(table.isEmpty());
    }
    @Test(expected = ContractViolationException.class)
    public void testContainsPrecondition() {
        table.contains(null);
    }
    @Test
    public void testContainsPostcondition() {
        table.set("Luke", 100);
        table.set("Han", 200);
        table.set("Leia", 300);
        Integer oldSize = table.size();
        IList<String> oldKeyList = table.keyList();
        Boolean contains = table.contains("Han");
        assertTrue(contains);
        assertEquals(oldSize, table.size());
        assertEquals(oldKeyList, table.keyList());
    }
    @Test
    public void testDeepCopyPostcondition() {
        table.set("Luke", 100);
        table.set("Han", 200);
        table.set("Leia", 300);
        ITable<String, Integer> clone = table.deepCopy();
        assertTrue(table.equals(clone));
    }
    @Test
    public void testKeyListPostcondition() {
        table.set("Luke", 100);
        table.set("Han", 200);
        table.set("Leia", 300);
        IList<String> keyList = table.keyList();
        assertTrue(keyList != null);
        assertTrue(keyList.size() >= 0);
```

```
            assertTrue(keyList.size() == 3);
        }
    }
```

4.7 MULTICONJUNTOS

Un multiconjunto, también denominado bolsa, es un conjunto en el que se permiten elementos repetidos.

Podemos definir las operaciones que caracterizan a un multiconjunto mediante la siguiente interfaz genérica:

```
package org.jomaveger.structures;
public interface IBag<T> {
    void add(final T elem);
    Integer multiplicity(final T elem);

    void delete(final T elem);
    void remove(final T elem);

    void clear();
    void union(final IBag<T> other);
    void intersection(final IBag<T> other);
    void difference(final IBag<T> other);
    Boolean isEmpty();
    Integer cardinal();
    Integer cardinalDistinct();
    IBag<T> deepCopy();
}
```

tal que:

- El método **add()** es una orden que añade un elemento a un multiconjunto.

- El método **multiplicity()** es una consulta que devuelve la multiplicidad de un elemento, es decir, el número de veces que está presente en el multiconjunto.

- El método **delete()** es una orden que elimina una aparición de un elemento del multiconjunto.

- El método **remove()** es una orden que elimina todas las apariciones de un elemento en el multiconjunto.

- El método **clear()** es una orden que borra todos los elementos del multiconjunto.

⚑ El método **union()** es una orden que calcula la unión de multiconjuntos.

⚑ El método **intersection()** es una orden que calcula la intersección de multiconjuntos.

⚑ El método **difference()** es una orden que calcula la diferencia de multiconjuntos.

⚑ El método **isEmpty()** es una consulta que devuelve si el multiconjunto está vacío o no.

⚑ El método **cardinal()** es una consulta que devuelve el número de elementos del multiconjunto, teniendo en cuenta las multiplicidades de los elementos.

⚑ El método **cardinalDistinct()** es una consulta que devuelve el número de elementos del multiconjunto, contando solamente los elementos distintos.

Para implementar los multiconjuntos, utilizamos como tipo representante las tablas que previamente hemos implementado. Emplearemos los elementos como clave y las multiplicidades de los mismos como valores. No es conveniente que la multiplicidad de un elemento de la tabla sea cero, pues entonces el tamaño de la tabla no tendría relación con el tamaño del multiconjunto; si así fuera, el multiconjunto vacío se podría representar con una tabla arbitrariamente grande cuyas multiplicidades fueran todas cero.

```java
package org.jomaveger.structures;
import java.io.Serializable;
import java.util.Objects;
import org.jomaveger.lang.DeepCloneable;
import org.jomaveger.lang.dbc.Contract;
public class Bag<T> implements IBag<T>, Serializable {
    private ITable<T, Integer> bag;
    public Bag() {
        this.bag = new LinkedTable<>();

        Contract.ensure(isEmpty() && (cardinal() == 0) && cardinalDistinct() ==
0);
        Contract.invariant(checkInvariant());
    }
    @Override
    public void add(final T elem) {
      Contract.invariant(checkInvariant());
      Contract.require(elem != null);
      int oldCardinal = cardinal();
      int oldCardinalDistinct = cardinalDistinct();
      int oldMultiplicity = multiplicity(elem);
```

```java
        if (this.bag.contains(elem)) {
            Integer actualMultiplicity = this.bag.get(elem);
            this.bag.set(elem, ++actualMultiplicity);
        } else {
            this.bag.set(elem, 1);
        }

        Contract.ensure(!isEmpty() && cardinal() == oldCardinal + 1
            && multiplicity(elem) == oldMultiplicity + 1
            && (!(multiplicity(elem) == 1)
                    || cardinalDistinct() == oldCardinalDistinct + 1));
        Contract.invariant(checkInvariant());
    }
    @Override
    public Integer multiplicity(T elem) {
      Contract.invariant(checkInvariant());
      Contract.require(elem != null);

        Integer multiplicity;
        if (this.bag.contains(elem)) {
            multiplicity = this.bag.get(elem);
        } else {
            multiplicity = 0;
        }

        Contract.ensure(multiplicity >= 0 && multiplicity <= cardinal() && mul-
tiplicity <= cardinalDistinct());
        Contract.invariant(checkInvariant());
        return multiplicity;
    }
    @Override
    public void delete(T elem) {
      Contract.invariant(checkInvariant());
      Contract.require(elem != null);
      int oldCardinal = cardinal();
      int oldCardinalDistinct = cardinalDistinct();
      int oldMultiplicity = multiplicity(elem);
        if (this.bag.contains(elem)) {
            Integer actualMultiplicity = this.bag.get(elem);
            if (actualMultiplicity > 1) {
                this.bag.set(elem, --actualMultiplicity);
            } else {
                this.bag.remove(elem);
            }
        }

        Contract.ensure(cardinal() == oldCardinal - 1
            && multiplicity(elem) == oldMultiplicity - 1
            && (!(multiplicity(elem) == 0)
                    || cardinalDistinct() == oldCardinalDistinct - 1));
        Contract.invariant(checkInvariant());
    }
    @Override
    public void remove(T elem) {
      Contract.invariant(checkInvariant());
      Contract.require(elem != null);
      int oldCardinal = cardinal();
```

```java
        int oldCardinalDistinct = cardinalDistinct();
        int oldMultiplicity = multiplicity(elem);

        this.bag.remove(elem);

        Contract.ensure(cardinal() == oldCardinal - oldMultiplicity
            && multiplicity(elem) == 0
            && cardinalDistinct() == oldCardinalDistinct - 1);
        Contract.invariant(checkInvariant());
    }
    @Override
    public void clear() {
      Contract.invariant(checkInvariant());

        this.bag.clear();

        Contract.ensure(isEmpty());
        Contract.invariant(checkInvariant());
    }
    @Override
    public void union(IBag<T> other) {
      Contract.invariant(checkInvariant());
      Contract.require(other != null);
      int oldCardinal = cardinal();
      int oldCardinalDistinct = cardinalDistinct();
      int oldOtherCardinal = other.cardinal();
      int oldOtherCardinalDistinct = other.cardinalDistinct();
        Bag<T> otherBag = (Bag<T>) other;
        IList<T> list = otherBag.bag.keyList();
        for (T elem : list) {
            if (this.bag.contains(elem)) {
                Integer actualMultiplicity = this.bag.get(elem);
                Integer otherMultiplicity = otherBag.bag.get(elem);
                this.bag.set(elem, actualMultiplicity + otherMultiplicity);
            } else {
                this.bag.set(elem, otherBag.bag.get(elem));
            }
        }

        Contract.ensure(cardinal() == oldCardinal + oldOtherCardinal
            && cardinalDistinct() <= oldCardinalDistinct + oldOtherCardinalDis-
tinct);
        Contract.invariant(checkInvariant());
    }
    @Override
    public void intersection(IBag<T> other) {
      Contract.invariant(checkInvariant());
      Contract.require(other != null);
      int oldCardinal = cardinal();
      int oldCardinalDistinct = cardinalDistinct();
      int oldOtherCardinal = other.cardinal();
      int oldOtherCardinalDistinct = other.cardinalDistinct();

        Bag<T> temp = new Bag<>();
        Bag<T> otherBag = (Bag<T>) other;
        IList<T> list = otherBag.bag.keyList();
        for (T elem : list) {
```

```
                if (this.bag.contains(elem)) {
                    Integer thisMultiplicity = this.bag.get(elem);
                    Integer otherMultiplicity = otherBag.bag.get(elem);
                    Integer minMultiplicity = Math.min(thisMultiplicity, otherMulti-
plicity);
                    temp.bag.set(elem, minMultiplicity);
                }
            }
            this.clear();
            IList<T> tempList = temp.bag.keyList();
            for (T elem : tempList) {
                this.bag.set(elem, temp.bag.get(elem));
            }

            Contract.ensure(cardinal() < oldCardinal + oldOtherCardinal
                && cardinalDistinct() < oldCardinalDistinct + oldOtherCardinalDis-
tinct);
            Contract.invariant(checkInvariant());
        }
        @Override
        public void difference(IBag<T> other) {
            Contract.invariant(checkInvariant());
            Contract.require(other != null);
            int oldCardinal = cardinal();
            int oldCardinalDistinct = cardinalDistinct();
            int oldOtherCardinal = other.cardinal();
            int oldOtherCardinalDistinct = other.cardinalDistinct();

            Bag<T> temp = new Bag<>();
            Bag<T> otherBag = (Bag<T>) other;
            IList<T> list = this.bag.keyList();
            for (T elem : list) {
                if (otherBag.bag.contains(elem)) {
                    Integer thisMultiplicity = this.bag.get(elem);
                    Integer otherMultiplicity = otherBag.bag.get(elem);
                    if (thisMultiplicity > otherMultiplicity) {
                        temp.bag.set(elem, thisMultiplicity - otherMultiplicity);
                    }
                } else {
                    temp.bag.set(elem, this.bag.get(elem));
                }
            }
            this.clear();
            IList<T> tempList = temp.bag.keyList();
            for (T elem : tempList) {
                this.bag.set(elem, temp.bag.get(elem));
            }

            Contract.ensure(cardinal() <= oldCardinal + oldOtherCardinal
                && cardinalDistinct() <= oldCardinalDistinct + oldOtherCardinalDis-
tinct);
            Contract.invariant(checkInvariant());
        }
        @Override
        public Boolean isEmpty() {
            Contract.invariant(checkInvariant());
```

```
            Boolean condition = this.bag.isEmpty();

            Contract.ensure(condition == (cardinal() == 0));
            Contract.invariant(checkInvariant());
            return condition;
    }
    @Override
    public Integer cardinal() {
      Contract.invariant(checkInvariant());

            Integer cardinal = 0;
            IList<T> list = this.bag.keyList();
            for (T elem : list) {
                cardinal += this.bag.get(elem);
            }

            Contract.ensure(cardinal >= 0);
            Contract.invariant(checkInvariant());
            return cardinal;
    }
    @Override
    public Integer cardinalDistinct() {
      Contract.invariant(checkInvariant());

            Integer cardinal = 0;
            IList<T> list = this.bag.keyList();
            cardinal = list.size();

            Contract.ensure(cardinal <= cardinal());
            Contract.invariant(checkInvariant());
            return cardinal;
    }
    @Override
    public IBag<T> deepCopy() {
      Contract.invariant(checkInvariant());
        IBag<T> deepCopy;
        try {
            deepCopy = DeepCloneable.deepCopy(this);
        } catch (Exception e) {
            deepCopy = new Bag<>();
        }
        Contract.ensure(deepCopy.equals(this) || deepCopy.isEmpty());
        Contract.invariant(checkInvariant());
        return deepCopy;
    }
    private boolean checkInvariant() {
        return this.bag != null;
    }
    @Override
    public boolean equals(Object otherObject) {
        if (this == otherObject) return true;
        if (otherObject == null
                || this.getClass() != otherObject.getClass())
            return false;
        Bag<T> that = (Bag<T>) otherObject;
        return Objects.equals(this.bag, that.bag);
    }
```

```java
    @Override
    public int hashCode() {
        return Objects.hash(this.bag);
    }
    @Override
    public String toString() {
        StringBuilder string = new StringBuilder();
        string.append(this.getClass().getName() + "[");
        string.append(this.bag.toString());
        string.append("]");
        return string.toString();
    }
}
```

La clase de prueba de los multiconjuntos sería la siguiente:

```java
package org.jomaveger.structures;
import org.jomaveger.lang.dbc.exceptions.ContractViolationException;
import static org.junit.Assert.*;
import org.junit.After;
import org.junit.Before;
import org.junit.Test;
public class BagTest {
    private IBag<String> bag;
    String siete = "siete";
    String tres = "tres";
    String cinco = "cinco";
    String nueve = "nueve";
    String uno = "uno";
    String dos = "dos";
    String cuatro = "cuatro";
    String seis = "seis";
    String ocho = "ocho";
    String cero = "cero";
    @Before
    public void setUp() {
        bag = new Bag<>();
    }
    @After
    public void tearDown() {
        bag = null;
    }
    @Test
    public void testDefaultConstructorEnsuresBagIsEmpty() {
        assertEquals((Integer)0, bag.cardinal());
        assertTrue(bag.isEmpty());
        assertEquals((Integer)0, bag.cardinalDistinct());
    }
    @Test
    public void testClearPostcondition() {
        bag.add(cero);
        bag.add(uno);
        bag.add(tres);
        bag.clear();
```

```java
        assertEquals((Integer)0, bag.cardinal());
        assertTrue(bag.isEmpty());
    }
    @Test(expected = ContractViolationException.class)
    public void testAddPrecondition() {
        bag.add(null);
    }
    @Test
    public void testAddPostcondition() {
        bag.add(siete);
        bag.add(tres);
        bag.add(cinco);
        Integer oldCardinal = bag.cardinal();
        Integer oldMultiplicity = bag.multiplicity(siete);
        Integer oldCardinalDistinct = bag.cardinalDistinct();
        bag.add(siete);
        assertTrue(!bag.isEmpty());
        assertEquals((Integer) (oldCardinal + 1), bag.cardinal());
        assertEquals((Integer) (oldMultiplicity + 1), bag.multiplicity(siete));
        assertEquals((Integer) (oldCardinalDistinct), bag.cardinalDistinct());
    }
    @Test(expected = ContractViolationException.class)
    public void testMultiplicityPrecondition() {
        bag.multiplicity(null);
    }
    @Test
    public void testMultiplicityPostcondition() {
        bag.add(siete);
        bag.add(tres);
        bag.add(cinco);
        bag.add(siete);
        bag.add(siete);
        Integer multiplicity = bag.multiplicity(siete);
        assertTrue(multiplicity >= 0);
        assertTrue(multiplicity == 3);
        assertTrue(multiplicity <= bag.cardinal());
        assertTrue(multiplicity <= bag.cardinalDistinct());
    }
    @Test(expected = ContractViolationException.class)
    public void testDeletePrecondition() {
        bag.delete(null);
    }
    @Test
    public void testDeletePostcondition() {
        bag.add(siete);
        bag.add(tres);
        bag.add(cinco);
        bag.add(siete);
        bag.add(siete);
        Integer oldCardinal = bag.cardinal();
        Integer oldMultiplicity = bag.multiplicity(siete);
        Integer oldCardinalDistinct = bag.cardinalDistinct();
        bag.delete(siete);
        assertTrue(!bag.isEmpty());
        assertEquals((Integer) (oldCardinal - 1), bag.cardinal());
        assertEquals((Integer) (oldMultiplicity - 1), bag.multiplicity(siete));
        assertEquals((Integer) (oldCardinalDistinct), bag.cardinalDistinct());
```

```java
    }
    @Test(expected = ContractViolationException.class)
    public void testRemovePrecondition() {
        bag.remove(null);
    }
    @Test
    public void testRemovePostcondition() {
        bag.add(siete);
        bag.add(tres);
        bag.add(cinco);
        bag.add(siete);
        bag.add(siete);
        Integer oldCardinal = bag.cardinal();
        Integer oldMultiplicity = bag.multiplicity(siete);
        Integer oldCardinalDistinct = bag.cardinalDistinct();
        bag.remove(siete);
        assertTrue(!bag.isEmpty());
        assertEquals((Integer) (oldCardinal - oldMultiplicity), bag.cardinal());
        assertEquals((Integer) 0, bag.multiplicity(siete));
        assertEquals((Integer) (oldCardinalDistinct - 1), bag.cardinalDis-
tinct());
    }
    @Test(expected = ContractViolationException.class)
    public void testUnionPrecondition() {
        bag.union(null);
    }
    @Test
    public void testUnionPostcondition() {
        bag.add(siete);
        bag.add(tres);
        bag.add(cinco);
        bag.add(siete);
        Integer oldCardinal = bag.cardinal();
        Integer oldCardinalDistinct = bag.cardinalDistinct();
        IBag<String> other = new Bag<>();
        other.add(siete);
        other.add(tres);
        other.add(cinco);
        other.add(nueve);
        other.add(cinco);
        other.add(siete);
        other.add(ocho);
        other.add(cinco);
        bag.union(other);
        assertTrue(bag.cardinal() == oldCardinal + other.cardinal());
        assertTrue(bag.cardinalDistinct() <= oldCardinalDistinct + other.cardi-
nalDistinct());
    }
    @Test(expected = ContractViolationException.class)
    public void testIntersectionPrecondition() {
        bag.union(null);
    }
    @Test
    public void testIntersectionPostcondition() {
        bag.add(siete);
        bag.add(tres);
        bag.add(cinco);
```

```
        bag.add(siete);
        Integer oldCardinal = bag.cardinal();
        Integer oldCardinalDistinct = bag.cardinalDistinct();
        IBag<String> other = new Bag<>();
        other.add(siete);
        other.add(tres);
        other.add(cinco);
        other.add(nueve);
        other.add(cinco);
        other.add(siete);
        other.add(ocho);
        other.add(cinco);
        bag.intersection(other);
        assertTrue(bag.cardinal() < oldCardinal + other.cardinal());
        assertTrue(bag.cardinalDistinct() < oldCardinalDistinct + other.cardi-
nalDistinct());
    }
    @Test(expected = ContractViolationException.class)
    public void testDifferencePrecondition() {
        bag.union(null);
    }
    @Test
    public void testDifferencePostcondition() {
        bag.add(siete);
        bag.add(tres);
        bag.add(cinco);
        bag.add(siete);
        Integer oldCardinal = bag.cardinal();
        Integer oldCardinalDistinct = bag.cardinalDistinct();
        IBag<String> other = new Bag<>();
        other.add(siete);
        other.add(tres);
        other.add(cinco);
        other.add(nueve);
        other.add(cinco);
        other.add(siete);
        other.add(ocho);
        other.add(cinco);
        bag.difference(other);
        assertTrue(bag.cardinal() <= oldCardinal + other.cardinal());
        assertTrue(bag.cardinalDistinct() <= oldCardinalDistinct + other.cardi-
nalDistinct());
    }
    @Test
    public void testDeepCopyPostcondition() {
        bag.add(siete);
        bag.add(tres);
        bag.add(cinco);
        bag.add(nueve);
        bag.add(siete);
        bag.add(siete);
        IBag<String> clone = bag.deepCopy();
        assertTrue(bag.equals(clone));
    }
}
```

4.8 ARRAYS

Existe la manera de crear un array genérico, aunque para ello es necesario emplear internamente moldeados de tipo no comprobados. La clave está en reservar memoria para un array de **Object** y luego realizar el moldeado de tipo no comprobado a **T[]**. El resultado sería el siguiente:

```java
package org.jomaveger.structures;
import java.io.Serializable;
import java.util.Arrays;
import java.util.Iterator;
import org.jomaveger.lang.DeepCloneable;
import org.jomaveger.lang.dbc.Contract;
public class Array<T> implements Serializable, Iterable<T> {
    private T[] array;
    public Array(final Integer size) {
      Contract.require(size >= 0);

        array = (T[]) new Object[size];

        Contract.ensure(isEmpty() && (length() == size));
        Contract.invariant(checkInvariant());
    }
    public Integer length() {
      Contract.invariant(checkInvariant());

        Integer result = array.length;

        Contract.ensure(result >= 0);
        Contract.invariant(checkInvariant());
        return result;
    }
    public Boolean isEmpty() {
        Boolean isEmpty = true;
        if (this.length() == 0)
            isEmpty = true;
        else {
            Boolean empty = true;
            int i = 0;
            while (i < length() && empty) {
                if (array[i] != null) {
                    isEmpty = false;
                }
                i++;
            }
        }
        return isEmpty;
    }
    public T get(final Integer index) {
      Contract.invariant(checkInvariant());
      Contract.require(index >= 0 && index <= (length() - 1));
      int oldLength = length();

        T elem = array[index];
```

```java
        Contract.ensure(length() == oldLength);
        Contract.invariant(checkInvariant());
        return elem;
}
public void set(final T elem, final Integer index) {
    Contract.invariant(checkInvariant());
    Contract.require(index >= 0 && index <= (length() - 1));
    int oldLength = length();

    array[index] = elem;

    Contract.ensure(length() == oldLength);
    Contract.invariant(checkInvariant());
}
public Array<T> deepCopy() {
    Contract.invariant(checkInvariant());
    Array<T> deepCopy;
    try {
        deepCopy = DeepCloneable.deepCopy(this);
    } catch (Exception e) {
        deepCopy = new Array<>(this.length());
    }
    Contract.ensure(deepCopy.equals(this) || deepCopy.isEmpty());
    Contract.invariant(checkInvariant());
    return deepCopy;
}
@Override
public String toString() {
    return Arrays.deepToString(this.array);
}
@Override
public boolean equals(Object otherObject) {
    if (this == otherObject) return true;
    if (otherObject == null
            || this.getClass() != otherObject.getClass())
        return false;
    Array<T> that = (Array<T>) otherObject;
    return Arrays.deepEquals(this.array, that.array);
}
@Override
public int hashCode() {
    return Arrays.deepHashCode(this.array);
}
public T[] toNativeArray() {
    return this.array;
}
private boolean checkInvariant() {
    return this.array != null && this.array.length >= 0;
}
public Iterator<T> iterator() {
    return new ArrayIterator();
}
private class ArrayIterator implements Iterator<T> {
    private Integer index = 0;
    @Override
    public boolean hasNext() {
```

```
            return index < Array.this.array.length;
        }
        @Override
        public T next() {
            return Array.this.array[index++];
        }
    }
}
```

La clase de prueba de este **Array** genérico sería a su vez la siguiente:

```
package org.jomaveger.structures;
import org.jomaveger.lang.dbc.exceptions.ContractViolationException;
import static org.junit.Assert.assertEquals;
import static org.junit.Assert.assertTrue;
import org.junit.Test;
public class ArrayTest {
    private Array<Integer> array;
    Integer siete = 7;
    Integer tres = 3;
    Integer cinco = 5;
    Integer nueve = 9;
    @Test(expected = ContractViolationException.class)
    public void testDefaultConstructorPreconditon() {
        array = new Array<>(-1);
    }
    @Test
    public void testDefaultConstructorPostcondition() {
        array = new Array<>(5);
        assertEquals((Integer)5, array.length());
        assertTrue(array.isEmpty());
    }
    @Test(expected = ContractViolationException.class)
    public void testGetPreconditon1() {
        array = new Array<>(5);
        array.get(-2);
    }
    @Test(expected = ContractViolationException.class)
    public void testGetPreconditon2() {
        array = new Array<>(5);
        array.get(array.length());
    }
    public void testGetPostcondition() {
        array = new Array<>(5);
        array.set(0, tres);
        Integer i = array.get(0);
        assertEquals(i, tres);
        assertEquals((Integer)5, array.length());
    }
    @Test(expected = ContractViolationException.class)
    public void testSetPreconditon1() {
        array = new Array<>(5);
        array.set(siete, -2);
    }
```

```
@Test(expected = ContractViolationException.class)
public void testSetPreconditon2() {
    array = new Array<>(5);
    array.set(siete, array.length());
}
@Test(expected = ContractViolationException.class)
public void testSetPreconditon3() {
    array = new Array<>(5);
    array.set(null, array.length());
}
public void testSetPostcondition() {
    array = new Array<>(5);
    array.set(tres, 0);
    Integer i = array.get(0);
    assertEquals(i, tres);
    assertEquals((Integer)5, array.length());
    assertTrue(!array.isEmpty());
}
@Test
public void testDeepCopyPostcondition() {
    array = new Array<>(5);
    array.set(siete, 0);
    array.set(tres, 1);
    array.set(cinco, 2);
    array.set(nueve, 3);
    array.set(siete, 4);
    Array<Integer> clone = array.deepCopy();
    assertTrue(array.equals(clone));
}
}
```

4.9 TABLAS DE DISPERSIÓN

Las Tablas de Dispersión son una técnica para implementar las tablas con el objetivo de mejorar el rendimiento.

Se define el espacio de claves como el conjunto que representa todos los valores posibles del tipo de datos que representa a las claves, donde **u** es el tamaño del espacio de claves, es decir, el número de posibles valores de la clave. Así, por ejemplo, si las claves son cadenas de caracteres con un máximo de 8 caracteres elegidos de un conjunto de 52 caracteres, el valor de **u** sería de:

```
u = sum i: 1 <= i <= 8: 52**i
```

donde ** **indica la operación de potenciación**.

En una aplicación práctica, la cantidad de cadenas que lleguen a utilizarse como claves será mucho menor. Se define el espacio de datos como el subconjunto del espacio de claves que representa las claves que se van a almacenar, donde **n** es el tamaño del espacio de datos, es decir, el número de claves almacenadas.

Es absolutamente impracticable, para representar la tabla, reservar memoria de tamaño **u**. Lo que sí tiene sentido es reservar memoria de tamaño **m**, donde **m** es suficientemente grande y se conoce como la capacidad o tamaño de la tabla de dispersión, de modo que es proporcional a **n** y no a **u**.

Para operar con la tabla, que se representa mediante un array de tamaño **m**, se necesita una función que asocia a cada clave un índice del vector.

```
h: K -> [0 .. m - 1]
```

Dada una clave **k**, el índice **h(k)** es la posición del array en la que en un principio intentaremos localizar la clave. La función **h** recibe el nombre de función de dispersión o también función de localización (en inglés *hashing function*).

Si dos claves son iguales, la función de dispersión debe devolver el mismo valor para ambas; es decir, la función de dispersión es determinista:

```
k1 = k2 => h(k1) = h(k2)
```

Pero el inverso no es cierto. Es perfectamente posible, e incluso habitual, que dos claves distintas obtengan el mismo valor al aplicarles la función de dispersión. Se dice que en este caso se produce una colisión:

```
k1 != k2 !=> h(k1) != h(k2)
```

Al ser el número total de claves posibles mayor que **m**, **h** no puede ser inyectiva. De hecho, la probabilidad de que no se produzcan colisiones es muy baja. Es decir, se produce una colisión cuando a dos claves distintas la función de dispersión les asigna la misma posición en la tabla. Cuando dos claves colisionan, se dice que son sinónimas. En general, si se desconocen los datos concretos que se van a introducir, y el tamaño de la tabla es menor que el tamaño del espacio de claves, entonces la existencia de colisiones es inevitable.

Por otro lado, es importante que las funciones de dispersión tengan un comportamiento uniforme respecto al conjunto de datos que se almacenan. Un comportamiento uniforme implica que la probabilidad de que a cualquier clave **k** del conjunto de datos se le asigne el índice **i** de la tabla sea **1/m**. Ahora bien, la misma función de dispersión puede ser uniforme para un conjunto de datos y no serlo para otro, ya que no se puede garantizar que una función de dispersión sea uniforme para cualquier conjunto de datos.

Se define el factor de carga como la proporción entre el número de elementos y la capacidad de una tabla de dispersión:

```
L = n / m
```

Si se utiliza dispersión cerrada, **L** toma valores entre **0**, que significa tabla vacía, y **1**, que significa tabla llena. Si se utiliza dispersión abierta, **L** puede tomar valores mayores que **1**.

El rendimiento de las operaciones sobre las tablas de dispersión depende directamente del factor de carga. Para que el rendimiento sea el adecuado, se establece un límite en el factor de carga y, cuando al insertar elementos se supera ese límite, se reestructura la tabla, es decir, se amplía su tamaño (típicamente se duplica).

La aplicación de la función de dispersión sobre la clave supone dos pasos:

▸ Aplicar la función de dispersión primaria, **hp(k)**, que traduce un valor de clave a un número entero. En Java, esto suele implicar invocar al método **hashCode()**.

▸ Aplicar la función de dispersión secundaria, **hs(k, m)**, que traduce el valor obtenido en el paso anterior a un número entero en el rango **[0 .. m - 1]**.

El método más utilizado para la función de dispersión secundaria es el método de división:

```
hs(k, m) = hp(k) mod m
```

Para evitar problemas con la uniformidad, se debería escoger un valor de **m** que fuera primo. Al reestructurar, se escogería el siguiente primo mayor que **2m**.

La estrategia de dispersión abierta resuelve el problema de las colisiones permitiendo que se almacene más de un elemento en cada celda de la tabla. Dado que la tabla es implementada como un array, cada celda almacena un enlace a una lista enlazada de elementos denominada lista de colisiones.

El código de las tablas de dispersión abierta es el siguiente:

```java
package org.jomaveger.structures;
import java.io.Serializable;
import java.util.Objects;
import org.jomaveger.lang.DeepCloneable;
import org.jomaveger.lang.dbc.Contract;
public class OpenHashTable<K, V> implements ITable<K, V>, Serializable {
    private Integer m;
    private Integer n;
    private Double maxL;
    private Array<IList<TableEntry<K, V>>> table;
    public OpenHashTable() {
        this(16, 2.5);
    }
    public OpenHashTable(Integer m0, Double maxL) {
        this.maxL = maxL;
        this.m = m0;
        this.table = new Array<>(this.m);
        for (int i = 0; i < this.table.length(); i++) {
            this.table.set(new LinkedList<>(), i);
        }
        this.n = 0;

        Contract.ensure(isEmpty());
        Contract.invariant(checkInvariant());
    }
    @Override
    public void set(K key, V value) {
      Contract.invariant(checkInvariant());
      Contract.require(key != null && value != null);
      int oldSize = size();
      boolean oldContains = contains(key);
      int oldKeyListSize = keyList().size();

        if ((1.0 * this.n) / this.m > this.maxL) {
            this.restructure();
        }
        int i = this.index(key);
        Boolean encontrado = this.contains(key);
        if (encontrado) {
            IList<TableEntry<K, V>> tableEntries = this.table.get(i);
            for (Integer j = 0; j < tableEntries.size(); j++) {
                if (tableEntries.get(j).getKey().equals(key))
                    tableEntries.get(j).setValue(value);
            }
        } else {
            IList<TableEntry<K, V>> tableEntries = this.table.get(i);
            tableEntries.addFirst(new TableEntry<>(key, value));
            this.table.set(tableEntries, i);
            this.n++;
        }

        Contract.ensure(!isEmpty() && (oldContains || size() == oldSize + 1)
            && (!oldContains || oldKeyListSize == keyList().size()));
```

```java
        Contract.invariant(checkInvariant());
    }
    private int index(K key) {
        return Math.abs(key.hashCode()) % this.m;
    }
    private void restructure() {
        Array<IList<TableEntry<K, V>>> tmp = this.table;
        this.n = 0;
        this.m = this.m * 2;
        this.table = new Array<>(this.m);
        for (int i = 0; i < tmp.length(); i++) {
            IList<TableEntry<K, V>> tableEntries = tmp.get(i);
            for (int k = 0; k < tableEntries.size(); k++) {
                this.set(tableEntries.get(k).getKey(), tableEntries.get(k).
getValue());
            }
        }
    }
    @Override
    public V get(K key) {
        Contract.invariant(checkInvariant());
        Contract.require(key != null);
        int oldSize = size();
        boolean oldContains = contains(key);
        int oldKeyListSize = keyList().size();

        int i = this.index(key);
        IList<TableEntry<K, V>> tableEntries = this.table.get(i);
        V result = null;
        for (Integer j = 0; j < tableEntries.size(); j++) {
            if (tableEntries.get(j).getKey().equals(key))
                result = tableEntries.get(j).getValue();
        }

        Contract.ensure(size() == oldSize && (oldKeyListSize == keyList().
size())
                && ((!oldContains && result == null) || (oldContains && result !=
null)));
        Contract.invariant(checkInvariant());
        return result;
    }
    @Override
    public void remove(K key) {
        Contract.invariant(checkInvariant());
        Contract.require(key != null);
        int oldSize = size();
        boolean oldContains = contains(key);
        int oldKeyListSize = keyList().size();

        int i = this.index(key);
        IList<TableEntry<K, V>> tableEntries = this.table.get(i);
        for (Integer j = 0; j < tableEntries.size(); j++) {
            if (tableEntries.get(j).getKey().equals(key)) {
                tableEntries.remove(j);
                this.n--;
            }
        }
    }
```

```java
        Contract.ensure((oldContains || oldKeyListSize == keyList().size())
            && (oldContains || size() == oldSize)
            && (!oldContains || oldKeyListSize - 1 == keyList().size())
            && (!oldContains || size() == oldSize - 1));
        Contract.invariant(checkInvariant());
    }
    @Override
    public void clear() {
        Contract.invariant(checkInvariant());

        this.table = new Array<>(this.m);
        for (int i = 0; i < this.table.length(); i++) {
            this.table.set(new LinkedList<>(), i);
        }
        this.n = 0;

        Contract.ensure(isEmpty());
        Contract.invariant(checkInvariant());
    }
    @Override
    public Boolean contains(K key) {
        Contract.invariant(checkInvariant());
        Contract.require(key != null);
        int oldSize = size();

        int i = this.index(key);
        IList<TableEntry<K, V>> tableEntries = this.table.get(i);
        Boolean contains = Boolean.FALSE;
        for (Integer j = 0; j < tableEntries.size(); j++) {
            if (tableEntries.get(j).getKey().equals(key))
                contains = Boolean.TRUE;
        }

        Contract.ensure(size() == oldSize);
        Contract.invariant(checkInvariant());
        return contains;
    }
    @Override
    public Boolean isEmpty() {
        Contract.invariant(checkInvariant());

        Boolean condition = this.n == 0;

        Contract.ensure(condition == (size() == 0));
        Contract.invariant(checkInvariant());
        return condition;
    }
    @Override
    public Integer size() {
        Contract.invariant(checkInvariant());

        Integer size = this.n;

        Contract.ensure(size >= 0);
        Contract.invariant(checkInvariant());
        return size;
```

```java
        }
        @Override
        public ITable<K, V> deepCopy() {
          Contract.invariant(checkInvariant());
            ITable<K, V> deepCopy;
            try {
                deepCopy = DeepCloneable.deepCopy(this);
            } catch (Exception e) {
                deepCopy = new OpenHashTable<>();
            }
            Contract.ensure(deepCopy.equals(this) || deepCopy.isEmpty());
            Contract.invariant(checkInvariant());
            return deepCopy;
        }
        @Override
        public IList<K> keyList() {
          Contract.invariant(checkInvariant());

            IList<K> list = new LinkedList<K>();
            for (int i = 0; i < this.table.length(); i++) {
                IList<TableEntry<K, V>> tableEntries = this.table.get(i);
                for (int k = 0; k < tableEntries.size(); k++) {
                    list.addLast(tableEntries.get(k).getKey());
                }
            }

            Contract.ensure(list != null && list.size() >= 0);
            Contract.invariant(checkInvariant());
            return list;
        }
        private boolean checkInvariant() {
            return this.table != null;
        }
        @Override
        public boolean equals(Object otherObject) {
            if (this == otherObject) return true;
            if (otherObject == null
                    || this.getClass() != otherObject.getClass())
                return false;
            OpenHashTable<K, V> that = (OpenHashTable<K, V>) otherObject;
            return Objects.equals(this.table, that.table);
        }
        @Override
        public int hashCode() {
            return Objects.hash(this.table);
        }
        @Override
        public String toString() {
            StringBuilder string = new StringBuilder();
            string.append(this.getClass().getName() + "[");
            string.append(this.table.toString());
            string.append("]");
            return string.toString();
        }
    }
}
```

La clase de prueba de las tablas de dispersión abierta es la siguiente:

```java
package org.jomaveger.structures;
import org.jomaveger.lang.dbc.exceptions.ContractViolationException;
import static org.junit.Assert.*;
import org.junit.After;
import org.junit.Before;
import org.junit.Test;
public class OpenHashTableTest {
    private ITable<String, Integer> table;
    @Before
    public void setUp() {
        table = new OpenHashTable<>();
    }
    @After
    public void tearDown() {
        table = null;
    }
    @Test
    public void testDefaultConstructorEnsuresTableIsEmpty() {
        assertEquals((Integer)0, table.size());
        assertTrue(table.isEmpty());
    }
    @Test(expected = ContractViolationException.class)
    public void testSetPrecondition1() {
        table.set(null, 100);
    }
    @Test(expected = ContractViolationException.class)
    public void testSetPrecondition2() {
        table.set("Luke", null);
    }
    @Test
    public void testSetPostcondition() {
        table.set("Luke", 100);
        table.set("Han", 200);
        table.set("Leia", 300);
        Integer oldSize = table.size();
        IList<String> oldKeyList = table.keyList();
        table.set("Han", 400);
        assertTrue(!table.isEmpty());
        assertEquals(oldSize, table.size());
        assertEquals(oldKeyList, table.keyList());
        table.set("Yoda", 500);
        assertTrue(!table.isEmpty());
        assertEquals((Integer) (oldSize + 1), table.size());
        assertEquals((Integer) (oldKeyList.size() + 1), table.keyList().size());
    }
    @Test(expected = ContractViolationException.class)
    public void testGetPrecondition() {
        table.get(null);
    }
    @Test
    public void testGetPostcondition() {
        table.set("Luke", 100);
        table.set("Han", 200);
```

```java
        table.set("Leia", 300);
        Integer oldSize = table.size();
        IList<String> oldKeyList = table.keyList();
        Integer value = table.get("Han");
        assertEquals((Integer) 200, value);
        assertEquals(oldSize, table.size());
        assertEquals(oldKeyList, table.keyList());
        assertTrue(table.contains("Han"));
        Integer val = table.get("Yoda");
        assertTrue(val == null);
        assertEquals(oldSize, table.size());
        assertEquals(oldKeyList, table.keyList());
        assertTrue(!table.contains("Yoda"));
    }
    @Test(expected = ContractViolationException.class)
    public void testRemovePrecondition() {
        table.remove(null);
    }
    @Test
    public void testRemovePostcondition() {
        table.set("Luke", 100);
        table.set("Han", 200);
        table.set("Leia", 300);
        Integer oldSize = table.size();
        IList<String> oldKeyList = table.keyList();
        assertTrue(table.contains("Han"));
        table.remove("Han");
        assertEquals((Integer) (oldSize - 1), table.size());
        assertEquals((Integer) (oldKeyList.size() - 1), table.keyList().size());
        oldSize = table.size();
        oldKeyList = table.keyList();
        assertTrue(!table.contains("Yoda"));
        table.remove("Yoda");
        assertEquals(oldSize, table.size());
        assertEquals(oldKeyList, table.keyList());
    }
    @Test
    public void testClearPostcondition() {
        table.set("Luke", 100);
        table.set("Han", 200);
        table.set("Leia", 300);
        table.clear();
        assertTrue(table.isEmpty());
    }
    @Test(expected = ContractViolationException.class)
    public void testContainsPrecondition() {
        table.contains(null);
    }
    @Test
    public void testContainsPostcondition() {
        table.set("Luke", 100);
        table.set("Han", 200);
        table.set("Leia", 300);
        Integer oldSize = table.size();
        IList<String> oldKeyList = table.keyList();
        Boolean contains = table.contains("Han");
        assertTrue(contains);
```

```
        assertEquals(oldSize, table.size());
        assertEquals(oldKeyList, table.keyList());
    }
    @Test
    public void testDeepCopyPostcondition() {
        table.set("Luke", 100);
        table.set("Han", 200);
        table.set("Leia", 300);
        ITable<String, Integer> clone = table.deepCopy();
        assertTrue(table.equals(clone));
    }
    @Test
    public void testKeyListPostcondition() {
        table.set("Luke", 100);
        table.set("Han", 200);
        table.set("Leia", 300);
        IList<String> keyList = table.keyList();
        assertTrue(keyList != null);
        assertTrue(keyList.size() >= 0);
        assertTrue(keyList.size() == 3);
    }
}
```

En la estrategia de dispersión cerrada, cada celda de la tabla almacena un único elemento o ninguno. Una consecuencia directa de este hecho es que, a diferencia de la dispersión abierta, el número de elementos almacenados no puede superar la capacidad de la tabla. El problema de las colisiones se resuelve estableciendo una secuencia de posiciones en las que puede encontrarse un elemento en la tabla. Cada celda de la tabla puede estar en tres estados distintos:

  ▶ Ocupada: Contiene un elemento, no se puede insertar en ella.
  ▶ Vacía: Se puede insertar en ella, detiene la exploración.
  ▶ Borrada: Se puede insertar en ella, no detiene la exploración.

Los estados de las celdas se pueden representar de la siguiente forma:

  ▶ Si el elemento del array es **null**, entonces el estado es vacío.

  ▶ Si el elemento del array no es **null** y la pareja clave-valor existe y no es **null** ni para la clave ni para el valor, entonces el estado es ocupado.

  ▶ Si el elemento del array no es **null** y la pareja clave-valor existe pero la clave es **null**, entonces el estado es borrado.

Además de la función de dispersión, en este tipo de tablas es necesario definir una estrategia de exploración. La estrategia indica cuál es la siguiente celda que se debe explorar cuando la celda actual no esté vacía -durante la operación de inserción- o no contenga el elemento buscado -durante las operaciones de acceso o borrado-. Se suele expresar mediante una función que depende de la posición inicial -proporcionada por la función de dispersión- y el número de intentos -número de colisiones hasta el momento-. Cada intento debe proporcionar una posición de la tabla por la que no se haya pasado en intentos anteriores.

La exploración lineal es la estrategia de exploración más sencilla, en la que cada nuevo intento explora la siguiente celda de la tabla. Si estamos en la última celda, pasamos a la primera. Si la posición inicial es:

```
i0 = hs(k, m)
```

Y **j** es el número de intento, entonces la siguiente celda que se explora viene dada por la siguiente fórmula:

```
f(i0, j, m) = (i0 + j) mod m
```

La exploración lineal es muy sencilla pero sufre del problema del agrupamiento: La formación de grandes bloques de celdas ocupadas, lo que implica un número de intentos alto, degradando la eficiencia.

Otra solución es la exploración doble, que consiste en hacer que la exploración no dependa tan sólo de la posición inicial, sino también del propio valor de la clave. De esa forma, claves distintas que han sido enviadas a la misma posición inicial seguirán rutas distintas, y se consigue un mejor aprovechamiento de las posiciones vacías que existen en la tabla. Entonces, la función que nos devuelve la siguiente celda que se explora sería la siguiente:

```
f(i0, j, d, m) = (i0 + d x j) mod m
```

De modo que cada intento salta **d** celdas, siendo **d** el segundo parámetro dependiente de la clave que define el salto en la exploración. Cada nuevo intento explora la celda situada a una distancia de **d** celdas a la derecha -la tabla se interpreta como si fuera circular-. Si **d = 1**, entonces tendríamos una exploración lineal. El valor del salto **d**, depende del valor de la clave. Un método habitual de definirlo, si se utiliza como función de dispersión secundaria el método de división, es:

```
i0(k, m) = hp(k) mod m
d(k, m) = max(1, hp(k) div m)
```

De esta forma, se consigue un valor de salto dependiente de la clave pero independiente de la posición inicial.

La exploración lineal garantiza de forma trivial la exploración de toda la tabla. Pero una exploración a base de saltos de **d** celdas no siempre va a recorrer todas las celdas. Ahora bien, si **m** y **d** son primos entre sí -no tienen factores en común-, entonces está garantizado un recorrido completo. Hay dos soluciones posibles entonces:

▶ La primera es imponer que **m** sea un número primo. Al reestructurar, se escoge el siguiente primo mayor que **2m**.

▶ La segunda es imponer que **m** sea una potencia de dos, y que **d** sea un número impar -si es par, se le suma uno-.

Una posición vacía indica el final de una ruta de exploración. Por tanto, si al borrar un elemento marcamos la casilla como vacía, entonces se rompen las rutas en las que este elemento es un punto intermedio. A la vez, si no se elimina el elemento, el borrado sería imposible, ya que una búsqueda sobre él volvería a encontrarlo. La solución es no eliminar el elemento, pero marcar la casilla como borrada para que la búsqueda no lo encuentre. Esta técnica se denomina borrado perezoso.

El código fuente de las tablas de dispersión cerrada es el siguiente:

```java
package org.jomaveger.structures;
import java.io.Serializable;
import java.util.Objects;
import org.jomaveger.lang.DeepCloneable;
import org.jomaveger.lang.dbc.Contract;
public class ClosedHashTable<K, V> implements ITable<K, V>, Serializable {
    private Integer m;
    private Integer n;
    private Double maxL;
    private Array<TableEntry<K, V>> table;
    public ClosedHashTable() {
        this(16, 0.6);
    }
    public ClosedHashTable(Integer m0, Double maxL) {
        this.maxL = maxL;
        this.m = m0;
        this.table = new Array<>(this.m);
        for (int i = 0; i < this.table.length(); i++) {
            this.table.set(null, i);
        }
        this.n = 0;

        Contract.ensure(isEmpty());
        Contract.invariant(checkInvariant());
    }
```

```java
@Override
public void set(K key, V value) {
    Contract.invariant(checkInvariant());
    Contract.require(key != null && value != null);
    int oldSize = size();
    boolean oldContains = contains(key);
    int oldKeyListSize = keyList().size();

    if ((1.0 * this.n) / this.m > this.maxL) {
        this.restructure();
    }
    if (this.contains(key)) {
        setNewValue(key, value);
    } else {
        setNewKey(key, value);
        this.n++;
    }

    Contract.ensure(!isEmpty() && (oldContains || size() == oldSize + 1)
        && (!oldContains || oldKeyListSize == keyList().size()));
    Contract.invariant(checkInvariant());
}
private void setNewValue(K key, V value) {
    int index = this.index(key);
    int d = this.step(key);
    while (this.table.get(index) != null &&
            (this.table.get(index).getKey() == null ||
                    !this.table.get(index).getKey().equals(key))) {
        index = (index + d) % this.m;
    }
    this.table.get(index).setValue(value);
}
private void setNewKey(K key, V value) {
    int index = this.index(key);
    int d = this.step(key);
    while (this.table.get(index) != null
            && this.table.get(index).getKey() != null) {
        index = (index + d) % this.m;
    }
    if (this.table.get(index) == null) {
        this.table.set(new TableEntry<>(key, value), index);
    } else {
        this.table.get(index).setKey(key);
        this.table.get(index).setValue(value);
    }
}
private int index(K key) {
    return Math.abs(key.hashCode()) % this.m;
}
private int step(K key) {
    int s = Math.abs(key.hashCode()) / this.m;
    return (s % 2 == 0) ? s + 1 : s;
}
private void restructure() {
    this.n = 0;
    this.m = this.m * 2;
    Array<TableEntry<K, V>> tmp = this.table;
```

```java
        this.table = new Array<>(this.m);
        for (int i = 0; i < this.table.length(); i++) {
            this.table.set(null, i);
        }
        for (int i = 0; i < tmp.length(); i++) {
            TableEntry<K, V> tableEntry = tmp.get(i);
            if (tableEntry != null && tableEntry.getKey() != null) {
                this.set(tableEntry.getKey(), tableEntry.getValue());
            }
        }
    }
    @Override
    public V get(K key) {
      Contract.invariant(checkInvariant());
      Contract.require(key != null);
      int oldSize = size();
      boolean oldContains = contains(key);
      int oldKeyListSize = keyList().size();

      int index = this.index(key);
      int d = this.step(key);
      V result = null;
      while (this.table.get(index) != null &&
              (this.table.get(index).getKey() == null ||
              !this.table.get(index).getKey().equals(key))) {
          index = (index + d) % this.m;
      }
      result = (this.table.get(index) == null) ? null : this.table.get(index).
getValue();

      Contract.ensure(size() == oldSize && (oldKeyListSize == keyList().
size())
          && ((!oldContains && result == null) || (oldContains && result !=
null)));
      Contract.invariant(checkInvariant());
      return result;
    }
    @Override
    public void remove(K key) {
      Contract.invariant(checkInvariant());
      Contract.require(key != null);
      int oldSize = size();
      boolean oldContains = contains(key);
      int oldKeyListSize = keyList().size();

      int index = this.index(key);
      int d = this.step(key);
      while (this.table.get(index) != null &&
              (this.table.get(index).getKey() == null ||
                      !this.table.get(index).getKey().equals(key))) {
          index = (index + d) % this.m;
      }
      if (this.table.get(index) != null) {
          this.table.get(index).setKey(null);
          this.n--;
      }
```

```java
        Contract.ensure((oldContains || oldKeyListSize == keyList().size())
            && (oldContains || size() == oldSize)
            && (!oldContains || oldKeyListSize - 1 == keyList().size())
            && (!oldContains || size() == oldSize - 1));
        Contract.invariant(checkInvariant());
    }
    @Override
    public void clear() {
      Contract.invariant(checkInvariant());

        this.table = new Array<>(this.m);
        for (int i = 0; i < this.table.length(); i++) {
            this.table.set(null, i);
        }
        this.n = 0;

        Contract.ensure(isEmpty());
        Contract.invariant(checkInvariant());
    }
    @Override
    public Boolean contains(K key) {
      Contract.invariant(checkInvariant());
      Contract.require(key != null);
      int oldSize = size();

        int index = this.index(key);
        int d = this.step(key);
        while (this.table.get(index) != null &&
                (this.table.get(index).getKey() == null ||
                        !this.table.get(index).getKey().equals(key))) {
            index = (index + d) % this.m;
        }
        Boolean contains = (this.table.get(index) == null) ? false : true;

        Contract.ensure(size() == oldSize);
        Contract.invariant(checkInvariant());
        return contains;
    }
    @Override
    public Boolean isEmpty() {
      Contract.invariant(checkInvariant());

        Boolean condition = this.n == 0;

        Contract.ensure(condition == (size() == 0));
      Contract.invariant(checkInvariant());
        return condition;
    }
    @Override
    public Integer size() {
      Contract.invariant(checkInvariant());

        Integer size = this.n;

        Contract.ensure(size >= 0);
        Contract.invariant(checkInvariant());
        return size;
```

```
        }
        @Override
        public ITable<K, V> deepCopy() {
          Contract.invariant(checkInvariant());
            ITable<K, V> deepCopy;
            try {
                deepCopy = DeepCloneable.deepCopy(this);
            } catch (Exception e) {
                deepCopy = new ClosedHashTable<>();
            }
            Contract.ensure(deepCopy.equals(this) || deepCopy.isEmpty());
            Contract.invariant(checkInvariant());
            return deepCopy;
        }
        @Override
        public IList<K> keyList() {
          Contract.invariant(checkInvariant());
            IList<K> list = new LinkedList<K>();
            for (int i = 0; i < this.table.length(); i++) {
                if (this.table.get(i) != null &&
                        this.table.get(i).getKey() != null)
                    list.addLast(this.table.get(i).getKey());
            }
            Contract.ensure(list != null && list.size() >= 0);
            Contract.invariant(checkInvariant());
            return list;
        }
        private boolean checkInvariant() {
            return this.table != null;
        }
        @Override
        public boolean equals(Object otherObject) {
            if (this == otherObject) return true;
            if (otherObject == null
                    || this.getClass() != otherObject.getClass())
                return false;
            ClosedHashTable<K, V> that = (ClosedHashTable<K, V>) otherObject;
            return Objects.equals(this.table, that.table);
        }
        @Override
        public int hashCode() {
            return Objects.hash(this.table);
        }
        @Override
        public String toString() {
            StringBuilder string = new StringBuilder();
            string.append(this.getClass().getName() + "[");
            string.append(this.table.toString());
            string.append("]");
            return string.toString();
        }
    }
}
```

La clase de prueba de las tablas de dispersión cerrada es la siguiente:

```java
package org.jomaveger.structures;
import org.jomaveger.lang.dbc.exceptions.ContractViolationException;
import static org.junit.Assert.*;
import org.junit.After;
import org.junit.Before;
import org.junit.Test;
public class ClosedHashTableTest {
    private ITable<String, Integer> table;
    @Before
    public void setUp() {
        table = new ClosedHashTable<>();
    }
    @After
    public void tearDown() {
        table = null;
    }
    @Test
    public void testDefaultConstructorEnsuresTableIsEmpty() {
        assertEquals((Integer)0, table.size());
        assertTrue(table.isEmpty());
    }
    @Test(expected = ContractViolationException.class)
    public void testSetPrecondition1() {
        table.set(null, 100);
    }
    @Test(expected = ContractViolationException.class)
    public void testSetPrecondition2() {
        table.set("Luke", null);
    }
    @Test
    public void testSetPostcondition() {
        table.set("Luke", 100);
        table.set("Han", 200);
        table.set("Leia", 300);
        Integer oldSize = table.size();
        IList<String> oldKeyList = table.keyList();
        table.set("Han", 400);
        assertTrue(!table.isEmpty());
        assertEquals(oldSize, table.size());
        assertEquals(oldKeyList, table.keyList());
        table.set("Yoda", 500);
        assertTrue(!table.isEmpty());
        assertEquals((Integer) (oldSize + 1), table.size());
        assertEquals((Integer) (oldKeyList.size() + 1), table.keyList().size());
    }
    @Test(expected = ContractViolationException.class)
    public void testGetPrecondition() {
        table.get(null);
    }
    @Test
    public void testGetPostcondition() {
        table.set("Luke", 100);
        table.set("Han", 200);
        table.set("Leia", 300);
        Integer oldSize = table.size();
        IList<String> oldKeyList = table.keyList();
        Integer value = table.get("Han");
```

```java
        assertEquals((Integer) 200, value);
        assertEquals(oldSize, table.size());
        assertEquals(oldKeyList, table.keyList());
        assertTrue(table.contains("Han"));
        Integer val = table.get("Yoda");
        assertTrue(val == null);
        assertEquals(oldSize, table.size());
        assertEquals(oldKeyList, table.keyList());
        assertTrue(!table.contains("Yoda"));
    }
    @Test(expected = ContractViolationException.class)
    public void testRemovePrecondition() {
        table.remove(null);
    }
    @Test
    public void testRemovePostcondition() {
        table.set("Luke", 100);
        table.set("Han", 200);
        table.set("Leia", 300);
        Integer oldSize = table.size();
        IList<String> oldKeyList = table.keyList();
        assertTrue(table.contains("Han"));
        table.remove("Han");
        assertEquals((Integer) (oldSize - 1), table.size());
        assertEquals((Integer) (oldKeyList.size() - 1), table.keyList().size());
        oldSize = table.size();
        oldKeyList = table.keyList();
        assertTrue(!table.contains("Yoda"));
        table.remove("Yoda");
        assertEquals(oldSize, table.size());
        assertEquals(oldKeyList, table.keyList());
    }
    @Test
    public void testClearPostcondition() {
        table.set("Luke", 100);
        table.set("Han", 200);
        table.set("Leia", 300);
        table.clear();
        assertTrue(table.isEmpty());
    }
    @Test(expected = ContractViolationException.class)
    public void testContainsPrecondition() {
        table.contains(null);
    }
    @Test
    public void testContainsPostcondition() {
        table.set("Luke", 100);
        table.set("Han", 200);
        table.set("Leia", 300);
        Integer oldSize = table.size();
        IList<String> oldKeyList = table.keyList();
        Boolean contains = table.contains("Han");
        assertTrue(contains);
        assertEquals(oldSize, table.size());
        assertEquals(oldKeyList, table.keyList());
    }
    @Test
```

```java
    public void testDeepCopyPostcondition() {
        table.set("Luke", 100);
        table.set("Han", 200);
        table.set("Leia", 300);
        ITable<String, Integer> clone = table.deepCopy();
        assertTrue(table.equals(clone));
    }
    @Test
    public void testKeyListPostcondition() {
        table.set("Luke", 100);
        table.set("Han", 200);
        table.set("Leia", 300);
        IList<String> keyList = table.keyList();
        assertTrue(keyList != null);
        assertTrue(keyList.size() >= 0);
        assertTrue(keyList.size() == 3);
    }
}
```

4.10 ÁRBOLES BINARIOS

Un árbol binario es una estructura de datos organizada en forma de árbol, tal que todo nodo tiene siempre dos nodos siguientes, llamados hijos -izquierdo y derecho-, aunque uno de ellos o ambos pueden estar vacíos; en particular, un árbol binario puede estar vacío.

Podemos definir las operaciones que caracterizan a un árbol binario mediante la siguiente interfaz genérica:

```java
package org.jomaveger.structures;
public interface IBinaryTree<T> {
    BinaryNode<T> getRoot();
    BinaryNode<T> getLeftChild();

    BinaryNode<T> getRightChild();
    Boolean isEmpty();
    void makeEmpty();
    Boolean isBalanced();
    Integer height();

    Integer size();
    Integer leaves();
    IList<T> preorder();
    IList<T> inorder();
    IList<T> postorder();
    IList<T> levelorder();
    IBinaryTree<T> deepCopy();
}
```

tal que:

- El método **getRoot()** es una consulta que devuelve la raíz del árbol.

- El método **getLeftChild()** es una consulta que devuelve el hijo izquierdo de un nodo.

- El método **getRightChild()** es una consulta que devuelve el hijo derecho de un nodo.

- El método **isEmpty()** es una consulta que determina si un árbol es vacío.

- El método **makeEmpty()** es una orden que hace del árbol actual un árbol vacío.

- El método **isBalanced()** es una consulta que devuelve **true** si el árbol está bien balanceado y **false** en caso contrario; un árbol está bien balanceado si el árbol es vacío o bien si la diferencia entre las alturas del hizo izquierdo y el hijo derecho es menor o igual que uno y además si ambos están bien balanceados.

- El método **height()** es una consulta que calcula la altura del árbol, definida como el número de nodos de la rama más larga del árbol.

- El método **size()** es una consulta que calcula el número de nodos del árbol.

- El método **leaves()** es una consulta que calcula el número de hojas de un árbol, es decir, el número de nodos cuyos dos hijos son vacíos.

- El método **preorder()** es una consulta que devuelve la lista de nodos resultante de recorrer el árbol en profundidad en preorden. Este recorrido procesa primero la raíz y después recorre recursivamente el hijo izquierdo y el hijo derecho (siempre en este orden).

- El método **inorder()** es una consulta que devuelve la lista de nodos resultante de recorrer el árbol en profundidad en inorden. Este recorrido procesa primero recursivamente el hijo izquierdo, después procesa la raíz y finalmente procesa recursivamente el hijo derecho.

- El método **postorder()** es una consulta que devuelve la lista de nodos resultante de recorrer el árbol en profundidad en postorden. Este recorrido procesa primero recursivamente el hijo izquierdo, después procesa recursivamente el hijo derecho y finalmente procesa la raíz.

▶ El método **levelorder()** es una consulta que devuelve la lista de nodos resultante de recorrer el árbol por niveles, teniendo en cuenta que la raíz está en el nivel uno y que el número del último nivel corresponde a la altura del árbol.

Una posible implementación de un árbol binario es mediante una estructura enlazada arbórea. La base sobre la que se construye esta estructura es el nodo binario, que contiene tanto el elemento almacenado como las referencias al hijo izquierdo y al hijo derecho. La clase que implementa este nodo es simple y no es necesario escribir contratos para ella:

```java
package org.jomaveger.structures;
import java.io.Serializable;
public class BinaryNode<T> implements Serializable {
    private T elem;
    private BinaryNode<T> left;
    private BinaryNode<T> right;
    public BinaryNode() {
        this(null, null, null);
    }
    public BinaryNode(final T elem,
                      final BinaryNode<T> left,
                      final BinaryNode<T> right) {
        this.elem = elem;
        this.left = left;
        this.right = right;
    }
    public T getElem() {
        return this.elem;
    }
    public void setElem(T elem) {
        this.elem = elem;
    }
    public BinaryNode<T> getLeft() {
        return this.left;
    }
    public void setLeft(BinaryNode<T> left) {
        this.left = left;
    }
    public BinaryNode<T> getRight() {
        return this.right;
    }
    public void setRight(BinaryNode<T> right) {
        this.right = right;
    }
}
```

La clase que implementa los árboles binarios sería la siguiente:

```java
package org.jomaveger.structures;
import java.io.Serializable;
import java.util.Objects;
import org.jomaveger.lang.DeepCloneable;
import org.jomaveger.lang.dbc.Contract;
public class BinaryTree<T> implements IBinaryTree<T>, Serializable {
    private BinaryNode<T> root;
    private IList<T> preorder;
    private IList<T> inorder;
    private IList<T> postorder;
    private IList<T> levelorder;
    public BinaryTree() {
        this.root = null;

        Contract.ensure(isEmpty());
    }
    public BinaryTree(final T rootItem) {
      Contract.require(rootItem != null);

        this.root = new BinaryNode<>(rootItem, null, null);

        Contract.ensure(!isEmpty() && root.getElem() == rootItem);
    }
    @Override
    public BinaryNode<T> getRoot() {
        BinaryNode<T> root = this.root;

        Contract.ensure(!isEmpty() || root == null);
        return root;
    }
    @Override
    public BinaryNode<T> getLeftChild() {
      Contract.require(!isEmpty());
        return this.root.getLeft();
    }
    @Override
    public BinaryNode<T> getRightChild() {
      Contract.require(!isEmpty());
        return this.root.getRight();
    }
    @Override
    public Boolean isEmpty() {
        Boolean condition = (this.root == null);

        Contract.ensure(condition == (size() == 0));
        return condition;
    }
    @Override
    public void makeEmpty() {
        this.root = null;
        Contract.ensure(isEmpty());
    }
    @Override
    public Boolean isBalanced() {
        Boolean isBalanced = this.recIsBalanced(this.root);
        return isBalanced;
    }
}
```

```java
    private Boolean recIsBalanced(BinaryNode<T> node) {
        Integer lh;
        Integer rh;
        if (node == null)
            return Boolean.TRUE;
        lh = recHeight(node.getLeft());
        rh = recHeight(node.getRight());
        if (Math.abs(lh - rh) <= 1
                && recIsBalanced(node.getLeft())
                && recIsBalanced(node.getRight()))
            return Boolean.TRUE;
        return Boolean.FALSE;
    }
    @Override
    public Integer height() {
        Integer result = this.recHeight(this.root);
        Contract.ensure(result >= 0);
        return result;
    }
    private Integer recHeight(BinaryNode<T> node) {
        if (node == null) {
            return 0;
        } else {
            return 1 + Math.max(this.recHeight(node.getLeft()), this.
recHeight(node.getRight())));
        }
    }
    @Override
    public Integer size() {
        Integer result = this.recSize(this.root);
        Contract.ensure(result >= 0);
        return result;
    }
    private Integer recSize(BinaryNode<T> node) {
        if (node == null) {
            return 0;
        } else {
            return 1 + this.recSize(node.getLeft()) + this.recSize(node.ge-
tRight());
        }
    }
    @Override
    public Integer leaves() {
        Integer result = this.recLeaves(this.root);
        Contract.ensure(result >= 0);
        return result;
    }
    private Integer recLeaves(BinaryNode<T> node) {
        if (node == null) {
            return 0;
        } else if (node.getLeft() == null && node.getRight() == null) {
            return 1;
        } else {
            return this.recLeaves(node.getLeft()) + this.recLeaves(node.ge-
tRight());
        }
    }
```

```java
@Override
public IList<T> preorder() {
    this.preorder = new LinkedList<>();
    if (this.isBalanced()) {
        this.preorder = this.recPreorder(this.root);
    } else {
        this.preorder = this.itPreorder(this.root);
    }
    Contract.ensure(this.preorder.size() >= 0);
    return this.preorder;
}
private IList<T> recPreorder(BinaryNode<T> node) {
    if (node == null) {
        return this.preorder;
    } else {
        this.preorder.addLast(node.getElem());
        this.recPreorder(node.getLeft());
        this.recPreorder(node.getRight());
    }
    return this.preorder;
}
private IList<T> itPreorder(BinaryNode<T> node) {
    if (node == null) {
        return this.preorder;
    } else {
        IStack<BinaryNode<T>> stack = new LinkedStack<>();
        stack.push(node);
        while (!stack.isEmpty()) {
            BinaryNode<T> curr = stack.peek();
            stack.pop();
            this.preorder.addLast(curr.getElem());
            if (curr.getRight() != null) {
                stack.push(curr.getRight());
            }
            if (curr.getLeft() != null) {
                stack.push(curr.getLeft());
            }
        }
        return this.preorder;
    }
}
@Override
public IList<T> inorder() {
    this.inorder = new LinkedList<>();
    if (this.isBalanced()) {
        this.inorder = this.recInorder(this.root);
    } else {
        this.inorder = this.itInorder(this.root);
    }
    Contract.ensure(this.inorder.size() >= 0);
    return this.inorder;
}
private IList<T> itInorder(BinaryNode<T> node) {
    if (node == null) {
        return this.inorder;
    } else {
        IStack<BinaryNode<T>> stack = new LinkedStack<>();
```

```
            BinaryNode<T> curr = node;
            while (!stack.isEmpty() || curr != null) {
                if (curr != null) {
                    stack.push(curr);
                    curr = curr.getLeft();
                }
                else {
                    curr = stack.peek();
                    stack.pop();
                    this.inorder.addLast(curr.getElem());
                    curr = curr.getRight();
                }
            }
            return this.inorder;
        }
    }
    private IList<T> recInorder(BinaryNode<T> node) {
        if (node == null) {
            return this.inorder;
        } else {
            this.recInorder(node.getLeft());
            this.inorder.addLast(node.getElem());
            this.recInorder(node.getRight());
        }
        return this.inorder;
    }
    @Override
    public IList<T> postorder() {
        this.postorder = new LinkedList<>();
        if (this.isBalanced()) {
            this.postorder = this.recPostorder(this.root);
        } else {
            this.postorder = this.itPostorder(this.root);
        }
        Contract.ensure(this.postorder.size() >= 0);
        return this.postorder;
    }
    private IList<T> itPostorder(BinaryNode<T> node) {
        if (node == null) {
            return this.postorder;
        } else {
            IStack<BinaryNode<T>> stack = new LinkedStack<>();
            stack.push(node);
            while (!stack.isEmpty()) {
                BinaryNode<T> curr = stack.peek();
                stack.pop();
                this.postorder.addFirst(curr.getElem());
                if (curr.getLeft() != null) {
                    stack.push(curr.getLeft());
                }
                if (curr.getRight() != null) {
                    stack.push(curr.getRight());
                }
            }
            return this.postorder;
        }
    }
}
```

```java
    private IList<T> recPostorder(BinaryNode<T> node) {
        if (node == null) {
            return this.postorder;
        } else {
            this.recPostorder(node.getLeft());
            this.recPostorder(node.getRight());
            this.postorder.addLast(node.getElem());
        }
        return postorder;
    }
    @Override
    public IList<T> levelorder() {
        this.levelorder = new LinkedList<>();
        BinaryNode<T> next, child;
        if (!this.isEmpty()) {
            IQueue<BinaryNode<T>> q = new LinkedQueue<>();
            q.enqueue(this.root);
            while (!q.isEmpty()) {
                next = q.front();
                q.dequeue();
                this.levelorder.addLast(next.getElem());
                child = next.getLeft();
                if (child != null) {
                    q.enqueue(child);
                }
                child = next.getRight();
                if (child != null) {
                    q.enqueue(child);
                }
            }
        }
        Contract.ensure(this.levelorder.size() >= 0);
        return this.levelorder;
    }
    @Override
    public IBinaryTree<T> deepCopy() {
        IBinaryTree<T> deepCopy;
        try {
            deepCopy = DeepCloneable.deepCopy(this);
        } catch (Exception e) {
            deepCopy = new BinaryTree<>();
        }
        Contract.ensure(deepCopy.equals(this) || deepCopy.isEmpty());
        return deepCopy;
    }
    @Override
    public String toString() {
        StringBuilder string = new StringBuilder();
        string.append(this.getClass().getName() + "[");
        for (T elem: this.levelorder()) {
            string.append(elem).append(", ");
        }
        string.append("]");
        return string.toString();
    }
    @Override
    public boolean equals(Object otherObject) {
```

```
            if (this == otherObject) return true;
            if (otherObject == null
                    || this.getClass() != otherObject.getClass())
                return false;
            BinaryTree<T> that = (BinaryTree<T>) otherObject;
            if (!Objects.equals(this.size(), that.size()))
                return false;
            return Objects.equals(this.levelorder(), that.levelorder());
        }
        @Override
        public int hashCode() {
            Object[] array = new Object[this.size() + 1];
            array[0] = this.size();
            Integer i = 1;
            for (T elem: this.levelorder()) {
                array[i] = elem;
                i++;
            }
            return Objects.hash(array);
        }
    }
}
```

Un árbol binario es un ejemplo de estructura de datos recursiva, puesto que se trata de una estructura que contiene tres elementos: Un dato almacenado, un árbol binario izquierdo y un árbol binario derecho. De ahí que abunden en el código los métodos recursivos. En particular, merece la pena comentar los casos de los recorridos en profundidad en preorden, inorden y postorden. En principio, el método recursivo sería preferible por ser más corto y más claro; no obstante, como ya sabemos, si la profundidad de la recursión es elevada, puede ser necesario optimizar la recursión o bien utilizar directamente un método iterativo equivalente. En este caso, la profundidad de la recursión depende de la altura del árbol. Para árboles bien balanceados -también llamados árboles equilibrados-, se puede utilizar el método recursivo; en caso de que el árbol no esté equilibrado, se emplea un método iterativo que utiliza una pila para realizar la misma funcionalidad que el método recursivo. De este modo, en vez de hacer llamadas recursivas para recorrer los árboles hijos, apilamos éstos en un orden tal que, cuando luego los desapilemos, sean procesados en el orden correcto.

En el caso del recorrido por niveles, dado que no está tan relacionado con la estructura recursiva del árbol, no es natural utilizar un método recursivo. Por tanto, se implementa mediante un método iterativo que utiliza una cola de árboles auxiliar que se inicializa con el árbol a recorrer y que, después, para recorrer un árbol con hijos, visita la raíz del mismo y pone en la cola su hijo izquierdo y su hijo derecho, en este orden.

La clase de prueba para los árboles binarios sería la siguiente:

```java
package org.jomaveger.structures;
import org.jomaveger.lang.dbc.exceptions.ContractViolationException;
import static org.junit.Assert.*;
import org.junit.After;
import org.junit.Before;
import org.junit.Test;
public class BinaryTreeTest {
    private IBinaryTree<Integer> tree;
    Integer siete = 7;
    Integer tres = 3;
    Integer cinco = 5;
    Integer nueve = 9;
    Integer uno = 1;
    Integer dos = 2;
    Integer cuatro = 4;
    Integer seis = 6;
    Integer ocho = 8;
    Integer cero = 0;
    private IBinaryTree<Integer> makeTree() {
        IBinaryTree<Integer> tree = new BinaryTree<>(1);
        BinaryNode<Integer> left = new BinaryNode<>(2, new BinaryNode<>(4, null,
null), new BinaryNode<>(5, null, null));
        tree.getRoot().setRight(new BinaryNode<>(3, null, null));
        tree.getRoot().setLeft(left);
        return tree;
    }
    @Before
    public void setUp() {
        tree = new BinaryTree<>();
    }
    @After
    public void tearDown() {
        tree = null;
    }
    @Test
    public void testDefaultConstructorEnsuresTreeIsEmpty() {
        assertTrue(tree.isEmpty());
    }
    @Test(expected = ContractViolationException.class)
    public void testConstructorPrecondition() {
        tree = new BinaryTree<>(null);
    }
    @Test
    public void testConstructorPostcondition() {
        tree = new BinaryTree<>(tres);
        assertTrue(!tree.isEmpty());
        assertTrue(tree.getRoot().getElem() == tres);
    }
    @Test
    public void testGetRootPostcondition() {
        tree = new BinaryTree<>(tres);
        BinaryNode<Integer> root = tree.getRoot();
        assertTrue(!tree.isEmpty() || root == null);
        assertTrue(root != null);
    }
    @Test(expected = ContractViolationException.class)
    public void testGetLeftChildPrecondition() {
```

```java
        tree.getLeftChild();
    }
    @Test(expected = ContractViolationException.class)
    public void testGetRightChildPrecondition() {
        tree.getRightChild();
    }
    @Test
    public void testGetLeftChildPostcondition() {
        tree = makeTree();
        BinaryNode<Integer> leftChild = tree.getLeftChild();
        assertTrue(leftChild != null);
        assertTrue(leftChild.getElem() == 2);
    }
    @Test
    public void testGetRightChildPostcondition() {
        tree = makeTree();
        BinaryNode<Integer> rightChild = tree.getRightChild();
        assertTrue(rightChild != null);
        assertTrue(rightChild.getElem() == 3);
    }
    @Test
    public void testIsEmptyPostcondition() {
        tree = makeTree();
        assertTrue(!tree.isEmpty());
    }
    @Test
    public void testMakeEmptyPostcondition() {
        tree = makeTree();
        assertTrue(!tree.isEmpty());
        tree.makeEmpty();
        assertTrue(tree.isEmpty());
    }
    @Test
    public void testIsBalancedTrue() {
        tree = makeTree();
        Boolean isBalanced = tree.isBalanced();
        assertTrue(isBalanced);
    }
    @Test
    public void testIsBalancedFalse() {
        tree = makeAnotherTree();
        Boolean isBalanced = tree.isBalanced();
        assertTrue(!isBalanced);
    }
    @Test
    public void testHeightPostcondition() {
        tree = makeTree();
        Integer height = tree.height();
        assertTrue(height >= 0);
        assertTrue(height == 3);
    }
    @Test
    public void testSizePostcondition() {
        tree = makeTree();
        Integer size = tree.size();
        assertTrue(size >= 0);
        assertTrue(size == 5);
```

```java
    }
    @Test
    public void testLeavesPostcondition() {
        tree = makeTree();
        Integer leaves = tree.leaves();
        assertTrue(leaves >= 0);
        assertTrue(leaves == 3);
    }
    @Test
    public void testPreOrderRecPostcondition() {
        tree = makeTree();
        IList<Integer> list = tree.preorder();
        assertTrue(list.size() >= 0);
        String result =
            list.toString().replaceFirst("org.jomaveger.structures.LinkedList",
"");
        assertEquals("[1, 2, 4, 5, 3, ]", result);
    }
    @Test
    public void testInOrderRecPostcondition() {
        tree = makeTree();
        IList<Integer> list = tree.inorder();
        assertTrue(list.size() >= 0);
        String result =
            list.toString().replaceFirst("org.jomaveger.structures.LinkedList",
"");
        assertEquals("[4, 2, 5, 1, 3, ]", result);
    }
    @Test
    public void testPostOrderRecPostcondition() {
        tree = makeTree();
        IList<Integer> list = tree.postorder();
        assertTrue(list.size() >= 0);
        String result =
            list.toString().replaceFirst("org.jomaveger.structures.LinkedList",
"");
        assertEquals("[4, 5, 2, 3, 1, ]", result);
    }
    @Test
    public void testPreOrderItPostcondition() {
        tree = makeAnotherTree();
        IList<Integer> list = tree.preorder();
        assertTrue(list.size() >= 0);
        String result =
            list.toString().replaceFirst("org.jomaveger.structures.LinkedList",
"");
        assertEquals("[1, 2, 4, 7, 5, 3, ]", result);
    }
    @Test
    public void testInOrderItPostcondition() {
        tree = makeAnotherTree();
        IList<Integer> list = tree.inorder();
        assertTrue(list.size() >= 0);
        String result =
            list.toString().replaceFirst("org.jomaveger.structures.LinkedList",
"");
        assertEquals("[4, 7, 2, 5, 1, 3, ]", result);
```

```
        }
        @Test
        public void testPostOrderItPostcondition() {
            tree = makeAnotherTree();
            IList<Integer> list = tree.postorder();
            assertTrue(list.size() >= 0);
            String result =
                list.toString().replaceFirst("org.jomaveger.structures.LinkedList",
"");
            assertEquals("[7, 4, 5, 2, 3, 1, ]", result);
        }
        @Test
        public void testLevelOrderPostcondition() {
            tree = makeTree();
            IList<Integer> list = tree.levelorder();
            assertTrue(list.size() >= 0);
            String result =
                list.toString().replaceFirst("org.jomaveger.structures.LinkedList",
"");
            assertEquals("[1, 2, 3, 4, 5, ]", result);
        }
        @Test
        public void testDeepCopyPostcondition() {
            tree = makeTree();
            IBinaryTree<Integer> clone = tree.deepCopy();
            assertTrue(tree.equals(clone));
        }
        private IBinaryTree<Integer> makeAnotherTree() {
            IBinaryTree<Integer> tree = new BinaryTree<>(1);
            BinaryNode<Integer> left = new BinaryNode<>(2, new BinaryNode<>(4, null,
new BinaryNode<>(7, null, null)), new BinaryNode<>(5, null, null));
            tree.getRoot().setRight(new BinaryNode<>(3, null, null));
            tree.getRoot().setLeft(left);
            return tree;
        }
    }
}
```

4.11 ÁRBOLES BINARIOS DE BÚSQUEDA

Un árbol binario de búsqueda es un árbol binario que se caracteriza porque cada uno de sus nodos almacena un valor identificado por una clave, y tal que los nodos almacenados en el subárbol izquierdo de un nodo cuya clave es **C** tienen claves menores que **C**, mientras que todos los nodos ubicados en el subárbol derecho de dicho nodo tienen claves mayores que **C**.

Dado que un árbol binario de búsqueda es un árbol ordenado tal que el orden entre los nodos del árbol vendrá impuesto por el orden entre las claves, exigiremos al parámetro genérico formal de las claves que implemente la interfaz **Comparable**.

Podemos definir las operaciones que caracterizan a un árbol binario de búsqueda mediante la siguiente interfaz genérica:

```java
package org.jomaveger.structures;
import org.jomaveger.lang.dbc.Contract;
public interface IBinarySearchTree<K extends Comparable<K>, V> {
    K min();
    K max();
    Boolean contains(final K key);

    V get(final K key);
    void put(final K key, final V value);
    void remove(final K key);
    Boolean isEmpty();
    void makeEmpty();
    Boolean isBalanced();
    Integer height();
    Integer size();
    Integer leaves();

    IList<TableEntry<K,V>> preorder();
    IList<TableEntry<K,V>> inorder();

    IList<TableEntry<K,V>> postorder();
    IList<TableEntry<K,V>> levelorder();
    IList<TableEntry<K,V>> getOrderedList();

    IBinarySearchTree<K, V> deepCopy();
    static <T extends Comparable<T>> IList<T> sort(IList<T> list) {
        Contract.require(list != null);
        IBinarySearchTree<T, T> tree = new BinarySearchTree<>();
        while (!list.isEmpty()) {
            T elem = list.getFirst();
            list.removeFirst();
            tree.put(elem, elem);
        }
        IList<TableEntry<T, T>> orderedList = tree.getOrderedList();
        IList<T> resul = new LinkedList<>();
        for (TableEntry<T, T> entry : orderedList) {
            resul.addLast(entry.getKey());
        }
        Contract.ensure(resul.size() >= 0 && (list.isEmpty() || !resul.
equals(list)));
        return resul;
    }
}
```

tal que:

▼ El método **min()** es una consulta que devuelve la clave mínima del árbol.

▼ El método **max()** es una consulta que devuelve la clave máxima del árbol.

▼ El método **contains()** es una consulta que determina si existe un nodo con una clave dada.

▼ El método **get()** es una consulta que devuelve el valor asociado a una clave.

▼ El método **put()** es una orden que inserta un valor asociado a una clave, o lo actualiza si la clave ya tiene asignado un valor.

▼ El método **remove()** es una orden que elimina el nodo que contiene una clave dada.

▼ El método **isEmpty()** es una consulta que determina si un árbol es vacío.

▼ El método **makeEmpty()** es una orden que hace del árbol actual un árbol vacío.

▼ El método **isBalanced()** es una consulta que devuelve **true** si el árbol está bien balanceado y **false** en caso contrario; un árbol está bien balanceado si el árbol es vacío o bien si la diferencia entre las alturas del hizo izquierdo y el hijo derecho es menor o igual que uno y además si ambos están bien balanceados.

▼ El método **height()** es una consulta que calcula la altura del árbol, definida como el número de nodos de la rama más larga del árbol.

▼ El método **size()** es una consulta que calcula el número de nodos del árbol.

▼ El método **leaves()** es una consulta que calcula el número de hojas de un árbol, es decir, el número de nodos cuyos dos hijos son vacíos.

▼ El método **preorder()** es una consulta que devuelve la lista de nodos resultante de recorrer el árbol en profundidad en preorden. Este recorrido procesa primero la raíz y después recorre recursivamente el hijo izquierdo y el hijo derecho (siempre en este orden).

▼ El método **inorder()** es una consulta que devuelve la lista de nodos resultante de recorrer el árbol en profundidad en inorden. Este recorrido procesa primero recursivamente el hijo izquierdo, después procesa la raíz y finalmente procesa recursivamente el hijo derecho.

▼ El método **postorder()** es una consulta que devuelve la lista de nodos resultante de recorrer el árbol en profundidad en postorden. Finalemente, este recorrido procesa primero recursivamente el hijo izquierdo, después procesa recursivamente el hijo derecho y finalmente procesa la raíz.

▶ El método **levelorder()** es una consulta que devuelve la lista de nodos resultante de recorrer el árbol por niveles, teniendo en cuenta que la raíz está en el nivel uno y que el número del último nivel corresponde a la altura del árbol.

▶ El método **getOrderedList()** es una consulta que recorre el árbol binario de búsqueda de forma ordenada, generando una lista ordenada de pares cuyos elementos están ordenados por la clave. Para recorrer el árbol binario de búsqueda de forma ordenada, se emplea el recorrido en inorden.

▶ El método **sort()** es estático y se trata de una orden que ordena una lista de elementos utilizando como estructura de datos auxiliar un árbol binario de búsqueda. El algoritmo consiste en recorrer la lista, insertando todos sus elementos en un árbol de búsqueda. A continuación, se recorre el árbol resultante en inorden, utilizando el hecho de que el recorrido en inorden de un árbol binario de búsqueda produce una lista ordenada.

La clase que implementa los árboles binarios de búsqueda sería la siguiente:

```java
package org.jomaveger.structures;
import java.io.Serializable;
import java.util.Comparator;
import java.util.Objects;
import org.jomaveger.lang.DeepCloneable;
import org.jomaveger.lang.dbc.Contract;
import org.jomaveger.lang.ordering.NaturalOrder;
public class BinarySearchTree<K extends Comparable<K>, V>
            implements IBinarySearchTree<K, V>, Serializable {
    private Comparator<K> ordering;
    private BinaryNode<TableEntry<K, V>> root;
    private IList<TableEntry<K, V>> preorder;
    private IList<TableEntry<K, V>> inorder;
    private IList<TableEntry<K, V>> postorder;
    private IList<TableEntry<K, V>> levelorder;
    public BinarySearchTree() {
        this.root = null;
        this.ordering = new NaturalOrder<K>();

        Contract.ensure(isEmpty());
        Contract.invariant(checkInvariant());
    }
    public BinarySearchTree(Comparator<K> ordering) {
      Contract.require(ordering != null);
```

```java
            this.root = null;
            this.ordering = ordering;

            Contract.ensure(isEmpty());
            Contract.invariant(checkInvariant());
        }
        @Override
        public void put(K key, V value) {
          Contract.invariant(checkInvariant());
          Contract.require(key != null && value != null);
          int oldSize = size();
          boolean oldContains = contains(key);

            this.root = this.recPut(this.root, key, value);

          Contract.ensure((!oldContains || size() == oldSize)
                || (oldContains || size() == oldSize + 1));
          Contract.invariant(checkInvariant());
        }
        private BinaryNode<TableEntry<K, V>> recPut(BinaryNode<TableEntry<K, V>>
    node, K key, V value) {
          if (node == null) {
                TableEntry<K, V> pair = new TableEntry<>(key, value);
                node = new BinaryNode<>();
                node.setElem(pair);
          }
          int cmp = ordering.compare(key, node.getElem().getKey());
          if (cmp < 0) {
                node.setLeft(this.recPut(node.getLeft(), key, value));
          } else if (cmp > 0) {
                node.setRight(this.recPut(node.getRight(), key, value));
          } else {
                node.getElem().setValue(value);
          }
          return node;
        }
        @Override
        public V get(K key) {
          Contract.invariant(checkInvariant());
          Contract.require(key != null);
          int oldSize = size();

            V value = this.recGet(this.root, key);

          Contract.ensure((!contains(key) || value != null) && size() == oldSize);
          Contract.invariant(checkInvariant());
          return value;
        }
        private V recGet(BinaryNode<TableEntry<K, V>> node, K key) {
          if (node == null) {
                return null;
          }
          int cmp = ordering.compare(key, node.getElem().getKey());
          if (cmp < 0) {
                return recGet(node.getLeft(), key);
          } else if (cmp > 0) {
                return recGet(node.getRight(), key);
```

```
        } else {
            return node.getElem().getValue();
        }
    }
    @Override
    public Boolean contains(K key) {
      Contract.invariant(checkInvariant());
      Contract.require(key != null);
      int oldSize = size();

        Boolean contains = this.recContains(this.root, key);

        Contract.ensure(size() == oldSize);
        Contract.invariant(checkInvariant());
        return contains;
    }
    private Boolean recContains(BinaryNode<TableEntry<K, V>> node, K key) {
        if (node == null) {
            return Boolean.FALSE;
        }
        int cmp = ordering.compare(key, node.getElem().getKey());
        if (cmp < 0) {
            return recContains(node.getLeft(), key);
        } else if (cmp > 0) {
            return recContains(node.getRight(), key);
        } else {
            return Boolean.TRUE;
        }
    }
    @Override
    public void remove(K key) {
      Contract.invariant(checkInvariant());
      Contract.require(key != null);
      int oldSize = size();
      boolean oldContains = contains(key);

        this.root = this.recRemove(this.root, key);

        Contract.ensure((oldContains || size() == oldSize)
            && (!oldContains || size() == oldSize - 1));
        Contract.invariant(checkInvariant());
    }
    private BinaryNode<TableEntry<K, V>> recRemove(BinaryNode<TableEntry<K, V>>
node, K key) {
        if (node == null) {
            return null;
        }
        int cmp = ordering.compare(key, node.getElem().getKey());
        if (cmp < 0) {
            node.setLeft(this.recRemove(node.getLeft(), key));
        } else if (cmp > 0) {
            node.setRight(this.recRemove(node.getRight(), key));
        } else {
            if (node.getRight() == null) return node.getLeft();
            if (node.getLeft() == null) return node.getRight();
            BinaryNode<TableEntry<K, V>> t = node;
            node = min(t.getRight());
```

```
                    node.setRight(deleteMin(t.getRight()));
                    node.setLeft(t.getLeft());
            }
            return node;
    }
    private BinaryNode<TableEntry<K, V>> deleteMin(BinaryNode<TableEntry<K, V>>
node) {
            if (node.getLeft() == null) return node.getRight();
            node.setLeft(deleteMin(node.getLeft()));
            return node;
    }
    private BinaryNode<TableEntry<K, V>> min(BinaryNode<TableEntry<K, V>> node)
{
            if (node.getLeft() == null) return node;
            else return min(node.getLeft());
    }
    @Override
    public K min() {
       Contract.invariant(checkInvariant());
       Contract.require(!isEmpty());

       BinaryNode<TableEntry<K, V>> node = this.root;
       while (node.getLeft() != null) {
           node = node.getLeft();
       }
       K min = node.getElem().getKey();

       Contract.invariant(checkInvariant());
       return min;
    }
    @Override
    public K max() {
       Contract.invariant(checkInvariant());
       Contract.require(!isEmpty());

       BinaryNode<TableEntry<K, V>> node = this.root;
       while (node.getRight() != null) {
           node = node.getRight();
       }
       K max = node.getElem().getKey();

       Contract.invariant(checkInvariant());
       return max;
    }
    @Override
    public Boolean isEmpty() {
       Contract.invariant(checkInvariant());

       Boolean condition = (this.root == null);

       Contract.ensure(condition == (size() == 0));
       Contract.invariant(checkInvariant());
       return condition;
    }
    @Override
    public void makeEmpty() {
       Contract.invariant(checkInvariant());
```

```java
            this.root = null;
            Contract.ensure(isEmpty());
            Contract.invariant(checkInvariant());
        }
        @Override
        public Boolean isBalanced() {
            Boolean isBalanced = this.recIsBalanced(this.root);
            return isBalanced;
        }
        private Boolean recIsBalanced(BinaryNode<TableEntry<K, V>> node) {
            Integer lh;
            Integer rh;
            if (node == null)
                return Boolean.TRUE;
            lh = recHeight(node.getLeft());
            rh = recHeight(node.getRight());
            if (Math.abs(lh - rh) <= 1
                    && recIsBalanced(node.getLeft())
                    && recIsBalanced(node.getRight()))
                return Boolean.TRUE;
            return Boolean.FALSE;
        }
        @Override
        public Integer height() {
          Contract.invariant(checkInvariant());
            Integer result = this.recHeight(this.root);
            Contract.ensure(result >= 0);
            Contract.invariant(checkInvariant());
            return result;
        }
        private Integer recHeight(BinaryNode<TableEntry<K, V>> node) {
            if (node == null) {
                return 0;
            } else {
                return 1 + Math.max(this.recHeight(node.getLeft()), this.
    recHeight(node.getRight()));
            }
        }
        @Override
        public Integer size() {
          Contract.invariant(checkInvariant());
            Integer result = this.recSize(this.root);
            Contract.ensure(result >= 0);
            Contract.invariant(checkInvariant());
            return result;
        }
        private Integer recSize(BinaryNode<TableEntry<K, V>> node) {
            if (node == null) {
                return 0;
            } else {
                return 1 + this.recSize(node.getLeft()) + this.recSize(node.ge-
    tRight());
            }
        }
        @Override
        public Integer leaves() {
          Contract.invariant(checkInvariant());
```

```
            Integer result = this.recLeaves(this.root);
            Contract.ensure(result >= 0);
            Contract.invariant(checkInvariant());
            return result;
    }
    private Integer recLeaves(BinaryNode<TableEntry<K, V>> node) {
        if (node == null) {
            return 0;
        } else if (node.getLeft() == null && node.getRight() == null) {
            return 1;
        } else {
            return this.recLeaves(node.getLeft()) + this.recLeaves(node.ge-
tRight());
        }
    }
    @Override
    public IList<TableEntry<K, V>> preorder() {
      Contract.invariant(checkInvariant());
        this.preorder = new LinkedList<>();
        if (this.isBalanced()) {
            this.preorder = this.recPreorder(this.root);
        } else {
            this.preorder = this.itPreorder(this.root);
        }
        Contract.ensure(this.preorder.size() >= 0);
        Contract.invariant(checkInvariant());
        return this.preorder;
    }
    private IList<TableEntry<K, V>> recPreorder(BinaryNode<TableEntry<K, V>>
node) {
        if (node == null) {
            return this.preorder;
        } else {
            this.preorder.addLast(node.getElem());
            this.recPreorder(node.getLeft());
            this.recPreorder(node.getRight());
        }
        return this.preorder;
    }
    private IList<TableEntry<K, V>> itPreorder(BinaryNode<TableEntry<K, V>>
node) {
        if (node == null) {
            return this.preorder;
        } else {
            IStack<BinaryNode<TableEntry<K, V>>> stack = new LinkedStack<>();
            stack.push(node);
            while (!stack.isEmpty()) {
                BinaryNode<TableEntry<K, V>> curr = stack.peek();
                stack.pop();
                this.preorder.addLast(curr.getElem());
                if (curr.getRight() != null) {
                    stack.push(curr.getRight());
                }
                if (curr.getLeft() != null) {
                    stack.push(curr.getLeft());
                }
            }
```

```java
            return this.preorder;
        }
    }
    @Override
    public IList<TableEntry<K, V>> inorder() {
        Contract.invariant(checkInvariant());
        this.inorder = new LinkedList<>();
        if (this.isBalanced()) {
            this.inorder = this.recInorder(this.root);
        } else {
            this.inorder = this.itInorder(this.root);
        }
        Contract.ensure(this.inorder.size() >= 0);
        Contract.invariant(checkInvariant());
        return this.inorder;
    }
    private IList<TableEntry<K, V>> itInorder(BinaryNode<TableEntry<K, V>> node)
{
        if (node == null) {
            return this.inorder;
        } else {
            IStack<BinaryNode<TableEntry<K, V>>> stack = new LinkedStack<>();
            BinaryNode<TableEntry<K, V>> curr = node;
            while (!stack.isEmpty() || curr != null) {
                if (curr != null) {
                    stack.push(curr);
                    curr = curr.getLeft();
                }
                else {
                    curr = stack.peek();
                    stack.pop();
                    this.inorder.addLast(curr.getElem());
                    curr = curr.getRight();
                }
            }
            return this.inorder;
        }
    }
    private IList<TableEntry<K, V>> recInorder(BinaryNode<TableEntry<K, V>>
node) {
        if (node == null) {
            return this.inorder;
        } else {
            this.recInorder(node.getLeft());
            this.inorder.addLast(node.getElem());
            this.recInorder(node.getRight());
        }
        return this.inorder;
    }
    @Override
    public IList<TableEntry<K, V>> postorder() {
        Contract.invariant(checkInvariant());
        this.postorder = new LinkedList<>();
        if (this.isBalanced()) {
            this.postorder = this.recPostorder(this.root);
        } else {
            this.postorder = this.itPostorder(this.root);
```

```
        }
        Contract.ensure(this.postorder.size() >= 0);
        Contract.invariant(checkInvariant());
        return this.postorder;
    }
    private IList<TableEntry<K, V>> itPostorder(BinaryNode<TableEntry<K, V>>
node) {
        if (node == null) {
            return this.postorder;
        } else {
            IStack<BinaryNode<TableEntry<K, V>>> stack = new LinkedStack<>();
            stack.push(node);
            while (!stack.isEmpty()) {
                BinaryNode<TableEntry<K, V>> curr = stack.peek();
                stack.pop();
                this.postorder.addFirst(curr.getElem());
                if (curr.getLeft() != null) {
                    stack.push(curr.getLeft());
                }
                if (curr.getRight() != null) {
                    stack.push(curr.getRight());
                }
            }
            return this.postorder;
        }
    }
    private IList<TableEntry<K, V>> recPostorder(BinaryNode<TableEntry<K, V>>
node) {
        if (node == null) {
            return this.postorder;
        } else {
            this.recPostorder(node.getLeft());
            this.recPostorder(node.getRight());
            this.postorder.addLast(node.getElem());
        }
        return postorder;
    }
    @Override
    public IList<TableEntry<K, V>> levelorder() {
      Contract.invariant(checkInvariant());
        this.levelorder = new LinkedList<>();
        BinaryNode<TableEntry<K, V>> next, child;
        if (!this.isEmpty()) {
            IQueue<BinaryNode<TableEntry<K, V>>> q = new LinkedQueue<>();
            q.enqueue(this.root);
            while (!q.isEmpty()) {
                next = q.front();
                q.dequeue();
                this.levelorder.addLast(next.getElem());
                child = next.getLeft();
                if (child != null) {
                    q.enqueue(child);
                }
                child = next.getRight();
                if (child != null) {
                    q.enqueue(child);
                }
```

```java
            }
        }
        Contract.ensure(this.levelorder.size() >= 0);
        Contract.invariant(checkInvariant());
        return this.levelorder;
    }
    @Override
    public IList<TableEntry<K, V>> getOrderedList() {
        Contract.invariant(checkInvariant());
        IList<TableEntry<K, V>> orderedList = this.inorder();
        Contract.ensure(orderedList.size() >= 0);
        Contract.invariant(checkInvariant());
        return orderedList;
    }
    @Override
    public IBinarySearchTree<K, V> deepCopy() {
        Contract.invariant(checkInvariant());
        IBinarySearchTree<K, V> deepCopy;
        try {
            deepCopy = DeepCloneable.deepCopy(this);
        } catch (Exception e) {
            deepCopy = new BinarySearchTree<>();
        }
        Contract.ensure(deepCopy.equals(this) || deepCopy.isEmpty());
        Contract.invariant(checkInvariant());
        return deepCopy;
    }
    @Override
    public String toString() {
        StringBuilder string = new StringBuilder();
        string.append(this.getClass().getName() + "[");
        for (TableEntry<K, V> elem: this.getOrderedList()) {
            string.append(elem.toString()).append(", ");
        }
        string.append("]");
        return string.toString();
    }
    @Override
    public boolean equals(Object otherObject) {
        if (this == otherObject) return true;
        if (otherObject == null
                || this.getClass() != otherObject.getClass())
            return false;
        BinarySearchTree<K, V> that = (BinarySearchTree<K, V>) otherObject;
        if (!Objects.equals(this.size(), that.size()))
            return false;
        return Objects.equals(this.getOrderedList(), that.getOrderedList());
    }
    @Override
    public int hashCode() {
        Object[] array = new Object[this.size() + 1];
        array[0] = this.size();
        Integer i = 1;
        for (TableEntry<K, V> elem: this.getOrderedList()) {
            array[i] = elem;
            i++;
        }
```

```
            return Objects.hash(array);
        }
        private boolean checkInvariant() {
            Boolean isEmpty = this.root == null;
            return isBST(this.root, isEmpty ? null : this.minInv(),
                                    isEmpty ? null : this.maxInv());
        }
        private boolean isBST(BinaryNode<TableEntry<K, V>> node, K min, K max) {
            if (node == null) {
                return true;
            }
            if (min != null && this.ordering.compare(node.getElem().getKey(), min) <
0) {
                return false;
            }
            if (max != null && this.ordering.compare(node.getElem().getKey(), max) >
0) {
                return false;
            }
            return isBST(node.getLeft(), min, node.getElem().getKey())
                    && isBST(node.getRight(), node.getElem().getKey(), max);
        }
        private K minInv() {
            BinaryNode<TableEntry<K, V>> node = this.root;
            while (node.getLeft() != null) {
                node = node.getLeft();
            }
            K min = node.getElem().getKey();
            return min;
        }
        private K maxInv() {
            BinaryNode<TableEntry<K, V>> node = this.root;
            while (node.getRight() != null) {
                node = node.getRight();
            }
            K max = node.getElem().getKey();
            return max;
        }
    }
```

Vamos a comentar algunos aspectos de la implementación de los árboles binarios de búsqueda.

Podemos observar, a través de los constructores de la clase **BinarySearchTree** que, aunque los árboles binarios de búsqueda exigen que las claves implementen la interfaz **Comparable**, la clase **BinarySearchTree** realmente trabaja con otra interfaz de forma interna: La interfaz **Comparator**.

Como ya sabemos, cuando nuestra clase implementa la interfaz **Comparable**, el método **compareTo()** está definiendo una estrategia de comparación de un objeto con otro objeto del mismo tipo, de tal modo que este orden recibe el nombre de orden natural de esa clase. Es la forma principal de comparar objetos. Pero hay ocasiones en que necesitamos tener más flexibilidad. Por ejemplo:

- Si no podemos modificar el código fuente de la clase cuyos objetos queremos ordenar, entonces es imposible hacer que dicha clase implemente la interfaz **Comparable**.

- Por otro lado, utilizar la interfaz **Comparator** nos permite evitar añadir código adicional a nuestras clases.

- Utilizando la interfaz **Comparator**, podemos definir múltiples estrategias de comparación diferentes, lo que no es posible cuando se utiliza la interfaz **Comparable**.

La interfaz **java.util.Comparator** del API de Java es la siguiente interfaz genérica:

```
interface Comparator<T> {
    int compare(T o1, T o2);
}
```

El método **compare()** devuelve un valor que es negativo, cero o positivo dependiendo de si el primer argumento es, respectivamente, menor, igual o mayor que el segundo argumento dado.

Un comparador es su propia definición de cómo comparar dos objetos, y puede ser diferente a la planteada por el orden natural. Por ejemplo, la clase **String** utiliza como orden natural la comparación alfabética. Si deseamos, por ejemplo, comparar las cadenas de caracteres únicamente basándonos en su longitud, necesitaremos crear un comparador personalizado.

Aplicado a los árboles binarios de búsqueda, el constructor por defecto de **BinarySearchTree** crea internamente un comparador **NaturalOrder** que implementa la interfaz **Comparator**. Se trata de una clase genérica que exige a su parámetro genérico formal que implemente la interfaz **Comparable**. Ello es debido a que el comparador se limita a definir un orden natural apoyándose para ello en **Comparable**.

```
package org.jomaveger.lang.ordering;
import java.io.Serializable;
import java.util.Comparator;
public class NaturalOrder<E extends Comparable<E>>
                implements Comparator<E>, Serializable {
```

```
@Override
public int compare(E a, E b) {
    return a.compareTo(b);
}
}
```

Otra opción disponible para el cliente de la clase **BinarySearchTree**, donde se manifiesta la flexibilidad de emplear la interfaz **Comparator**, es utilizar el constructor que recibe como argumento un comparador de las claves del árbol. Este comparador, lógicamente, no tiene por qué estar definido basándose en el orden natural de las mismas, sino que puede definir cualquier estrategia de comparación que considere oportuna. En caso de querer usar la clonación, es necesario que el comparador que se proporcione al constructor implemente también la interfaz de marcado **Serializable**.

De todos los algoritmos, el más complicado es **remove()**, que consiste en borrar el nodo que contiene una clave dada, siempre y cuando la clave esté presente en el árbol; en caso contrario, el árbol no se ve afectado. La operación de borrado se delega en un método recursivo **recRemove()**, que recibe como argumentos una referencia a un subárbol y la clave que se desea borrar. Este método encuentra el nodo cuya clave es igual a la que ha recibido como argumento, si es que existe, borra dicho nodo y devuelve una referencia al subárbol recientemente creado. Está claro que la tarea de borrado implica cambiar la referencia del nodo padre al nodo que va a ser eliminado. Esto explica por qué el método **recRemove()** devuelve una referencia a **BinaryNode**.

Se utiliza el atributo comparador de la clase para buscar el nodo que posee la clave que es igual a la recibida como argumento. Si la clave que buscamos es menor que la clave del nodo que estamos procesando, entonces procesaremos el hijo izquierdo del nodo actual. Si la clave es mayor, procesaremos el hijo derecho. Si la clave fuera igual, borraríamos el nodo actual.

Para borrar un nodo, procedemos de la siguiente manera:

- ▶ Si el nodo es una hoja y, por tanto, no tiene hijos, simplemente se devuelve **null**. La referencia que apunta a este nodo hoja es reemplazada por **null** en el método que invoca a **recRemove()**, eliminando de forma efectiva el nodo hoja del árbol.

- ▶ Si uno solo de los hijos es **null**, se devuelve la referencia al otro hijo. La referencia que apunta a este nodo es reemplazada entonces por una referencia al único hijo del nodo, saltando de forma efectiva por encima del nodo y eliminándolo del árbol.

▶ Si el nodo tiene los dos hijos, borramos el nodo reemplazándolo por
su sucesor lógico. Dado que el nodo tiene un hijo derecho, su sucesor
lógico es el nodo con la clave más pequeña en su subárbol derecho. Este
reemplazamiento preserva el orden en el árbol puesto que no existen
claves entre la clave del nodo y la clave del sucesor lógico de dicho nodo.

La clase de prueba para los árboles binarios de búsqueda sería la siguiente:

```java
package org.jomaveger.structures;
import org.jomaveger.lang.dbc.exceptions.ContractViolationException;
import static org.junit.Assert.*;
import java.util.Comparator;
import org.junit.After;
import org.junit.Before;
import org.junit.Test;
public class BinarySearchTreeTest {
    private IBinarySearchTree<String, Integer> tree;
    @Before
    public void setUp() {
        tree = new BinarySearchTree<>();
    }
    @After
    public void tearDown() {
        tree = null;
    }
    @Test
    public void testDefaultConstructorEnsuresTreeIsEmpty() {
        assertTrue(tree.isEmpty());
    }
    @Test(expected = ContractViolationException.class)
    public void testConstructorPrecondition() {
        tree = new BinarySearchTree<>(null);
    }
    @Test
    public void testConstructorPostcondition() {
        Comparator<String> ordering = (String o1, String o2) ->
o1.compareTo(o2);
        tree = new BinarySearchTree<>(ordering);
        assertTrue(tree.isEmpty());
    }
    @Test(expected = ContractViolationException.class)
    public void testPutPrecondition1() {
        tree.put(null, 100);
    }
    @Test(expected = ContractViolationException.class)
    public void testPutPrecondition2() {
        tree.put("Luke", null);
    }
    @Test(expected = ContractViolationException.class)
    public void testPutPrecondition3() {
        tree.put(null, null);
    }
    @Test
```

```java
    public void testPutPostcondition() {
        tree = makeTree();
        assertEquals("Han", tree.min());
        assertEquals("Yoda", tree.max());
        assertTrue(7 == tree.size());
    }
    @Test(expected = ContractViolationException.class)
    public void testGetPrecondition() {
        tree.get(null);
    }
    @Test
    public void testGetPostcondition() {
        tree = makeTree();
        Integer luke = tree.get("Luke");
        assertTrue(luke == 400);
        Integer palpatine = tree.get("Windu");
        assertTrue(palpatine == null);
    }
    @Test(expected = ContractViolationException.class)
    public void testContainsPrecondition() {
        tree.contains(null);
    }
    @Test
    public void testContainsPostcondition() {
        tree = makeTree();
        Boolean isLuke = tree.contains("Luke");
        assertTrue(isLuke);
        Boolean isPalpatine = tree.contains("Windu");
        assertTrue(!isPalpatine);
    }
    @Test(expected = ContractViolationException.class)
    public void testRemovePrecondition() {
        tree.remove(null);
    }
    @Test
    public void testRemovePostcondition() {
        tree = makeTree();
        assertEquals("Han", tree.min());
        assertEquals("Yoda", tree.max());
        assertTrue(7 == tree.size());
        tree.remove("Palpatine");
        tree.remove("Maul");
        assertEquals("Han", tree.min());
        assertEquals("Yoda", tree.max());
        assertTrue(5 == tree.size());
    }
    @Test(expected = ContractViolationException.class)
    public void testMinPrecondition() {
        tree.min();
    }
    @Test(expected = ContractViolationException.class)
    public void testMaxPrecondition() {
        tree.max();
    }
    @Test
    public void testMinMaxPostcondition() {
        tree = makeTree();
```

```java
        assertEquals("Han", tree.min());
        assertEquals("Yoda", tree.max());
        assertTrue(7 == tree.size());
    }
    @Test
    public void testIsEmptyPostcondition() {
        tree = makeTree();
        assertTrue(!tree.isEmpty());
    }
    @Test
    public void testMakeEmptyPostcondition() {
        tree = makeTree();
        assertTrue(!tree.isEmpty());
        tree.makeEmpty();
        assertTrue(tree.isEmpty());
    }
    @Test
    public void testIsBalancedTrue() {
        tree = makeTree();
        Boolean isBalanced = tree.isBalanced();
        assertTrue(!isBalanced);
    }
    @Test
    public void testHeightPostcondition() {
        tree = makeTree();
        Integer height = tree.height();
        assertTrue(height >= 0);
        assertEquals((Integer)6, height);
    }
    @Test
    public void testSizePostcondition() {
        tree = makeTree();
        Integer size = tree.size();
        assertTrue(size >= 0);
        assertEquals((Integer)7, size);
    }
    @Test
    public void testLeavesPostcondition() {
        tree = makeTree();
        Integer leaves = tree.leaves();
        assertTrue(leaves >= 0);
        assertEquals((Integer)2, leaves);
    }
    @Test
    public void testPreOrderRecPostcondition() {
        tree = makeTree();
        IList<TableEntry<String, Integer>> list = tree.preorder();
        assertTrue(list.size() >= 0);
        String result =
            list.toString().replaceFirst("org.jomaveger.structures.LinkedList",
"");
        result = result.replaceAll("org.jomaveger.structures.TableEntry", ""),
        assertEquals("[[Han, 100], [Leia, 200], [Maul, 300], [Luke, 400], "
                + "[Yoda, 500], [Palpatine, 600], [Vader, 700], ]", result);
    }
    @Test
    public void testInOrderRecPostcondition() {
```

```
        tree = makeTree();
        IList<TableEntry<String, Integer>> list = tree.inorder();
        assertTrue(list.size() >= 0);
        String result =
            list.toString().replaceFirst("org.jomaveger.structures.LinkedList",
"");
        result = result.replaceAll("org.jomaveger.structures.TableEntry", "");
        assertEquals("[[Han, 100], [Leia, 200], [Luke, 400], [Maul, 300], "
                + "[Palpatine, 600], [Vader, 700], [Yoda, 500], ]", result);
    }
    @Test
    public void testPostOrderRecPostcondition() {
        tree = makeTree();
        IList<TableEntry<String, Integer>> list = tree.postorder();
        assertTrue(list.size() >= 0);
        String result =
            list.toString().replaceFirst("org.jomaveger.structures.LinkedList",
"");
        result = result.replaceAll("org.jomaveger.structures.TableEntry", "");
        assertEquals("[[Luke, 400], [Vader, 700], [Palpatine, 600], [Yoda,
500],"
                + " [Maul, 300], [Leia, 200], [Han, 100], ]", result);
    }
    @Test
    public void testLevelOrderPostcondition() {
        tree = makeTree();
        IList<TableEntry<String, Integer>> list = tree.levelorder();
        assertTrue(list.size() >= 0);
        String result =
            list.toString().replaceFirst("org.jomaveger.structures.LinkedList",
"");
        result = result.replaceAll("org.jomaveger.structures.TableEntry", "");
        assertEquals("[[Han, 100], [Leia, 200], [Maul, 300], [Luke, 400], "
                + "[Yoda, 500], [Palpatine, 600], [Vader, 700], ]", result);
    }
    @Test
    public void testDeepCopyPostcondition() {
        assertTrue(tree.isEmpty());
        IBinarySearchTree<String, Integer> clone = tree.deepCopy();
        assertTrue(clone.isEmpty());
        IBinarySearchTree<String, Integer> tree2 = makeTree();
        IBinarySearchTree<String, Integer> clone2 = tree2.deepCopy();
        assertTrue(tree2.equals(clone2));
    }
    @Test(expected = ContractViolationException.class)
    public void testSortPrecondition() {
      IBinarySearchTree.sort(null);
    }
    @Test
    public void testSortPostcondition() {
        IList<Integer> list = new LinkedList<>();
        list.addLast(7);
        list.addLast(3);
        list.addLast(5);
        list.addLast(9);
        IList<Integer> sortedList = IBinarySearchTree.sort(list);
        assertTrue(!sortedList.equals(list));
```

```
            assertTrue(sortedList.get(0) == 3);
            assertTrue(sortedList.get(1) == 5);
            assertTrue(sortedList.get(2) == 7);
            assertTrue(sortedList.get(3) == 9);
        }
    private IBinarySearchTree<String, Integer> makeTree() {
        IBinarySearchTree<String, Integer> tree = new BinarySearchTree<>();
        tree.put("Han", 100);
        tree.put("Leia", 200);
        tree.put("Maul", 300);
        tree.put("Luke", 400);
        tree.put("Yoda", 500);
        tree.put("Palpatine", 600);
        tree.put("Vader", 700);
        return tree;
        }
}
```

5

GRAFOS

5.1 CONCEPTO Y DEFINICIÓN

Los grafos son estructuras de datos complejas pero apasionantes debido a la enormidad de sus aplicaciones prácticas.

Un grafo **G** se define como un par de conjuntos finitos **(V, A)**, donde **V** es el conjunto de vértices y **A** es un conjunto de pares de vértices denominados aristas.

Existen diferentes tipos de grafos:

- ▸ Grafos dirigidos son aquellos en los que los pares de las aristas están ordenados. Esto implica que la arista tiene un sentido, normalmente marcado por una flecha, de uno de los vértices al otro. Las aristas en los grafos dirigidos reciben el nombre de arcos.

- ▸ Grafos no dirigidos son aquellos en los que los pares de las aristas no están ordenados. Esto implica que la arista simplemente se representa mediante una línea entre ambos vértices.

- ▸ Grafos valorados son aquellos en los que las aristas tienen asociado algún valor numérico. Los grafos valorados pueden ser dirigidos o no dirigidos.

En los grafos dirigidos, para una arista **(v, w)**, el vértice **v** es el origen, el vértice **w** es el destino y se dice que **w** es adyacente a **v**. El grado de entrada de un vértice **v** es el número de aristas en el grafo de las cuales **v** es el destino, mientras que el grado de salida de **v** corresponde al número de aristas de las cuales **v** es el origen.

En los grafos no dirigidos, para una arista **(v, w)**, ambos vértices **v** y **w** son adyacentes entre sí. Además, se habla simplemente del grado de un vértice, que es igual al número de aristas que tiene el vértice.

Un subgrafo de un grafo **G** es un grafo cuyos conjuntos de vértices y aristas son subconjuntos de los de **G**.

Un camino es una secuencia de vértices adyacentes. La longitud de un camino es el número de aristas que lo forman. Así, si un camino está formado por **n** vértices, su longitud será **n - 1**.

La distancia mínima entre dos vértices **v** y **w** de un grafo se define como la longitud del camino más corto que parte de **v** y llega hasta **w**.

Si hay un camino del vértice **v** al vértice **w**, se dice que **v** es antepasado de **w** y que **w** es descendiente de **v**.

A menudo, en los grafos valorados, los valores asociados a las aristas son números positivos que significan un coste de algún tipo; cuando ocurre de este modo, se dice que el coste de un camino es la suma total de los costes asociados a las aristas que lo constituyen. De esta forma, el coste mínimo entre dos vértices **v** y **w** se define como el coste del camino de **v** a **w** cuyas aristas sumen el menor valor.

Un ciclo es un camino de longitud no nula que comienza y termina en el mismo vértice. Se dice que un grafo es acíclico cuando no tiene ciclos. Los ciclos que pasan exactamente una vez por cada vértice se denominan hamiltonianos.

Se dice que un grafo no dirigido es conexo si, para cada par de vértices diferentes **v** y **w**, existe un camino desde **v** a **w**.

Se dice que un grafo dirigido es fuertemente conexo si, para cada par de vértices diferentes **v** y **w**, existe un camino desde **v** a **w** y un camino desde **w** a **v**. Si un grafo dirigido no es fuertemente conexo, los conjuntos de vértices más grandes tales que los subgrafos inducidos por ellos son fuertemente conexos se denominan componentes fuertemente conexas del grafo.

Un árbol libre es un caso particular de grafo; en concreto, un grafo no dirigido, conexo y acíclico. Por tanto, es un árbol que no tiene raíz y los hijos no están ordenados; si se elige un nodo como raíz y se ordenan de alguna forma los hijos de cada nodo, se obtiene un árbol general. Los árboles libres y los árboles generales se caracterizan porque un nodo puede tener dos o más nodos hijo, por lo que no están limitados a ser árboles binarios.

En un grafo no dirigido no suelen permitirse auto-aristas, es decir, aristas de la forma **(v, v)**. Para los demás tipos de grafos, las auto-aristas, aristas cuyo vértice origen coincide con el vértice destino, son posibles y no suponen mayor problema que cualquier otro ciclo. Los algoritmos que veremos más adelante son válidos aunque existan auto-aristas salvo que se indique lo contrario o se requiera que los grafos sean acíclicos.

No permitimos múltiples ocurrencias de la misma arista en ninguno de los tipos de grafos explicados anteriormente.

El número máximo de aristas que pueden existir en un grafo de **n** vértices sin contar las aristas que unen un vértice consigo mismo **(v, v)** son:

- ▶ Para un grafo dirigido -> **n * (n - 1)**
- ▶ Para un grafo no dirigido -> **n * (n - 1) / 2**

5.2 IMPLEMENTACIÓN

Para implementar los grafos, en primer lugar vamos a desarrollar una clase para los vértices. Los vértices constituyen los nodos del grafo, es lógico que tengan un nombre a modo de etiqueta, pero también han de ser una estructura de datos genérica para poder almacenar en cada momento el objeto que se necesite según impongan los requisitos de la aplicación.

```java
package org.jomaveger.structures;
import java.io.Serializable;
import java.util.Objects;
import org.jomaveger.lang.dbc.Contract;
public class Vertex<T> implements Serializable {
    private String name;
    private T value;

    public Vertex(String name, T value) {
        Contract.require(name != null && value != null);
        this.name = name;
        this.value = value;
    }

    public String getName() {
        return name;
    }
    public void setName(String name) {
        this.name = name;
    }
    public T getValue() {
        return value;
    }
    public void setValue(T value) {
```

```
          this.value = value;
      }

      @Override
      public String toString() {
          return String.format("(%s,%s)", name, value);
      }

      @Override
      public boolean equals(Object otherObject) {
          if (this == otherObject) return true;
            if (otherObject == null
                    || this.getClass() != otherObject.getClass())
                return false;
            Vertex<T> that = (Vertex<T>) otherObject;

            if (!Objects.equals(this.name, that.name))
                return false;
            return Objects.equals(this.value, that.value);
      }

      @Override
      public int hashCode() {
          final int prime = 31;
          int result = 1;
          result = prime * result + name.hashCode();
          result = prime * result + value.hashCode();
          return result;
      }
  }
}
```

En segundo lugar, necesitamos una clase para las aristas. En esencia, una arista contendrá un vértice origen, un vértice destino y un campo numérico que se utilizará en el caso de los grafos valorados para representar el peso de una arista.

```
package org.jomaveger.structures;
import java.io.Serializable;
import java.util.Objects;
import org.jomaveger.lang.dbc.Contract;
public class Edge<T> implements Comparable<Edge<T>>, Serializable {

    private Vertex<T> orig;
    private Vertex<T> dest;
    private double weight;
    private int tiebreaker;
     private static int nextTiebreaker = 0;

    public Edge(Vertex<T> v, Vertex<T> w) {
        this(v, w, Double.NaN);
    }

    public Edge(Vertex<T> v, Vertex<T> w, double weight) {
        Contract.require(v != null && w != null);
```

```
            this.orig = v;
            this.dest = w;
            this.weight = weight;
            if (!Double.isNaN(weight))
                tiebreaker = nextTiebreaker++;
        }
        public Vertex<T> getOrig() {
            return orig;
        }
        public void setOrig(Vertex<T> orig) {
            this.orig = orig;
        }
        public Vertex<T> getDest() {
            return dest;
        }
        public void setDest(Vertex<T> dest) {
            this.dest = dest;
        }
        public double getWeight() {
            return weight;
        }
        public void setWeight(double weight) {
            this.weight = weight;
        }
        @Override
        public int compareTo(Edge<T> that) {
            int res = Double.compare(this.weight, that.weight);

            if (res == 0)
                res = tiebreaker - that.tiebreaker;

            return res;
        }

        @Override
        public String toString() {
            StringBuilder string = new StringBuilder();
            string.append("[");
            string.append(orig).append("---").append(dest);

            if (!Double.isNaN(weight))
                string.append(String.format(",%f",weight));
            string.append("]");
            return string.toString();
        }
    }
}
```

Si el grafo no es valorado, se puede utilizar el constructor de dos argumentos, que da a la arista el valor indeterminado **java.lang.Double.NaN**.

Cuando ordenemos aristas más adelante, necesitaremos un mecanismo para romper el empate en caso de que dos aristas tengan el mismo coste. El atributo

tiebreaker es único para cada arista y tiene el único propósito de servir de medio para distinguir entre aristas.

Finalmente, podemos definir las operaciones que caracterizan a un grafo mediante la siguiente interfaz genérica:

```java
package org.jomaveger.structures;
public interface IGraph<T> {
    boolean isDirected();

    boolean isWeighted();

    void addVertex(Vertex<T> v);

    void addEdge(Edge<T> e);

    void removeVertex(Vertex<T> v);

    void removeEdge(Edge<T> e);

    boolean hasVertex(Vertex<T> v);

    boolean hasEdge(Edge<T> e);

    Double getWeight(Edge<T> e);

    IList<Edge<T>> getAdj(Vertex<T> v);

    boolean isEmpty();

    int numVertex();

    int numEdges();

    IGraph<T> deepCopy();
}
```

Tal que:

- ▶ El método **isDirected()** es una consulta que devuelve si el grafo es dirigido.

- ▶ El método **isWeighted()** es una consulta que devuelve si el grafo es valorado.

- ▶ El método **addVertex()** es una orden que inserta un vértice en el grafo.

- ▶ El método **addEdge()** es una orden que inserta una arista en el grafo.

 El método **removeVertex()** es una orden que elimina un vértice del grafo, incluyendo las aristas en las que aparece.

 El método **removeEdge()** es una orden que elimina una arista del grafo.

 El método **hasVertex()** es una consulta que devuelve si un determinado vértice se encuentra en el grafo.

 El método **hasEdge()** es una consulta que devuelve si una determinada arista se encuentra en el grafo.

 El método **getWeight()** es una consulta que devuelve el valor numérico de una determinada arista.

 El método **getAdj()** es una consulta que devuelve la lista de aristas que contienen los vértices adyacentes a uno dado.

 El método **isEmpty()** es una consulta que devuelve si el grafo está vacío.

 El método **numVertex()** es una consulta que devuelve el número de vértices del grafo.

 El método **numEdges()** es una consulta que devuelve el número de aristas del grafo.

Vamos a implementar los grafos poco a poco, partiendo de una clase sencilla y añadiendo progresivamente los distintos métodos, con el objetivo de entender todos los detalles.

Partimos de la siguiente clase, que sólo tiene los métodos estándar y está incompleta:

```
package org.jomaveger.structures;
import java.io.Serializable;
import java.util.Iterator;
import java.util.Objects;
import org.jomaveger.lang.DeepCloneable;
import org.jomaveger.lang.dbc.Contract;
public class Graph<T> implements IGraph<T>, Serializable {

    protected IList<Vertex<T>> vertex;
    protected IList<IList<Edge<T>>> edges;
    private boolean isDirected;
    private boolean isWeighted;

    public Graph() {
        this(false, false);
    }
```

```java
        public Graph(boolean isDirected, boolean isWeighted) {
            this.vertex = new LinkedList<>();
            this.edges = new LinkedList<>();
            this.isDirected = isDirected;
            this.isWeighted = isWeighted;

            Contract.ensure(isEmpty());
              Contract.invariant(checkInvariant());
        }
         @Override
        public IGraph<T> deepCopy() {
            Contract.invariant(checkInvariant());
            IGraph<T> deepCopy;
              try {
                  deepCopy = DeepCloneable.deepCopy(this);
              } catch (Exception e) {
                  deepCopy = new Graph<>();
              }
              Contract.ensure(deepCopy.equals(this) || deepCopy.isEmpty());
              Contract.invariant(checkInvariant());
              return deepCopy;
        }
        private boolean checkInvariant() {
            return this.vertex.size() >= 0;
        }

        @Override
         public String toString() {
              StringBuilder string = new StringBuilder();
              string.append(this.getClass().getName() + "[");
              for (IList<Edge<T>> iList : edges) {
                string.append(iList);
            }
              string.append("]");
              return string.toString();
        }
        @Override
        public boolean equals(Object otherObject) {
            if (this == otherObject) return true;
            if (otherObject == null || this.getClass() != otherObject.getClass())
                return false;
            Graph<T> that = (Graph<T>) otherObject;

            if (!Objects.equals(this.vertex, that.vertex)) return false;

            for (int i = 0; i < this.edges.size(); i++) {
              if (!Objects.equals(this.edges.get(i), that.edges.get(i))) return fal-
se;

            }
            return true;
        }
        @Override
        public int hashCode() {
          final int prime = 31;
          int result = 1;
```

```
        result = prime * result + vertex.hashCode();
        result = prime * result + edges.hashCode();
        return result;
    }
}
```

Lo que tenemos hasta ahora es una representación en memoria del grafo de la siguiente manera:

  ▶ Por un lado, **vertex** es la lista de vértices del grafo.
  ▶ Por otro lado, **edges** es una lista de listas de aristas de modo que, cada vez que se añade un vértice **v** a la lista de vértices, la lista de aristas de las que **v** es origen ocupa la misma posición en **edges** que **v** en **vertex**.

La clase **Graph** sirve para implementar tanto los grafos dirigidos como los no dirigidos como los valorados. A través del constructor, mediante dos variables booleanas, se indica qué tipo de grafo estamos construyendo. El constructor por defecto crea un grafo vacío no dirigido y no valorado.

Lo primero que necesitamos es un método protegido que busque en **vertex** un vértice lo cual, en la práctica, se traduce en buscar el índice en la lista de un determinado elemento:

```
protected int search(Vertex<T> v) {
    return vertex.indexOf(v);
}
```

Los métodos de consulta que devuelven si el grafo es dirigido y valorado son inmediatos:

```
@Override
public boolean isDirected() {
    Contract.invariant(checkInvariant());
    boolean resul = this.isDirected;
    Contract.invariant(checkInvariant());
    return resul;
}
@Override
public boolean isWeighted() {
    Contract.invariant(checkInvariant());
    boolean resul = this.isWeighted;
    Contract.invariant(checkInvariant());
    return resul;
}
```

Para añadir un vértice, primero comprobamos que el vértice no está ya incluido en el grafo:

```java
@Override
public void addVertex(Vertex<T> v) {
    Contract.invariant(checkInvariant());
    Contract.require(v != null);
    int index = this.search(v);
    if (index == -1) {
        vertex.addLast(v);
        edges.addLast(new LinkedList<>());
    }
    Contract.ensure(vertex.contains(v) && !vertex.isEmpty());
    Contract.invariant(checkInvariant());
}
```

Añadir una arista es más problemático. En primer lugar, la precondición exige que los dos vértices de la arista pertenezcan al grafo y, además que, si el grafo es valorado, entonces el coste de la arista tiene que ser un número válido. Por otro lado, si la arista no existe, entonces se añade; en el caso de que el grafo sea no dirigido, igual que hemos añadido la arista **(v, w)**, también hay que añadir la arista **(w, v)**. Por último, sólo en el caso de la arista ya exista y el grafo sea valorado, se sustituye el valor antiguo por el nuevo.

```java
@Override
public void addEdge(Edge<T> e) {
    Contract.invariant(checkInvariant());
    Contract.require(e != null && hasVertex(e.getOrig()) && hasVertex(e.ge-
tDest())
            && (!isWeighted() || !Double.isNaN(e.getWeight()))));
    int vIndex = this.search(e.getOrig());
    int wIndex = this.search(e.getDest());
    IList<Edge<T>> eg = edges.get(vIndex);
    int eIndex = eg.indexOf(e);
    if (eIndex == -1) {
        eg.addLast(e);
        if (!isDirected()) {
        edges.get(wIndex).addLast(new Edge<>(e.getDest(), e.getOrig(),
e.getWeight()));
        }
    } else {
        if (isWeighted()) {
            eg.get(eIndex).setWeight(e.getWeight());
        }
    }
    Contract.ensure(edges.get(vIndex).contains(e) && !edges.get(vIndex).isEmp-
ty());
    Contract.invariant(checkInvariant());
}
```

Para eliminar un vértice, después de comprobar que está en el grafo y averiguar su índice, debemos eliminarlo de **vertex** pero también debemos eliminar todas las aristas que entren o salgan de él. En el caso de las aristas salientes, basta eliminar la lista de **edges** que corresponde a su índice en **vertex** pero, en el caso de las aristas entrantes, deberemos buscar en el resto de listas de aristas de todos los demás vértices y borrar aquellas aristas en las que nuestro vértice aparezca como destino.

```java
@Override
public void removeVertex(Vertex<T> v) {
    Contract.invariant(checkInvariant());
    Contract.require(v != null);
    int vIndex = this.search(v);
    if (vIndex != -1) {
        vertex.remove(vIndex);
        edges.remove(vIndex);
        for (IList<Edge<T>> iList : edges) {
            for (Iterator<Edge<T>> iterator = iList.iterator(); iterator.has-
Next();) {
                Edge<T> elem = iterator.next();
                if (elem.getDest().equals(v)) {
                    iterator.remove();
                }
            }
        }
    }
    Contract.ensure(!vertex.contains(v));
    Contract.invariant(checkInvariant());
}
```

Para eliminar una arista, se exige en la precondición que la arista pertenezca al grafo. Si es así, se averigua el índice del vértice origen, después se obtiene su correspondiente lista de aristas y de ésta se borra la arista en cuestión. En el caso de que el grafo sea no dirigido, igual que hemos borrado la arista **(v, w)**, también hay que eliminar la arista **(w, v)**.

```java
@Override
public void removeEdge(Edge<T> e) {
    Contract.invariant(checkInvariant());
    Contract.require(e != null && hasEdge(e));
    int vIndex = this.search(e.getOrig());
    int wIndex = this.search(e.getDest());
    IList<Edge<T>> vw = edges.get(vIndex);
    int vwIndex = vw.indexOf(e);
    vw.remove(vwIndex);
    if (!isDirected()) {
        IList<Edge<T>> wv = edges.get(wIndex);
        int wvIndex = wv.indexOf(new Edge<>(e.getDest(), e.getOrig(),
e.getWeight()));
```

```
        wv.remove(wvIndex);
    }
    Contract.ensure(!hasEdge(e));
    Contract.invariant(checkInvariant());
}
```

Los métodos que devuelven si el grafo tiene en verdad un vértice o una arista son a estas alturas evidentes:

```
@Override
public boolean hasVertex(Vertex<T> v) {
    Contract.invariant(checkInvariant());
    Contract.require(v != null);
    boolean resul = (this.search(v) != -1);
    Contract.ensure(resul == (this.search(v) != -1));
    Contract.invariant(checkInvariant());
    return resul;
}
@Override
public boolean hasEdge(Edge<T> e) {
    Contract.invariant(checkInvariant());
     Contract.require(e != null && hasVertex(e.getOrig()) && hasVertex(e.ge-
tDest()));
    int vIndex = this.search(e.getOrig());
    IList<Edge<T>> eg = edges.get(vIndex);
    int eIndex = eg.indexOf(e);
    boolean resul = (eIndex != -1);
    Contract.ensure(resul == (eIndex != -1));
    Contract.invariant(checkInvariant());
    return resul;
}
```

Al igual que el método que devuelve el coste de una arista, con la única peculiaridad de que exige en la precondición que el grafo ha de ser valorado:

```
@Override
public Double getWeight(Edge<T> e) {
    Contract.invariant(checkInvariant());
    Contract.require(e != null && hasEdge(e) && isWeighted());
    int vIndex = this.search(e.getOrig());
    IList<Edge<T>> eg = edges.get(vIndex);
    int eIndex = eg.indexOf(e);
    double w = eg.get(eIndex).getWeight();
    Contract.invariant(checkInvariant());
    return w;
}
```

Para devolver la lista de aristas que contienen los vértices adyacentes a uno dado, tenemos el siguiente método, muy sencillo, con la salvedad de que exige en la precondición que el vértice que se pasa como argumento pertenezca al grafo:

```
@Override
public IList<Edge<T>> getAdj(Vertex<T> v) {
   Contract.invariant(checkInvariant());
   Contract.require(v != null && hasVertex(v));
   int vIndex = this.search(v);
   IList<Edge<T>> adj = edges.get(vIndex);
   Contract.ensure(adj.size() >= 0);
   Contract.invariant(checkInvariant());
   return adj;
}
```

El método que determina si un grafo está vacío es evidente:

```
@Override
public boolean isEmpty() {
   Contract.invariant(checkInvariant());
   boolean resul = this.vertex.size() == 0;
   Contract.ensure(resul == (this.vertex.size() == 0));
   Contract.invariant(checkInvariant());
   return resul;
}
```

Calcular el número de vértices es extremadamente simple, puesto que es el tamaño de la lista **vertex**. Ahora bien, calcular el número de aristas tiene truco. En general, hay que sumar los tamaños de todas las listas de **edges**; ahora bien, si el grafo es no dirigido, el número de aristas es ese valor calculado dividido entre dos, debido precisamente a que, para cada arista **(v, w)** que se ha insertado en el grafo, nosotros hemos añadido además la arista **(w, v)**.

```
@Override
   public int numVertex() {
      Contract.invariant(checkInvariant());
      int size = vertex.size();
      Contract.invariant(checkInvariant());
      return size;
   }
   @Override
   public int numEdges() {
      Contract.invariant(checkInvariant());
      int numEdges = 0;
      for (IList<Edge<T>> iList : edges) {
         numEdges += iList.size();
      }
      if (!isDirected()) {
         numEdges = numEdges / 2;
```

```
    }
    Contract.ensure(numEdges >= 0);
    Contract.invariant(checkInvariant());
    return numEdges;
}
```

Ya tenemos completamente implementados los grafos. Vamos a ver una clase de prueba:

```java
package org.jomaveger.structures;
import static org.junit.Assert.*;
import org.junit.After;
import org.junit.Before;
import org.junit.Test;
public class GraphTest {

    private IGraph<Integer> g;
    private Vertex<Integer> a = new Vertex<>("A", 10);
    private Vertex<Integer> b = new Vertex<>("A", 20);
    private Vertex<Integer> c = new Vertex<>("A", 30);
    private Vertex<Integer> d = new Vertex<>("A", 40);
    private Vertex<Integer> e = new Vertex<>("A", 50);
    private Edge<Integer> ab = new Edge<>(a, b);
    private Edge<Integer> ad = new Edge<>(a, d);
    private Edge<Integer> bc = new Edge<>(b, c);
    private Edge<Integer> be = new Edge<>(b, e);
    private Edge<Integer> dc = new Edge<>(d, c);
    private Edge<Integer> ed = new Edge<>(e, d);

    @Before
    public void setUp() {
        g = new Graph<>(true, false);
    }

    @After
    public void tearDown() {
        g = null;
    }
    @Test
    public void testConstructorEnsuresGraphIsEmpty() {
        assertTrue(g.isEmpty());
        assertTrue(g.isDirected());
        assertFalse(g.isWeighted());
    }

    @Test
    public void testAddVertexEnsuresGraphHasVertex() {
        g.addVertex(a);
        g.addVertex(b);
        g.addVertex(c);
        g.addVertex(d);
        g.addVertex(e);
        assertTrue(g.hasVertex(a));
        assertTrue(g.hasVertex(b));
        assertTrue(g.hasVertex(c));
```

```java
      assertTrue(g.hasVertex(d));
      assertTrue(g.hasVertex(e));
}

@Test
public void testAddEdgeEnsuresGraphHasEdge() {
   g.addVertex(a);
   g.addVertex(b);
   g.addVertex(c);
   g.addVertex(d);
   g.addVertex(e);
   g.addEdge(ab);
   g.addEdge(ad);
   g.addEdge(bc);
   g.addEdge(be);
   g.addEdge(dc);
   g.addEdge(ed);
   assertTrue(g.hasEdge(ab));
   assertTrue(g.hasEdge(ad));
   assertTrue(g.hasEdge(bc));
   assertTrue(g.hasEdge(be));
   assertTrue(g.hasEdge(dc));
   assertTrue(g.hasEdge(ed));
}

@Test
public void testSeveralQuerys() {
   g.addVertex(a);
   g.addVertex(b);
   g.addVertex(c);
   g.addVertex(d);
   g.addVertex(e);
   g.addEdge(ab);
   g.addEdge(ad);
   g.addEdge(bc);
   g.addEdge(be);
   g.addEdge(dc);
   g.addEdge(ed);
   assertEquals(5, g.numVertex());
   assertEquals(6, g.numEdges());
   IList<Edge<Integer>> list = g.getAdj(b);
   assertEquals((Integer)2, list.size());
   assertTrue(list.get(0).getDest().equals(c));
   assertTrue(list.get(1).getDest().equals(e));
}

@Test
public void testRemove() {
   g.addVertex(a);
   g.addVertex(b);
   g.addVertex(c);
   g.addVertex(d);
   g.addVertex(e);
   g.addEdge(ab);
   g.addEdge(ad);
   g.addEdge(bc);
   g.addEdge(be);
```

```
    g.addEdge(dc);
    g.addEdge(ed);
    assertEquals(5, g.numVertex());
    assertEquals(6, g.numEdges());
    g.removeVertex(c);
    assertEquals(4, g.numVertex());
    assertEquals(4, g.numEdges());
    g.removeEdge(be);
    assertEquals(4, g.numVertex());
    assertEquals(3, g.numEdges());
  }
}
```

5.3 ALGORITMOS: RECORRIDO EN PROFUNDIDAD

El recorrido en profundidad de un grafo (en inglés *depth first search*, abreviado DFS) es equivalente al recorrido en profundidad en preorden de los árboles. La diferencia es que en los árboles no hay ciclos y siempre se llega a una hoja antes de retroceder. En el caso de los grafos, hay que detectar si el vértice al que se llega ha sido ya visitado. De esta forma, el recorrido parte del vértice inicial y continúa por alguno de sus adyacentes, recorriendo un camino hasta llegar a un vértice previamente visitado o hasta que el camino queda truncado porque no hay adyacentes en el vértice alcanzado. Llegados a ese punto, se retrocede por el camino hasta el primer vértice que ofrezca algún adyacente válido (es decir, no visitado) por el que poder continuar.

La forma más directa de implementar este algoritmo es mediante un método recursivo. Además de visitar cada vértice, asignaremos a cada vértice un número entero positivo que indique la posición en la que ha sido recorrido; de esta forma, la posición de cada vértice no visitado será cero.

Vamos a crear una nueva clase que hereda de **Graph** con el fin de reunir en ella los algoritmos sobre grafos. Así, lo primero que hacemos es incluir en esta nueva clase un método recursivo para calcular el recorrido en profundidad de un grafo desde un vértice dado:

```
package org.jomaveger.structures;
public class GraphAlgorithms<T> extends Graph<T> {

    public GraphAlgorithms() {
        super();
    }

    public GraphAlgorithms(boolean isDirected, boolean isWeighted) {
        super(isDirected, isWeighted);
    }
```

```
    public IList<Vertex<T>> DFS(Vertex<T> v, int k, ITable<Vertex<T>, Integer>
path, IList<Vertex<T>> dfsList) {
        k++;
        path.set(v, k);
        dfsList.addLast(v);
        IList<Vertex<T>> adj = getAdjVertex(v);
        while (!adj.isEmpty()) {
            Vertex<T> w = adj.getFirst();
            adj.removeFirst();
            if (path.get(w) == 0) {
                dfsList = DFS(w, k, path, dfsList);
            }
        }
        return dfsList;
    }
    public IList<Vertex<T>> getAdjVertex(Vertex<T> v) {
        IList<Vertex<T>> adj = new LinkedList<>();
        IList<Edge<T>> edges = this.getAdj(v);
        for (Edge<T> edge : edges) {
            adj.addLast(edge.getDest());
        }
        return adj;
    }
}
```

El algoritmo devuelve una lista con los vértices visitados. La llamada inicial se realiza con el vértice inicial del que parte el recorrido, el valor **k** a cero y la tabla **path** inicializada a cero para todos los vértices.

Una prueba de este algoritmo sería la siguiente:

```
package org.jomaveger.structures;
import static org.junit.Assert.*;
import org.junit.After;
import org.junit.Before;
import org.junit.Test;
public class GraphAlgorithmsTest {

    private GraphAlgorithms<Integer> g1;
    private Vertex<Integer> a = new Vertex<>("A", 10);
    private Vertex<Integer> b = new Vertex<>("B", 20);
    private Vertex<Integer> c = new Vertex<>("C", 30);
    private Vertex<Integer> d = new Vertex<>("D", 40);
    private Vertex<Integer> e = new Vertex<>("E", 50);
    private Vertex<Integer> f = new Vertex<>("F", 60);
    private Vertex<Integer> g = new Vertex<>("G", 70);
    private Edge<Integer> ab = new Edge<>(a, b);
    private Edge<Integer> ad = new Edge<>(a, d);
    private Edge<Integer> bc = new Edge<>(b, c);
    private Edge<Integer> be = new Edge<>(b, e);
    private Edge<Integer> dc = new Edge<>(d, c);
    private Edge<Integer> ed = new Edge<>(e, d);
```

```java
private Edge<Integer> fb = new Edge<>(f, b);
private Edge<Integer> fg = new Edge<>(f, g);

@Before
public void setUp() {
   g1 = new GraphAlgorithms<>(true, false);
}

@After
public void tearDown() {
    g1 = null;
}
@Test
public void testDFS() {
   g1.addVertex(a);
    g1.addVertex(b);
    g1.addVertex(c);
    g1.addVertex(d);
    g1.addVertex(e);
    g1.addVertex(f);
    g1.addVertex(g);
    g1.addEdge(ab);
    g1.addEdge(ad);
    g1.addEdge(bc);
    g1.addEdge(be);
    g1.addEdge(dc);
    g1.addEdge(ed);
    g1.addEdge(fb);
    g1.addEdge(fg);
    ITable<Vertex<Integer>, Integer> path = new LinkedTable<>();
    path.set(a, 0);
    path.set(b, 0);
    path.set(c, 0);
    path.set(d, 0);
    path.set(e, 0);
    path.set(f, 0);
    path.set(g, 0);
    IList<Vertex<Integer>> dfsList = new LinkedList<>();
    dfsList = g1.DFS(a, 0, path, dfsList);
    assertTrue(dfsList.contains(a));
    assertTrue(dfsList.contains(b));
    assertTrue(dfsList.contains(c));
    assertTrue(dfsList.contains(d));
    assertTrue(dfsList.contains(e));
    assertFalse(dfsList.contains(f));
    assertFalse(dfsList.contains(g));
  }
}
```

Como podemos comprobar en el grafo de prueba, partiendo del vértice **a**, no llegamos a visitar todos los vértices puesto que **f** y **g** no están en la lista.

Nuestro método recursivo se puede utilizar para recorrer todos los vértices de un grafo si partimos de un vértice cualquiera y aplicamos dicho método **DFS()**; al finalizar, se elige otro vértice cualquiera que todavía no se haya incluido en la lista y se vuelve a invocar a **DFS()**, y así sucesivamente hasta que todos los vértices del grafo estén incluidos en la lista o, visto de otra manera, hasta que no haya vértice alguno en la tabla **path** con su valor a cero.

```java
//class GraphAlgorithms
public IList<Vertex<T>> allDFS() {
    int k = 0;
    IList<Vertex<T>> dfsList = new LinkedList<>();
    ITable<Vertex<T>, Integer> path = new LinkedTable<>();
    for (Vertex<T> vertex : vertex) {
        path.set(vertex, 0);
    }
    for (Vertex<T> vertex : vertex) {
        if (path.get(vertex) == 0) {
            dfsList = DFS(vertex, k, path, dfsList);
        }
    }
    return dfsList;
}
```

En este caso, para el mismo grafo de prueba, si partimos del vértice **a**, sí que llegamos a visitar todos los vértices:

```java
//class GraphAlgorithmsTest
@Test
public void testAllDFS() {
    g1.addVertex(a);
    g1.addVertex(b);
    g1.addVertex(c);
    g1.addVertex(d);
    g1.addVertex(e);
    g1.addVertex(f);
    g1.addVertex(g);
    g1.addEdge(ab);
    g1.addEdge(ad);
    g1.addEdge(bc);
    g1.addEdge(be);
    g1.addEdge(dc);
    g1.addEdge(ed);
    g1.addEdge(fb);
    g1.addEdge(fg);
    IList<Vertex<Integer>> dfsList = g1.allDFS();
    String result =
        dfsList.toString().replaceFirst("org.jomaveger.structures.LinkedList",
"");
    assertEquals("[(A,10), (B,20), (C,30), (E,50), (D,40), (F,60), (G,70), ]",
result);
    assertTrue(dfsList.contains(a));
    assertTrue(dfsList.contains(b));
    assertTrue(dfsList.contains(c));
```

```
        assertTrue(dfsList.contains(d));
        assertTrue(dfsList.contains(e));
        assertTrue(dfsList.contains(f));
        assertTrue(dfsList.contains(g));
    }
```

Podemos elaborar una versión iterativa del recorrido en profundidad recursivo. Para ello, necesitamos una pila en la que almacenamos cada vértice junto con la lista de sus adyacentes que quedan por explorar. Esta lista no puede ser modificada sin desapilar el vértice; por eso, debemos desapilar y apilar de nuevo el vértice en la cima cada vez que se trabaja con uno de sus adyacentes. El método iterativo para el recorrido en profundidad desde un vértice sería el siguiente:

```java
//class GraphAlgorithms
public IList<Vertex<T>> itDFS(Vertex<T> v, ITable<Vertex<T>, Integer> path,
IList<Vertex<T>> dfsList) {
    IStack<VertexInfo<T>> stack = new LinkedStack<>();
    VertexInfo<T> p = new VertexInfo<>();
    VertexInfo<T> q, r;
    int k = 1;
    path.set(v, k);
    dfsList.addLast(v);
    p.vertex = v;
    p.adj = getAdjVertex(v);
    stack.push(p);

    while (!stack.isEmpty()) {
        p = stack.peek();
        stack.pop();
        if (!p.adj.isEmpty()) {
            Vertex<T> w = p.adj.getFirst();
            p.adj.removeFirst();
            r = new VertexInfo<>();
            r.vertex = p.vertex;
            r.adj = p.adj;
            stack.push(r);
            if (path.get(w) == 0) {
                k++;
                path.set(w, k);
                dfsList.addLast(w);
                q = new VertexInfo<>();
                q.vertex = w;
                q.adj = getAdjVertex(w);
                stack.push(q);
            }
        }
    }

    return dfsList;
}
public static class VertexInfo<T> {
```

```
    public Vertex<T> vertex;
    public IList<Vertex<T>> adj;
}
```

La clase interna estática **VertexInfo** se utiliza para almacenar cada vértice junto con la lista de sus adyacentes.

La prueba para este método sería la siguiente:

```java
//class GraphAlgorithmsTest
@Test
public void testitDFS() {
    g1.addVertex(a);
    g1.addVertex(b);
    g1.addVertex(c);
    g1.addVertex(d);
    g1.addVertex(e);
    g1.addVertex(f);
    g1.addVertex(g);
    g1.addEdge(ab);
    g1.addEdge(ad);
    g1.addEdge(bc);
    g1.addEdge(be);
    g1.addEdge(dc);
    g1.addEdge(ed);
    g1.addEdge(fb);
    g1.addEdge(fg);
    ITable<Vertex<Integer>, Integer> path = new LinkedTable<>();
    path.set(a, 0);
    path.set(b, 0);
    path.set(c, 0);
    path.set(d, 0);
    path.set(e, 0);
    path.set(f, 0);
    path.set(g, 0);
    IList<Vertex<Integer>> dfsList = new LinkedList<>();
    dfsList = g1.itDFS(a, path, dfsList);
    assertTrue(dfsList.contains(a));
    assertTrue(dfsList.contains(b));
    assertTrue(dfsList.contains(c));
    assertTrue(dfsList.contains(d));
    assertTrue(dfsList.contains(e));
    assertFalse(dfsList.contains(f));
    assertFalse(dfsList.contains(g));
}
```

Esta versión iterativa puede utilizarse para recorrer todos los vértices de un grafo de la misma forma que hicimos con la versión recursiva: Se parte de un vértice cualquiera y se aplica el método iterativo; al finalizar, se escoge otro vértice cualquiera que todavía no haya sido visitado. Y así sucesivamente hasta que todos los vértices hayan sido visitados.

```java
// class GraphAlgorithms
public IList<Vertex<T>> allItDFS() {
    IList<Vertex<T>> dfsList = new LinkedList<>();
    ITable<Vertex<T>, Integer> path = new LinkedTable<>();
    for (Vertex<T> vertex : vertex) {
        path.set(vertex, 0);
    }
    for (Vertex<T> vertex : vertex) {
        if (path.get(vertex) == 0) {
            dfsList = itDFS(vertex, path, dfsList);
        }
    }
    return dfsList;
}
```

La prueba de este método sería la siguiente:

```java
//class GraphAlgorithmsTest
@Test
public void testAllItDFS() {
    g1.addVertex(a);
    g1.addVertex(b);
    g1.addVertex(c);
    g1.addVertex(d);
    g1.addVertex(e);
    g1.addVertex(f);
    g1.addVertex(g);
    g1.addEdge(ab);
    g1.addEdge(ad);
    g1.addEdge(bc);
    g1.addEdge(be);
    g1.addEdge(dc);
    g1.addEdge(ed);
    g1.addEdge(fb);
    g1.addEdge(fg);
    IList<Vertex<Integer>> dfsList = g1.allItDFS();
    String result =
        dfsList.toString().replaceFirst("org.jomaveger.structures.LinkedList",
"");
    assertEquals("[(A,10), (B,20), (C,30), (E,50), (D,40), (F,60), (G,70), ]",
result);
    assertTrue(dfsList.contains(a));
    assertTrue(dfsList.contains(b));
    assertTrue(dfsList.contains(c));
    assertTrue(dfsList.contains(d));
    assertTrue(dfsList.contains(e));
    assertTrue(dfsList.contains(f));
    assertTrue(dfsList.contains(g));
}
```

Estos algoritmos son válidos tanto para grafos dirigidos como no dirigidos, e igualmente para grafos valorados.

5.4 ALGORITMOS: RECORRIDO EN ANCHURA

El recorrido en anchura de un grafo (en inglés *breadth first search,* abreviado BFS) es equivalente al recorrido por niveles en los árboles. Por tanto, este algoritmo no tiene versión recursiva, sino únicamente una versión iterativa en la que emplearemos una cola. El recorrido empieza visitando el vértice inicial **v** dado como argumento al método, que se almacena en la cola; en las iteraciones siguientes, se extraerá siempre el primero de la cola y se explorarán todos sus vértices adyacentes de modo que, si no han sido visitados aún, se visitarán, se marcarán como visitados y se introducirán en la cola. El método queda finalmente de la siguiente manera:

```
// class GraphAlgorithms
public IList<Vertex<T>> BFS(Vertex<T> v, ITable<Vertex<T>, Integer> path,
IList<Vertex<T>> bfsList) {
    IQueue<Vertex<T>> q = new LinkedQueue<>();
    Vertex<T> u, w;
    IList<Vertex<T>> l;
    int k = 1;
    path.set(v, k);
    bfsList.addLast(v);
    q.enqueue(v);

    while (!q.isEmpty()) {
        u = q.front();
        q.dequeue();
        l = getAdjVertex(u);
        while (!l.isEmpty()) {
            w = l.getFirst();
            l.removeFirst();
            if (path.get(w) == 0) {
                k++;
                path.set(w, k);
                bfsList.addLast(w);
                q.enqueue(w);
            }
        }
    }

    return bfsList;
}
```

La prueba para este algoritmo sería la siguiente:

```java
//class GraphAlgorithmsTest
@Test
public void testBFS() {
    g1.addVertex(a);
    g1.addVertex(b);
    g1.addVertex(c);
    g1.addVertex(d);
    g1.addVertex(e);
    g1.addVertex(f);
    g1.addVertex(g);
    g1.addEdge(ab);
    g1.addEdge(ad);
    g1.addEdge(bc);
    g1.addEdge(be);
    g1.addEdge(dc);
    g1.addEdge(ed);
    g1.addEdge(fb);
    g1.addEdge(fg);
    ITable<Vertex<Integer>, Integer> path = new LinkedTable<>();
    path.set(a, 0);
    path.set(b, 0);
    path.set(c, 0);
    path.set(d, 0);
    path.set(e, 0);
    path.set(f, 0);
    path.set(g, 0);
    IList<Vertex<Integer>> bfsList = new LinkedList<>();
    bfsList = g1.BFS(a, path, bfsList);
    assertTrue(bfsList.contains(a));
    assertTrue(bfsList.contains(b));
    assertTrue(bfsList.contains(c));
    assertTrue(bfsList.contains(d));
    assertTrue(bfsList.contains(e));
    assertFalse(bfsList.contains(f));
    assertFalse(bfsList.contains(g));
}
```

Este método que implementa el recorrido en anchura puede utilizarse para recorrer todos los vértices de un grafo de la misma forma que hicimos con los métodos que implementaban el recorrido en profundidad: Se parte de un vértice cualquiera y se aplica el método BFS; al finalizar, se escoge otro vértice cualquiera que todavía no haya sido visitado. Y así sucesivamente hasta que todos los vértices hayan sido visitados.

```java
// class GraphAlgorithms
public IList<Vertex<T>> allBFS() {
    IList<Vertex<T>> bfsList = new LinkedList<>();
```

```
ITable<Vertex<T>, Integer> path = new LinkedTable<>();
for (Vertex<T> vertex : vertex) {
    path.set(vertex, 0);
}
for (Vertex<T> vertex : vertex) {
    if (path.get(vertex) == 0) {
        bfsList = BFS(vertex, path, bfsList);
    }
}
return bfsList;
}
```

La prueba para este método sería la siguiente:

```
//class GraphAlgorithmsTest
@Test
public void testAllBFS() {
    g1.addVertex(a);
    g1.addVertex(b);
    g1.addVertex(c);
    g1.addVertex(d);
    g1.addVertex(e);
    g1.addVertex(f);
    g1.addVertex(g);
    g1.addEdge(ab);
    g1.addEdge(ad);
    g1.addEdge(bc);
    g1.addEdge(be);
    g1.addEdge(dc);
    g1.addEdge(ed);
    g1.addEdge(fb);
    g1.addEdge(fg);
    IList<Vertex<Integer>> bfsList = g1.allBFS();
    String result =
        bfsList.toString().replaceFirst("org.jomaveger.structures.LinkedList", "");
    assertEquals("[(A,10), (B,20), (D,40), (C,30), (E,50), (F,60), (G,70), ]", result);
    assertTrue(bfsList.contains(a));
    assertTrue(bfsList.contains(b));
    assertTrue(bfsList.contains(c));
    assertTrue(bfsList.contains(d));
    assertTrue(bfsList.contains(e));
    assertTrue(bfsList.contains(f));
    assertTrue(bfsList.contains(g));
}
```

Este algoritmo es válido tanto para grafos dirigidos como no dirigidos, e igualmente para grafos valorados.

5.5 ALGORITMOS: DETERMINAR SI UN GRAFO NO DIRIGIDO ES CONEXO

Para determinar si un grafo no dirigido es conexo, basta realizar un recorrido en profundidad desde cualquier vértice y comprobar que hemos podido recorrer todos los vértices.

El método que implementa esta idea sería el siguiente:

```java
// class GraphAlgorithms
public boolean isConnected(Vertex<T> v) {
    int k = 0;
    IList<Vertex<T>> dfsList = new LinkedList<>();
    ITable<Vertex<T>, Integer> path = new LinkedTable<>();
    for (Vertex<T> vertex : vertex) {
        path.set(vertex, 0);
    }
    dfsList = DFS(v, k, path, dfsList);
    return (dfsList.size() == vertex.size());
}
```

La prueba para este método sería la siguiente:

```java
// class GraphAlgorithmsTest
private Vertex<Integer> uno = new Vertex<>("1", 10);
private Vertex<Integer> dos = new Vertex<>("2", 20);
private Vertex<Integer> tres = new Vertex<>("3", 30);
private Vertex<Integer> cuatro = new Vertex<>("4", 40);
private Vertex<Integer> cinco = new Vertex<>("5", 50);
private Edge<Integer> unodos = new Edge<>(uno, dos);
private Edge<Integer> dostres = new Edge<>(dos, tres);
private Edge<Integer> doscinco = new Edge<>(dos, cinco);
private Edge<Integer> unocuatro = new Edge<>(uno, cuatro);
private Edge<Integer> cuatrocinco = new Edge<>(cuatro, cinco);
@Test
public void testIsConnected() {
    GraphAlgorithms<Integer> g2;
    g2 = new GraphAlgorithms<>(false, false);
    g2.addVertex(uno);
    g2.addVertex(dos);
    g2.addVertex(tres);
    g2.addVertex(cuatro);
    g2.addVertex(cinco);
    g2.addEdge(unodos);
    g2.addEdge(dostres);
    g2.addEdge(doscinco);
    g2.addEdge(unocuatro);
    g2.addEdge(cuatrocinco);
    assertTrue(g2.isConnected(uno));
}
```

5.6 ALGORITMOS: DETERMINAR COMPONENTES FUERTEMENTE CONEXAS DE UN GRAFO DIRIGIDO

Un grafo no dirigido es un árbol libre si es conexo y acíclico o, equivalentemente, si es conexo y tiene exactamente **n - 1** aristas para **n** vértices.

Un grafo dirigido es una arborescencia si existe un vértice, llamado raíz, desde el que se puede alcanzar cualquier otro vértice a través de un camino único. La diferencia entre una arborescencia y un árbol general es que en la primera no existe un orden entre los hijos de cada nodo; ahora bien, como ocurre en los árboles generales, en una arborescencia no puede haber ciclos porque entonces habría infinitos caminos entre los vértices del ciclo. En consecuencia, tiene que existir un único vértice con grado de entrada cero, que será la raíz de la arborescencia.

Los vértices de un grafo dirigido se dividen en componentes fuertemente conexas de forma única, de modo que cada vértice pertenece exactamente a una componente. El caso límite sería que cada componente fuertemente conexa contuviera un único vértice. Si un grafo dirigido es una arborescencia, entonces posee una única componente fuertemente conexa que contiene a todos los vértices.

El recorrido en profundidad del grafo dirigido produce un bosque de arborescencias, y todos los vértices de una misma componente fuertemente conexa pertenecen a la misma arborescencia. Entonces, para cada componente fuertemente conexa, denominamos raíz de la componente al vértice que está más alto en la arborescencia. De esta forma, la raíz es el primer vértice de la componente que se visita durante el recorrido en profundidad, y tal que todos los vértices de la misma componente conforman la misma rama del árbol en el recorrido. No obstante, pueden aparecer aristas que crucen de una rama a otra. Estas aristas que cruzan entre ramas siempre van de derecha a izquierda, es decir, apuntan a vértices ya visitados.

Vamos a asociar a cada vértice **v** un valor **higher(v)** que indica el vértice más alto del árbol que se puede alcanzar desde **v**. Este valor es el menor entre los valores **higher** de sus hijos y de (a través de **path**) entre sus aristas ascendentes o que cruzan. Un vértice será la raíz de la primera componente si es el primer vértice para el cual su valor **higher** no está más alto que él mismo. Una vez que se ha determinado la primera raíz, la componente fuertemente conexa consiste en todos sus descendientes en la arborescencia, situados en la misma rama. Para encontrar la siguiente componente, debemos eliminar la primera componente del grafo, lo que consiste en marcar los vértices de la componente encontrada e ignorar las aristas que apunten a vértices marcados.

El método recursivo que calcula las componentes fuertemente conexas de un grafo dirigido es el siguiente:

```java
// class GraphAlgorithms
public ITable<Vertex<T>, Integer> stronglyConnectedComponents(Vertex<T> v) {
    int k = 0; int[] c = {0};
    ITable<Vertex<T>, Integer> path = new LinkedTable<>();
    for (Vertex<T> vertex : vertex) {
        path.set(vertex, 0);
    }
    ITable<Vertex<T>, Integer> component = new LinkedTable<>();
    for (Vertex<T> vertex : vertex) {
        component.set(vertex, 0);
    }
    ITable<Vertex<T>, Integer> higher = new LinkedTable<>();
    for (Vertex<T> vertex : vertex) {
        higher.set(vertex, 0);
    }
    IStack<Vertex<T>> stack = new LinkedStack<>();
    for (Vertex<T> vertex : vertex) {
        if (path.get(vertex) == 0) {
            component = stronglyConnectedDFS(vertex, k, c, stack, path, component,
higher);
        }
    }
    return component;
}

private ITable<Vertex<T>, Integer> stronglyConnectedDFS(Vertex<T> v, int k,
int[] c, IStack<Vertex<T>> stack,
        ITable<Vertex<T>, Integer> path, ITable<Vertex<T>, Integer> component,
ITable<Vertex<T>, Integer> higher) {
    k++;
    path.set(v, k);
    higher.set(v, k);
    stack.push(v);
    IList<Vertex<T>> list = getAdjVertex(v);
    while (!list.isEmpty()) {
        Vertex<T> w = list.getFirst();
        list.removeFirst();
        if (path.get(w) == 0) {
            stronglyConnectedDFS(w, k, c, stack, path, component, higher);
            higher.set(v, Math.min(higher.get(v), higher.get(w)));
        } else {
            if ((path.get(w) < path.get(v)) && component.get(w) == 0) {
                higher.set(v, Math.min(higher.get(v), path.get(w)));
            }
        }
    }
    if (higher.get(v) == path.get(v)) {
        c[0]++;
        component.set(v, c[0]);
        Vertex<T> w = stack.peek();
        stack.pop();
        while (!w.equals(v)) {
            component.set(w, c[0]);
            w = stack.peek();
            stack.pop();
        }
    }
    return component;
}
```

La variable **k** lleva la cuenta del número de vértices recorridos.

La variable **c** lleva la cuenta del número de componentes encontradas.

La tabla **component** lleva cuenta de la componente a la que pertenece cada vértice.

La tabla **path** asigna a cada vértice un número natural que indica la posición en la que ha sido recorrido.

La pila **stack** guarda los vértices pendientes de ser asignados a una componente hasta que la raíz sea encontrada.

Hemos utilizado un truco para emplear un tipo predefinido como parámetro de salida, y es envolverlo en un array. Es decir, un argumento de un método de tipo **int** sólo funciona como parámetro de entrada en Java, pero si creamos un array de **int** podemos utilizarlo como parámetro de entrada/salida.

La prueba para este método sería la siguiente, donde el grafo dirigido creado tiene dos componentes fuertemente conexas:

```java
// class GraphAlgorithmsTest
private Edge<Integer> tresdos = new Edge<>(tres, dos);
private Edge<Integer> unotres = new Edge<>(uno, tres);
private Edge<Integer> cincouno = new Edge<>(cinco, uno);
private Edge<Integer> cincotres = new Edge<>(cinco, tres);
@Test
public void testStronglyConnectedComponents() {
    g1.addVertex(uno);
    g1.addVertex(dos);
    g1.addVertex(tres);
    g1.addVertex(cuatro);
    g1.addVertex(cinco);
    g1.addEdge(unodos);
    g1.addEdge(dostres);
    g1.addEdge(tresdos);
    g1.addEdge(unotres);
    g1.addEdge(unocuatro);
    g1.addEdge(cuatrocinco);
    g1.addEdge(cincouno);
    g1.addEdge(cincotres);

    ITable<Vertex<Integer>, Integer> components = g1.stronglyConnectedComponents
(uno);
    IList<Vertex<Integer>> keys = components.keyList();
    ISet<Integer> set = new Set<>();
    for (Vertex<Integer> vertex : keys) {
        set.add(components.get(vertex));
    }
    assertEquals((Integer)2, set.cardinal());
}
```

5.7 ALGORITMOS: ORDENACIÓN TOPOLÓGICA DE UN GRAFO DIRIGIDO ACÍCLICO

La ordenación topológica de los vértices del grafo se basa en que, si el vértice **v** aparece en la ordenación en la posición **i**, entonces todos los vértices accesibles desde **v** ocuparán posiciones posteriores a **i**. Por tanto, si existe en el grafo un camino del vértice **v** al vértice **w**, la ordenación topológica del grafo será cualquier recorrido de dicho grafo que visite cada vértice **w** solamente después de haber visitado tanto **v** como el resto de antepasados de **w**. Esta definición nos permite concluir que son posibles varios recorridos de ordenación topológica para un mismo grafo.

La estrategia para encontrar la ordenación consiste en ir considerando de forma reiterada vértices con grado de entrada cero, eliminándolos del grafo junto con todas las aristas que salen de dicho vértice. Puesto que el grafo es acíclico, en cada momento debe haber algún vértice con grado de entrada cero. Vamos a necesitar guardar la información sobre el grado de entrada de cada vértice y utilizar una cola donde se van añadiendo los vértices con grado de entrada cero que se van generando, para tratarlos posteriormente.

El método que obtiene la ordenación topológica de un grafo, iterativo en este caso, sería el siguiente:

```java
// class GraphAlgorithms
public ITable<Vertex<T>, Integer> getInputDegree() {
    ITable<Vertex<T>, Integer> idegree = new LinkedTable<>();

    for (Vertex<T> v : vertex) {
        int input = 0;
        for (IList<Edge<T>> iList : edges) {
            for (Edge<T> edge : iList) {
                if (edge.getDest().equals(v)) {
                    input++;
                }
            }
        }
        idegree.set(v, input);
    }

    return idegree;
}

public IList<Vertex<T>> topologicalSort() {
    IList<Vertex<T>> tsort = new LinkedList<>();
    IList<Vertex<T>> adj;
    ITable<Vertex<T>, Integer> idegree = getInputDegree();
    IQueue<Vertex<T>> q = new LinkedQueue<>();
    IList<Vertex<T>> idl = idegree.keyList();
    for (Vertex<T> vertex : idl) {
        if (idegree.get(vertex) == 0) {
            q.enqueue(vertex);
        }
```

```
    }
    int posicion = -1;
    while (!q.isEmpty()) {
        Vertex<T> v = q.front();
        q.dequeue();
        posicion++;
        tsort.add(posicion, v);
        adj = getAdjVertex(v);

        while (!adj.isEmpty()) {
            Vertex<T> w = adj.getFirst();
            adj.removeFirst();
            idegree.set(w, idegree.get(w) - 1);
            if (idegree.get(w) == 0) {
                q.enqueue(w);
            }
        }
    }
    return tsort;
}
```

La prueba para este método sería la siguiente:

```
// class GraphAlgorithmsTest
private Vertex<Integer> seis = new Vertex<>("6", 60);
private Vertex<Integer> siete = new Vertex<>("7", 70);
private Vertex<Integer> ocho = new Vertex<>("8", 80);
private Vertex<Integer> nueve = new Vertex<>("9", 90);
private Vertex<Integer> diez = new Vertex<>("10", 100);
private Vertex<Integer> once = new Vertex<>("11", 110);
private Vertex<Integer> doce = new Vertex<>("12", 120);
private Edge<Integer> unocinco = new Edge<>(uno, cinco);
private Edge<Integer> unoseis = new Edge<>(uno, seis);
private Edge<Integer> trescinco = new Edge<>(tres, cinco);
private Edge<Integer> cincoseis = new Edge<>(cinco, seis);
private Edge<Integer> cincosiete = new Edge<>(cinco, siete);
private Edge<Integer> seisocho = new Edge<>(seis, ocho);
private Edge<Integer> nuevetres = new Edge<>(nueve, tres);
private Edge<Integer> nuevediez = new Edge<>(nueve, diez);
private Edge<Integer> nueveonce = new Edge<>(nueve, once);
private Edge<Integer> diezonce = new Edge<>(diez, once);
private Edge<Integer> diezdoce = new Edge<>(diez, doce);
private Edge<Integer> oncedoce = new Edge<>(once, doce);
@Test
public void testTopologicalSort() {
    g1.addVertex(uno);
    g1.addVertex(dos);
    g1.addVertex(tres);
    g1.addVertex(cuatro);
    g1.addVertex(cinco);
    g1.addVertex(seis);
    g1.addVertex(siete);
    g1.addVertex(ocho);
    g1.addVertex(nueve);
```

```
g1.addVertex(diez);
g1.addVertex(once);
g1.addVertex(doce);
g1.addEdge(unodos);
g1.addEdge(unotres);
g1.addEdge(unocuatro);
g1.addEdge(unocinco);
g1.addEdge(unoseis);
g1.addEdge(trescinco);
g1.addEdge(cincoseis);
g1.addEdge(cincosiete);
g1.addEdge(seisocho);
g1.addEdge(nuevetres);
g1.addEdge(nuevediez);
g1.addEdge(nueveonce);
g1.addEdge(diezonce);
g1.addEdge(diezdoce);
g1.addEdge(oncedoce);

IList<Vertex<Integer>> sort = g1.topologicalSort();
assertEquals((Integer)12, sort.size());
String result =
    sort.toString().replaceFirst("org.jomaveger.structures.LinkedList", "");
assertEquals("[(1,10), (9,90), (2,20), (4,40), (3,30), (10,100), (5,50),
(11,110), (6,60), (7,70), (12,120), (8,80), ]", result);
}
```

5.8 ESTRUCTURAS DE DATOS: COLAS DE PRIORIDAD Y MONTÍCULOS DE FIBONACCI

Vamos a hacer un intermedio en nuestra exposición de algoritmos y métodos algorítmicos relacionados con grafos para estudiar varias estructuras de datos que vamos a necesitar en la implementación de los algoritmos que nos encontraremos posteriormente.

En primer lugar, estudiaremos una implementación de una cola de prioridad respaldada por un montículo de Fibonacci. Internamente, un montículo de Fibonacci es un conjunto de árboles parcialmente ordenados, es decir, la clave de todo nodo es mayor o igual que la de su padre. Se accede por un puntero a la raíz de clave mínima.

Cada nodo tiene un puntero a su nodo padre (si existe) y un puntero a alguno de sus hijos. Adicionalmente, todo nodo almacena su grado (es decir, el número de hijos que tiene). Los hijos de un nodo se enlazan con una lista circular doblemente enlazada (cada nodo tiene un puntero a su hermano izquierdo y al derecho). El orden en esa lista es arbitrario.

Además, cada nodo contiene un booleano, *marcado*, que indica si dicho nodo ha perdido un hijo desde la última vez que se puso como hijo de otro nodo. Los nodos recién creados tienen la marca a **false**. También se pone la marca a **false** cuando el nodo se convierte en hijo de otro nodo.

Al montículo se accede mediante un puntero que apunta al elemento mínimo de la lista circular doblemente encadenada de raíces de árboles. El orden de los árboles en la lista de raíces es arbitrario.

Para insertar un nodo en un montículo de Fibonacci, un único árbol es creado y después mezclado con el resto de los árboles. La operación de mezcla funciona de la siguiente manera: Simplemente uniendo las dos listas doblemente enlazadas de los dos árboles y después actualizando el puntero al mínimo para que sea el más pequeño de los mínimos de los dos montículos. Nótese que si se insertan **k** nodos consecutivos, la lista de raíces se incrementa con **k** árboles de un único nodo.

Una operación complicada es la que desencola y retorna el elemento mínimo del montículo de Fibonacci. Este algoritmo debe eliminar la raíz del árbol que contiene el elemento más pequeño y también debe juntar las raíces de igual grado hasta conseguir que haya como mucho una raíz de cada grado (así se reduce el número de árboles en el montículo), y además ordena las raíces por grado. Para llevar a cabo esta compactación, una idea posible de actuación es repetir los siguientes pasos hasta que todas las raíces de la lista de raíces del montículo tengan distinto grado:

- ▶ Buscar dos raíces **x** e **y** con igual grado y con la clave de **x** menor o igual que la clave de **y**.

- ▶ Enlazar **y** a **x**, para lo cual se borra **y** de la lista de raíces y se hace que **y** sea hijo de **x**; posteriormente, se incrementa el grado de **x** y la marca de **y** se pone a **false**.

Otra operación complicada es la que cambia la prioridad de una clave. En primer lugar, actualizamos la clave del nodo al nuevo valor. Si, de este modo, el nodo permanece más pequeño que el padre, hemos terminado. En caso contrario, desvinculamos el nodo de su padre, lo añadimos como una raíz y luego marcamos su nodo padre. Si dicho nodo padre ya estuviera marcado, desvinculamos también ese nodo, recursivamente marcamos a su padre y continuamos este proceso. Finalmente, dada esta operación, es posible implementar la operación que borra un elemento: Sólo habría que decrementar la prioridad de la clave a **Double.NEGATIVE_INFINITY** (lo que garantizaría que el nodo es desvinculado y situado en el mínimo global) y después invocar a la operación que desencola y retorna el elemento mínimo.

Lo primero que vamos a implementar es el nodo que utilizará el montículo de Fibonacci para implementar la cola de prioridad:

```java
package org.jomaveger.structures;
import java.io.Serializable;
import java.util.Objects;
public class Entry<T> implements Serializable {

    private int degree = 0;
    private boolean isMarked = false;
    private Entry<T> next;
    private Entry<T> prev;
    private Entry<T> parent;
    private Entry<T> child;
    private T       value;
    private double priority;

    public Entry(T elem, double mPriority) {
        next = prev = this;
        value = elem;
        priority = mPriority;
    }
    public T getValue() {
        return value;
    }
    public void setValue(T value) {
        this.value = value;
    }
    public double getPriority() {
        return priority;
    }

    public void setPriority(double mPriority) {
        this.priority = mPriority;
    }
    public int getDegree() {
        return degree;
    }
    public void setDegree(int mDegree) {
        this.degree = mDegree;
    }
    public boolean isIsMarked() {
        return isMarked;
    }
    public void setIsMarked(boolean mIsMarked) {
        this.isMarked = mIsMarked;
    }
    public Entry<T> getNext() {
        return next;
    }
    public void setNext(Entry<T> mNext) {
        this.next = mNext;
    }
    public Entry<T> getPrev() {
        return prev;
```

```
            }
        public void setPrev(Entry<T> mPrev) {
            this.prev = mPrev;
        }
        public Entry<T> getParent() {
            return parent;
        }
        public void setParent(Entry<T> mParent) {
            this.parent = mParent;
        }
        public Entry<T> getChild() {
            return child;
        }
        public void setChild(Entry<T> mChild) {
            this.child = mChild;
        }

        @Override
         public String toString() {
            StringBuilder string = new StringBuilder();
            string.append(this.getClass().getName() + "[");
            string.append(this.value + ", " + this.priority);
            string.append("]");
            return string.toString();
        }
        @Override
        public boolean equals(Object otherObject) {
            if (this == otherObject) return true;
            if (otherObject == null
                    || this.getClass() != otherObject.getClass())
                return false;
            Entry<T> that = (Entry<T>) otherObject;
            return Objects.equals(this.value, that.value) &&
                    Objects.equals(this.priority, that.priority);
        }
        @Override
        public int hashCode() {
            Object[] array = new Object[2];
            array[0] = this.value;
            array[1] = this.priority;
            return Objects.hash(array);
        }
    }
}
```

La interfaz genérica de la cola de prioridad será la siguiente:

```
package org.jomaveger.structures;
public interface IPriorityQueue<T> {

    Entry<T> enqueue(T value, double priority);

    Entry<T> min();

    boolean isEmpty();
```

```
    int size();

    Entry<T> dequeueMin();

    void decreaseKey(Entry<T> entry, double newPriority);

    void delete(Entry<T> entry);

    IPriorityQueue<T> deepCopy();
}
```

tal que:

- ► El método **enqueue()** inserta en la cola el elemento especificado con la prioridad especificada, retornando un nodo que representa el elemento del árbol que contiene dicha información.

- ► El método **min()** devuelve un nodo que se corresponde al elemento con la prioridad mínima de la cola.

- ► El método **isEmpty()** retorna si la cola de prioridad está vacía.

- ► El método **size()** devuelve el número de elementos de la cola de prioridad.

- ► El método **dequeueMin()** desencola y retorna el elemento mínimo de la cola de prioridad.

- ► El método **decreaseKey()** decrementa la prioridad de la clave del elemento especificado a una nueva prioridad.

- ► El método **delete()** borra el elemento especificado de la cola de prioridad.

- ► El método **deepCopy()**, como ya sabemos, hace una copia en profundidad de la cola de prioridad.

La implementación de las colas de prioridad mediante montículos de Fibonacci sería la siguiente:

```
package org.jomaveger.structures;
import java.io.Serializable;
import java.util.ArrayList;
import java.util.List;
import org.jomaveger.lang.DeepCloneable;
import org.jomaveger.lang.dbc.Contract;
public class FibonacciHeap<T> implements IPriorityQueue<T>, Serializable {

    private Entry<T> min = null;

    private int size = 0;
```

```java
    public FibonacciHeap() {
        Contract.ensure(isEmpty());
          Contract.invariant(checkInvariant());
    }
    @Override
    public Entry<T> enqueue(T value, double priority) {
        Contract.require(value != null && checkPriority(priority));

        Entry<T> result = new Entry<T>(value, priority);
          min = FibonacciHeap.mergeLists(min, result);
          ++size;
          return result;
    }
    private static <T> Entry<T> mergeLists(Entry<T> one, Entry<T> two) {
        if (one == null && two == null) {
            return null;
        }
        else if (one != null && two == null) {
            return one;
        }
        else if (one == null && two != null) {
            return two;
        }
        else {
          Entry<T> oneNext = one.getNext();
            one.setNext(two.getNext());
            one.getNext().setPrev(one);
            two.setNext(oneNext);
            two.getNext().setPrev(two);
            return (Double.compare(one.getPriority(), two.getPriority()) < 0)?
one : two;
        }
    }
    private boolean checkPriority(double priority) {
        if (Double.isNaN(priority)) return false;
        else return true;
    }
    @Override
    public Entry<T> min() {
        Contract.invariant(checkInvariant());
        Contract.require(!isEmpty());

        Entry<T> m = min;

        Contract.ensure(m != null);
        Contract.invariant(checkInvariant());
        return m;
    }
    @Override
    public boolean isEmpty() {
        Contract.invariant(checkInvariant());
        boolean isEmpty = (min == null);

        Contract.ensure(isEmpty == (min == null));
        Contract.invariant(checkInvariant());
          return isEmpty;
```

```java
        }
        @Override
        public int size() {
            Contract.invariant(checkInvariant());

            int size = this.size;

            Contract.ensure(this.size >= 0);
            Contract.invariant(checkInvariant());
            return size;
        }

    public static <T> FibonacciHeap<T> merge(FibonacciHeap<T> one,
FibonacciHeap<T> two) {
        Contract.require(one != null && two != null);
        FibonacciHeap<T> result = new FibonacciHeap<T>();
        result.min = mergeLists(one.min, two.min);
        result.size = one.size + two.size;
        one.size = two.size = 0;
        one.min  = null;
        two.min  = null;
        return result;
    }
    @Override
    public Entry<T> dequeueMin() {
        Contract.invariant(checkInvariant());
        Contract.require(!isEmpty());

        --size;
        Entry<T> minElem = min;

        if (min.getNext() == min) {
            min = null;
        }
        else {
            min.getPrev().setNext(min.getNext());
            min.getNext().setPrev(min.getPrev());
            min = min.getNext();
        }

        if (minElem.getChild() != null) {
            Entry<?> curr = minElem.getChild();
            do {

                curr.setParent(null);
                curr = curr.getNext();

            } while (curr != minElem.getChild());
        }

        min = mergeLists(min, minElem.getChild());
        if (min == null) return minElem;

        List<Entry<T>> treeTable = new ArrayList<Entry<T>>();
        List<Entry<T>> toVisit = new ArrayList<Entry<T>>();

        for (Entry<T> curr = min; toVisit.isEmpty() || toVisit.get(0) != curr;
```

```
    curr = curr.getNext())
            toVisit.add(curr);

        for (Entry<T> curr: toVisit) {

            while (true) {

                while (curr.getDegree() >= treeTable.size())
                    treeTable.add(null);
                if (treeTable.get(curr.getDegree()) == null) {
                    treeTable.set(curr.getDegree(), curr);
                    break;
                }
                Entry<T> other = treeTable.get(curr.getDegree());
                treeTable.set(curr.getDegree(), null);
                Entry<T> min = (other.getPriority() < curr.getPriority())? other : curr;
                Entry<T> max = (other.getPriority() < curr.getPriority())? curr  : other;
                max.getNext().setPrev(max.getPrev());
                max.getPrev().setNext(max.getNext());
                max.setNext(max); max.setPrev(max);
                min.setChild(mergeLists(min.getChild(), max));

                max.setParent(min);
                max.setIsMarked(false);
                min.setDegree(min.getDegree() + 1);
                curr = min;
            }
            if (Double.compare(curr.getPriority(), min.getPriority()) <= 0) min = curr;
        }

        Contract.ensure(minElem != null);
        Contract.invariant(checkInvariant());
        return minElem;
    }
    @Override
    public void decreaseKey(Entry<T> entry, double newPriority) {
        Contract.invariant(checkInvariant());
        int oldSize = size();
        Contract.require(entry != null && checkPriority(newPriority) &&
checkNewPriority(entry, newPriority));

        decreaseKeyUnchecked(entry, newPriority);
        Contract.ensure(size() == oldSize);
        Contract.invariant(checkInvariant());
    }
    private void decreaseKeyUnchecked(Entry<T> entry, double newPriority) {
        entry.setPriority(newPriority);

        if (entry.getParent() != null && (Double.compare(entry.getPriority(),
entry.getParent().getPriority()) <= 0))
            cutNode(entry);
        if (Double.compare(entry.getPriority(), min.getPriority()) <= 0)
            min = entry;
    }
    private void cutNode(Entry<T> entry) {
        entry.setIsMarked(false);
        if (entry.getParent() == null) return;
```

```java
        if (entry.getNext() != entry) {
            entry.getNext().setPrev(entry.getPrev());
            entry.getPrev().setNext(entry.getNext());
        }
        if (entry.getParent().getChild() == entry) {

            if (entry.getNext() != entry) {
                entry.getParent().setChild(entry.getNext());
            }
            else {
                entry.getParent().setChild(null);
            }
        }
        entry.getParent().setDegree(entry.getParent().getDegree() - 1);
        entry.setPrev(entry); entry.setNext(entry);
        min = mergeLists(min, entry);
        if (entry.getParent().isIsMarked())
            cutNode(entry.getParent());
        else
            entry.getParent().setIsMarked(true);

        entry.setParent(null);
    }
    private boolean checkNewPriority(Entry<T> entry, double newPriority) {
        if (Double.compare(newPriority, entry.getPriority()) > 0) return false;
        else return true;
    }
    @Override
    public void delete(Entry<T> entry) {
        Contract.require(entry != null);
        Contract.invariant(checkInvariant());
        int oldSize = size();

        decreaseKeyUnchecked(entry, Double.NEGATIVE_INFINITY);
        dequeueMin();

        Contract.ensure(size() == oldSize - 1);
        Contract.invariant(checkInvariant());
    }
    @Override
    public IPriorityQueue<T> deepCopy() {
        Contract.invariant(checkInvariant());
        IPriorityQueue<T> deepCopy;
        try {
            deepCopy = DeepCloneable.deepCopy(this);
        } catch (Exception e) {
            deepCopy = new FibonacciHeap<>();
        }
        Contract.ensure(deepCopy.equals(this) || deepCopy.isEmpty());
        Contract.invariant(checkInvariant());
        return deepCopy;
    }
    private boolean checkInvariant() {
        return size >= 0;
    }
}
```

En este caso, no vamos a hacer una clase de prueba ya que la prueba de fuego de esta estructura de datos son los algoritmos sobre grafos que vamos a ver a continuación.

Un par de matizaciones sobre la implementación:

▸ Utilizamos un array dinámico como implementación de las listas mediante las clases del API de Java **java.util.ArrayList** y **java.util.List**. La razón de no utilizar nuestra implementación de las listas es que, en este caso, necesitamos insertar como elementos de las mismas el valor **null**, funcionalidad que nosotros no permitimos.

▸ Los métodos **delete()** y **decreaseKey()** parten de la base de que el argumento de tipo **Entry< T >** que reciben se encuentra en el montículo. Por razones de rendimiento, no se realiza esta comprobación en tiempo de ejecución.

5.9 ESTRUCTURAS DE DATOS: PARTICIONES

La siguiente estructura de datos que vamos a estudiar, y que nos va a resultar útil en la implementación de los siguientes algoritmos sobre grafos, son las particiones o conjuntos disjuntos. Se van a implementar mediante un bosque, que es un conjunto de árboles, donde cada uno representa un conjunto disjunto de elementos. La representación mantiene un puntero al padre. La raíz de cada árbol es el representante de la partición y apunta a sí misma. La eficiencia de la implementación se mejora aplicando unión por rango y compresión de caminos.

La idea de la unión por rango es la siguiente:

▸ En lugar de mantener el tamaño de los árboles, mantenemos siempre el rango de los árboles, que es una cota superior de su altura. Así, al crear un árbol, su rango es cero. La operación **find()** no cambia el rango. Al unir dos árboles, se coloca como raíz la del árbol de mayor rango, y éste no cambia; en caso de empate, se elige uno cualquiera y se incrementa su rango en una unidad.

La idea de la compresión de caminos es muy simple y efectiva y se emplea en la operación **find()**.

▸ Hace que los nodos recorridos en el camino de búsqueda pasen a apuntar directamente a la raíz. Además, no se modifica la información sobre el rango.

La siguiente clase genérica modela un nodo que utilizaremos para representar las particiones, y contiene el padre del objeto y el rango:

```java
package org.jomaveger.structures;
import java.io.Serializable;
import java.util.Objects;
public class Link<T> implements Serializable {
    private T parent;
    private int rank = 0;
    public Link(T parent) {
        this.parent = parent;
    }
    public T getParent() {
        return parent;
    }
    public void setParent(T parent) {
        this.parent = parent;
    }
    public int getRank() {
        return rank;
    }
    public void setRank(int rank) {
        this.rank = rank;
    }

    @Override
    public String toString() {
        StringBuilder string = new StringBuilder();
        string.append(this.getClass().getName() + "[");
        string.append(this.parent + ", " + this.rank);
        string.append("]");
        return string.toString();
    }
    @Override
    public boolean equals(Object otherObject) {
        if (this == otherObject) return true;
        if (otherObject == null
                || this.getClass() != otherObject.getClass())
            return false;
        Link<T> that = (Link<T>) otherObject;
        return Objects.equals(this.parent, that.parent) &&
                Objects.equals(this.rank, that.rank);
    }
    @Override
    public int hashCode() {
        Object[] array = new Object[2];
        array[0] = this.parent;
        array[1] = this.rank;
        return Objects.hash(array);
    }
}
```

La implementación de las particiones o conjuntos disjuntos sería la siguiente:

```java
package org.jomaveger.structures;
import java.io.Serializable;
import org.jomaveger.lang.dbc.Contract;
public class UnionFind<T> implements Serializable {

    private final ITable<T, Link<T>> elems = new ClosedHashTable<>();

    public UnionFind() {
    }
    public UnionFind(IList<? extends T> elems) {
        for (T elem: elems)
            add(elem);
    }

    public boolean add(T elem) {
        Contract.require(elem != null);
        if (elems.contains(elem))
            return false;
        elems.set(elem, new Link<T>(elem));
        return true;
    }

    public T find(T elem) {
        Contract.require(elems.contains(elem));
        return recFind(elem);
    }
    private T recFind(T elem) {
        Link<T> info = elems.get(elem);
        if (info.getParent().equals(elem))
            return elem;
        info.setParent(recFind(info.getParent()));

        return info.getParent();
    }

    public void union(T one, T two) {
        Link<T> oneLink = elems.get(find(one));
        Link<T> twoLink = elems.get(find(two));
        if (oneLink == twoLink) return;
        if (oneLink.getRank() > twoLink.getRank()) {

            twoLink.setParent(oneLink.getParent());

        } else if (oneLink.getRank() < twoLink.getRank()) {

            oneLink.setParent(twoLink.getParent());

        } else {

            twoLink.setParent(oneLink.getParent());

            oneLink.setRank(oneLink.getRank() + 1);
        }
    }
}
```

De nuevo, como en la sección anterior, tampoco vamos a hacer una clase de prueba ya que la prueba de fuego de esta estructura de datos son los algoritmos sobre grafos que vamos a ver a continuación.

5.10 MÉTODO ALGORÍTMICO VORAZ: CÁLCULO DE ÁRBOLES DE RECUBRIMIENTO DE COSTE MÍNIMO. ALGORITMOS DE PRIM Y KRUSKAL

El método algorítmico voraz es una técnica de resolución de problemas que tiene las siguientes características:

▶ Para construir la solución, se dispone de un conjunto de candidatos. A medida que avanza la ejecución del algoritmo, se van formando dos conjuntos: El conjunto de candidatos procesados y seleccionados que formarán parte de la solución, y el conjunto de candidatos examinados que son rechazados definitivamente.

▶ Existe una función de selección que evalúa cuál es el candidato más apto de entre los aún no procesados.

▶ Existe un test de compatibilidad que comprueba si un candidato es compatible con la solución parcial construida hasta el momento; esto es, si existe una solución incluyendo dicha solución parcial y el mencionado candidato.

▶ Existe un test de completitud que determina si una solución parcial conforma una solución completa.

Con frecuencia, el método voraz se emplea en problemas de optimización, es decir, se tiene que obtener la mejor solución según una función objetivo que asocia un valor a cada solución. En general, los algoritmos voraces intentan optimizar la función objetivo, considerando en cada paso el candidato devuelto por la función de selección y añadiéndolo al conjunto de seleccionados, con lo que pasa a formar parte de la solución, siempre que se siga pasando el test de compatibilidad, o al de rechazados en caso contrario.

El método algorítmico voraz se aplica para resolver problemas bien conocidos de grafos. El primero que vamos a estudiar busca encontrar un árbol de recubrimiento de coste mínimo dado un grafo no dirigido valorado y conexo. Suponiendo que los costes de las aristas sean números reales positivos, el objetivo es encontrar un subgrafo que contenga a todos los vértices, que siga siendo conexo y que el coste total de sus aristas sea mínimo. Si el subgrafo contiene un ciclo, se puede eliminar una arista de dicho ciclo sin perder la propiedad de ser conexo y logrando un coste total menor.

Partiendo del conjunto vacío de aristas, es necesario definir una función de selección adecuada que permita extender dicho conjunto para que el árbol de recubrimiento finalmente obtenido sea de coste mínimo. Existen dos estrategias bien conocidas:

- El Algoritmo de **Prim**, que consiste en escoger la arista de menor valor entre las restantes, manteniendo conexo el subgrafo que se está construyendo. Realmente, el algoritmo de Prim parte de un vértice cualquiera y va extendiendo el árbol de recubrimiento, incorporando en cada etapa un nuevo vértice.

- El Algoritmo de **Kruskal**, que consiste en escoger la arista de menor valor entre las restantes, aunque el subgrafo resultante no sea conexo. Realmente, el algoritmo de Kruskal parte de un bosque de árboles formados por un único vértice cada uno, y en cada etapa del algoritmo se conectan un par de árboles mediante una arista, hasta que en el bosque quede un único árbol.

Para implementar el algoritmo de Prim, creamos una cola de prioridad mediante un montículo de Fibonacci y asignamos a cada nodo una prioridad infinita. Después, se establece a cero la prioridad del nodo origen del que parte el recorrido, y posteriormente se decrementa la prioridad de la clave de cada nodo conectado al valor del coste de la arista que conecta ese nodo con el nodo origen. Ahora, repetimos el siguiente procedimiento de tres pasos hasta que encontramos el árbol de recubrimiento de coste mínimo:

- Se desencola un nodo de la cola de prioridad. Este nodo será el nodo conectado al árbol existente de recubrimiento por la arista de coste mínimo.

- Examinamos las aristas que salen de este nodo y encontramos el nodo de coste mínimo que lo conecta a los nodos actuales del árbol de recubrimiento existente. Este nodo de coste mínimo es el nodo que provocó que aquel otro tuviera su prioridad.

- Se añade esta arista al árbol existente de recubrimiento de coste mínimo.

El método iterativo que implementa el algoritmo de Prim sería el siguiente:

```java
// class GraphAlgorithms
public static class CostPath<T> {

    public GraphAlgorithms<T> result;
    public Double cost;
}
public Edge<T> getEdge(Vertex<T> v, Vertex<T> w) {
    int vIndex = this.search(v);
    IList<Edge<T>> eg = edges.get(vIndex);
    Edge<T> result = null;
    for (Edge<T> edge : eg) {
        if (edge.getOrig().equals(v) && edge.getDest().equals(w))
            result = edge;
    }
    return result;
}
public CostPath<T> prim(Vertex<T> v) {
    IPriorityQueue<Vertex<T>> pq = new FibonacciHeap<>();

    ITable<Vertex<T>, Entry<Vertex<T>>> entries = new ClosedHashTable<>();

    GraphAlgorithms<T> result = new GraphAlgorithms<T>();

    CostPath<T> cp = new CostPath<>();
    cp.cost = 0.0;
    cp.result = result;

    double cost = 0.0;

    if (isEmpty())
        return cp;

    result.addVertex(v);

    addOutgoingEdges(v, pq, result, entries);
    for (int i = 0; i < numVertex() - 1; ++i) {

        Vertex<T> toAdd = pq.dequeueMin().getValue();
        Vertex<T> endpoint = minCostEndpoint(toAdd, result);
        result.addVertex(toAdd);
        Edge<T> e = getEdge(toAdd, endpoint);
        result.addEdge(e);

        cost += getWeight(e);

        addOutgoingEdges(toAdd, pq, result, entries);
    }

    cp.cost = cost;
    cp.result = result;
    return cp;
}

private Vertex<T> minCostEndpoint(Vertex<T> toAdd, GraphAlgorithms<T> result) {
    Vertex<T> endpoint = null;
    double leastCost = Double.POSITIVE_INFINITY;
    IList<Edge<T>> edges = this.getAdj(toAdd);
```

```
    for (Edge<T> edge : edges) {

        if (!result.hasVertex(edge.getDest())) continue;

        if (Double.compare(edge.getWeight(), leastCost) == 1 || Double.
compare(edge.getWeight(), leastCost) == 0) continue;

        endpoint = edge.getDest();
        leastCost = edge.getWeight();
    }

    return endpoint;
}
private void addOutgoingEdges(Vertex<T> v,
            IPriorityQueue<Vertex<T>> pq,
            GraphAlgorithms<T> result, ITable<Vertex<T>, Entry<Vertex<T>>> en-
tries) {
    IList<Edge<T>> edges = this.getAdj(v);
    for (Edge<T> edge : edges) {
        if (result.hasVertex(edge.getDest())) continue;

        if (!entries.contains(edge.getDest())) {
            entries.set(edge.getDest(), pq.enqueue(edge.getDest(), edge.get-
Weight()));
        }
        else if (Double.compare(entries.get(edge.getDest()).getPriority(), edge.
getWeight()) == 1) {
            pq.decreaseKey(entries.get(edge.getDest()), edge.getWeight());
        }
    }
}
```

Finalmente, el método de prueba del algoritmo sería el siguiente:

```
//class GraphAlgorithmsTest
private Edge<Integer> unodos1 = new Edge<>(uno, dos, 1.0);
private Edge<Integer> unotres1 = new Edge<>(uno, tres, 1.0);
private Edge<Integer> unocuatro3 = new Edge<>(uno, cuatro, 3.0);
private Edge<Integer> dostres1 = new Edge<>(dos, tres, 1.0);
private Edge<Integer> trescuatro2 = new Edge<>(tres, cuatro, 2.0);
private Edge<Integer> trescinco4 = new Edge<>(tres, cinco, 4.0);
private Edge<Integer> cincoseis2 = new Edge<>(cinco, seis, 2.0);
private Edge<Integer> cincosiete2 = new Edge<>(cinco, siete, 2.0);
private Edge<Integer> seissiete1 = new Edge<>(seis, siete, 1.0);
@Test
public void testPrim() {
    GraphAlgorithms<Integer> g2;
    g2 = new GraphAlgorithms<>(false, true);
    g2.addVertex(uno);
     g2.addVertex(dos);
     g2.addVertex(tres);
     g2.addVertex(cuatro);
     g2.addVertex(cinco);
     g2.addVertex(seis);
```

```
            g2.addVertex(siete);

            g2.addEdge(unodos1);
            g2.addEdge(unotres1);
            g2.addEdge(unocuatro3);
            g2.addEdge(dostres1);
            g2.addEdge(trescuatro2);
            g2.addEdge(trescinco4);
            g2.addEdge(cincoseis2);
            g2.addEdge(cincosiete2);
            g2.addEdge(seissiete1);

            CostPath<Integer> prim = g2.prim(uno);
            assertEquals((Double)11.0, prim.cost);
        }
```

Para implementar el algoritmo de Kruskal, se ordenan todas las aristas del grafo por su peso en sentido ascendente para, a continuación, ir añadiéndola de una en una en el grafo resultante. Se mantiene una estructura de datos de partición para prevenir que la adición de una arista implique también la adición de un ciclo en el grafo resultante.

El método iterativo que implementa el algoritmo de Kruskal sería el siguiente:

```
// class GraphAlgorithms
public CostPath<T> kruskal(Vertex<T> v) {

    GraphAlgorithms<T> result = new GraphAlgorithms<T>();

    CostPath<T> cp = new CostPath<>();
    cp.cost = 0.0;
    cp.result = result;

    double cost = 0.0;

    if (numVertex() <= 1)
        return cp;

    IList<Edge<T>> edges = getEdges();

    IList<Edge<T>> sort = IBinarySearchTree.sort(edges);

    UnionFind<Vertex<T>> unionFind = new UnionFind<>();

    for (Vertex<T> u : vertex)
        unionFind.add(u);
    for (Vertex<T> u : vertex)
        result.addVertex(u);

    int numEdges = 0;
    for (Edge<T> edge: sort) {
```

```java
            if (unionFind.find(edge.getOrig()) == unionFind.find(edge.getDest()))
                continue;
            result.addEdge(getEdge(edge.getOrig(), edge.getDest()));

            cost += edge.getWeight();
            unionFind.union(edge.getOrig(), edge.getDest());
            if (++numEdges == numVertex()) break;
        }

     cp.cost = cost;
     cp.result = result;
     return cp;
}

public IList<Edge<T>> getEdges() {
    IList<Edge<T>> result = new LinkedList<>();

    ISet<Vertex<T>> used = new Set<>();


    for (int i = 0; i < vertex.size(); i++) {

        Vertex<T> v = vertex.get(i);

        IList<Edge<T>> edges = getAdj(v);

        for (Edge<T> edge : edges) {
            if (used.contains(edge.getDest())) continue;

            result.addLast(edge);
        }

        used.add(v);
    }

    return result;
}
```

Finalmente, el método de prueba del algoritmo sería el siguiente:

```java
//class GraphAlgorithmsTest
@Test
public void testKruskal() {
    GraphAlgorithms<Integer> g2;
    g2 = new GraphAlgorithms<>(false, true);
    g2.addVertex(uno);
     g2.addVertex(dos);
     g2.addVertex(tres);
     g2.addVertex(cuatro);
     g2.addVertex(cinco);
     g2.addVertex(seis);
     g2.addVertex(siete);

     g2.addEdge(unodos1);
```

```
g2.addEdge(unotres1);
g2.addEdge(unocuatro3);
g2.addEdge(dostres1);
g2.addEdge(trescuatro2);
g2.addEdge(trescinco4);
g2.addEdge(cincoseis2);
g2.addEdge(cincosiete2);
g2.addEdge(seissiete1);

CostPath<Integer> kruskal = g2.kruskal(uno);
assertEquals((Double)11.0, kruskal.cost);
}
```

5.11 MÉTODO ALGORÍTMICO VORAZ: CÁLCULO DE CAMINOS DE COSTE MÍNIMO. ALGORITMO DE DIJKSTRA

Otro algoritmo voraz muy conocido es el algoritmo de Dijkstra que, partiendo de un grafo dirigido valorado (con costes no-negativos) en el que todos los vértices son accesibles desde un vértice inicial, el problema a resolver consiste entonces en determinar el camino de coste mínimo desde ese vértice inicial hasta cada uno de los demás vértices del grafo.

El algoritmo de Dijkstra realiza **n - 1** etapas para un grafo de **n** vértices, en cada una de las cuales se determina el camino de coste mínimo desde el vértice origen a uno de los vértices.

El algoritmo funciona construyendo una cola de prioridad de vértices cuyas prioridades son los costes de algún camino desde el vértice inicial hasta el vértice en cuestión. En cada etapa del algoritmo, se desencola un vértice de la cola de prioridad, se registra ese vértice como situado a la distancia indicada del vértice inicial, y posteriormente se actualizan las prioridades de todos los vértices del grafo considerando todas las aristas salientes del vértice recientemente desencolado a esos vértices.

El método iterativo que implementa el algoritmo de Dijkstra es el siguiente:

```
// class GraphAlgorithms
public ITable<Vertex<T>, Double> dijkstra(Vertex<T> v) {
    IPriorityQueue<Vertex<T>> pq = new FibonacciHeap<>();

    ITable<Vertex<T>, Entry<Vertex<T>>> entries = new ClosedHashTable<>();

    ITable<Vertex<T>, Double> result = new LinkedTable<>();

    for(Vertex<T> u: vertex) {
        entries.set(u, pq.enqueue(u, Double.POSITIVE_INFINITY));
```

```
        }

    pq.decreaseKey(entries.get(v), 0.0);
    while (!pq.isEmpty()) {

        Entry<Vertex<T>> curr = pq.dequeueMin();

        result.set(curr.getValue(), curr.getPriority());

        IList<Edge<T>> edges = this.getAdj(curr.getValue());

        for (Edge<T> edge : edges) {

            if (result.contains(edge.getDest())) continue;

            double pathCost = curr.getPriority() + edge.getWeight();

            Entry<Vertex<T>> dest = entries.get(edge.getDest());

            if (Double.compare(pathCost, dest.getPriority()) < 0)
                pq.decreaseKey(dest, pathCost);
        }
    }

    return result;
}
```

Finalmente, el método de prueba del algoritmo sería el siguiente:

```
//class GraphAlgorithmsTest
private Edge<Integer> unodos30 = new Edge<>(uno, dos, 30);
private Edge<Integer> unocinco40 = new Edge<>(uno, cinco, 40);
private Edge<Integer> unocuatro50 = new Edge<>(uno, cuatro, 50);
private Edge<Integer> unoseis100 = new Edge<>(uno, seis, 100);
private Edge<Integer> dostres40 = new Edge<>(dos, tres, 40);
private Edge<Integer> tresseis30 = new Edge<>(tres, seis, 30);
private Edge<Integer> trescinco10 = new Edge<>(tres, cinco, 10);
private Edge<Integer> cincoseis20 = new Edge<>(cinco, seis, 20);
private Edge<Integer> cincocuatro20 = new Edge<>(cinco, cuatro, 20);
private Edge<Integer> cuatrotres10 = new Edge<>(cuatro, tres, 10);
@Test
public void testDijkstra() {
    GraphAlgorithms<Integer> g2;
    g2 = new GraphAlgorithms<>(true, true);
    g2.addVertex(uno);
     g2.addVertex(dos);
     g2.addVertex(tres);
     g2.addVertex(cuatro);
     g2.addVertex(cinco);
     g2.addVertex(seis);

    g2.addEdge(unodos30);
    g2.addEdge(unocinco40);
    g2.addEdge(unocuatro50);
```

```
        g2.addEdge(unoseis100);
        g2.addEdge(dostres40);
        g2.addEdge(tresseis30);
        g2.addEdge(trescinco10);
        g2.addEdge(cincoseis20);
        g2.addEdge(cincocuatro20);
        g2.addEdge(cuatrotres10);

        ITable<Vertex<Integer>, Double> dijkstra = g2.dijkstra(uno);
        assertTrue(Double.compare(dijkstra.get(uno), 0.0) == 0);
        assertTrue(Double.compare(dijkstra.get(dos), 30.0) == 0);
        assertTrue(Double.compare(dijkstra.get(tres), 60.0) == 0);
        assertTrue(Double.compare(dijkstra.get(cuatro), 50.0) == 0);
        assertTrue(Double.compare(dijkstra.get(cinco), 40.0) == 0);
        assertTrue(Double.compare(dijkstra.get(seis), 60.0) == 0);
    }
```

5.12 MÉTODO ALGORÍTMICO DE PROGRAMACIÓN DINÁMICA: CÁLCULO DE CAMINOS DE COSTE MÍNIMO. ALGORITMO DE BELLMAN-FORD

En muchas ocasiones, los métodos recursivos conducen a la repetición de llamadas recursivas, es decir, a la resolución de los mismos subproblemas múltiples veces, lo que es ineficiente. La forma de lograr un algoritmo mucho más eficiente utilizando la misma fórmula recursiva es utilizar una tabla para ir almacenando los valores intermedios que se van calculando para, de esta forma, calcularlos una única vez. De esta manera, se pasa de un diseño recursivo descendente a un diseño iterativo ascendente, en el cual se empieza por solucionar todos y cada uno de los subproblemas más pequeños que puedan hacer falta, con el objetivo de poder combinarlos hasta llegar a la resolución del problema original.

Este método algorítmico, que recibe el nombre de programación dinámica, se basa por tanto en la utilización de una tabla para ir almacenando los resultados correspondientes a instancias más sencillas del problema a resolver.

La programación dinámica se emplea típicamente para resolver problemas de optimización. Está basada en el **principio de optimalidad de Bellman**, que afirma lo siguiente:

▶ Cualquier subsecuencia de decisiones de una secuencia óptima de decisiones que resuelve un problema también debe ser óptima respecto al subproblema que resuelve.

Por tanto, para poder emplear programación dinámica, una secuencia óptima debe cumplir la condición de que cada una de sus subsecuencias también sea óptima.

Pero lo que no afirma el principio de optimalidad es que, si tenemos las soluciones óptimas de los subproblemas, entonces podamos combinarlas para obtener la solución óptima del problema original.

Para utilizar programación dinámica, lo primero que hay que hacer es especificar la función matemática recursiva que representa el problema que hay que resolver. Al tratarse de una función matemática recursiva, se define utilizando ecuaciones recursivas. Después, se sustituye la función por una tabla, que se inicializa según los casos base de la definición recursiva de la función. Dado que tenemos a nuestra disposición la tabla, en las ecuaciones recursivas podemos sustituir las llamadas recursivas a la función por consultas a la tabla.

Finalmente, es importante tener en cuenta que hay respetar los requisitos de cada entrada de la tabla cuando se organice el orden de llenado de la tabla.

El primer algoritmo de programación dinámica que vamos a estudiar es el algoritmo de Bellman-Ford. Al igual que el algoritmo de Dijkstra, parte de un grafo dirigido valorado en el que todos los vértices son accesibles desde un vértice inicial, de modo que el algoritmo determina el camino de coste mínimo desde ese vértice inicial hasta cada uno de los demás vértices del grafo. No obstante, a diferencia del algoritmo de Dijkstra, el algoritmo de Bellman-Ford funciona correctamente en grafos que contienen aristas con costes negativos, siempre y cuando el grafo no contenga un ciclo negativo (es decir, un ciclo en el que sus aristas suman un valor negativo).

La idea detrás del algoritmo de Bellman-Ford es elaborar matemáticamente en qué consiste el camino de coste mínimo desde el vértice inicial **s** hasta cada uno de los restantes vértices del grafo, bajo la restricción de que cada camino no utiliza más de **k** aristas. Cuando **k** = **n**, donde **n** es el número de vértices, el cálculo contiene todos los caminos acíclicos en el grafo y, consiguientemente, suponiendo que en el grafo no existen ciclos negativos, debe contener los caminos de coste mínimo que hay en el grafo.

La lógica que hay detrás de plantear los caminos de coste mínimo de esta manera estriba en que, si denotamos como **D(t, k)** el coste del camino mínimo desde el vértice **s** al vértice **t** utilizando caminos que tienen un máximo de longitud de **k** aristas, entonces podemos calcular **D(t, k)** de la manera que vamos a ver a continuación.

En primer lugar, si consideramos el caso en el que **k** = **0** y, por tanto, todos los caminos carecen de aristas, tendremos lo siguiente:

D(t, 0) = +infinito   (para t != s)

$$D(s, 0) = 0$$

Dado que no existe camino alguno desde el vértice inicial a ningún otro vértice cuando no se utiliza arista alguna, el coste de ese supuesto camino sería infinito. En el caso del camino desde el vértice inicial hasta sí mismo sin utilizar aristas, el coste del camino mínimo sería cero.

Si consideramos el caso en el que **k != 0**, hay dos maneras por las cuales podemos obtener el camino menos costoso desde el vértice inicial **s** hasta un vértice cualquiera **t** utilizando como máximo **k** aristas. Es posible que la mejor forma de obtenerlo sea empleando cierto camino que utiliza como máximo **k - 1** aristas, puesto que no existe ningún otro camino. Otra opción posible sería que podemos acabar formando un camino que utiliza como máximo **k** aristas si partimos de otro camino que emplea como máximo **k - 1** aristas y al cual añadimos una arista más. Por tanto, para cada vértice del grafo, esto significa que podemos calcular el valor de **D(t, k)** como:

$$D(t, k) = \min\{ D(t, k - 1), \min \{ D(u, k - 1) + c(u, t)\}\}$$ tal que (u, t) están en el conjunto de aristas **A** donde **c(u, t)** representa el coste de la arista **(u, t)**.

El método iterativo que implementa el algoritmo de Bellman-Ford es el siguiente:

```java
// class GraphAlgorithms
public ITable<Vertex<T>, Double> bellmanFord(Vertex<T> v) {
    ITable<Vertex<T>, Double> result = new LinkedTable<>();
    for (Vertex<T> u: vertex) {
        result.set(u, Double.POSITIVE_INFINITY);
    }
    result.set(v, 0.0);

    ITable<Vertex<T>, Double> scratch = new LinkedTable<>();

    for (int k = 1; k <= numVertex(); ++k) {

        putAll(scratch, result);

        for (Vertex<T> u : vertex) {

            IList<Edge<T>> edges = this.getAdj(u);

            for (Edge<T> edge : edges) {
                scratch.set(edge.getDest(),
                        Math.min(scratch.get(edge.getDest()), edge.getWeight() +
result.get(u)));
            }
        }
```

```
        ITable<Vertex<T>, Double> temp = result;
        result = scratch;
        scratch = temp;
    }

    return result;
}

private void putAll(ITable<Vertex<T>, Double> scratch, ITable<Vertex<T>, Double>
result) {
    IList<Vertex<T>> keys = result.keyList();
    for (Vertex<T> vertex : keys) {
        Double value = result.get(vertex);
        scratch.set(vertex, value);
    }
}
```

Finalmente, el método de prueba del algoritmo sería el siguiente:

```
//class GraphAlgorithmsTest
@Test
public void testBellmanFord() {
    GraphAlgorithms<Integer> g2;
    g2 = new GraphAlgorithms<>(true, true);
    g2.addVertex(uno);
    g2.addVertex(dos);
    g2.addVertex(tres);
    g2.addVertex(cuatro);
    g2.addVertex(cinco);
    g2.addVertex(seis);

    g2.addEdge(unodos30);
    g2.addEdge(unocinco40);
    g2.addEdge(unocuatro50);
    g2.addEdge(unoseis100);
    g2.addEdge(dostres40);
    g2.addEdge(tresseis30);
    g2.addEdge(trescinco10);
    g2.addEdge(cincoseis20);
    g2.addEdge(cincocuatro20);
    g2.addEdge(cuatrotres10);

    ITable<Vertex<Integer>, Double> bellmanFord = g2.bellmanFord(uno);
    assertTrue(Double.compare(bellmanFord.get(uno), 0.0) == 0);
    assertTrue(Double.compare(bellmanFord.get(dos), 30.0) == 0);
    assertTrue(Double.compare(bellmanFord.get(tres), 60.0) == 0);
    assertTrue(Double.compare(bellmanFord.get(cuatro), 50.0) == 0);
    assertTrue(Double.compare(bellmanFord.get(cinco), 40.0) == 0);
    assertTrue(Double.compare(bellmanFord.get(seis), 60.0) == 0);
}
```

5.13 MÉTODO ALGORÍTMICO DE PROGRAMACIÓN DINÁMICA: CÁLCULO DE CAMINOS DE COSTE MÍNIMO. ALGORITMO DE FLOYD-WARSHALL

Otro algoritmo clásico de programación dinámica consiste en calcular el camino de coste mínimo entre cada par de vértices de un grafo dirigido valorado, teniendo en cuenta que se admiten costes negativos, siempre y cuando el grafo no contenga ciclo negativo alguno.

Por el principio de optimalidad, Si

i1, i2, ..., ik, ik+1, ..., in

Es un camino de coste mínimo del vértice **i1** al vértice **in**, entonces:

i1, i2, ..., ik

Es un camino de coste mínimo del vértice **i1** al vértice **ik**, y

ik, ik+1, ..., in

Es un camino de coste mínimo del vértice **ik** al vértice **in**.

Aplicando el principio de optimalidad, si **k** es el vértice intermedio de mayor índice en el camino óptimo del vértice **i** al vértice **j**, entonces el subcamino de **i** a **k** es un camino óptimo de **i** a **k** que, además, sólo pasa por vértices de índice menor que **k**. También podemos afirmar que lo análogo ocurre con el subcamino del vértice **k** al vértice **j**.

Sea **C(i, j)** el coste de la arista **(i, j)** o infinito si dicha arista no existe, y tal que **C(i, i) = 0**.

Sea **D(i, j, k)** el coste del camino de coste mínimo del vértice **i** al vértice **j** que no pasa por ningún vértice de índice mayor que el vértice **k**.

Sea **D(i, j)** el coste del camino de coste mínimo del vértice **i** al vértice **j**.

Entonces se cumple:

D(i, j) = D(i, j, n) tal que 1<=i<=n, 1<=j<=n

Ahora bien, un camino óptimo del vértice **i** al vértice **j** que no pase por ningún vértice de índice mayor que **k**, o bien pasa por el vértice **k** o no pasa. Si pasa por **k**, entonces:

D(i, j, k) = D(i, k, k-1) + D(k, j, k-1)

Si no pasa por **k**, entonces ningún vértice intermedio tiene índice superior a **k - 1**:

$$D(i, j, k) = D(i, j, k-1)$$

Tenemos, por tanto, la siguiente función matemática recursiva que podemos utilizar para implementar nuestro algoritmo de programación dinámica:

$$D(i, j, k) = \min \{D(i, j, k-1), D(i, k, k-1) + D(k, j, k-1) \text{ tal que } k >= 1$$

$$D(i, j, 0) = C(i, j) \text{ tal que } 1<=i<=n, 1<=j<=n$$

A la hora de implementar el algoritmo, debemos tener un mecanismo para numerar los vértices del grafo, para después considerar caminos de un vértice a otro que no utilizan ningún vértice intermedio con un índice superior a un determinado valor. Por ejemplo, podemos hablar de caminos que nunca pasan a través de un vértice intermedio con un índice superior a 3, o superior a 5. Como caso extremo, si consideramos todos los caminos que nunca pasan a través de un vértice intermedio con un índice superior al valor del número de vértices, entonces estamos considerando todos los posibles caminos, dado que ningún vértice tiene un índice tan alto. Otro caso extremo es considerar todos los caminos que no pasan a través de un vértice con un índice de cero o superior, por lo que estaríamos considerando caminos en los que no existen vértices intermedios; es decir, se trataría de caminos formados simplemente por una única arista.

El método iterativo que implementa el algoritmo de Floyd-Warshall es el siguiente:

```java
// class GraphAlgorithms
public GraphAlgorithms<T> floydWarshall() {
    ITable<Vertex<T>, Integer> vertices = enumerateNodes();

    double[][] values  = new double[vertices.size()][vertices.size()];

    for (int i = 0; i < vertices.size(); ++i)
        for (int j = 0; j < vertices.size(); ++j)
            values[i][j] = Double.POSITIVE_INFINITY;

    IList<Vertex<T>> vert = vertices.keyList();
    for (Vertex<T> vertex : vert) {
        IList<Edge<T>> edges = this.getAdj(vertex);

        for (Edge<T> e : edges) {
            values[vertices.get(vertex)][vertices.get(e.getDest())] = e.getWeight();
        }
    }

    for (int i = 0; i < vertices.size(); ++i)
```

```
            values[i][i] = 0.0;

        double[][] scratch = new double[vertices.size()][vertices.size()];
        for (int k = 0; k < vertices.size(); ++k) {

            for (int i = 0; i < vertices.size(); ++i)
                for (int j = 0; j < vertices.size(); ++j)
                    scratch[i][j] = Math.min(values[i][j],
                                            values[i][k] + values[k][j]);
            double[][] temp = values;
            values = scratch;
            scratch = values;
        }
        return distancesToGraph(values, vertices);
    }

    private GraphAlgorithms<T> distancesToGraph(double[][] values, ITable<Vertex<T>,
    Integer> vertices) {
        GraphAlgorithms<T> result = new GraphAlgorithms<T>(true, true);

        Vertex<T>[] indexToNode = (Vertex<T>[]) new Vertex[vertices.size()];
        IList<Vertex<T>> vert = vertices.keyList();
        for (Vertex<T> vertex : vert) {
            indexToNode[vertices.get(vertex)] = vertex;
        }

        for (Vertex<T> v: indexToNode)
            result.addVertex(v);

        for (int i = 0; i < vertices.size(); ++i)
            for (int j = 0; j < vertices.size(); ++j)
                result.addEdge(new Edge<>(indexToNode[i], indexToNode[j], values[i]
[j]));

        return result;
    }
    private ITable<Vertex<T>, Integer> enumerateNodes() {
        ITable<Vertex<T>, Integer> result = new LinkedTable<>();
        for (Vertex<T> vert: vertex)
            result.set(vert, result.size());
        return result;
    }
}
```

El método de prueba del algoritmo sería el siguiente:

```
//class GraphAlgorithmsTest
@Test
public void testFloydWarshall() {
    GraphAlgorithms<Integer> g2;
    g2 = new GraphAlgorithms<>(true, true);
    g2.addVertex(uno);
    g2.addVertex(dos);
    g2.addVertex(tres);
    g2.addVertex(cuatro);
```

```
        g2.addEdge(unotres2);
        g2.addEdge(dosuno4);
        g2.addEdge(dostres3);
        g2.addEdge(cuatrodos1);
        g2.addEdge(trescuatro2);

        GraphAlgorithms<Integer> floydWarshall = g2.floydWarshall();

        Edge<Integer> e = floydWarshall.getEdge(uno, uno);
        assertTrue(((Double)e.getWeight()).equals(0.0));

        e = floydWarshall.getEdge(uno, dos);
        assertTrue(((Double)e.getWeight()).equals(-1.0));

        e = floydWarshall.getEdge(uno, tres);
        assertTrue(((Double)e.getWeight()).equals(-2.0));

        e = floydWarshall.getEdge(uno, cuatro);
        assertTrue(((Double)e.getWeight()).equals(0.0));

        e = floydWarshall.getEdge(dos, uno);
        assertTrue(((Double)e.getWeight()).equals(4.0));

        e = floydWarshall.getEdge(dos, dos);
        assertTrue(((Double)e.getWeight()).equals(0.0));

        e = floydWarshall.getEdge(dos, tres);
        assertTrue(((Double)e.getWeight()).equals(2.0));

        e = floydWarshall.getEdge(dos, cuatro);
        assertTrue(((Double)e.getWeight()).equals(4.0));

        e = floydWarshall.getEdge(tres, uno);
        assertTrue(((Double)e.getWeight()).equals(5.0));

        e = floydWarshall.getEdge(tres, dos);
        assertTrue(((Double)e.getWeight()).equals(1.0));

        e = floydWarshall.getEdge(tres, tres);
        assertTrue(((Double)e.getWeight()).equals(0.0));

        e = floydWarshall.getEdge(tres, cuatro);
        assertTrue(((Double)e.getWeight()).equals(2.0));

        e = floydWarshall.getEdge(cuatro, uno);
        assertTrue(((Double)e.getWeight()).equals(3.0));

        e = floydWarshall.getEdge(cuatro, dos);
        assertTrue(((Double)e.getWeight()).equals(-1.0));

        e = floydWarshall.getEdge(cuatro, tres);
        assertTrue(((Double)e.getWeight()).equals(1.0));

        e = floydWarshall.getEdge(cuatro, cuatro);
        assertTrue(((Double)e.getWeight()).equals(0.0));
    }
```

5.14 MÉTODO ALGORÍTMICO DE VUELTA ATRÁS: COLOREADO DE UN GRAFO

Hay problemas para los cuales queremos buscar la mejor solución que satisface ciertas condiciones, o bien el conjunto de todas las soluciones que satisfacen ciertas condiciones. Cada solución es el resultado de una secuencia de decisiones. Existe, además, una función objetivo que debe ser satisfecha por cada solución, o bien optimizada si sólo queremos la mejor solución.

En algunos problemas de este tipo, se conoce un criterio óptimo de selección cada vez que hay que tomar una decisión, dando lugar así al método algorítmico voraz.

En otros problemas, se cumple el principio de optimalidad de Bellman, por lo que se puede aplicar el método algorítmico de programación dinámica.

Existen, finalmente, otros problemas en los que no queda más remedio que buscar, entre todas las posibles soluciones, cuál o cuáles nos interesan.

La solución puede expresarse como una n-tupla:

(x1, x2, x3, ..., xn)

Donde cada **xi** es seleccionado de un conjunto finito **Si**.

El problema se puede formular como la búsqueda de aquella tupla que optimiza (maximiza o minimiza) un determinado criterio:

P(x1, ..., xn)

El conjunto de todas las posibles soluciones se denomina espacio de soluciones. La búsqueda de una solución impone implícitamente una estructura de árbol sobre el espacio de soluciones, y la forma en la que se generan las soluciones es equivalente a realizar un recorrido del árbol, cuyas hojas corresponden a posibles soluciones del problema.

Se puede mejorar el proceso si eliminamos la necesidad de llegar hasta todas las hojas del árbol cuando, para un nodo interno del árbol, podemos asegurar que no alcanzamos una solución, momento en el que podemos podar la rama completa del árbol. Esta poda se lleva a cabo realizando una vuelta atrás.

En los algoritmos voraces, se construye la solución aprovechando la posibilidad de calcularla por fragmentos, de modo que un candidato nunca se descarta una vez elegido. En un algoritmo de vuelta atrás, sin embargo, la elección de un candidato en una etapa no es irrevocable.

Por otro lado, el tipo de problemas en los que aplicaremos vuelta atrás no se pueden descomponer en subproblemas independientes, por lo que el método algorítmido de divide y vencerás (estudiado en el último capítulo del libro) no resulta aplicable.

La función de poda, también llamada función de acotación, es una función que nos permite identificar cuándo una solución parcial no conduce a una solución del problema.

Para saber si una n-tupla es una solución, suele haber dos tipos de restricciones:

▶ Restricciones explícitas, que son aquellas que describen el conjunto de valores que puede tomar cada elemento de la tupla.

▶ Restricciones implícitas, que son aquellas que describen las relaciones que deben cumplirse entre los elementos de la tupla y nos indican cuándo una solución parcial nos puede llevar a una solución.

Como hemos comentado antes, se adopta una organización en árbol del espacio de soluciones; ahora bien, el árbol no se construye explícitamente sino implícitamente mediante las llamadas recursivas del algoritmo de búsqueda.

El primer problema al que vamos a aplicar el método algorítmico de vuelta atrás es al coloreado de un grafo. Dado un grafo con **n** vértices y un número entero positivo **m > 0**, queremos saber si los vértices del grafo pueden colorearse de tal forma que no haya dos vértices adyacentes que tengan el mismo color y usando como máximo **m** colores.

El menor número **m** con el que un grafo puede colorearse se denomina número cromático del grafo.

La solución se puede expresar como un vector:

(x1, ..., xn)

Tal que **xi** representa el color del vértice **i** donde con **xi** ∈ {**1...m**}.

En general, el grado de un árbol es el grado máximo de los nodos de un árbol, donde el grado de un nodo es el número de subárboles que tienen como raíz ese nodo. Un árbol binario es, por tanto, un árbol de grado dos.

El espacio de soluciones para este problema es un árbol de grado **m** y altura **n + 1**, en el que cada nodo del nivel **i** tiene **m** hijos correspondientes a las **m** posibles asignaciones para **xi** y en el que los nodos del nivel **n + 1** son nodos hoja.

Para implementar el algoritmo, la idea es asignar los colores uno por uno a los diferentes vértices, empezando por el primero. Antes de asignar un color, es necesario comprobar si es posible realizar esta asignación de forma segura, para lo cual hay que considerar los colores asignados a los vértices adyacentes. Si es seguro, entonces esta asignación se convierte en parte de la solución; si no encontramos un color debido a conflictos, entonces volvemos atrás, retornando **false**, para intentar la siguiente configuración.

El método recursivo que implementa el algoritmo de vuelta atrás y resuelve el coloreado de un grafo es el siguiente:

```java
import java.util.Arrays;
import org.jomaveger.lang.dbc.Contract;
// class GraphAlgorithms
public int[] coloring(int m) {
    Contract.require(m > 0);
    int n = this.numVertex();

    int[] colors = new int[n];

    Arrays.fill(colors, 0);

    if (!graphColoringUtil(m, colors, 0))
        return null;

    return colors;
}

private boolean graphColoringUtil(int m, int[] colors, int v) {
    if (v == this.numVertex())
        return true;

    for (int i = 1; i <= m; i++) {

        if (isSafe(colors, v, i)) {

            colors[v] = i;

            if (graphColoringUtil(m, colors, v + 1))
                return true;

            colors[v] = 0;
        }
    }

    return false;
}
private boolean isSafe(int[] colors, int v, int cr) {
    for (int i = 0; i < this.numVertex(); i++) {
        if (this.hEdge(v, i)  && cr == colors[i])
            return false;
    }
    return true;
}
```

```
private boolean hEdge(int v, int i) {
    Vertex<T> u = vertex.get(v);
    Vertex<T> w = vertex.get(i);
    return getEdge(u, w) != null;
}
```

Nótese que este algoritmo es válido tanto para grafos dirigidos como no dirigidos, incluyendo por supuesto los grafos valorados.

El método de prueba del algoritmo sería el siguiente:

```
//class GraphAlgorithmsTest
private Edge<Integer> doscuatro = new Edge<>(dos, cuatro);
private Edge<Integer> trescuatro = new Edge<>(tres, cuatro);
private Edge<Integer> cincocuatro = new Edge<>(cinco, cuatro);
@Test
public void testColoring() {
    GraphAlgorithms<Integer> g2;
    g2 = new GraphAlgorithms<>(false, false);
    g2.addVertex(uno);
    g2.addVertex(dos);
    g2.addVertex(tres);
    g2.addVertex(cuatro);
    g2.addVertex(cinco);

    g2.addEdge(unodos);
    g2.addEdge(unotres);

    g2.addEdge(dostres);
    g2.addEdge(doscuatro);

    g2.addEdge(trescuatro);

    g2.addEdge(cincocuatro);

    int[] colors = g2.coloring(3);
    assertNotNull(colors);
    assertTrue(colors[0] == 1);
    assertTrue(colors[1] == 2);
    assertTrue(colors[2] == 3);
    assertTrue(colors[3] == 1);
    assertTrue(colors[4] == 2);
}
```

5.15 MÉTODO ALGORÍTMICO DE VUELTA ATRÁS: CICLOS HAMILTONIANOS DE UN GRAFO

Este problema consiste en determinar un ciclo hamiltoniano de un grafo conexo, en caso de tratarse de un grafo no dirigido, o bien de un grafo fuertemente conexo, en caso de tratarse de un grafo dirigido. En cualquiera de los dos casos, partimos de que el grafo tiene **n** vértices.

Recordemos que un ciclo hamiltoniano es un camino que recorre los **n** vértices del grafo, visitando una sola vez cada vértice, hasta finalizar en el vértice de partida.

Podemos construir las soluciones como tuplas **(x1, ..., xn)**, donde **xi** es el vértice visitado en i-ésimo lugar. Cualquier solución tiene que cumplir que se utilizan vértices válidos, que siempre hay arista de uno al siguiente y que hay arista del último al primero. Como la solución es un ciclo, para evitar encontrar soluciones repetidas en caso de buscar varias, fijamos el comienzo de los ciclos en el primer vértice, y empezamos a tomar decisiones a partir del segundo vértice del ciclo.

La poda se realiza si, al asignar un vértice a una posición de la solución parcial, por ese vértice ya se ha pasado antes o bien no está conectado al último vértice de la tupla.

Más específicamente, todo lo que se necesita es determinar el conjunto de posibles vértices **xk** una vez elegidos **x1, ..., xk-1**.

Si **k = 1**, entonces **x[1]** puede ser cualquiera de los **n** vértices aunque, como hemos dicho, para evitar encontrar el mismo ciclo **n** veces, exigiremos que **x[1] = 1**.

Si **1 < k < n**, entonces **x[k]** puede ser cualquier vértice **v** que sea distinto de **x[1], x[2], ..., x[k - 1]** y que esté conectado mediante una arista a **x[k - 1]**.

Finalmente, **x[n]** sólo puede ser el único vértice restante y debe estar conectado tanto a **x[n - 1]** como a **x[1]**.

El método recursivo que implementa el algoritmo de vueltra atrás y encuentra un ciclo hamiltoniano de un grafo es el siguiente:

```java
// class GraphAlgorithms
public int[] hamiltonianCycle() {
    int[] sol = new int[this.numVertex()];
    sol[0] = 0;
    for (int i = 1; i < sol.length; i++) {
        sol[i] = -1;
    }

    if (!solveHamiltonianCycle(sol, 1)) {
        return null;
    } else {
        return sol;
    }
}
```

```
private boolean solveHamiltonianCycle(int[] sol, int k) {
    if (k == numVertex()) {
        if (hEdge(sol[k - 1], sol[0]))
            return true;
        else
            return false;
    }
    for (int ver = 1; ver < numVertex(); ver++) {

        if (check(ver, sol, k)) {

            sol[k] = ver;

            if (solveHamiltonianCycle(sol, k + 1)) return true;
            sol[k] = -1;
        }
    }

    return false;
}
private boolean check(int ver, int[] sol, int k) {

    if (!hEdge(sol[k - 1], ver))
        return false;

    for (int i = 0; i < k; i++) {
        if (sol[i] == ver)
            return false;
    }

    return true;
}
```

El método de prueba del algoritmo sería el siguiente:

```
//class GraphAlgorithmsTest
private Edge<Integer> tresseis = new Edge<>(tres, seis);
private Edge<Integer> seissiete = new Edge<>(seis, siete);
private Edge<Integer> sieteocho = new Edge<>(siete, ocho);
private Edge<Integer> sieteuno = new Edge<>(siete, uno);
private Edge<Integer> ochodos = new Edge<>(ocho, dos);
@Test
public void testHamiltonianCycle() {
    GraphAlgorithms<Integer> g2;
    g2 = new GraphAlgorithms<>(false, false);
    g2.addVertex(uno);
    g2.addVertex(dos);
    g2.addVertex(tres);
    g2.addVertex(cuatro);
    g2.addVertex(cinco);
    g2.addVertex(seis);
    g2.addVertex(siete);
    g2.addVertex(ocho);
```

```java
        g2.addEdge(unodos);
        g2.addEdge(unotres);
        g2.addEdge(dostres);
        g2.addEdge(trescuatro);
        g2.addEdge(tresseis);
        g2.addEdge(cuatrocinco);
        g2.addEdge(cincoseis);
        g2.addEdge(seissiete);
        g2.addEdge(sieteocho);
        g2.addEdge(sieteuno);
        g2.addEdge(ochodos);

        int[] path = g2.hamiltonianCycle();
        assertNotNull(path);
        assertTrue(path[0] == 0);
        assertTrue(path[1] == 1);
        assertTrue(path[2] == 7);
        assertTrue(path[3] == 6);
        assertTrue(path[4] == 5);
        assertTrue(path[5] == 4);
        assertTrue(path[6] == 3);
        assertTrue(path[7] == 2);
    }
```

6

PROGRAMACIÓN FUNCIONAL I

6.1 INTERFACES FUNCIONALES Y EXPRESIONES LAMBDA

En la actualidad, se está dando el caso de que, a lenguajes imperativos como Java o C#, se están agregando características propias de los lenguajes funcionales; al mismo tiempo, cada vez están naciendo más lenguajes híbridos, como Scala, que mezclan en su diseño los estilos de programación funcional e imperativo orientado a objetos. En Java, además, últimamente se han desarrollado varias bibliotecas con funcionalidad normalmente presente en los lenguajes funcionales.

¿Y qué aporta el estilo de programación funcional para justificar este reciente interés? Dos son las razones fundamentales.

- Es mucho más fácil escribir aplicaciones concurrentes y paralelas.
- El código es más expresivo, conciso e intuitivo, lo que hace más fácil razonar acerca de su corrección.

Un programa escrito con un **estilo de programación imperativo** consiste en una secuencia de órdenes que se ejecutan una tras otra, modificando los valores de las variables por medio de asignaciones. Al contrario, un programa escrito con un **estilo de programación funcional** contiene únicamente definiciones de funciones, siendo la ejecución del programa la evaluación de una expresión que usa dichas funciones.

En el estilo de programación funcional, una función **f** con tipo de entrada **A** y tipo de salida **B** es un cálculo que relaciona cada valor **a** de tipo **A** con exactamente un valor **b** de tipo **B** tal que **b** es determinado únicamente por el valor de **a**.

Una expresión **e** tiene la propiedad de **transparencia referencial** si, para todos los programas **p**, todas las ocurrencias de **e** en **p** pueden ser reemplazadas por el resultado de evaluar **e** sin afectar el comportamiento observable de **p**.

Una función **f** es **pura** si la expresión **f(x)** tiene la propiedad de transparencia referencial para todo **x** que posee también transparencia referencial.

En el estilo de programación funcional, las funciones son puras.

El cimiento que hace posible la propiedad de transparencia referencial es la característica de que no existe la asignación destructiva; es decir, las variables se comportan como en matemáticas, son inmutables y no cambian de valor.

A su vez, la propiedad de transparencia referencial tiene dos consecuencias importantes:

▶ La evaluación de una expresión, resultado de aplicar una función a un juego de parámetros reales, nunca produce efectos colaterales.

▶ El resultado de aplicar una función a un juego de parámetros reales siempre es el mismo e independiente del contexto en el que se use la expresión.

En Java, se utilizan métodos para representar funciones. Un método es funcional si cumple los requisitos de una función pura:

▶ No debe modificar variable alguna situada fuera de la función.

▶ No debe modificar su argumento o, en su defecto, se aplica la regla general de que ningún cambio interno realizado debe ser visible desde el exterior.

▶ No debe lanzar ningún tipo de excepción.

▶ Siempre debe devolver un valor.

▶ Siempre devuelve el mismo resultado cuando es invocada con el mismo argumento.

Para que un método funcional sea reconocido como tal por Java, debe pertenecer a una interfaz funcional, es decir, una interfaz que posea un único método abstracto.

Java define una interfaz funcional genérica para representar una función polimórfica:

```
package java.util.function;
@FunctionalInterface
public interface Function<T, U> {
    U apply(T arg);
}
```

Ahora, si queremos crear una función que triplica un valor entero, tenemos dos opciones. La primera es emplear una clase anónima:

```
package org.jomaveger.examples.chapter6;
import java.util.function.Function;
public interface Functions {
    Function<Integer, Integer> treble = new Function<Integer, Integer>() {
        @Override
        public Integer apply(Integer x) {
            return x * 3;
        }
    };
}
```

La segunda opción es utilizar una clase normal que implemente la interfaz funcional:

```
package org.jomaveger.examples.chapter6;
import java.util.function.Function;
public class Triple implements Function<Integer, Integer> {
    @Override
    public Integer apply(Integer x) {
        return x * 3;
    }
}
```

Normalmente, la primera opción es la más recomendable, aunque en gran parte es una cuestión de estilo.

La clase de prueba para la primera opción sería la siguiente:

```
package org.jomaveger.examples.chapter6;
import static org.junit.Assert.*;
import org.junit.Test;
public class FunctionsTest {
    @Test
    public void testFunctionsTreble() {
```

```
            assertEquals((Integer) 6, Functions.treble.apply(2));
    }
}
```

Y la clase de prueba para la segunda opción sería:

```
package org.jomaveger.examples.chapter6;
import static org.junit.Assert.*;
import org.junit.Test;
public class TripleTest {
    @Test
    public void testTriple() {
        assertEquals((Integer) 6, new Triple().apply(2));
    }
}
```

No obstante, es cuanto menos engorroso si, cada vez que queramos desarrollar una función concreta, tenemos que escribir como mínimo una clase anónima -no digamos ya si se trata de una clase completa con nombre-. Java 8 viene a nuestro rescate mediante las expresiones lambda.

La sintaxis de una expresión lambda es:

```
(parametros) -> {cuerpo}
```

Donde:

▶ **(Parametros)** es la lista de parámetros formales de la expresión lambda. El compilador es capaz de deducir en la mayoría de casos el tipo de los parámetros formales de la expresión lambda con la ayuda de la inferencia de tipos. Por tanto, declarar el tipo de los parámetros suele ser opcional y puede ser omitido. Además, sólo es obligatorio el empleo de paréntesis cuando existe más de un parámetro formal o bien cuando no hay parámetro alguno; por ello, se recomienda no utilizar paréntesis cuando hay sólo un parámetro formal. Por supuesto, la lista de parámetros formales de la expresión lambda está formada por los mismos parámetros formales del método de la interfaz funcional que le corresponde a la expresión lambda.

▶ -> Es el operador lambda, que denota que se está aplicando una función.

▶ El elemento {cuerpo} es el cuerpo de la expresión lambda. Se recomienda de manera ideal que el cuerpo de una expresión lambda esté formado por una única línea de código. Así se facilita la claridad del código. Si no fuera así, y el cuerpo de la expresión lambda estuviera formado por un bloque de código, siempre sería posible extraerlo a un método y que el cuerpo de la expresión lambda se redujera a una línea de código consistente en invocar ese método. Además, cuando el cuerpo de una expresión lambda está formado por una única línea de código, las llaves {} y la sentencia **return** son opcionales, por lo que pueden ser omitidas para lograr una mayor claridad y brevedad. Como es de esperar, el cuerpo de la expresión lambda se corresponde con el cuerpo que tendría el método si se hubiera implementado la función mediante una clase anónima.

Una expresión lambda parece un método, pero no lo es. Se trata en realidad de una notación compacta para una instancia de una clase anónima tipada por una interfaz funcional.

Por tanto, podemos emplear una expresión lambda para crear la función que triplica un valor entero, añadiendo a la interfaz **Functions** la siguiente declaración:

```
Function<Integer, Integer> triple = x -> x * 3;
```

Las expresiones lambda no cambian la forma en que la interfaz **Function** es definida, pero hacen que implementarla sea mucho más simple. Por ejemplo, si queremos crear una función que calcula el doble de un número entero, añadimos a la interfaz **Functions** la siguiente declaración:

```
Function<Integer, Integer> square = x -> x * 2;
```

Es útil leer la expresión lambda anterior **x -> x * 2** como la función con parámetro **x** que devuelve **x * 2**.

En realidad, es posible siempre proporcionar una expresión lambda en cualquier punto del código en el que se espere un objeto de una interfaz funcional. El API de Java tiene definidas un gran número de interfaces funcionales, destinadas a diversos propósitos, de modo que cualquier expresión lambda es moldeada a la interfaz funcional apropiada.

Examinemos ahora más conceptos fundamentales en la programación funcional.

Una función compuesta es una función formada por la composición o aplicación sucesiva de otras dos funciones. Java define en la interfaz **java.util.**

function.Function el siguiente método para llevar a cabo la composición de dos funciones:

```
default <V> Function<V, R> compose(Function<? super V, ? extends T> before) {
    Objects.requireNonNull(before);
    return (V v) -> apply(before.apply(v));
}
```

El método **requireNonNull()** de la clase **Objects** comprueba si su argumento es nulo y, en caso de que lo sea, lanza la excepción **NullPointerException**; si el argumento no es la referencia nula, el método simplemente retorna la misma referencia.

Podemos llevar a cabo la composición de dos funciones en el orden inverso utilizando el método **andThen()** que Java también define en la mencionada interfaz **java.util.function.Function**:

```
default <V> Function<T, V> andThen(Function<? super R, ? extends V> after) {
    Objects.requireNonNull(after);
    return (T t) -> after.apply(apply(t));
}
```

La función identidad también está presente en la misma interfaz de Java en la forma de un método llamado **identity()**, que devuelve una función que siempre retorna su argumento de entrada.

```
static <T> Function<T, T> identity() {
    return t -> t;
}
```

La interfaz **Function** del API de Java es entonces:

```
package java.util.function;
import java.util.Objects;
@FunctionalInterface
public interface Function<T, R> {
    R apply(T t);
    default <V> Function<V, R> compose(Function<? super V, ? extends T> before)
{
        Objects.requireNonNull(before);
        return (V v) -> apply(before.apply(v));
    }
    default <V> Function<T, V> andThen(Function<? super R, ? extends V> after) {
        Objects.requireNonNull(after);
```

```
        return (T t) -> after.apply(apply(t));
    }
    static <T> Function<T, T> identity() {
        return t -> t;
    }
}
```

Añadimos a la clase de prueba **FunctionsTest** los siguientes casos de prueba:

```
@Test
public void testFunctionsCompose() {
    Function<Integer, Integer> suma3 = t -> t + 3;
    Function<Integer, Integer> beforeFunction = Functions.treble.compose(suma3);
    assertEquals((Integer) 15, beforeFunction.apply(2));
}
@Test
public void testFunctionsAndThen() {
    Function<Integer, Integer> afterFunction = Functions.treble.andThen(t -> t +
3);
    assertEquals((Integer) 9, afterFunction.apply(2));
}
@Test
public void testFunctionsIdentity() {
    assertEquals((Integer) 9, Function.identity().apply(9));
}
```

En la clase de prueba, funciones como **suma3** son funciones con nombre, como las que hemos visto hasta ahora; es decir, sabemos que se implementan mediante clases anónimas, pero las instancias que se crean tienen nombre y tipos explícitos. A menudo, sin embargo, se utilizan funciones anónimas, es decir, funciones que no llevan asociadas un identificador o nombre; en este caso, también se implementan mediante clases anónimas, pero las instancias que se crean son también anónimas, como ocurre con las expresiones lambda que se pasan directamente como parámetros reales. Por ejemplo, en la clase de prueba, la función **t -> t + 3** en el método de prueba **testFunctionsAndThen()** es anónima. Sí es cierto que, para Java, es más difícil realizar la inferencia de tipos en las funciones anónimas; por ello, a veces hay que añadir anotaciones de tipo cuando se escriben este tipo de funciones.

Seguramente se nos pase por la cabeza trabajar con funciones de dos o más argumentos. En programación funcional, realmente no existen las funciones de dos o más argumentos, sino las funciones de una tupla de argumentos, de modo que dicha tupla puede tener uno, dos o más argumentos. Cuando hablamos del número de argumentos de una función, realmente estamos indicando el número de argumentos de la tupla, que a su vez se corresponden con el número de parámetros formales de la expresión lambda.

El API de Java define una interfaz funcional **BiFunction** que simula una función de una tupla de dos argumentos. Esta interfaz **BiFunction** del API de Java sería la siguiente:

```java
package java.util.function;
import java.util.Objects;
@FunctionalInterface
public interface BiFunction<T, U, R> {
    R apply(T t, U u);
    default <V> BiFunction<T, U, V> andThen(Function<? super R, ? extends V>
after) {
        Objects.requireNonNull(after);
        return (T t, U u) -> after.apply(apply(t, u));
    }
```

No obstante, no existe en Java ni el tipo predefinido de las tuplas como tal, ni tampoco interfaz funcional alguna que simule una función de una tupla de, por ejemplo, tres o bien de cuatro argumentos.

No obstante, podemos definir las tuplas de dos, tres y cuatro elementos. El código es extenso pero merece la pena:

```java
package org.jomaveger.functional.tuples;
import java.util.Objects;
public final class Tuple1<T> {
    public final T _1;

    public Tuple1(T t) {
        this._1 = Objects.requireNonNull(t);
    }
    public static <T> Tuple1<T> from(T t) {
        return new Tuple1<T>(t);
    }
    @Override
    public String toString() {
        return String.format("(%s)", _1);
    }
    @Override
    public boolean equals(Object o) {
        if (!(o.getClass() == this.getClass()))
            return false;
        else {
            Tuple1 that = (Tuple1) o;
            return  1.equals(that._1);
        }
    }
    @Override
    public int hashCode() {
        final int prime = 31;
        int result = 1;
        result = prime * result + _1.hashCode();
```

```
        return result;
    }
}
```

```java
package org.jomaveger.functional.tuples;
import java.util.Objects;
import java.util.function.Function;
public final class Tuple2<T, U> {
    public final T _1;
    public final U _2;
    public Tuple2(T t, U u) {
        this._1 = Objects.requireNonNull(t);
        this._2 = Objects.requireNonNull(u);
    }
     public static <T, U> Tuple2<T,U> from(T t, U u) {
        return new Tuple2<T, U>(t, u);
    }
    @Override
    public String toString() {
        return String.format("(%s,%s)", _1, _2);
    }
    @Override
    public boolean equals(Object o) {
        if (!(o.getClass() == this.getClass()))
            return false;
        else {
            Tuple2 that = (Tuple2) o;
            return _1.equals(that._1) && _2.equals(that._2);
        }
    }
    @Override
    public int hashCode() {
        final int prime = 31;
        int result = 1;
        result = prime * result + _1.hashCode();
        result = prime * result + _2.hashCode();
        return result;
    }
    public Tuple2<U, T> swap() {
        return new Tuple2<>(_2, _1);
    }
    public static <T> Tuple2<T, T> swapIf(Tuple2<T, T> t,
                        Function<T, Function<T, Boolean>> p)
    {
        return p.apply(t._1).apply(t._2) ? t.swap() : t;
    }
}
```

```java
package org.jomaveger.functional.tuples;
import java.util.Objects;
public final class Tuple3<T, U, V> {
    public final T _1;
```

```java
    public final U _2;
    public final V _3;
    public Tuple3(T t, U u, V v) {
        this._1 = Objects.requireNonNull(t);
        this._2 = Objects.requireNonNull(u);
        this._3 = Objects.requireNonNull(v);
    }
     public static <T, U, V> Tuple3<T,U, V> from(T t, U u, V v) {
        return new Tuple3<T, U, V>(t, u, v);
    }
    @Override
    public String toString() {
        return String.format("(%s,%s,%s)", _1, _2, _3);
    }
    @Override
    public boolean equals(Object o) {
        if (!(o.getClass() == this.getClass()))
            return false;
        else {
            Tuple3 that = (Tuple3) o;
            return _1.equals(that._1) && _2.equals(that._2) && _3.equals(that._3);
        }
    }
    @Override
    public int hashCode() {
        final int prime = 31;
        int result = 1;
        result = prime * result + _1.hashCode();
        result = prime * result + _2.hashCode();
        result = prime * result + _3.hashCode();
        return result;
    }
}
```

```java
package org.jomaveger.functional.tuples;
import java.util.Objects;
public final class Tuple4<T, U, V, X> {
    public final T _1;
    public final U _2;
    public final V _3;
    public final X _4;
    public Tuple4(T t, U u, V v, X x) {
        this._1 = Objects.requireNonNull(t);
        this._2 = Objects.requireNonNull(u);
        this._3 = Objects.requireNonNull(v);
        this._4 = Objects.requireNonNull(x);
    }
     public static <T, U, V, X> Tuple4<T,U, V, X> from(T t, U u, V v, X x) {
        return new Tuple4<T, U, V, X>(t, u, v, x);
    }
    @Override
    public String toString() {
        return String.format("(%s,%s,%s,%s)", _1, _2, _3, _4);
    }
```

```
        @Override
        public boolean equals(Object o) {
            if (!(o.getClass() == this.getClass()))
                return false;
            else {
                Tuple4 that = (Tuple4) o;
                return _1.equals(that._1) && _2.equals(that._2)
                        && _3.equals(that._3) && _4.equals(that._4);
            }
        }
        @Override
        public int hashCode() {
            final int prime = 31;
            int result = 1;
            result = prime * result + _1.hashCode();
            result = prime * result + _2.hashCode();
            result = prime * result + _3.hashCode();
            result = prime * result + _4.hashCode();
            return result;
        }
    }
}
```

Aun cuando ya sabemos que no existen funciones con más de un argumento, seguiremos empleando en ocasiones la terminología que está ampliamente extendida y hablaremos de funciones de varios argumentos cuando no dé lugar a error. Así, supongamos ahora que queremos definir un conversor como una función de dos argumentos que devuelve el valor convertido, siendo el primer argumento el factor de conversión y el segundo argumento el valor a convertir. Para ello, añadimos la siguiente definición a la interfaz **Functions**, utilizando la interfaz funcional **BiFunction** del API de Java, que simula una función de una tupla de dos argumentos:

```
BiFunction<Double, Double, Double> converter =
    (conversionRate, value) -> conversionRate * value;
```

Así, para probar la conversión de millas a kilómetros, por ejemplo, añadimos un caso de prueba a la clase de prueba **FunctionsTest**:

```
@Test
public void testFunctionsConverter() {
    assertEquals((Double) 16.09, Functions.converter.apply(1.609, 10.0));
}
```

Otra opción que tenemos es, utilizando el tipo que hemos definido para las tuplas de dos elementos, definir en **Functions** una función que, realmente, tenga como argumento una tupla de dos elementos:

```
Function<Tuple2<Double, Double>, Double> transformer = p -> p._1 * p._2;
```

En **FunctionsTest**, el caso de prueba que verifica la conversión de millas a kilómetros empleando esta función sería:

```
@Test
public void testFunctionsTransformer() {
    assertEquals((Double) 16.09,
        Functions.transformer.apply(Tuple2.from(1.609, 10.0)));
}
```

Como ya hemos comentado, el API de Java carece de una interfaz funcional *TriFunction* que simule una función de una tupla de tres argumentos. Ahora bien, podemos definirlo nosotros:

```
package org.jomaveger.functional.functions;
import java.util.Objects;
import java.util.function.Function;
@FunctionalInterface
public interface TriFunction<T, U, V, R> {

    R apply(T a, U b, V c);

    default <S> TriFunction<T, U, V, S>
        andThen(Function<? super R, ? extends S> after)
    {
        Objects.requireNonNull(after);
        return (t, u, v) -> after.apply(apply(t, u, v));
    }
}
```

Creamos en **Functions** una función, utilizando la interfaz funcional **TriFunction**, que simula poseer una tupla de tres argumentos y realiza la suma de tres números enteros:

```
TriFunction<Integer, Integer, Integer, Integer> sum3 = (a, b, c) -> a + b + c;
```

Su correspondiente caso de prueba en **FunctionsTest**:

```
@Test
public void testFunctionsSum3() {
    assertEquals((Integer) 12, Functions.sum3.apply(7, 2, 3));
}
```

No obstante, podemos definir en **Functions** una función que realmente tenga como argumento una tupla de tres elementos, por ejemplo para sumar tres números enteros:

```
Function<Tuple3<Integer, Integer, Integer>, Integer> sum3t = t -> t._1 + t._2 +
t._3;
```

De nuevo, en **FunctionsTest** añadimos un caso de prueba:

```
@Test
public void testFunctionsSum3t() {
    assertEquals((Integer) 12, Functions.sum3t.apply(Tuple3.from(7, 2, 3)));
}
```

Podríamos actuar de manera análoga para el caso de una función de *cuatro argumentos*. La única herramienta que nos faltaría es una interfaz funcional que simula poseer una tupla de cuatro argumentos:

```
package org.jomaveger.functional.functions;
import java.util.Objects;
import java.util.function.Function;
@FunctionalInterface
public interface QuadFunction<T, U, V, W, R> {
    R apply(T t, U u, V v, W w);
    default <S> QuadFunction<T, U, V, W, S>
        andThen(Function<? super R, ? extends S> after)
    {
        Objects.requireNonNull(after);
        return (t, u, v, w) -> after.apply(apply(t, u, v, w));
    }
}
```

En general, si deseamos trabajar con una función de un número de argumentos **n** mayor de cuatro, sería necesario o bien definir la correspondiente interfaz funcional que simulara una función de una tupla de **n** argumentos; o bien definir el tipo de datos de la tupla de **n** elementos y posteriormente definir la función que recibe como argumento dicha tupla de **n** elementos, tal y como hemos hecho para los casos de **n = 2, n = 3** y **n = 4**.

No obstante, hay una solución mejor. Cuando se tiene una función de una tupla de argumentos -lo que también se conoce como una función de varios argumentos-, la **currificación** es la técnica de transformación que define dicha función como una función que toma un argumento y devuelve otra función con un argumento menos que la original, tal que los argumentos se aplican uno por uno, de modo que cada aplicación de un argumento devuelve una nueva función, excepto para el último argumento.

La currificación y la aplicación parcial de funciones están estrechamente relacionadas. La currificación consiste en el reemplazo de una función de una tupla de argumentos por una función que puede ser aplicada parcialmente, un argumento detrás de otro. En el caso de una función de una tupla de argumentos, todos los argumentos son evaluados antes de que la función sea aplicada; en el caso de la versión currificada, todos los argumentos deben ser conocidos antes de que la función sea totalmente aplicada, pero es suficiente con que un único argumento sea evaluado para que la función sea parcialmente aplicada a él.

Así, supongamos que queremos definir una función para sumar dos números enteros. En principio, sería tan simple como añadir a la interfaz **Functions** la siguiente declaración:

```
BiFunction<Integer, Integer, Integer> sum2 = (x, y) -> x + y;
```

Pero, mediante la currificación, existe otra forma: Los argumentos se aplican uno por uno, de modo que cada aplicación de un argumento devuelve una nueva función, excepto para el último argumento. Así, la versión currificada de la función anterior sería la siguiente:

```
Function<Integer, Function<Integer, Integer>> sum2c = x -> y -> x + y;
```

La declaración anterior puede leerse como que **sum2c** es una función que toma como argumento un entero **x** y devuelve una nueva función que toma como argumento un entero **y** que, cuando se aplica, devuelve **x + y**. La forma de aplicar una función currificada es aplicar un argumento tras otro:

```
@Test
public void testFunctionsSum2c() {
    assertEquals((Integer) 3, Functions.sum2c.apply(1).apply(2));
}
```

Si quisiéramos definir una función para sumar tres números enteros de forma currificada:

```
Function<Integer, Function<Integer, Function<Integer, Integer>>> sum3c =
    x -> y -> z -> x + y + z;
```

Es sencillo implementar un caso de prueba de esta función currificada que suma tres números enteros:

```
@Test
public void testFunctionsSum3c() {
    assertEquals((Integer) 9, Functions.sum3c.apply(2).apply(3).apply(4));
}
```

La currificación se fundamenta en el hecho ya explicado de que en programación funcional no existen funciones de más de un argumento; por tanto, una función siempre consume sólo un único argumento de modo que, si se desean emplear más argumentos, es necesario retornar una función para consumir más argumentos.

Es posible currificar funciones que no lo están. Y también al revés, es posible descurrificar funciones que utilizan esta técnica. Vamos a crear dos interfaces, **Curry** y **Uncurry**, en las que almacenar métodos que permiten currificar y descurrificar funciones. El primero de ellos nos permitirá currificar una bifunción:

```
package org.jomaveger.functional.functions;
import java.io.Serializable;
import java.util.function.BiFunction;
import java.util.function.Function;
import org.jomaveger.functional.tuples.*;
public interface Curry {
    public static <T, U, R> Function<T, Function<U, R>>
        curry2f (BiFunction<T, U, R> f)
    {
        return t -> u -> f.apply(t, u);
    }
}
```

El caso de prueba sería el siguiente:

```
package org.jomaveger.functional.functions;
import static org.junit.Assert.*;
import java.util.function.BiFunction;
import java.util.function.Function;
import org.jomaveger.functional.tuples.*;
import org.junit.Test;
public class CurryTest {
    @Test
    public void testFunctionsCurry2f() {
        BiFunction<Integer, Integer, Integer> sum2 = (x, y) -> x + y;
        Function<Integer, Function<Integer, Integer>> curriedSum =
                                        Curry.curry2f(sum2);
        Function<Integer, Integer> increment = curriedSum.apply(1);
```

```
        assertEquals((Integer) 5, increment.apply(4));
    }
}
```

Si queremos descurrificar una bifunción, el método para hacerlo sería el siguiente:

```
package org.jomaveger.functional.functions;
import java.io.Serializable;
import java.util.function.BiFunction;
import java.util.function.Function;
import org.jomaveger.functional.tuples.*;
public interface Uncurry {
    public static <T, U, R> BiFunction<T, U, R> uncurry2f
                                (Function<T, Function<U, R>> f)
    {
        return (t, u) -> f.apply(t).apply(u);
    }
}
```

El caso de prueba sería el siguiente:

```
package org.jomaveger.functional.functions;
import static org.junit.Assert.*;
import java.util.function.BiFunction;
import java.util.function.Function;
import org.jomaveger.functional.tuples.*;
import org.junit.Test;
public class UncurryTest {
    @Test
    public void testFunctionsUncurry2f() {
        Function<Integer, Function<Integer, Integer>> curriedSum = x -> y -> x + y;
        BiFunction<Integer, Integer, Integer> increment =
                            Uncurry.uncurry2f(curriedSum);
        assertEquals((Integer) 5, increment.apply(4, 1));
    }
}
```

De manera análoga, los métodos para currificar trifunciones y funciones de *cuatro argumentos* son los siguientes, también situados en **Curry**:

```
public static <T, U, V, R> Function<T, Function<U, Function<V, R>>>
    curry3f(TriFunction<T, U, V, R> f)
{
    return t -> u -> v -> f.apply(t, u, v);
}
public static <T, U, V, W, R> Function<T, Function<U, Function<V, Function<W, R>>>>
    curry4f(QuadFunction<T, U, V, W, R> f)
```

```
{
    return t -> u -> v -> w -> f.apply(t, u, v, w);
}
```

Los métodos para descurrificar trifunciones y funciones de *cuatro argumentos* son los siguientes, localizados en **Uncurry**:

```
public static <T, U, V, R> TriFunction<T, U, V, R>
    uncurry3f(Function<T, Function<U, Function<V, R>>> f)
{
    return (t, u, v) -> f.apply(t).apply(u).apply(v);
}

public static <T, U, V, W, R> QuadFunction<T, U, V, W, R>
    uncurry4f(Function<T, Function<U, Function<V, Function<W, R>>>> f)
{
    return (t, u, v, w) -> f.apply(t).apply(u).apply(v).apply(w);
}
```

Por supuesto, también es posible aplicar la currificación y descurrificación cuando se está trabajando con funciones que tienen como argumentos una tupla de varios elementos. Así, añadimos en **Curry** el siguiente método para currificar una función que recibe como argumento una tupla de dos elementos:

```
public static <A, B, C> Function<A, Function<B, C>> curry2t
                        (Function<Tuple2<A, B>, C> f)
{
    return (A a) -> (B b) -> f.apply(Tuple2.from(a, b));
}
```

El método que descurrifica una función para devolver otra función cuyo argumento es una tupla de dos elementos sería el siguiente, situado en **Uncurry**:

```
public static <A, B, C> Function<Tuple2<A, B>, C>
    uncurry2t(Function<A, Function<B, C>> f)
{
    return (Tuple2<A, B> p) -> f.apply(p._1).apply(p._2);
}
```

El caso de prueba correspondiente a **curry2t()** se añade a **CurryTest**:

```
@Test
public void testFunctionsCurry2t() {
    Function<Tuple2<Double, Double>, Double> transformer = p -> p._1 * p._2;
```

```
Function<Double, Function<Double, Double>> curriedTransformer =
              Curry.curry2t(transformer);
    Function<Double, Double> transform = curriedTransformer.apply(1.609);
    assertEquals((Double) 16.09, transform.apply(10.0));
}
```

El caso de prueba correspondiente a **uncurry2t()** se añade a **UncurryTest**:

```
@Test
public void testFunctionsUncurry2t() {
    Function<Double, Function<Double, Double>> curriedTransformer =
        conversionRate -> value -> conversionRate * value;
    Function<Tuple2<Double, Double>, Double> transform =
                Uncurry.uncurry2t(curriedTransformer);
    assertEquals((Double) 16.09, transform.apply(Tuple2.from(1.609, 10.0)));
}
```

De manera análoga, los métodos para currificar funciones cuyos argumentos son tuplas de tres y cuatro elementos, respectivamente, son los siguientes, también situados en **Curry**:

```
public static <A, B, C, D> Function<A, Function<B, Function<C, D>>>
    curry3t(Function<Tuple3<A, B, C>, D> f)
{
    return a -> b ->,c -> f.apply(Tuple3.from(a, b, c));
}

public static <A, B, C, D, E> Function<A, Function<B, Function<C, Function<D,
E>>>>
    curry4t(Function<Tuple4<A, B, C, D>, E> f)
{
    return a -> b -> c -> d -> f.apply(Tuple4.from(a, b, c, d));
}
```

De manera análoga, los métodos para descurrificar funciones cuyos argumentos son tuplas de tres y cuatro elementos, respectivamente, son los siguientes, también localizados en **Uncurry**:

```
public static <A, B, C, D> Function<Tuple3<A, B, C>, D>
    uncurry3t(Function<A, Function<B, Function<C, D>>> f)
{
    return (Tuple3<A, B, C> p) -> f.apply(p._1).apply(p._2).apply(n, 3);
}
public static <A, B, C, D, E> Function<Tuple4<A, B, C, D>, E>
    uncurry4(Function<A, Function<B, Function<C, Function<D, E>>>> f)
{
    return (Tuple4<A, B, C, D> p) ->
```

```
            f.apply(p._1).apply(p._2).apply(p._3).apply(p._4);
}
```

Una función es de orden superior si al menos una de las siguientes condiciones se cumplen:

- La función recibe una o más funciones como argumentos.
- La función retorna otra función como resultado.

Todos los métodos **curry** y **uncurry** son realmente funciones de orden superior.

Aplicando estos conceptos, vamos a crear una interfaz **Functions** con una función constante de orden superior y en forma currificada para componer dos funciones:

```
package org.jomaveger.functional.functions;
import java.util.function.Function;
public interface Functions {

    public static <T, U, V>
        Function<Function<U, V>, Function<Function<T, U>, Function<T, V>>>
        compose()
    {
        return (Function<U, V> f) -> (Function<T, U> g) -> (T x) -> f.apply(g.
apply(x));
    }
}
```

El tipo devuelto por la función es rebuscado a simple vista; sin embargo, es fácilmente entendible si pensamos del siguiente modo. Se trata del tipo de una función currificada. Los dos argumentos y el tipo de retorno serán funciones cuyos tipos aún desconocemos. Queremos entonces crear una función que toma como argumento otra función (el primer argumento) y devuelve a su vez una función del segundo argumento (que es una función) al tipo de retorno (que también es una función). El tipo de la función, aún incompleto, es el siguiente:

```
Function<Function<?, ?>, Function<Function<?, ?>, Function<?, ?>>>
```

Ahora vamos a especificar los parámetros genéricos formales de las funciones argumento y tipo de retorno. Dado que se trata de la composición de dos funciones, primero se aplica la función del segundo argumento, así que elegimos libremente los parámetros genéricos formales para esta función:

```
Function<Function<?, ?>, Function<Function<T, U>, Function<?, ?>>>
```

Eso implica, por cómo funciona la composición de funciones (se aplica el primer argumento sobre el resultado de aplicar el segundo), que **U** debe ser también el primer parámetro genérico formal de la función que constituye el primer argumento, pudiendo elegir libremente su segundo parámetro genérico formal:

```
Function<Function<U, V>, Function<Function<T, U>, Function<?, ?>>>
```

Podemos deducir entonces los parámetros genéricos formales de la función que constituye el tipo de retorno:

```
Function<Function<U, V>, Function<Function<T, U>, Function<T, V>>>
```

La función **andThen()** correspondiente que también añadimos a **Functions** sería:

```java
public static <T, U, V>
    Function<Function<T, U>, Function<Function<U, V>, Function<T, V>>>
    andThen()
{
    return (Function<T, U> f) -> (Function<U, V> g) -> (T z) -> g.apply(f.
apply(z));
}
```

Para probar estas funciones, creamos las siguientes pruebas en la clase de prueba **FunctionsTest**:

```java
package org.jomaveger.functional.functions;
import static org.junit.Assert.assertEquals;
import java.util.function.Function;
import org.junit.Test;
public class FunctionsTest {

    @Test
    public void testFunctionsCompose() {
        Function<Integer, Integer> triple = x -> x * 3;
        Function<Integer, Integer> square = x -> x * x;
        assertEquals((Integer)12,
            Functions.<Integer, Integer, Integer>compose().
                apply(triple).apply(square).apply(2));
    }
    @Test
    public void testFunctionsAndThen() {
```

```
        Function<Integer, Integer> triple = x -> x * 3;
        Function<Integer, Integer> square = x -> x * x;
        assertEquals((Integer)36,
            Functions.<Integer, Integer, Integer>andThen().
                apply(triple).apply(square).apply(2));
    }
}
```

6.2 EVALUACIÓN PEREZOSA. EFECTOS

Cuando se aplica a los argumentos de un método, la **evaluación impaciente** significa que los argumentos son evaluados tan pronto como son recibidos por el método, y la **evaluación perezosa** implica que los argumentos son evaluados sólo cuando se necesitan.

Por supuesto, los conceptos de evaluación perezosa e impaciente no sólo se aplican a los argumentos de un método. Por ejemplo, sea la siguiente declaración:

```
int x = 2 + 3;
```

Aquí, **x** es inmediatamente evaluado a 5 porque Java es un lenguaje estricto, de forma que realiza la suma inmediatamente. Veamos otro ejemplo:

```
int x = getValue();
```

En Java, tan pronto como la variable **x** es declarada, el método **getValue()** es invocado para proporcionar el correspondiente valor. En cambio, en un lenguaje perezoso, el método **getValue()** sólo es llamado siempre y cuando la variable **x** vaya a ser usada. Se trata de una diferencia importante.

Por ejemplo, sea el siguiente programa Java:

```
public static void main(String... args) {
    int x = getValue();
}
public static int getValue() {
    System.out.println("Returning 5");
    return 5;
}
```

Este programa imprimirá **Returning 5** en la consola porque el método **getValue()** será invocado, aunque el valor retornado por dicho método nunca se usa. En un lenguaje perezoso, nada sería evaluado, de modo que nada sería impreso en la consola.

Java es un lenguaje estricto o impaciente. Todo es evaluado inmediatamente. La estrategia de evaluación de los parámetros que emplea Java es la evaluación mediante paso de parámetros por valor o evaluación impaciente; es decir, los argumentos de los métodos se pasan por valor, lo que significa que primero son evaluados y luego el valor evaluado es transferido al método. Por otro lado, en un lenguaje perezoso, la estrategia de evaluación de los parámetros es la evaluación mediante paso de parámetros por nombre o evaluación perezosa; es decir, los argumentos de los métodos se pasan por nombre, lo que significa que no son evaluados hasta que no se necesita utilizarlos.

No hay que malinterpretar el hecho de que los argumentos de los métodos en Java sean a menudo referencias. Estas referencias son direcciones de memoria, y estas direcciones son pasadas por valor.

Algunos lenguajes, como Java, son estrictos. Otros son perezosos. Algunos son estrictos por defecto y opcionalmente perezosos. Y, finalmente, los hay perezosos por defecto y opcionalmente estrictos.

Java, no obstante, no es siempre estricto. Existen algunas construcciones perezosas en Java:

- Los operadores booleanos || y &&
- El operador ternario ?:
- if ... else
- Bucle for
- Bucle while
- Java 8 streams

Es lógico que Java sea perezoso en ocasiones. De lo contrario, sería imposible hacer algo con el lenguaje.

Los operadores booleanos || y && no son llamados operadores perezosos en la literatura habitual de Java, sino que son referidos como operadores en cortocircuito; pero la simple realidad es que estos operadores son no-estrictos en relación a sus argumentos. Imaginemos que queremos simular mediante una función el funcionamiento de estos operadores booleanos.

```
package org.jomaveger.examples.chapter6;
public class BooleanMethods {
    public static void main(String[] args) {
```

```
        System.out.println(or(true, true));
        System.out.println(or(true, false));
        System.out.println(or(false, true));
        System.out.println(or(false, false));
        System.out.println(and(true, true));
        System.out.println(and(true, false));
        System.out.println(and(false, true));
        System.out.println(and(false, false));
    }
    public static boolean or(boolean a, boolean b) {
        return a ? true : b ? true : false;
    }
    public static boolean and(boolean a, boolean b) {
        return a ? b ? true : false : false;
    }
}
```

La ejecución de este programa muestra los siguientes resultados en la consola:

```
true
true
true
false
true
false
false
false
```

Hasta aquí, bien. Ahora intentemos ejecutar el siguiente programa:

```
package org.jomaveger.examples.chapter6;
public class BooleanMethods2 {
    public static void main(String[] args) {
        System.out.println(getFirst() || getSecond());
        System.out.println(or(getFirst(), getSecond()));
    }
    public static boolean getFirst() {
        return true;
    }
    public static boolean getSecond() {
        throw new IllegalStateException();
    }
    public static boolean or(boolean a, boolean b) {
        return a ? true : b ? true : false;
    }
    public static boolean and(boolean a, boolean b) {
        return a ? b ? true : false : false;
    }
}
```

Este programa muestra la siguiente salida por la consola:

```
true
Exception in thread "main"
java.lang.IllegalStateException
at org.jomaveger.examples.chapter6.BooleanMethods2.getSecond(BooleanMethods2.
java:15)
at org.jomaveger.examples.chapter6.BooleanMethods2.main(BooleanMethods2.java:7)
```

Obviamente, el método **or()** no es equivalente al operador ||. La diferencia es que || evalúa sus operandos perezosamente, lo que significa que el segundo operando no es evaluado si el primero es verdadero, por la simple razón de que no es necesario para calcular el resultado. Pero el método **or()** evalúa sus argumentos de forma estricta, lo que significa que el segundo argumento es evaluado incluso si su valor no se necesita, por lo que la excepción **IllegalStateException** siempre se lanza.

La manera de implementar la evaluación perezosa de argumentos en Java es utilizar la interfaz funcional **java.util.function.Supplier< T >** del API de Java:

```
package java.util.function;
@FunctionalInterface
public interface Supplier<T> {
    T get();
}
```

Se trata de una función sin argumentos. En programación funcional, es una constante, que tiene dos usos específicos: Primero, se puede usar para proporcionar datos. Segundo, permite emplear evaluación perezosa, es decir, es una manera de manipular un valor sin crearlo de verdad hasta el momento en que es realmente necesitado. Utilizando esta interfaz funcional, podemos modificar el ejemplo anterior:

```
package org.jomaveger.examples.chapter6;
import java.util.function.Supplier;
public class BooleanMethods3 {
    public static void main(String[] args) {
        System.out.println(getFirst() || getSecond());
        System.out.println(or(() -> getFirst(), () -> getSecond()));
    }
    public static boolean getFirst() {
        return true;
    }
    public static boolean getSecond() {
        throw new IllegalStateException();
    }
    public static boolean or(Supplier<Boolean> a, Supplier<Boolean> b) {
        return a.get() ? true : b.get() ? true : false;
```

```
    }
    public static boolean and(Supplier<Boolean> a, Supplier<Boolean> b) {
        return a.get() ? b.get() ? true : false : false;
    }
}
```

Ahora la salida del programa por consola es:

```
true
true
```

El problema de la evaluación perezosa está prácticamente resuelto, aunque nos hemos visto obligados a cambiar la signatura del método. No obstante, es un precio bajo a pagar por el empleo de la evaluación perezosa. Por supuesto, puede ser excesivo si los parámetros del método se pueden calcular muy rápidamente, o si ya están calculados -como cuando se utilizan valores literales-. Pero esta técnica puede ahorrar una gran cantidad de tiempo cuando la evaluación del parámetro requiere un cálculo largo y complejo.

A continuación, vamos a profundizar en los efectos. La programación funcional no es ajena a lidiar con las operaciones que producen efectos, como son las de entrada/salida. Pero primero debemos aclarar qué es un efecto puro. Una función pura es una función sin efectos colaterales observables. El propósito de una función es retornar un valor, y un efecto colateral es cualquier fenómeno, además del valor retornado por ella, que es observable desde fuera de la función. Un efecto puro, o simplemente efecto, a diferencia del efecto colateral, es el principal y único propósito de una función; es decir, un efecto es cualquier fenómeno que pueda ser observado desde fuera de una función que no devuelve resultado alguno. Dado que un efecto es generalmente aplicado a un valor, un efecto puro puede ser modelado como un tipo especial de función, que no devuelve valor alguno. Se trataría de la interfaz funcional **java.util.function.Consumer< T >** del API de Java:

```
package java.util.function;
import java.util.Objects;
@FunctionalInterface
public interface Consumer<T> {
    void accept(T t);
    default Consumer<T> andThen(Consumer<? super T> after) {
        Objects.requireNonNull(after);
        return (T t) -> { accept(t); after.accept(t); };
    }
}
```

6.3 REFERENCIAS A MÉTODOS

Las referencias a métodos permiten convertir una llamada a un método, inclusive una invocación a un constructor, en una instancia de una interfaz funcional. Para expresiones lambda simples, la interfaz funcional equivalente empleando una referencia a método da lugar a una expresión más clara y legible que la obtenida a partir de la expresión lambda original. Realmente, en aquellos casos en los que la expresión lambda existe con la sola finalidad de trasladar uno o más parámetros, es posible reemplazarla por una referencia a un método.

Vamos a estudiar los distintos casos, partiendo de la siguiente clase:

```java
package org.jomaveger.examples.chapter6;
public class Person {
    private static Integer population = 0;
    private final String name;
    private final Integer birthYear;
    private Integer salary;
    public Person(String name, Integer birthYear) {
        this.name = name;
        this.birthYear = birthYear;
        Person.population++;
    }
    public String getName() {
        return name;
    }
    public Integer getAge(Integer currentYear) {
        return currentYear - this.birthYear;
    }
    public void setSalary(Integer salary) {
        this.salary = salary;
    }
    public Integer getSalary() {
        return this.salary;
    }
}
```

La clase de prueba de **Person** nos va a permitir emplear una prueba como ejemplo para cada caso de estudio.

El primer caso que vamos a estudiar es aquel en el que el parámetro de la expresión lambda es el receptor de la llamada al método. Es decir, si la expresión lambda es de la forma:

```java
variable -> variable.instanceMethod()
```

Se puede expresar de forma equivalente mediante la siguiente referencia a método:

```
ClassName::instanceMethod()
```

A continuación, el ejemplo siguiente muestra la equivalencia de ejecutar ambos códigos; por un lado, el código que involucra la expresión lambda y, por otro, el código equivalente que involucra la referencia a método:

```java
package org.jomaveger.examples.chapter6;
import static org.junit.Assert.*;
import java.util.function.Consumer;
import java.util.function.Function;
import java.util.function.BiFunction;
import org.junit.Test;
public class PersonTest {
    @Test
    public void testPassingAParameterToATarget() {
        Person person = new Person("Mike", 1977);
        Function<Person, String> getNameLambda = p -> p.getName();
        Function<Person, String> getNameMethRef = Person::getName;
        assertEquals("Mike", getNameLambda.apply(person));
        assertEquals("Mike", getNameMethRef.apply(person));
    }
}
```

El segundo caso de estudio es aquel en el que el parámetro de la expresión lambda, que puede ser vacío, es pasado como argumento a un constructor de una clase. Es decir, si la expresión lambda es de la forma:

```
variable -> new ClassName(variable)
```

Se puede expresar de forma equivalente mediante la siguiente referencia a método:

```
ClassName::new()
```

Añadimos a la clase de prueba la siguiente prueba que muestra este segundo caso de estudio, ejemplificado para una expresión lambda de dos parámetros:

```java
    @Test
    public void testPassingConstructorCalls() {
        BiFunction<String, Integer, Person> createPersonLambda =
                        (name, birthYear) -> new Person(name, birthYear);
        BiFunction<String, Integer, Person> createPersonMethRef = Person::new;
        Person p1 = createPersonLambda.apply("Mike", 1977);
        Person p2 = createPersonMethRef.apply("Anna", 1980);
        assertEquals("Mike", p1.getName());
```

```
        assertEquals("Anna", p2.getName());
    }
```

El tercer caso de estudio es aquel en el que la expresión lambda presenta varios parámetros, y bien son todos argumentos de un método estático, o bien el primero es el receptor de la llamada al método cuyos argumentos son el resto de parámetros de la expresión lambda. Es decir, si la expresión lambda es de la forma:

```
(variable1, variable2) -> ClassName.methodName(variable1, variable2)
```

O bien de la forma:

```
(variable1, variable2) -> variable1.methodName(variable2)
```

Entonces ambas expresiones lambda se pueden expresar mediante la siguiente referencia a método:

```
ClassName::methodName()
```

Las dos siguientes pruebas ejemplifican ambos escenarios:

```
    @Test
    public void testPassingMultipleArgumentsTargetAndArgument() {
        Person person = new Person("Mike", 1977);
        BiFunction<Person, Integer, Integer> getAgeLambda = (p, i) ->
p.getAge(i);
        BiFunction<Person, Integer, Integer> getAgeMethRef = Person::getAge;
        assertEquals((Integer)41, getAgeLambda.apply(person, 2018));
        assertEquals((Integer)41, getAgeMethRef.apply(person, 2018));
    }
    @Test
    public void testPassingMultipleArguments() {
        Person p1 = new Person("Mike", 1977);
        Person p2 = new Person("Anna", 1980);
        BiFunction<Integer, Integer, Integer> sumLambda =
                (i, j) -> Integer.sum(i, j);
        BiFunction<Integer, Integer, Integer> sumMethRef = Integer::sum;
        assertEquals((Integer)79, sumLambda.apply(p1.getAge(2018),
p2.getAge(2018)));
        assertEquals((Integer)79,
            sumMethRef.apply(p1.getAge(2018), p2.getAge(2018)));
    }
```

El cuarto caso de estudio es aquel en el que el parámetro de la expresión lambda se pasa como argumento a un método de instancia. Es decir, si la expresión lambda es de la forma:

```
variable -> reference.instanceMethod(variable)
```

Entonces se puede expresar mediante la siguiente referencia a método:

```
reference::instanceMethod
```

La siguiente prueba ejemplifica este escenario:

```java
@Test
public void testPassingAParameterAsAnArgumentToAnInstanceMethod() {
    Person p1 = new Person("Mike", 1977);
    Consumer<Integer> setLambda = salary -> p1.setSalary(salary);
    setLambda.accept(27000);
    assertEquals((Integer)27000, p1.getSalary());
    Consumer<Integer> setMethRef = p1::setSalary;
    setMethRef.accept(30000);
    assertEquals((Integer)30000, p1.getSalary());
}
```

El quinto caso de estudio es aquel en el que el parámetro de la expresión lambda se pasa como argumento a un método de instancia, que a su vez es invocado desde otro método en el contexto de la instancia actual.

Así, completamos nuestra clase **Person** de la siguiente manera:

```java
package org.jomaveger.examples.chapter6;
public class Person {
    private final Function<Integer, Integer> calcRaiseLambda =
                    currentYear -> calculateSalaryRaise(currentYear);
    private final Function<Integer, Integer> calcRaiseMethRef =
                    this::calculateSalaryRaise;
...
    public Integer calculateSalaryRaise(Integer currentYear) {
        return this.salary * this.getAge(currentYear) / 100;
    }
    public void upgradeSalaryWithLambda(Integer currentYear) {
        Integer raise = calcRaiseLambda.apply(currentYear);
        this.salary += raise;
    }
    public void upgradeSalaryWithMethodReference(Integer currentYear) {
        Integer raise = calcRaiseMethRef.apply(currentYear);
        this.salary += raise;
```

```
    }
}
```

Como vemos, la expresión lambda:

```
currentYear -> calculateSalaryRaise(currentYear);
```

Es equivalente a:

```
this::calculateSalaryRaise;
```

La siguiente prueba ejemplifica este escenario:

```
@Test
public void testPassingAParameterAsAnArgumentToAMethodOnThis() {
    Person p1 = new Person("Mike", 1977);
    p1.setSalary(27000);
    p1.upgradeSalaryWithLambda(2018);
    assertEquals((Integer)38070, p1.getSalary());
    Person p2 = new Person("Mike", 1977);
    p2.setSalary(27000);
    p2.upgradeSalaryWithMethodReference(2018);
    assertEquals((Integer)38070, p2.getSalary());
}
```

El sexto y último caso de estudio es aquel en el que el parámetro de la expresión lambda se pasa como argumento a un método estático.

La siguiente prueba ejemplifica este escenario:

```
@Test
public void testPassingAParameterAsAnArgumentToAStaticMethod() {
    Person p1 = new Person("Mike", 1977);
    Person p2 = new Person("Anna", 1980);
    Function<Integer, Integer> valueOfLambda = i -> Integer.valueOf(i);
    Function<Integer, Integer> valueOfMethRef = Integer::valueOf;
    assertEquals((Integer)3,
        valueOfLambda.apply(p1.getAge(2018) - p2.getAge(2018)));
    assertEquals((Integer)3,
        valueOfMethRef.apply(p1.getAge(2018) - p2.getAge(2018)));
}
```

6.4 OPTIMIZACIÓN AVANZADA DE LA RECURSIVIDAD

Cuando estudiamos el diseño de algoritmos recursivos, hablamos de métodos recursivos. Como es de esperar, otra opción sería definir, no un método, sino una función recursiva. Por ejemplo, una función recursiva simple no final para calcular el factorial de un número, que situamos en la clase **FRecursion**. Existen dos implementaciones posibles, una estática y otra que no lo es:

```java
package org.jomaveger.examples.chapter6;
import java.math.BigInteger;
import java.util.function.Function;
import org.jomaveger.functional.control.TailCall;
public final class FRecursion {

    public FRecursion() {
    }

    public final Function<Integer, Integer> factorial =
        n -> n == 0 ? 1 : n * this.factorial.apply(n - 1);

    public static final Function<Integer, Integer> staticFactorial =
        n -> n == 0 ? 1 : n * FRecursion.staticFactorial.apply(n - 1);
}
```

La programación funcional proporciona formas avanzadas de optimizar la recursividad. Una técnica de optimización posible es la técnica del trampolín (en inglés *trampolining*), aplicada a métodos recursivos finales. El objetivo es desplazar los cálculos de la pila de ejecución a la zona de memoria conocida como el montículo. Un trampolín es un patrón para convertir un método recursivo en un bucle equivalente; dado que los bucles no añaden registros a la pila de ejecución, puede pensarse en la técnica del trampolín como en una forma de recursión sin pila.

Normalmente, en Java se produce un desbordamiento de la pila de ejecución después de que se ejecuten entre 6000 y 7000 pasos de la recursión. Lo que es necesario hacer es crear una función o método que retorne un paso de la recursión no evaluado. Para representar un paso de ejecución dentro del cálculo de la recursión, emplearemos una clase abstracta llamada **TailCall**, dado que queremos representar una llamada a un método en una recursión final. Esta clase abstracta **TailCall** tiene dos subclases:

- Una de las subclases, llamada **Suspend**, representa la invocación de un paso intermedio, cuando el procesamiento de un paso es suspendido para invocar el método de nuevo para evaluar el siguiente paso. Esta subclase es instanciada con **Supplier< TailCall >**, que representa la siguiente llamada recursiva.

▶ La segunda subclase representa la última llamada, supuestamente encargada de devolver el resultado, por lo que se llama **Return**. Esta subclase no almacenará un enlace a la siguiente llamada **TailCall**, porque no existe llamada alguna siguiente, pero sí almacenará el resultado.

La clase **TailCall** es la siguiente:

```java
package org.jomaveger.functional.control;
import java.util.Objects;
import java.util.function.Supplier;
public abstract class TailCall<T> {
    public abstract TailCall<T> resume();
    public abstract T eval();
    public abstract boolean isSuspend();
    private TailCall() {
    }
    public static <T> Return<T> ret(T t) {
        Objects.requireNonNull(t);
        return new Return<>(t);
    }
    public static <T> Suspend<T> sus(Supplier<TailCall<T>> s) {
        Objects.requireNonNull(s);
        return new Suspend<>(s);
    }
    private static class Return<T> extends TailCall<T> {
        private final T t;
        private Return(T t) {
            this.t = t;
        }
        @Override
        public T eval() {
            return t;
        }
        @Override
        public boolean isSuspend() {
            return false;
        }
        @Override
        public TailCall<T> resume() {
            throw new IllegalStateException("Return has no resume");
        }
    }
    private static class Suspend<T> extends TailCall<T> {
        private final Supplier<TailCall<T>> resume;
        private Suspend(Supplier<TailCall<T>> resume) {
            this.resume = resume;
        }
        @Override
        public T eval() {
            TailCall<T> tailRec = this;
            while (tailRec.isSuspend()) {
                tailRec = tailRec.resume();
            }
```

```
                return tailRec.eval();
            }
            @Override
            public boolean isSuspend() {
                return true;
            }
            @Override
            public TailCall<T> resume() {
                return resume.get();
            }
        }
    }
}
```

Por ejemplo, la versión en forma de trampolín del método recursivo final del factorial sería la siguiente:

```
//class FRecursion
public static BigInteger tfact(Integer n) {
    return FRecursion.tacuFact(BigInteger.ONE, n).eval();
}
public static TailCall<BigInteger> tacuFact(BigInteger a, Integer n) {
    if (n == 0) {
        return TailCall.ret(a);
    } else {
        return TailCall.sus(() ->
                        tacuFact(a.multiply(BigInteger.valueOf(n)), n - 1));
    }
}
```

A su vez, la versión en forma de trampolín del método recursivo final de fibonacci sería la siguiente:

```
// class FRecursion
public static BigInteger tfib(int x) {
    return tacuFib(BigInteger.ONE, BigInteger.ZERO, BigInteger.valueOf(x)).
eval();
}
public static TailCall<BigInteger> tacuFib(BigInteger acc1, BigInteger acc2,
                                            BigInteger x) {
    if (x.equals(BigInteger.ZERO)) {
        return TailCall.ret(BigInteger.ZERO);
    } else if (x.equals(BigInteger.ONE)) {
        return TailCall.ret(acc1.add(acc2));
    } else {
        return TailCall.sus(() ->
                        tacuFib(acc2, acc1.add(acc2), x.subtract(BigInteger.ONE)));
    }
}
```

Otra técnica avanzada de optimización es la técnica de memorización (en inglés *memoization*), que consiste en almacenar en memoria los valores ya calculados de forma que no es necesario calcularlos de nuevo en caso de que se vuelvan a necesitar.

La siguiente clase nos proporciona esta funcionalidad:

```java
package org.jomaveger.functional.control;
import java.util.Objects;
import java.util.Map;
import java.util.concurrent.ConcurrentHashMap;
import java.util.function.Function;
public class Memoizer<K, V> {
    private final Map<K, V> cache = new ConcurrentHashMap<>();
    private Memoizer() {
    }
    public static <K, V> Function<K, V> memoize(Function<K, V> function) {
        Objects.requireNonNull(function);
        return new Memoizer<K, V>().doMemoize(function);
    }
    private Function<K, V> doMemoize(Function<K, V> function) {
        return input -> cache.computeIfAbsent(input, function::apply);
    }
}
```

El método **memoize()** proporciona una versión *memorizada* de la función que recibe como argumento, una versión que recuerda los resultados devueltos en invocaciones previas. El método **doMemoize()** gestiona la computación, invocando a la función original si es necesario, a través del método **computeIfAbsent()**. Para ello, se apoya en una estructura de datos del API de Java, los mapas, también conocidos como diccionarios o tablas. Se trata de una colección de elementos, cada uno de los cuales está identificado por una clave, que debe ser única para cada elemento de la colección. La interfaz del API de Java es **java.util.Map** y la implementación que utilizamos, **java.util.concurrent.ConcurrentHashMap** soporta accesos concurrentes a la estructura sin corromper la integridad de los datos.

Es posible aplicar esta técnica a cualquier tipo de esquema recursivo. Por ejemplo, sea la siguiente implementación del cálculo del factorial como un método recursivo no final utilizando la técnica de memorización:

```java
package org.jomaveger.examples.chapter6;
import java.math.BigInteger;
import java.util.function.Function;
import org.jomaveger.functional.control.Memoizer;
public class MemFactorial {
    private static final Function<Integer, BigInteger> CACHED =
            Memoizer.memoize(MemFactorial::uncached);
    public static BigInteger factorial(Integer n) {
        return CACHED.apply(n);
```

```
    }
    private static BigInteger uncached(Integer x) {
        if (x == 0) {
            return BigInteger.ONE;
        } else {
            return factorial(x - 1).multiply(BigInteger.valueOf(x));
        }
    }
}
```

La clase de prueba sería la siguiente:

```
package org.jomaveger.examples.chapter6;
import static org.junit.Assert.*;
import java.math.BigInteger;
import org.junit.Test;
public class MemFactorialTest {
    @Test
    public void testFactorialMemoizer() {
        assertEquals(BigInteger.valueOf(120), MemFactorial.factorial(5));
    }
}
```

También se puede, por ejemplo, aplicar la técnica de memorización al cálculo de Fibonacci:

```
package org.jomaveger.examples.chapter6;
import java.math.BigInteger;
import java.util.function.Function;
import org.jomaveger.functional.control.Memoizer;
public class MemFibonacci {
    private static final Function<Integer, BigInteger> CACHED =
            Memoizer.memoize(MemFibonacci::uncached);
    public static BigInteger fibonacci(Integer n) {
        return CACHED.apply(n);
    }
    private static BigInteger uncached(Integer x) {
        if (x == 0 || x == 1) {
            return BigInteger.valueOf(x);
        }
        return fibonacci(x - 1).add(fibonacci(x - 2));
    }
}
```

La clase de prueba sería la siguiente:

```
package org.jomaveger.examples.chapter6;
import static org.junit.Assert.*;
```

```
import java.math.BigInteger;
import org.junit.Test;
public class MemFibonacciTest {
    @Test
    public void testFibonacciMemoizer() {
        assertEquals(BigInteger.valueOf(55), MemFibonacci.fibonacci(10));
    }
}
```

6.5 MÓNADAS. MANEJANDO DATOS OPCIONALES CON LA MÓNADA OPTION

Una mónada es una estructura que representa cálculos definidos como secuencias de pasos. Las mónadas pueden ser encadenadas con el fin de construir canales que procesan datos en una secuencia de pasos. Uno de los usos de una mónada es memorizar el estado sin recurrir a varibles mutables.

Formalmente, una mónada consiste en un constructor de tipo **M** y dos operaciones, **bind** y **return** (tal que **return** es llamada a menudo **unit**):

   ► La operación **return** recibe un valor de cualquier tipo plano y lo coloca en un contenedor monádico utilizando el constructor, creando así un valor monádico.

   ► La operación **bind** recibe como argumentos un valor monádico y una función que va de un tipo plano a un valor monádico, y retorna un nuevo valor monádico.

Es decir, una mónada es un conjunto formado por los siguientes tres elementos:

   ► Un tipo parametrizado **M< T >**
   ► Una función **unit** o **return** T -> M< T >
   ► Una operación **bind** M< T > **bind** T -> M< U > = M< U >

El API de Java soporta parcialmente el concepto de mónada. No lo soporta de manera directa pero presenta algunas estructuras que sí son mónadas, como **java.util.Optional< T >** y **java.util.stream.Stream< T >**. No obstante, **java.util. Optional< T >** es bastante limitada, por lo que vamos a desarrollar nuestra propia mónada para manejar datos opcionales.

El puntero nulo **null** fue inventado por Tony Hoare en 1965 cuando diseñaba el lenguaje de programación ALGOL. Cuarenta y cuatro años después, en 2009, dijo que lo consideraba *mi error del billón de dólares*.

Por supuesto, como programadores sabemos que nunca debemos utilizar una referencia sin comprobar antes si es nula o no. No obstante, sería interesante encontrar una manera más fácil y segura de tratar con la ausencia de un dato. Vamos a ver cómo tratar con datos ausentes que no son el resultado de un error. Este tipo de datos son también llamados datos opcionales.

Con este propósito, vamos a utilizar una mónada denominada **Option**. Utilizar el tipo **Option** para gestionar los datos opcionales permite componer funciones cuando el dato está ausente. El tipo **Option** se implementará como una clase abstracta, que contendrá a su vez dos subclases privadas concretas que representarán la presencia y la ausencia de un dato. La subclase que representa la ausencia de un dato se llamará **None**, y la subclase que representa la presencia de un dato se llamará **Some**. Un objeto de clase **Some** contendrá el correspondiente valor del dato.

La idea principal de la mónada **Option** es evitar la gestión de los punteros nulos en nuestro código, gestión que, a menudo, en cierto modo enmascara la lógica real de la aplicación. La lógica que subyace a la mónada **Option** es ser capaz de almacenar un valor **null** de una manera tal que las comprobaciones de si una referencia es nula no son necesarias a cada paso. En cierto modo, se puede pensar que la mónada **Option** es una lista de cero o un objetos. Si contiene cero objetos, entonces representa un valor nulo y, si contiene un único objeto, entonces funciona como el envoltorio de ese objeto.

La implementación de **Option** sería la siguiente:

```
package org.jomaveger.functional.control;
import java.util.Objects;
import java.util.Optional;
import java.util.function.Consumer;
import java.util.function.Function;
import java.util.function.Supplier;
public abstract class Option<A> {
    private static Option<?> none = new None<>();
    private Option() {
    }
    private static <A> Option<A> some(A a) {
        return new Some<>(a);
    }
    private static <A> Option<A> none() {
        return (Option<A>) none;
    }
    public static <A> Option<A> instance(A value) {
        if (value == null) {
            return none();
        } else {
            return some(value);
        }
```

```
    }
    public static <A> Option<A> of(Optional<A> value) {
        if (value.isPresent()) {
            return some(value.get());
        } else {
            return none();
        }
    }
    public abstract void forEach(Consumer<A> statement);
    public abstract Boolean isSome();
    public abstract A get();
    public abstract A getOrElse(Supplier<A> defaultValue);
    public abstract A getOrElse(A defaultValue);
    public Option<A> filter(Function<A, Boolean> f) {
        return flatMap(x -> f.apply(x) ? some(x) : none());
    }
    public abstract <B> Option<B> map(Function<A, B> f);
    public abstract <B> Option<B> flatMap(Function<A, Option<B>> f);
    public static class None<A> extends Option<A> {
        private None() {
        }
        @Override
        public A get() {
            throw new IllegalStateException("None has no value");
        }
        @Override
        public A getOrElse(Supplier<A> defaultValue) {
            return defaultValue.get();
        }
        @Override
        public A getOrElse(A defaultValue) {
            return defaultValue;
        }
        @Override
        public <B> Option<B> map(Function<A, B> f) {
            return none();
        }
        @Override
        public <B> Option<B> flatMap(Function<A, Option<B>> f) {
            return none();
        }
        @Override
        public void forEach(Consumer<A> statement) {
        }
        @Override
        public String toString() {
          return "None";
        }
        @Override
        public boolean equals(Object o) {
          return this == o || o instanceof None;
        }
        @Override
        public int hashCode() {
            return 0;
        }
        @Override
```

```java
        public Boolean isSome() {
            return false;
        }
    }
    public static class Some<A> extends Option<A> {
        private final A value;
        private Some(A value) {
            this.value = value;
        }
        public A get() {
            return this.value;
        }
        @Override
        public A getOrElse(Supplier<A> defaultValue) {
            return this.value;
        }
        @Override
        public A getOrElse(A defaultValue) {
            return this.value;
        }
        public <B> Option<B> map(Function<A, B> f) {
            return Option.instance(f.apply(this.value));
        }
        public <B> Option<B> flatMap(Function<A, Option<B>> f) {
            return f.apply(this.value);
        }
        public void forEach(Consumer<A> statement) {
            statement.accept(value);
        }
        @Override
        public String toString() {
            return String.format("Some(%s)", this.value);
        }
        @Override
        public boolean equals(Object o) {
            return (this == o || o instanceof Some) &&
                this.value.equals(((Some<?>) o).value);
        }
        @Override
        public int hashCode() {
            return Objects.hashCode(value);
        }
        @Override
        public Boolean isSome() {
            return true;
        }
    }
}
```

Naturalmente, el uso de **Option** es opcional, valga la redundancia. Es una herramienta más que tenemos en nuestro arsenal. Su utilidad está demostrada pero su utilización no es obligatoria.

Supongamos que partimos de las siguientes clases de negocio, que tienen como fin almacenar la ficha de un agente de la CIA:

```java
package org.jomaveger.examples.chapter6;
import org.jomaveger.functional.control.Option;
public class Agent {
    private String firstName;
    private String lastName;
    private Integer birthYear;
    private String email;
    private Address address;
    public Agent(String firstName, String lastName, Integer birthYear) {
        this.firstName = firstName;
        this.lastName = lastName;
        this.birthYear = birthYear;
    }
    public Agent(String firstName, String lastName, Integer birthYear,
                    String email, Address address) {
        this.firstName = firstName;
        this.lastName = lastName;
        this.birthYear = birthYear;
        this.email = email;
        this.address = address;
    }
    public Agent(String firstName, String lastName, Integer birthYear,
                String email) {
        this.firstName = firstName;
        this.lastName = lastName;
        this.birthYear = birthYear;
        this.email = email;
    }
    public void setEmail(String email) {
        this.email = email;
    }
    public void setAddress(Address address) {
        this.address = address;
    }
    public String getFirstName() {
        return firstName;
    }
    public String getLastName() {
        return lastName;
    }
    public Integer getBirthYear() {
        return birthYear;
    }
    public String getEmail() {
        return email;
    }
    public Address getAddress() {
        return address;
    }
}
```

```java
package org.jomaveger.examples.chapter6;
import org.jomaveger.functional.control.Option;
public class Address {
    private String street;
    private String city;
    private String country;
    private String countryCode;
    public Address(String street, String city, String country) {
        this.street = street;
        this.city = city;
        this.country = country;
    }
    public Address(String street, String city, String country,
                   String countryCode) {
        this.street = street;
        this.city = city;
        this.country = country;
        this.countryCode = countryCode;
    }
    public String getCountryCode() {
        return countryCode;
    }
    public void setCountryCode(String countryCode) {
        this.countryCode = countryCode;
    }
    public String getStreet() {
        return street;
    }
    public String getCity() {
        return city;
    }
    public String getCountry() {
        return country;
    }
}
```

Sea la siguiente clase que utilizamos para ir haciendo pruebas, de momento con el siguiente código:

```java
package org.jomaveger.examples.chapter6;
import org.jomaveger.functional.control.Option;
public class Main {
    public static void main(String[] args) {
        Address ad = new Address("1058  Lords Way", "Jackson", "USA", "1");
        Agent jason = new Agent("Jason", "Bourne", 1970);
        Agent robert = new Agent("Robert", "McCall", 1960);
        Agent jack = new Agent("Jack", "Ryan", 1965, "jack.ryan@cia.us", ad);
    }
}
```

En lugar de escribir:

```
if (jason != null && jason.getEmail() != null) {
    String email = jason.getEmail();
}
```

El código equivalente que añadimos a **main()** sería:

```
String email = Option.instance(jason)
                     .map(Agent::getEmail)
                     .get();
System.out.println(email);
```

Ejecutamos **main()** y obtenemos lo siguiente:

```
Exception in thread "main" java.lang.IllegalStateException: None has no value
    at org.jomaveger.functional.Option$None.get(Option.java:53)
    at org.jomaveger.examples.chapter6.Main.main(Main.java:15)
```

El método **get()** lanza una excepción si no hay valor. Una forma de evitarlo sería comprobar si el objeto actual es una instancia de **Some** o de **None** mediante el método de consulta **isSome()**, y sólo llamar a **get()** en el primer caso; pero, de este modo, no habríamos avanzado gran cosa porque nos encontraríamos haciendo comprobaciones del estilo de las que se llevan a cabo para determinar si una referencia es nula. Para evitar comprobar la subclase de **Option**, hemos definido métodos que nos permiten obtener el valor de un **Option** de forma segura:

▶ Un método **getOrElse(A defaultValue)** que devuelve el valor de **Option** si existe, o un valor por defecto proporcionado como argumento en caso contrario.

▶ Un método **getOrElse(Supplier< A > defaultValue)** que devuelve también el valor de **Option** si existe, o un valor por defecto en caso contrario, proporcionado como argumento, calculado mediante evaluación perezosa.

Probamos el siguiente código mediante **main()**:

```
String email = Option.instance(jason)
                     .map(Agent::getEmail)
                     .getOrElse("no data");
System.out.println(email);
```

Ahora obtenemos la salida:

```
no data
```

Observamos también la aplicación del método **map()**, que permite aplicar una función de **A** en **B** al elemento de un **Option** de **A** para producir un **Option** de **B**. De este modo, aplicamos funciones a los valores de un **Option**. En el ejemplo, **map()** transforma el objeto **jason** de tipo **Agent**, contenido en un **Option< Agent >**, en un **Option < String >** tras aplicar la función definida por la referencia a método **Agent::getEmail**.

Otra opción para imprimir por pantalla el correo electrónico sería la siguiente:

```
Option.instance(jason)
       .map(Agent::getEmail)
       .forEach(System.out::println);
```

Sólo que, en este caso, no obtendríamos nada por la pantalla, debido a que **map()** devuelve un objeto **Option** de la subclase **None** y el método **forEach()** de dicha subclase carece de instrucciones. Sin embargo, si ejecutamos:

```
Option.instance(jack)
       .map(Agent::getEmail)
       .forEach(System.out::println);
```

Obtenemos:

```
jack.ryan@cia.us
```

Cada programador tiene su estilo a la hora de emplear **Option**. No obstante, las normas recomendadas de uso son las siguientes:

▶ Los métodos públicos de consulta no deben retornar un **Option** salvo que puedan devolver un valor nulo; en este caso, sí se recomienda emplear **Option**.

▶ La regla es que los argumentos de los métodos públicos no deberían nunca emplear **Option**; la razón es que una de las precondiciones más habituales consiste en exigir que los argumentos no sean nulos.

▶ Los métodos privados gozan de más flexibilidad, pudiendo emplear **Option** tanto en los tipos de los argumentos como en los tipos de retorno.

¿Qué ocurre entonces si en las clases **Agent** y **Address** incluimos los siguientes cambios para evitar que devuelvan valores nulos? En el caso de **Agent**, para los campos del correo electrónico y la dirección. En el caso de **Address**, para el campo del código del país.

```
package org.jomaveger.examples.chapter6;
import org.jomaveger.functional.control.Option;
public class Agent {
    // como antes
    public Option<String> getEmail() {
        return Option.instance(email);
    }
    public Option<Address> getAddress() {
        return Option.instance(address);
    }
}
```

```
package org.jomaveger.examples.chapter6;
import org.jomaveger.functional.control.Option;
public class Address {
    // como antes
    public Option<String> getCountryCode() {
        return Option.instance(countryCode);
    }
}
```

Necesitamos utilizar ahora el método **flatMap()** para realizar la misma operación de antes:

```
Option.instance(jack)
        .flatMap(Agent::getEmail)
        .forEach(System.out::println);
```

```
jack.ryan@cia.us
```

Otro ejemplo con **flatMap()**, que evidencia cómo este método se emplea para realizar la composición de **Option**:

```
Option.instance(jack)
        .flatMap(Agent::getAddress)
        .flatMap(Address::getCountryCode)
        .forEach(System.out::println);
```

La salida que produce es la esperada:

```
1
```

Una posibilidad, desde luego, es sólo utilizar **Option** en el código que se desarrolle a partir del momento en que se toma la decisión de incorporar esta herramienta. Pero si, como desarrolladores, queremos extender el uso de **Option**, podemos plantearnos si es posible de algún modo incluirlo en el código antiguo.

El siguiente método **lift()** toma una función de **A** a **B** como su argumento y retorna una función de **Option< A >** a **Option< B >**. La solución funciona tanto para métodos que no lanzan excepciones como para los que sí las lanzan:

```java
public static <A, B> Function<Option<A>, Option<B>> lift(Function<A, B> f) {
    return x -> {
        try {
            return x.map(f);
        } catch (Exception e) {
            return Option.none();
        }
    };
}
```

Por ejemplo, podemos aplicar el método **lift()** a la referencia al **toUpperCase()** de la clase **String**, obteniendo un nueva función cuyo argumento será un **Option< String >** y cuyo resultado será también un **Option< String >**:

```java
Function<Option<String>, Option<String>> upperOption =
                Option.lift(String::toUpperCase);
```

También podemos desear convertir una función de **A** a **B** en una función de **A** a **Option< B >**. La solución, de nuevo, funciona tanto para métodos que no lanzan excepciones como para los que sí las lanzan:

```java
public static <A, B> Function<A, Option<B>> hlift(Function<A, B> f) {
    return x -> {
        try {
            return Option.instance(x).map(f);
        } catch (Exception e) {
            return Option.none();
        }
    };
}
```

Los métodos **lift()** y **hlift()** se añaden a la clase **Option**.

Hemos dicho que **Option** se utiliza para gestionar datos opcionales que no son el resultado de un error, y es importante el matiz de que no hay presente un error. Generalmente, la ausencia de datos es el resultado de errores que, a menudo, se gestionan lanzando una excepción. Obviamente, devolver **Option.None** en lugar de lanzar una excepción es como capturarla y hacerla desaparecer silenciosamente. Sería una forma errónea de actuar. Por tanto, cuando la ausencia de datos se deba a la presencia de un error, se necesitará utilizar otro tipo de datos distinto a **Option**, lo que veremos en la siguiente sección.

6.6 MANEJANDO ERRORES Y EXCEPCIONES CON LAS MÓNADAS EITHER Y RESULT

Cuando la ausencia de un dato tiene una o más causas posibles y al menos una de ellas es un error, podemos emplear la mónada denominada **Either**, semejante a **Option**, con la diferencia de que puede almacenar un valor de tipo **E** o bien un valor de tipo **A**. Las dos clases privadas de **Either** serán **Left** y **Right**. De este modo, se puede usar fácilmente **Either** para representar valores que pueden estar ausentes debido a errores. Es necesario parametrizar **Either** con el tipo del dato válido y el tipo del error. Por convención, se usa la subclase **Right** para representar el valor válido y se utiliza la subclase **Left** para representar el error. Ahora bien, la subclase **Left** no se llamará en ningún caso **Wrong** porque el tipo de datos **Either** puede ser usado también para representar datos que pueden ser representados por un tipo u otro, siendo ambos válidos. Por supuesto, en caso de usar **Either** para representar datos que pueden estar ausentes debido a un error, es necesario elegir qué tipo de datos representará el error; se puede escoger **String** con el fin de almacenar un mensaje de error, o bien se puede elegir la clase **Exception**, por ejemplo.

La implementación de **Either** sería la siguiente:

```
package org.jomaveger.functional.control;
import java.util.function.Function;
public abstract class Either<E, A> {
    public abstract <B> Either<E, B> map(Function<A, B> f);
    public abstract <B> Either<E, B> flatMap(Function<A, Either<E, B>> f);
    public abstract boolean isLeft();
    public abstract boolean isRight();
    public abstract E left();
    public abstract A right();
    public static <E, A> Either<E, A> left(E value) {
        return new Left<>(value);
    }
    public static <E, A> Either<E, A> right(A value) {
```

```java
            return new Right<>(value);
    }
    private static class Left<E, A> extends Either<E, A> {
        private final E value;
        private Left(E value) {
            this.value = value;
        }
        public <B> Either<E, B> map(Function<A, B> f) {
            return new Left<>(value);
        }
        public <B> Either<E, B> flatMap(Function<A, Either<E, B>> f) {
            return new Left<>(value);
        }
        @Override
        public String toString() {
            return String.format("Left(%s)", value);
        }
        @Override
        public boolean isLeft() {
            return true;
        }
        @Override
        public boolean isRight() {
            return false;
        }
        @Override
        public E left() {
            return this.value;
        }
        @Override
        public A right() {
            throw new IllegalStateException("getRight called on Left");
        }
    }
    private static class Right<E, A> extends Either<E, A> {
        private final A value;
        private Right(A value) {
            this.value = value;
        }
        public <B> Either<E, B> map(Function<A, B> f) {
            return new Right<>(f.apply(value));
        }
        public <B> Either<E, B> flatMap(Function<A, Either<E, B>> f) {
            return f.apply(value);
        }
        @Override
        public String toString() {
            return String.format("Right(%s)", value);
        }
        @Override
        public boolean isLeft() {
            return false;
        }
        @Override
        public boolean isRight() {
            return true;
        }
```

```
    @Override
    public E left() {
        throw new IllegalStateException("getLeft called on Right");
    }
    @Override
    public A right() {
        return this.value;
    }
  }
}
```

Probablemente, alguien estará pensando en añadir a **Either** el método:

```
public abstract A getOrElse(Supplier<A> defaultValue);
```

Es verdad que la implementación sería relativamente sencilla. Así, para la subclase **Right** sería de la siguiente manera:

```
public A getOrElse(Supplier<A> defaultValue) {
    return value;
}
```

Mientras que, para la subclase **Left**, tendríamos la siguiente implementación:

```
public A getOrElse(Supplier<A> defaultValue) {
    return defaultValue.get();
}
```

El problema es que la implementación de la subclase **Left**, aunque funciona, dista mucho de ser ideal. Devolver ese valor por defecto no permite saber qué ha ocurrido realmente en caso de que, efectivamente, no hubiera un valor válido disponible. Simplemente el usuario obtiene el valor por defecto, sin tan siquiera saber si es el resultado de un cálculo o el resultado de un error. Por eso, este método **getOrElse()** no se ha incluido en la implementación de **Either**.

Para gestionar los casos de error correctamente, necesitamos una versión de **Either** en la que el tipo de **Left** sea conocido. Vamos a crear una nueva mónada, **Result**, en la que utilizaremos **RuntimeException** como el valor de **Left** para almacenar la excepción asociada al error. En caso de necesitarse únicamente un **String** para almacenar el mensaje de error, se podría envolver dicho mensaje en una excepción. El desarrollo de **Result** no implica en modo alguno que **Either** deje de ser útil, puesto que la mónada **Either**, de manera general, se puede usar para representar una separación lógica entre dos valores que no pueden ocurrir al mismo tiempo.

La primera versión de **Result** sería la siguiente:

```
package org.jomaveger.functional.control;
import java.io.Serializable;
import java.util.concurrent.Callable;
import java.util.function.Consumer;
import java.util.function.Function;
import java.util.function.Supplier;
public abstract class Result<T> implements Serializable {
    private static Result<?> empty = new Empty<>();
    private Result() {
    }
    public static <T, U> Result<T> failure(Failure<U> failure) {
        return new Failure<>(failure.exception);
    }
    public static <T> Result<T> failure(String message) {
        return new Failure<>(message);
    }
    public static <T> Result<T> failure(String message, Exception e) {
        return new Failure<>(new IllegalStateException(message, e));
    }
    public static <V> Result<V> failure(Exception e) {
        return new Failure<>(e);
    }
    public static <T> Result<T> success(T value) {
        return new Success<>(value);
    }
    public static <T> Result<T> empty() {
        return (Result<T>) empty;
    }
    public abstract Boolean isSuccess();
    public abstract Boolean isFailure();
    public abstract Boolean isEmpty();
    public abstract T getOrElse(final T defaultValue);
    public abstract T getOrElse(final Supplier<T> defaultValue);
    public abstract T successValue();
    public abstract Exception failureValue();
    public abstract <U> Result<U> map(Function<T, U> f);
    public abstract <U> Result<U> flatMap(Function<T, Result<U>> f);
    private static class Empty<T> extends Result<T> {
        public Empty() {
            super();
        }
        @Override
        public Boolean isSuccess() {
            return false;
        }
        @Override
        public Boolean isFailure() {
            return false;
        }
        @Override
```

```java
        public Boolean isEmpty() {
            return true;
        }
        @Override
        public T getOrElse(final T defaultValue) {
            return defaultValue;
        }
        @Override
        public T getOrElse(Supplier<T> defaultValue) {
            return defaultValue.get();
        }
        @Override
        public T successValue() {
            throw new IllegalStateException
                ("Method successValue() called on a Empty instance");
        }
        @Override
        public RuntimeException failureValue() {
            throw new IllegalStateException
                ("Method failureMessage() called on a Empty instance");
        }
        @Override
        public <U> Result<U> map(Function<T, U> f) {
            return empty();
        }
        @Override
        public <U> Result<U> flatMap(Function<T, Result<U>> f) {
            return empty();
        }
        @Override
        public String toString() {
            return "Empty()";
        }
    }
    private static class Failure<T> extends Empty<T> {
        private final RuntimeException exception;
        private Failure(String message) {
            super();
            this.exception = new IllegalStateException(message);
        }
        private Failure(RuntimeException e) {
            super();
            this.exception = e;
        }
        private Failure(Exception e) {
            super();
            this.exception = new IllegalStateException(e);
        }
        @Override
        public Boolean isSuccess() {
            return false;
        }
        @Override
        public Boolean isFailure() {
            return true;
        }
        @Override
```

```java
        public T successValue() {
            throw new IllegalStateException
                ("Method successValue() called on a Failure instance");
        }
        @Override
        public RuntimeException failureValue() {
            return this.exception;
        }
        @Override
        public <U> Result<U> map(Function<T, U> f) {
            return failure(this);
        }
        @Override
        public <U> Result<U> flatMap(Function<T, Result<U>> f) {
            return failure(exception.getMessage(), exception);
        }
        @Override
        public String toString() {
            return String.format("Failure(%s)", failureValue());
        }
    }
    private static class Success<T> extends Result<T> {
        private final T value;
        public Success(T value) {
            super();
            this.value = value;
        }
        @Override
        public Boolean isSuccess() {
            return true;
        }
        @Override
        public Boolean isFailure() {
            return false;
        }
        @Override
        public Boolean isEmpty() {
            return false;
        }
        @Override
        public T getOrElse(final T defaultValue) {
            return successValue();
        }
        @Override
        public T getOrElse(Supplier<T> defaultValue) {
            return successValue();
        }
        @Override
        public T successValue() {
            return this.value;
        }
        @Override
        public RuntimeException failureValue() {
            throw new IllegalStateException
                ("Method failureValue() called on a Success instance");
        }
        @Override
```

```java
        public <U> Result<U> map(Function<T, U> f) {
            try {
                return success(f.apply(successValue()));
            } catch (Exception e) {
                return failure(e.getMessage(), e);
            }
        }
        @Override
        public <U> Result<U> flatMap(Function<T, Result<U>> f) {
            try {
                return f.apply(successValue());
            } catch (Exception e) {
                return failure(e.getMessage(), e);
            }
        }
        @Override
        public String toString() {
            return String.format("Success(%s)", successValue().toString());
        }
    }
}
```

La clase **Result** tiene un único parámetro genérico formal, que corresponde al tipo de datos del valor válido.

A semejanza de la instancia de **None** que tiene **Option**, **Result** contiene una instancia de **Empty** que también cumple con el patrón de diseño Singleton; es decir, la clase **Result** sólo permite construir y trabajar con un único objeto de la clase **Empty**.

La clase **Failure** extiende de la clase **Empty** para no tener que redefinir los métodos **getOrElse()**, ya que tienen la misma implementación. La clase **Failure** almacena una **RuntimeException** y redefine los métodos **map()** y **flatMap()** de **Empty** para utilizar dicha excepción.

Los constructores son privados. Si un **Failure** es construido con un mensaje, es envuelto en una **RuntimeException** -más concretamente, en la subclase **IllegalStateException**-; si es construido con una **RuntimeException**, se almacena tal cual; y, finalmente, si es construido con una excepción comprobada, es envuelta en una **RuntimeException**. Un objeto de la subclase **Success** se construye almacenando el valor válido.

Las instancias de **Result** se construyen mediante métodos factoría.

Para ver un ejemplo, vamos a partir de la siguiente clase que también modela a un agente secreto:

```java
package org.jomaveger.examples.chapter6;
```

```
import org.jomaveger.functional.control.Result;
public class Spy {
    private final String firstName;
    private final String lastName;
    private final Result<String> email;
    public Spy(String firstName, String lastName) {
        this.firstName = firstName;
        this.lastName = lastName;
        this.email = Result.empty();
    }
    public Spy(String firstName, String lastName, String email) {
        this.firstName = firstName;
        this.lastName = lastName;
        this.email = Result.success(email);
    }
    public Result<String> getEmail() {
        return email;
    }
}
```

También vamos a utilizar la siguiente clase **Map**, que es un envoltorio de la implementación del API de Java para dotarle de una interfaz funcional:

```
package org.jomaveger.examples.chapter6;
import java.util.HashMap;
import org.jomaveger.functional.control.Result;
public class Map<T, U> {
    private final java.util.Map<T, U> map = new HashMap<>();
    public static <T, U> Map<T, U> empty() {
        return new Map<>();
    }
    public static <T, U> Map<T, U> add(Map<T, U> m, T t, U u) {
        m.map.put(t, u);
        return m;
    }
    public Result<U> get(final T t) {
        return this.map.containsKey(t) ? Result.success(this.map.get(t))
                                       : Result.empty();
    }
    public Map<T, U> put(T t, U u) {
        return add(this, t, u);
    }
    public Map<T, U> removeKey(T t) {
        this.map.remove(t);
        return this;
    }
}
```

Empleando la misma clase **Main** que en la sección anterior, desarrollamos el siguiente programa de prueba:

```
package org.jomaveger.examples.chapter6;
import org.jomaveger.functional.control.Result;
public class Main {
    public static void main(String[] args) {
        Map<String, Spy> spies = new Map<String, Spy>()
                .put("Jason", new Spy("Jason", "Bourne", "jason.bourne@cia.gov.us"))
                .put("Robert", new Spy("Robert", "McCall"))
                .put("Jack", new Spy("Jack", "Ryan", "jack.ryan@cia.gov.us"));
        Result<String> result =
                getName().flatMap(spies::get).flatMap(Spy::getEmail);
        System.out.println(result);
    }
    public static Result<String> getName() {
        return Result.success("Jason");
        //return Result.failure(new IOException("Input error"));
        //return Result.success("Robert");
        //return Result.success("Peter");
    }
}
```

El programa muestra los siguientes resultados, cada uno correspondiente a cada implementación del método **getName()**:

```
Success(jason.bourne@cia.gov.us)
Failure(java.lang.IllegalStateException: java.io.IOException: Input error)
Empty()
Empty()
```

Quizá parezca que algo no está bien porque no se distingue entre los dos casos diferentes en que se obtiene **Empty()**, pero no es así. Los mensajes de error no se necesitan para los datos opcionales de modo que, si se piensa que se necesita un mensaje, entonces el dato no es opcional. Es posible que se piense que, si el programa hubiera mostrado los siguientes resultados, la información hubiera sido más precisa:

```
Success(jason.bourne@cia.gov.us)
Failure(java.lang.IllegalStateException: java.io.IOException: Input error)
Failure(Robert McCall has no mail)
Failure(Key Peter not found in map)
```

Este resultado parece correcto, pero no lo es. El problema es que *Robert*, que carece de correo electrónico, y *Peter*, que no está en el mapa, se consideran errores. Podrían serlo, en principio, pero también podrían ser alternativamente casos normales. Veamos el porqué. Después de todo, si no tener correo electrónico fuera un error, no sería posible construir una instancia de la clase **Spy** sin ese atributo. Por tanto, no es un error sino un dato opcional. Lo mismo es cierto para el mapa.

Puede ser un error si una clave no está en el mapa -suponiendo que la lógica de negocio dictara que debiera estar allí-, pero desde el punto de vista del mapa se trata simplemente de un dato opcional.

Hemos usado **Result** en el ejemplo anterior en un caso de uso posible: Obtener el resultado de un cálculo y emplearlo como entrada para el siguiente cálculo. No obstante, existen otros casos de uso posible para **Result**, lo que nos lleva a añadir varios métodos más a esta clase:

- Un método **filter()** que recibe una condición, representada por una función de **T** a **Boolean**, y devuelve un **Result< T >**, que será un **Success** o un **Failure** dependiendo de si la condición se cumple para el valor contenido.

- Un método **exists()** que recibe una función de **T** a **Boolean** y devuelve **true** si el valor contenido cumple la condición, o **false** en caso contrario.

- Varios métodos factoría que crean un objeto **Result** a partir de un valor de tipo **T**, una función de **T** a **Boolean** o bien de un objeto de la interfaz funcional **Callable**. La interfaz funcional **Callable** pertenece al API de Java y tiene la siguiente forma:

```
package java.util.concurrent;
@FunctionalInterface
public interface Callable<V> {
    V call() throws Exception;
}
```

- Para aplicar efectos, emplearemos el método **forEach()** que recibe un **Consumer** como parámetro y lo aplica al valor contenido; el método **forEachOrThrow()** se utiliza para lanzar la excepción que corresponde a un **Failure**; el método **forEachOrException()** aplica el efecto si se trata de un **Success** y gestiona la excepción de alguna manera si se trata de un **Failure** porque, a veces, simplemente se desea escribir una traza con el error y continuar la ejecución y, finalmente, el método **forEachOrFail()** retorna un **Result< String >** con el mensaje de error de la excepción, en lugar de la propia excepción.

- El método **lift()** recibe una función de **A** a **B** como su argumento y retorna una función de **Result< A >** a **Result< B >**; también desarrollaremos la variante **hlift()**, que recibe la misma función de **A** a **B** como argumento pero retorna una función de **A** a **Result< B >**. Y, por último, añadiremos los métodos **lift2()** y **lift3()**, iguales que **lift()** pero para una función currificada de dos y tres argumentos, respectivamente.

▸ El método **mapFailure()** recibe una cadena de caracteres como argumento y transforma un valor **Failure** a otro **Failure** utilizando dicha cadena de caracteres como su mensaje de error. Si el objeto **Result** es **Empty** o **Success**, este método no hace nada. Este método está sobrecargado. Existe un segundo método que recibe una cadena de caracteres y un objeto de la clase **Exception** y un tercer método que recibe únicamente un objeto de la clase **Exception**.

▸ El método **mapEmpty()** devuelve **Success< Nothing >** si el objeto resultado es vacío, y retorna un fracaso en caso contrario. El tipo de datos **Nothing** se define de la siguiente manera:

```java
package org.jomaveger.functional.tuples;
public final class Nothing {

    public static final Nothing instance = new Nothing();
    private Nothing() {
    }
}
```

En lugar de emplear el tipo de datos **Nothing**, podíamos haber utilizado **java.lang.Void**. El problema es que instanciar **Void** no es posible de manera directa por lo que, en lugar de utilizar una técnica rebuscada para instanciarlo, es preferible ir a una solución más limpia.

▸ Un método **orElse()** que es la versión de **getOrElse()** para valores por defecto de tipo **Result**.

La versión final de la clase **Result** quedaría de la siguiente forma:

```java
package org.jomaveger.functional.control;
import java.io.Serializable;
import java.util.concurrent.Callable;
import java.util.function.Consumer;
import java.util.function.Function;
import java.util.function.Supplier;
import org.jomaveger.functional.tuples.Nothing;
public abstract class Result<T> implements Serializable {
    private static Result<?> empty = new Empty<>();
    private Result() {
    }
    public static <T> Result<T> of(final Callable<T> callable) {
```

```
            return of(callable, "Null value");
    }
    public static <T> Result<T> of(final Callable<T> callable, final String messa-
ge)
    {
        try {
            T value = callable.call();
            return value == null ? Result.failure(message) : Result.
success(value);
        } catch (Exception e) {
            return Result.failure(e.getMessage(), e);
        }
    }
    public static <T> Result<T> of(final Function<T, Boolean> predicate,
                                   final T value, final String message) {
        try {
            return predicate.apply(value) ? Result.success(value)
                    : Result.failure(String.format(message, value));
        } catch (Exception e) {
            String errMessage =
                String.format("Exception while evaluating predicate: %s",
                    String.format(message, value));
            return Result.failure(errMessage, e);
        }
    }
    public static <T> Result<T> of(final T value) {
        return value != null ? success(value) : Result.failure("Null value");
    }
    public static <T> Result<T> of(final T value, final String message) {
        return value != null ? Result.success(value) : Result.failure(message);
    }
    public static <T, U> Result<T> failure(Failure<U> failure) {
        return new Failure<>(failure.exception);
    }
    public static <T> Result<T> failure(String message) {
        return new Failure<>(message);
    }
    public static <T> Result<T> failure(String message, Exception e) {
        return new Failure<>(new IllegalStateException(message, e));
    }
    public static <V> Result<V> failure(Exception e) {
        return new Failure<>(e);
    }
    public static <T> Result<T> success(T value) {
        return new Success<>(value);
    }
    public static <T> Result<T> empty() {
        return (Result<T>) empty;
    }
    public Result<T> orElse(Supplier<Result<T>> defaultValue) {
        return map(x -> this).getOrElse(defaultValue);
    }
    public abstract Boolean isSuccess();
    public abstract Boolean isFailure();
    public abstract Boolean isEmpty();
    public abstract T getOrElse(final T defaultValue);
    public abstract T getOrElse(final Supplier<T> defaultValue);
```

```java
    public abstract T successValue();
    public abstract Exception failureValue();
    public abstract <U> Result<U> map(Function<T, U> f);
    public abstract Result<T> mapFailure(String s);

  public abstract Result<T> mapFailure(String s, Exception e);

  public abstract Result<T> mapFailure(Exception e);
   public abstract Result<Nothing> mapEmpty();
   public abstract <U> Result<U> flatMap(Function<T, Result<U>> f);
   public abstract Result<T> filter(Function<T, Boolean> f);
   public abstract Result<T> filter(Function<T, Boolean> p, String message);
   public abstract Boolean exists(Function<T, Boolean> f);
   public abstract void forEach(Consumer<T> statement);
   public abstract void forEachOrThrow(Consumer<T> c);
   public abstract Result<RuntimeException> forEachOrException(Consumer<T> e);
   public abstract Result<String> forEachOrFail(Consumer<T> e);
   public static <A, B> Function<Result<A>, Result<B>> lift(Function<A, B> f) {
       return x -> {
           try {
               return x.map(f);
           } catch (Exception e) {
               return failure(e);
           }
       };
   }
   public static <A, B> Function<A, Result<B>> hlift(Function<A, B> f) {
       return x -> {
           try {
               return Result.of(x).map(f);
           } catch (Exception e) {
               return failure(e);
           }
       };
   }
   public static <A, B, C> Function<Result<A>, Function<Result<B>, Result<C>>>
lift2
                (final Function<A, Function<B, C>> f) {
       return a -> b -> a.map(f).flatMap(b::map);
   }
   public static <A, B, C, D>
       Function<Result<A>, Function<Result<B>, Function<Result<C>, Result<D>>>>
       lift3 (final Function<A, Function<B, Function<C, D>>> f)
   {
       return a -> b -> c -> a.map(f).flatMap(b::map).flatMap(c::map);
   }
   private static class Empty<T> extends Result<T> {
       public Empty() {
           super();
       }
       @Override
       public Boolean isSuccess() {
           return false;
       }
       @Override
       public Boolean isFailure() {
           return false;
```

```java
    }
    @Override
    public Boolean isEmpty() {
        return true;
    }
    @Override
    public T getOrElse(final T defaultValue) {
        return defaultValue;
    }
    @Override
    public T getOrElse(Supplier<T> defaultValue) {
        return defaultValue.get();
    }
    @Override
    public T successValue() {
        throw new IllegalStateException
            ("Method successValue() called on a Empty instance");
    }
    @Override
    public RuntimeException failureValue() {
        throw new IllegalStateException
            ("Method failureMessage() called on a Empty instance");
    }
    @Override
    public <U> Result<U> map(Function<T, U> f) {
        return empty();
    }
    @Override
   public Result<T> mapFailure(String s) {
     return this;
    }

@Override
  public Result<T> mapFailure(String f, Exception e) {
     return this;
    }
    @Override
   public Result<T> mapFailure(Exception e) {
     return this;
    }
    @Override
   public Result<Nothing> mapEmpty() {
     return success(Nothing.instance);
    }
    @Override
    public <U> Result<U> flatMap(Function<T, Result<U>> f) {
        return empty();
    }
    @Override
    public String toString() {
        return "Empty()";
    }
    @Override
    public Result<T> filter(Function<T, Boolean> f) {
        return empty();
    }
    @Override
```

```java
        public Result<T> filter(Function<T, Boolean> p, String message) {
            return empty();
        }
        @Override
        public Boolean exists(Function<T, Boolean> f) {
            return false;
        }
        @Override
        public void forEach(Consumer<T> statement) {
        }
        @Override
        public void forEachOrThrow(Consumer<T> c) {
        }
        @Override
        public Result<RuntimeException> forEachOrException(Consumer<T> e) {
            return empty();
        }
        @Override
        public Result<String> forEachOrFail(Consumer<T> e) {
            return empty();
        }
    }
    private static class Failure<T> extends Empty<T> {
        private final RuntimeException exception;
        private Failure(String message) {
            super();
            this.exception = new IllegalStateException(message);
        }
        private Failure(RuntimeException e) {
            super();
            this.exception = e;
        }
        private Failure(Exception e) {
            super();
            this.exception = new IllegalStateException(e);
        }
        @Override
        public Boolean isSuccess() {
            return false;
        }
        @Override
        public Boolean isFailure() {
            return true;
        }
        @Override
        public T successValue() {
            throw new IllegalStateException
                ("Method successValue() called on a Failure instance");
        }
        @Override
        public RuntimeException failureValue() {
            return this.exception;
        }
        @Override
        public <U> Result<U> map(Function<T, U> f) {
            return failure(this);
        }
```

```java
    @Override
    public Result<T> mapFailure(String s) {
      return failure(s, exception);
    }

  @Override
  public Result<T> mapFailure(String s, Exception e) {
    return failure(s, e);
  }
  @Override
  public Result<T> mapFailure(Exception e) {
    return failure(e.getMessage(), e);
  }
  @Override
  public Result<Nothing> mapEmpty() {
    return failure(this);
  }
  @Override
  public <U> Result<U> flatMap(Function<T, Result<U>> f) {
      return failure(exception.getMessage(), exception);
  }
  @Override
  public String toString() {
      return String.format("Failure(%s)", failureValue());
  }
  @Override
  public Result<T> filter(Function<T, Boolean> f) {
      return failure(this);
  }
  @Override
  public Result<T> filter(Function<T, Boolean> p, String message) {
      return failure(this);
  }
  @Override
  public Boolean exists(Function<T, Boolean> f) {
      return false;
  }
  @Override
  public void forEach(Consumer<T> statement) {
  }
  @Override
  public void forEachOrThrow(Consumer<T> c) {
      throw exception;
  }
  @Override
  public Result<RuntimeException> forEachOrException(Consumer<T> e) {
      return success(exception);
  }
  @Override
  public Result<String> forEachOrFail(Consumer<T> e) {
      return success(exception.getMessage());
  }
 }
}
private static class Success<T> extends Result<T> {
    private final T value;
    public Success(T value) {
        super();
```

```java
        this.value = value;
    }
    @Override
    public Boolean isSuccess() {
        return true;
    }
    @Override
    public Boolean isFailure() {
        return false;
    }
    @Override
    public Boolean isEmpty() {
        return false;
    }
    @Override
    public T getOrElse(final T defaultValue) {
        return successValue();
    }
    @Override
    public T getOrElse(Supplier<T> defaultValue) {
        return successValue();
    }
    @Override
    public T successValue() {
        return this.value;
    }
    @Override
    public RuntimeException failureValue() {
        throw new IllegalStateException
            ("Method failureValue() called on a Success instance");
    }
    @Override
    public <U> Result<U> map(Function<T, U> f) {
        try {
            return success(f.apply(successValue()));
        } catch (Exception e) {
            return failure(e.getMessage(), e);
        }
    }
    @Override
    public Result<T> mapFailure(String s) {
      return this;
    }

    @Override
    public Result<T> mapFailure(String f, Exception e) {
      return this;
    }
    @Override
    public Result<T> mapFailure(Exception e) {
      return this;
    }
    @Override
    public Result<Nothing> mapEmpty() {
      return failure("Not empty");
    }
    @Override
```

```java
        public <U> Result<U> flatMap(Function<T, Result<U>> f) {
            try {
                return f.apply(successValue());
            } catch (Exception e) {
                return failure(e.getMessage(), e);
            }
        }
        @Override
        public String toString() {
            return String.format("Success(%s)", successValue().toString());
        }
        @Override
        public Result<T> filter(Function<T, Boolean> f) {
            return filter(f, "Unmatched predicate with no error message provi-
ded.");
        }
        @Override
        public Result<T> filter(Function<T, Boolean> p, String message) {
            try {
                return p.apply(successValue()) ? this : failure(message);
            } catch (Exception e) {
                return failure(e.getMessage(), e);
            }
        }
        @Override
        public Boolean exists(Function<T, Boolean> f) {
            return f.apply(successValue());
        }
        @Override
        public void forEach(Consumer<T> e) {
            e.accept(value);
        }
        @Override
        public void forEachOrThrow(Consumer<T> e) {
            e.accept(value);
        }
        @Override
        public Result<RuntimeException> forEachOrException(Consumer<T> e) {
            e.accept(value);
            return empty();
        }
        @Override
        public Result<String> forEachOrFail(Consumer<T> e) {
            e.accept(this.value);
            return empty();
        }
    }
}
```

6.7 PROCESAMIENTO DE DATOS CON LA MÓNADA STREAM

La mónada Stream es un conducto para una secuencia de elementos que proceden de una fuente de datos, de modo tal que nunca proporciona almacenamiento para dichos elementos y además tiene las siguientes características:

▶ Un stream es inmutable; es decir, una operación realizada sobre un stream no modifica su fuente de datos, sino que lo habitual es que genere un nuevo stream con el resultado de la operación sin modificar el ya existente.

▶ Un stream emplea evaluación perezosa; las operaciones sobre el stream se llevan a cabo tan tarde como sea posible, y sólo cuando es necesario.

Un stream se representa por la interfaz **java.util.stream.Stream< T >**. Dado que esta interfaz sólo funciona con objetos, existen en el mismo paquete ciertas interfaces con la misma funcionalidad dedicadas a tipos primitivos, como son **IntStream**, **LongStream** y **DoubleStream**.

Existen muchas maneras de crear un stream. Vamos a ver las más frecuentes:

▶ Es posible crear un stream vacío. Se emplea el método **empty()** en caso de que se desee crear un stream vacío:

```
Stream<String> streamEmpty = Stream.empty();
```

Con frecuencia, se utiliza el método **empty()**, durante la creación de un stream a partir de una estructura de datos, para evitar devolver **null** en caso de streams sin elementos:

```
public Stream<String> streamOf(List<String> list) {
    return list == null || list.isEmpty() ? Stream.empty() : list.
stream();
}
```

▶ Es posible generar un stream a partir de una colección **java.util. Collection< E >**. En general, es posible generar un stream de cualquier objeto que implemente directa o indirectamente la interfaz **Collection< E >** a partir de su método **stream()**. En particular, esto implica que se puede generar un stream a partir de las listas, como ya hemos visto, y de los conjuntos, ya que ambas interfaces extienden de la interfaz de las colecciones. La interfaz del API de Java para los conjuntos es **java.util.**

Set< E >. Algunas clases que implementan esta interfaz son: **java.util. TreeSet< E >, java.util.HashSet< E > y java.util.LinkedHashSet< E >.**

- La clase **HashSet< E >** utiliza internamente una tabla de dispersión para implementar el conjunto y, además, permite iterar los elementos mediante un iterador, pero sin garantizar que se preserva el orden de iteración de una vez a otra.

- La clase **LinkedHashSet< E >** utiliza internamente una tabla de dispersión y además una lista doblemente enlazada de los elementos del conjunto, lo que implica que el iterador sí garantiza el orden de iteración, que es el orden en el que los elementos fueron insertados en el conjunto.

- La clase **TreeSet< E >** utiliza internamente un árbol rojinegro para implementar el conjunto. Los elementos se mantienen ordenados en orden ascendente siguiendo su orden natural, o bien mediante un comparador que se proporciona en el momento de la creación del objeto, pero de ninguna manera se preserva el orden de inserción de los elementos.

```
Collection<String> collection = Arrays.asList("Luke", "Han", "Leia",
"Chewie");
Stream<String> streamOfCollection = collection.stream();
List<String> words = Arrays.asList(new String[]{"Luke","Han", "Leia",
"Chewie"});
Stream<String> stream = words.stream();
```

▶ Es posible generar un stream a partir de valores individuales:

```
Stream<String> stream = Stream.of("Luke", "Han", "Leia", "Chewie");
```

▶ Es posible generar un stream a partir de un array:

```
String[] sw = {"Luke", "Han", "Leia", "Chewie"};
Stream<String> stream = Stream.of(sw);
```

O bien, empleando la clase **Arrays**, se puede generar un stream de un array existente o de una parte del mismo:

```
String[] sw = {"Luke", "Leia", "Han", "Chewie"};
Stream<String> streamOfArrayFull = Arrays.stream(sw);
Stream<String> streamOfArrayPart = Arrays.stream(sw, 0, 2);
```

▶ Es posible generar un stream de objetos de un determinado tipo mediante los métodos **builder()** y **build()**. El tipo de los objetos que se van a añadir al stream debe indicarse explícitamente; de lo contrario, el método **build()** creará una instancia de **Stream< Object >**.

```
Stream<String> streamBuilder =
  Stream.<String>builder().add("Luke").add("Leia").add("Han").build();
```

▶ Es posible generar un stream proporcionándole elementos de manera perezosa. El método **generate()** de la interfaz **Stream< T >** acepta un objeto que implementa la interfaz **java.util.function.Supplier< T >** y que se encarga de la generación de los elementos. Dado que el stream resultante es infinito, el desarrollador debe especificar el tamaño deseado o bien el método **generate()** continuará generando elementos hasta que se acabe la memoria disponible del sistema:

```
Stream<String> streamGenerated =
  Stream.generate(() -> "Luke").limit(10);
```

Este código crea una secuencia de diez cadenas de caracteres con el valor "Luke".

▶ Es posible generar un stream proporcionándole elementos mediante un iterador. El método **iterate()** de la interafaz **Stream< T >** permite crear un stream infinito:

```
Stream<Integer> streamIterated = Stream.iterate(40, n -> n + 2).li-
mit(20);
```

El primer elemento del stream resultante es el primer parámetro real del método **iterate()**. Para crear cada uno de los elementos siguientes, se aplica al elemento previo la función especificada en el segundo parámetro real del método **iterate()**. En el ejemplo anterior, el segundo elemento será 42. Finalmente, se utiliza el método **limit()** con el fin de especificar el número elementos que se desea que tenga el stream, y así impedir la creación de un stream potencialmente infinito que acabe colapsando la memoria del sistema. En el ejemplo anterior, nuestro stream contendrá 20 elementos.

La interfaz **java.util.stream.Stream< T >** define las operaciones agrupándolas en dos categorías:

▼ Las **operaciones intermedias** son aquellas operaciones que pueden conectarse entre sí porque la salida que devuelven es de tipo **Stream**. Una característica importante de las operaciones intermedias es que son perezosas; es decir, no llevan a cabo las tareas de procesamiento de los elementos hasta que se invoca una operación terminal en el proceso del stream. A su vez, las operaciones intermedias se dividen en dos grupos: Las operaciones intermedias **sin estado** son aquellas que no retienen el estado de previos elementos cuando procesan uno nuevo, de modo que cada elemento puede ser procesado independientemente de las operaciones realizadas sobre otros elementos; las operaciones intermedias **con estado** son aquellas que mantienen información interna de una invocación previa para ser utilizada de nuevo en una futura invocación del método.

▼ Las **operaciones terminales** son aquellas operaciones que devuelven como salida cualquier tipo distinto a un **Stream**. Las operaciones terminales cierran un proceso de stream, de modo que el canal del stream es consumido y no puede volver a utilizarse; si se necesita recorrer el mismo stream de nuevo, será necesario ir a la fuente de datos y crear un nuevo stream.

Normalmente, cuando se tiene una lista, se desea iterar sobre sus elementos. Una manera común de hacerlo es utilizar un bucle **for**. No obstante, hay varias modalidades de bucles **for**. Por ejemplo, podríamos utilizar un bucle **for** con índice:

```
List<String> words = ...
for(int i = 0; i < words.size(); i++) {
    System.out.println(words.get(i));
}
```

También podríamos utilizar un bucle **for** con iterador:

```
List<String> words = ...
for(Iterator<String> it = words.iterator(); it.hasNext();) {
    System.out.println(it.next());
}
```

O bien está en nuestras manos emplear el llamado bucle **foreach**:

```
List<String> words = ...
for(String w : words) {
    System.out.println(w);
}
```

La interfaz **java.util.stream.Stream**< **T** > proporciona el correspondiente método equivalente **forEach()**:

```
void forEach(Consumer<? super T> action)
```

Dado que el tipo de salida es distinto de **Stream**, se trata de una operación terminal. La forma de utilizarla sería la siguiente:

```
List<String> words = Arrays.asList("Han", "Luke", "Leia");
Stream<String> stream = words.stream();
stream.forEach(t -> System.out.println(t));
```

Naturalmente, como se trata de una operación terminal, no podemos hacer lo siguiente:

```
List<String> words = Arrays.asList("Han", "Luke", "Leia");
Stream<String> stream = words.stream();
stream.forEach(t -> System.out.println(t.length()));
stream.forEach(System.out::println);
```

Si se desea hacer algo así, o bien creamos un nuevo stream para cada ocasión:

```
List<String> words = Arrays.asList("Han", "Luke", "Leia");
Stream<String> stream1 = words.stream();
stream1.forEach(t -> System.out.println(t.length()));
Stream<String> stream2 = words.stream();
stream2.forEach(System.out::println);
```

O bien incluimos todo el código que queremos ejecutar dentro de una única expresión lambda:

```
List<String> words = Arrays.asList("Han", "Luke", "Leia");
Stream<String> stream = words.stream();
Consumer<String> print = t -> {
    System.out.println(t.length());
    System.out.println(t);
};
stream.forEach(print);
```

Otro requisito habitual es filtrar elementos de una colección que cumplen una determinada condición. Lo habitual es realizar esta tarea copiando a otra colección los elementos que verifican la condición:

```
List<String> words = ...
List<String> nonEmptyWords = new ArrayList<String>();
for(String w : words) {
    if(w != null && !w.isEmpty()) {
        nonEmptyWords.add(w);
    }
}
```

O bien eliminando de la colección original los elementos que cumplen la condición mediante un iterador, siempre y cuando la colección soporte la eliminación de elementos mediante el iterador:

```
List<String> words = new ArrayList<String>();
// ... (add some strings)
for (Iterator<String> it = words.iterator(); it.hasNext();) {
    String w = it.next();
    if (w == null || w.isEmpty()) {
        it.remove();
    }
}
```

La interfaz **java.util.stream.Stream< T >** proporciona el correspondiente método equivalente **filter()**, que devuelve un nuevo stream que consiste en los elementos que satisfacen el predicado que recibe como argumento:

```
Stream<T> filter(Predicate<? super T> predicate)
```

Un predicado es una interfaz funcional genérica del API de Java que representa a una función que evalúa a un valor booleano; es decir, un predicado define una condición que un determinado objeto debe satisfacer. Parte de su código fuente es el siguiente:

```
package java.util.function;
import java.util.Objects;
@FunctionalInterface
public interface Predicate<T> {
    boolean test(T t);
    // otros metodos
}
```

Naturalmente, como **filter()** retorna un objeto de tipo **Stream**, se trata de una operación intermedia, lo que significa que es posible encadenar varios filtrados u otras operaciones intermedias:

```
List<String> words = Arrays.asList("hello", null, "");
words.stream()
    .filter(t -> t != null) // ["hello", ""]
    .filter(t -> !t.isEmpty()) // ["hello"]
    .forEach(System.out::println); // hello
```

La búsqueda de elementos es otra operación habitual que se realiza sobre un stream. La interfaz **java.util.stream.Stream< T >** presenta los siguientes métodos para buscar elementos:

▶ El método **findAny()**:

```
Optional<T> findAny()
```

Este método permite encontrar un elemento cualquiera de un stream. En una operación no-paralela, lo más probable es que retorne el primer elemento del stream pero no hay garantía de que sea así.

▶ El método **findFirst()**:

```
Optional<T> findFirst()
```

Este método permite encontrar el primer elemento de un stream.

Los métodos **findAny()** y **findFirst()** devuelven una instancia de **java.util. Optional< T >**. No obstante, nosotros transformaremos dicho resultado a nuestra mónada **Option**. Así, por ejemplo, el siguiente código

```
Stream<String> elements = Stream.of("Han", "Luke", "Leia");
Option.of(elements.findFirst()).forEach(System.out::println);
```

produce la siguiente salida:

```
Han
```

Existen tres métodos más disponibles en la interfaz **java.util.stream. Stream< T >** con el objetivo de buscar datos:

```
boolean allMatch(Predicate<? super T> predicate);
boolean anyMatch(Predicate<? super T> predicate);
boolean noneMatch(Predicate<? super T> predicate);
```

La operativa de cada uno de estos métodos es la siguiente:

▶ El método **anyMatch()** devuelve **true** si al menos un elemento del stream satisface el predicado dado. Si el stream es vacío o bien no hay elemento alguno que satisfaga el predicado, el método retorna **false**.

▶ El método **allMatch()** devuelve **true** si y sólo si todos los elementos del stream satisfacen el predicado proporcionado. Si el stream es vacío, este método retorna **true** sin evaluar el predicado.

▶ El método **noneMatch()** devuelve **true** si ninguno de los elementos del stream satisface el predicado dado. Si el stream está vacío, este método retorna también **true** sin evaluar el predicado.

Algunos ejemplos para **anyMatch()** serían los siguientes:

```java
Stream<Integer> intStream = Stream.of(1, 2, 3, 4, 5, 6, 7);
System.out.println(intStream.anyMatch(i -> i%3 == 0)); // true
Stream<Integer> intStream2 = Stream.empty();
System.out.println(intStream2.anyMatch(i -> i%3 == 0)); // false
Stream<Integer> intStream3 = Stream.of(1, 2, 3, 4, 5, 6, 7);
System.out.println(intStream3.anyMatch(i -> i%10 == 0)); // false
```

Algunos ejemplos para **allMatch()** serían los siguientes:

```java
Stream<Integer> intStream = Stream.of(1, 2, 3, 4, 5, 6, 7);
System.out.println(intStream.allMatch(i -> i > 0)); // true
Stream<Integer> intStream2 = Stream.empty();
System.out.println(intStream2.allMatch(i -> i%3 == 0)); // true
Stream<Integer> intStream3 = Stream.of(1, 2, 3, 4, 5, 6, 7);
System.out.println(intStream3.allMatch(i -> i%3 == 0)); // false
```

Algunos ejemplos para **noneMatch()** serían los siguientes:

```java
Stream<Integer> intStream = Stream.of(1, 2, 3, 4, 5, 6, 7);
System.out.println(intStream.noneMatch(i -> i > 0)); // false
Stream<Integer> intStream2 = Stream.of(1, 2, 3, 4, 5, 6, 7);
System.out.println(intStream2.noneMatch(i -> i%3 == 0)); // false
Stream<Integer> intStream3 = Stream.of(1, 2, 3, 4, 5, 6, 7);
System.out.println(intStream3.noneMatch(i -> i > 10)); // true
```

Ordenar un stream es una tarea simple de llevar a cabo, mediante el siguiente método:

```
Stream<T> sorted()
```

El método **sorted()** devuelve un stream con los elementos ordenados de acuerdo a su orden natural. El único requisito es que los elementos del stream implementen la interfaz **java.lang.Comparable< T >**, por lo que de este modo están ordenados según su orden natural; de otro modo, se lanzará la excepción **ClassCastException**. En caso de desear ordenar los elementos siguiendo un orden diferente, existe otra versión del método que recibe como argumento un comparador **java.util.Comparator< T >**:

```
Stream<T> sorted(Comparator<? super T> comparator)
```

Veamos un ejemplo de cada caso. El siguiente código:

```
List<Integer> list = Arrays.asList(57, 38, 37, 54, 2);
list.stream().sorted().forEach(System.out::println);
```

Mostrará por pantalla lo siguiente:

```
2
37
38
54
57
```

De forma semejante, el siguiente código:

```
List<String> strings =
    Arrays.asList("Han", "Luke", "Chewbacca", "Darth Vader");
strings.stream()
    .sorted( (s1, s2) -> s2.length() - s1.length() )
    .forEach(System.out::println);
```

Muestra por pantalla la siguiente salida:

```
Darth Vader
Chewbacca
Luke
Han
```

Existen métodos para realizar cálculos simples con un stream:

```
long count();
Optional<T> max(Comparator<? super T> comparator);
Optional<T> min(Comparator<? super T> comparator);
```

▶ El método **count()** devuelve el número de elementos del stream o cero si el stream está vacío:

```
List<Integer> lista = Arrays.asList(57, 38, 37, 54, 2);
System.out.println(lista.stream().count()); // 5
```

▶ El método **min()** devuelve el valor mínimo del stream envuelto en un **java.util.Optional< T >**, o bien un **java.util.Optional< T >** vacío si el stream está vacío. Como de costumbre, a su vez nosotros transformaremos el **java.util.Optional< T >** en nuestra mónada **Option**. Para calcular el mínimo, Java necesita saber cómo comparar los objetos; de ahí que el método reciba como argumento un comparador:

```
List<String> min = Arrays.asList("Han", "Luke", "Chewbacca", "Darth
Vader");
Option.of(min.stream().min( Comparator.comparing((String s) ->
s.length())))
                        .forEach(System.out::println); //Han
```

▶ El método **max()** devuelve el valor máximo del stream envuelto en un **java.util.Optional< T >**, o bien un **java.util.Optional< T >** vacío si el stream está vacío. Como de costumbre, a su vez nosotros transformaremos el **java.util.Optional< T >** en nuestra mónada **Option**. Para calcular el máximo, Java necesita saber cómo comparar los objetos; de ahí que el método reciba como argumento un comparador:

```
List<String> max = Arrays.asList("Han", "Luke", "Chewbacca", "Darth
Vader");
Option.of(max.stream().max( Comparator.comparing((String s) ->
s.length())))
                        .forEach(System.out::println); //Darth Vader
```

En una mónada como **java.util.stream.Stream< T >** no podían faltar los métodos **map()** y **flatMap()**.

El método **map()** se emplea para transformar el valor o el tipo de los elementos de un stream:

```
<R> Stream<R> map(Function<? super T,? extends R> mapper)
```

Como se puede ver, **map()** recibe como argumento una función para convertir los elementos del stream del tipo **T** al tipo **R**, retornando un stream de ese tipo **R**.

Sea el siguiente ejemplo:

```
Stream.of('a', 'b', 'c', 'd', 'e')
    .map(c -> (int)c)
    .forEach(i -> System.out.format("%d ", i));
```

Producirá como salida:

```
97 98 99 100 101
```

El método **flatMap()** sería el siguiente:

```
<R> Stream<R> flatMap(Function<? super T, ? extends Stream<? extends R>> mapper)
```

De la signatura del método **flatMap()** vemos que, mientras el argumento es una función que debe devolver un stream -por tanto, recibe una entrada y devuelve varias salidas para esa entrada-, el argumento de **map()** es una función que debe devolver un único valor -por tanto, recibe una entrada y devuelve una única salida para esa entrada-. El método **apply()** de la función argumento de **flatMap()** se ejecuta repetidamente para cada elemento del stream original, devolviendo a su vez un stream. Finalmente, el método **flatMap()** devuelve un objeto stream que ha combinado estos múltiples streams en uno solo. Si, por la razón que fuera, **flatMap()** se correspondiera con **null**, el valor de retorno sería el stream vacío, pero nunca el propio **null**.

Veamos algunos ejemplos.

En el primer ejemplo, queremos mostrar la representación de los caracteres como números enteros pero no podemos usar **map()** directamente porque los elementos del stream no son caracteres sino listas de caracteres. Por suerte, tenemos **flatMap()**, que nos permite primero juntar y combinar los elementos de las listas en un único stream y después, mediante **map()**, convertir cada caracter a un número entero.

```
List<Character> aToD = Arrays.asList('a', 'b', 'c', 'd');
List<Character> eToG = Arrays.asList('e', 'f', 'g');
Stream<List<Character>> cstream = Stream.of(aToD, eToG);
cstream.flatMap(l -> l.stream())
       .map(c -> (int)c)
       .forEach(i -> System.out.format("%d ", i)); //97 98 99 100 101 102 103
```

En el segundo ejemplo, queremos mostrar por consola los datos de unos rectángulos que hemos creado, organizados como listas de listas. Es un caso muy parecido al anterior:

```
package org.jomaveger.examples.chapter6;
public class Rectangle {
    private int x;
    private int y;
    private int height;
    private int width;
    public Rectangle(int x, int y, int height, int width) {
        this.x = x;
        this.y = y;
        this.height = height;
        this.width = width;
    }
    public Rectangle scale(double percent) {
        height = (int) (height * (1.0 + percent));
        width = (int) (width * (1.0 + percent));
        return this;
    }
    public int getArea() {
        return height * width;
    }
    public String toString() {
        return "X: " + x + " Y: " + y + " Height: " + height + " Width: " +
width;
    }
    public void setHeight(int i) {
        this.height = i;
    }
}
```

```
List<List<Rectangle>> rectangleLists = Arrays.asList(
    Arrays.asList(new Rectangle(10, 10, 20, 20),
        new Rectangle(10, 20, 30, 40),
        new Rectangle(40, 30, 20, 20)),
    Arrays.asList(new Rectangle(50, 50, 30, 30),
        new Rectangle(60, 60, 20, 20)),
    Arrays.asList(new Rectangle(100, 100, 30, 40),
```

```
            new Rectangle(110, 10, 20, 20),
            new Rectangle(120, 10, 50, 60))
    );
rectangleLists.stream()
    .flatMap((l) -> l.stream())
    .forEach(System.out::println);
```

La salida que obtenemos es la siguiente:

```
X: 10 Y: 10 Height: 20 Width: 20
X: 10 Y: 20 Height: 30 Width: 40
X: 40 Y: 30 Height: 20 Width: 20
X: 50 Y: 50 Height: 30 Width: 30
X: 60 Y: 60 Height: 20 Width: 20
X: 100 Y: 100 Height: 30 Width: 40
X: 110 Y: 10 Height: 20 Width: 20
X: 120 Y: 10 Height: 50 Width: 60
```

No obstante, podemos ver un ejemplo más complicado. El método **flatMap()** se puede emplear para modificar los elementos del stream. Por ejemplo, en el siguiente código, la altura de cada rectángulo se establece a 30, y las áreas distintas entre sí y mayores que 900 se muestran por consola:

```
rectangleLists.stream()
    .flatMap((l) -> l.stream().map(r -> {
        r.setHeight(30);
        return r; }).filter(r -> r.getArea() > 900)
    ).map(r -> r.getArea())
    .distinct()
    .forEach(System.out::println); // 1200, 1800
```

La operación de reducción inmutable de un stream nos permite obtener un único resultado a partir de una secuencia de elementos, aplicando repetidamente una operación de combinación a los elementos de la secuencia. El método de reducción inmutable de un stream sería el siguiente:

```
<U> U reduce(U identity,
        BiFunction<U, ? super T, U> accumulator,
        BinaryOperator<U> combiner)
```

La interfaz funcional del API de Java **java.util.function.BinaryOperator< T >** es equivalente a **java.util.function.BiFunction< T, T, T>** de modo que los dos argumentos y el tipo de retorno son todos del mismo tipo de datos.

Volviendo al método de reducción **reduce()**, el significado de los tres argumentos es el siguiente:

▶ El parámetro formal **identity** o identidad es el valor inicial de la operación de reducción y el resultado por defecto si el stream está vacío.

▶ El parámetro formal **accumulator** o acumulador es una función que recibe dos parámetros: Un resultado parcial de la operación de reducción y el siguiente elemento del stream.

▶ El parámetro formal **combiner** o combinador se usa para combinar el resultado parcial de la operación de reducción cuando la reducción es paralelizada, o bien hay falta de correspondencia entre los tipos de los argumentos del acumulador y los tipos de la implementación del acumulador.

En caso de utilizar un stream no paralelo en el que los tipos de los argumentos del acumulador concuerden con los tipos de su implementación, no necesitamos emplear un combinador. En este caso, el método de reducción sería el siguiente:

```
T reduce(T identity,
         BinaryOperator<T> accumulator)
```

Un primer ejemplo sería el siguiente:

```
List<Integer> lreduce = Arrays.asList(1, 2, 3, 4, 5, 6);
lreduce.stream().reduce(0, (sum, n) -> sum + n);     //21
```

Sin embargo, el siguiente código no compila:

```
List<Person> people = Arrays.asList(new Person("Juan", 1980),
                                    new Person("Julia", 1964));
int computedAges = people.stream().reduce(0,
                (partialAgeResult, person) ->
                    partialAgeResult + person.getAge(2019));
```

En este caso, tenemos un stream de objetos **Person**, y los tipos de los argumentos del acumulador son **Integer** y **Person**. No obstante, la implementación del acumulador es una suma de números enteros, de modo que el compilador no puede inferir el tipo del parámetro **person**. Podemos solventar este problema utilizando un combinador:

```
List<Person> people = Arrays.asList(new Person("Juan", 1980),
                            new Person("Julia", 1964));
int computedAges = people.stream().reduce(0,
                (partialAgeResult, person) ->
                    partialAgeResult + person.getAge(2019),
                Integer::sum);  //94
```

El método de reducción mutable de un stream **collect()** utiliza un objeto contenedor mutable para acumular los resultados deseados calculados a partir del stream:

```
<R> R collect(Supplier<R> supplier,
            BiConsumer<R, ? super T> accumulator,
            BiConsumer<R, R> combiner)
```

La interfaz funcional **java.util.function.BiConsumer< T, U >** del API de Java representa una operación que acepta dos argumentos de entrada y no devuelve resultado alguno. Se trata, simplemente, de la versión de dos argumentos de **java.util.function.Consumer< T >** y, por tanto, es esperable que produzca efectos colaterales.

Este método **collect()** reduce el stream de elementos de tipo **T** a un contenedor resultado mutable de tipo **R**. El significado de los tres argumentos es el siguiente:

▶ El parámetro **supplier** o proveedor es la función que crea un nuevo contenedor resultado. Si la ejecución es secuencial, se invoca una sola vez; sin embargo, si la ejecución es paralela, puede ser invocada múltiples veces para obtener una nueva instancia del contenedor para cada uno de los diferentes hilos de ejecución paralelos.

▶ El parámetro formal **accumulator** o acumulador es la función que incorpora el elemento actual al objeto contenedor resultado.

▶ El parámetro formal **combiner** o combinador es la función que combina los resultados recibidos de diferentes hilos de ejecución si la ejecución es paralela.

El siguiente ejemplo utiliza **StringBuilder** como el contenedor mutable para concatenar cadenas de caracteres:

```
List<String> l = Arrays.asList("Luke", "Leia", "Han");
String s = l.stream().collect(StringBuilder::new,
            (sb, s1) -> sb.append(" ").append(s1),
            (sb1, sb2) -> sb1.append(sb2.toString())).toString();  // Luke Leia Han
```

A continuación, podemos ver la versión con **reduce()** de la misma operación:

```
List<String> l1 = Arrays.asList("Luke", "Leia", "Han");
String t = l1.stream().reduce("", (s1, s2) -> s1 + " " + s2);    // Luke Leia Han
```

Por ejemplo, si queremos aplicar a los elementos de un stream una reducción mutable en una lista, podemos hacer lo siguiente:

```
List<Integer> list =
    Stream.of(1, 2, 3, 4, 5)
        .collect(
            () -> new ArrayList<>(),
            (l, i) -> l.add(i),
            (l1, l2) -> l1.addAll(l2)
        );
```

O bien, utilizando referencias a métodos:

```
List<Integer> list =
    Stream.of(1, 2, 3, 4, 5)
        .collect(
            ArrayList::new,
            ArrayList::add,
            ArrayList::addAll
        );
```

El hecho de que la expresión lambda que se asigna al argumento de tipo **BiConsumer** retorne un valor es irrelevante, ya que dicho valor retornado es ignorado.

Existe otra versión del método de reducción mutable **collect()**:

```
<R, A> R collect(Collector<? super T, A, R> collector)
```

La interfaz **java.util.stream.Collector< T, A, R >** encapsula los mismos argumentos empleados en el anterior método de reducción mutable (proveedor, acumulador y combinador), más un método opcional finalizador **finisher()** que realiza la conversión final de tipo de **A** a **R** y un método **characteristics()** para indicar las propiedades del colector. La estructura general de esta interfaz sería:

```
package java.util.stream;
  //imports
```

```
public interface Collector<T, A, R> {
    Supplier<A> supplier();
    BiConsumer<A, T> accumulator();
    BinaryOperator<A> combiner();
    Function<A, R> finisher();
    Set<Characteristics> characteristics();
    //some static methods
    enum Characteristics {
      CONCURRENT,
      UNORDERED,
      IDENTITY_FINISH
    }
}
```

▶ El tipo de datos **T** es el tipo del stream subyacente.

▶ El tipo de datos **A** es el tipo del contenedor mutable retornado por el proveedor y empleado por el acumulador.

▶ El tipo de datos final **R** es el tipo final de retorno, devuelto por el método **finisher()**.

Lo habitual es no necesitar escribir nuestra propia implementación de la interfaz **Collector**. Esto es debido a que suele ser suficiente con emplear los colectores que nos proporciona la clase **java.util.stream.Collectors**. Estas implementaciones predefinidas más comunes son las siguientes:

▶ El método **Collectors.toList()** puede emplearse para reunir todos los elementos de un stream en una instancia de la interfaz **java.util.List< T >**. El hecho importante a recordar en este punto es que no podemos suponer que la instancia de **java.util.List< T >** es de una implementación concreta. Un ejemplo sería:

```
List<Integer> l2 = Stream.of(1, 2, 3, 4, 5)
              .collect(Collectors.toList()); // [1, 2, 3, 4, 5]
```

▶ El método **Collectors.toSet()** puede emplearse para reunir todos los elementos de un stream en una instancia de la interfaz **java.util.Set< T >**. El hecho importante a recordar en este punto es que no podemos suponer que la instancia de **java.util.Set< T >** es de una implementación concreta. Un conjunto no contiene elementos duplicados. Si nuestra colección contiene elementos iguales entre sí, aparecerán una única vez en el conjunto resultante:

```
Set<Integer> s2 = Stream.of(1, 2, 3, 4, 5, 2, 3)
                .collect(Collectors.toSet()); // [1, 2, 3, 4, 5]
```

▶ El método **Collectors.toCollection()** permite proporcionar una implementación concreta de nuestra elección de una colección. Así:

```
List<Integer> l3 = Stream.of(1, 2, 3, 4, 5)
                .collect(Collectors.toCollection(LinkedList::new));
                // [1, 2, 3, 4, 5]
```

▶ El método **Collectors.collectingAndThen()** es un colector especial que permite realizar otra acción en el resultado obtenido después de reunir todos los elementos de un stream. Por ejemplo, podemos reunir los elementos de un stream en una instancia de una lista y después convertir el resultado en una lista no modificable:

```
Stream<String> sw = Stream.of("Luke", "Han", "Leia");
List<String> uList = sw.collect(Collectors.collectingAndThen(
                Collectors.toList(), Collections::unmodifiable
List));
                // [Luke, Han, Leia]
```

▶ El método **Collectors.toMap()** puede emplearse para reunir todos los elementos de un stream en una instancia de la interfaz **java.util.Map< K, V >**. Para lograr este propósito, es necesario proporcionar dos argumentos que son en verdad funciones: La primera se utilizará para extraer la clave del mapa del elemento del stream, y la segunda se empleará para extraer el valor del mapa asociado con dicha clave para ese elemento del stream. Por ejemplo, a partir de una lista de cadenas de caracteres, podemos generar un mapa con las cadenas como claves y las longitudes de las cadenas como valores:

```
List<String> l3 = Arrays.asList("Luke", "Leia", "Han");
Map<String, Integer> result =
        l3.stream().collect(
            Collectors.toMap(
                Function.identity(), String::length));
                // {Han=3, Leia=4, Luke=4}
```

En caso de que nuestra colección tenga elementos duplicados, tenemos un problema, puesto que el método **toMap()** no filtra silenciosamente los duplicados y, en caso de encontrarse con una clave duplicada, lanzará la excepción no comprobada **java.lang.IllegalStateException**. Para tratar con elementos duplicados, podemos emplear una versión sobrecargada del método **toMap()**, igual al ya visto pero con un tercer argumento de tipo **java.util.function.BinaryOperator< T >** utilizado para gestionar las colisiones producidas entre claves. Así, nuestro ejemplo anterior lo podríamos completar del modo siguiente:

```
List<String> l3 = Arrays.asList("Luke", "Leia", "Han", "Luke");
Map<String, Integer> result =
    l3.stream().collect(
        Collectors.toMap(
            Function.identity(), String::length, (item, identicalItem) ->
item));
            // {Han=3, Leia=4, Luke=4}
```

En este caso, simplemente escogemos uno de los dos valores que colisionan ya que sabemos que dos cadenas de caracteres que son iguales siempre van a tener también la misma longitud.

▶ El método **Collectors.joining()** es un colector que permite concatenar elementos en una cadena de caracteres. Así, si estamos trabajando con streams de cadenas de caracteres, podemos unir todos los elementos en una única cadena de la siguiente manera:

```
String v = Stream.of("Luke", "Han", "Leia").collect(Collectors.joi-
ning());
// LukeHanLeia
```

También es posible especificar un separador que se sitúe entre los distintos elementos del stream:

```
String v = Stream.of("Luke", "Han", "Leia").collect(Collectors.joi-
ning("-"));
// Luke-Han-Leia
```

Finalmente, además del separador, es posible indicar un prefijo y un postfijo:

```
String v = Stream.of("Luke", "Han", "Leia")
            .collect(Collectors.joining("-", "PRE-", "-POST"));
// PRE-Luke-Han-Leia-POST
```

▶ El método **Collectors.counting()** es un colector que permite simplemente contar todos los elementos de un stream:

```
Long count =
    Stream.of("Luke", "Han", "Leia")
            .collect(Collectors.counting()); // 3
```

▶ El método **Collectors.groupingBy()** se utiliza para agrupar objetos en función de alguna propiedad y almacenar los resultados en un mapa. Existen varias versiones de este método. La primera es:

```
static <T,K> Collector<T,?,Map<K,List<T>>>
    groupingBy(Function<? super T,? extends K> classifier)
```

Recibe una función que clasifica los elementos de tipo **T**, los agrupa en una lista y devuelve el resultado en un mapa en el que las claves (de tipo **K**) son los valores retornados por la función de clasificación. Esta función de clasificación no está limitada a devolver un tipo de datos predefinido o una cadena de caracteres. La clave del mapa resultante podría ser cualquier objeto siempre y cuando nos aseguremos que implementa los métodos necesarios **equals()** y **hashCode()**.

Por ejemplo, si quisiéramos agrupar un stream de números por la decena a la que pertenecen, podemos hacerlo de la siguiente manera:

```
Map<Integer, List<Integer>> map =
    Stream.of(2, 34, 54, 23, 33, 20, 59, 11, 19, 37)
            .collect( Collectors.groupingBy (i -> i/10 * 10 ) );
```

Obteniendo el siguiente resultado:

```
{0=[2], 50=[54, 59], 20=[23, 20], 10=[11, 19], 30=[34, 33, 37]}
```

La segunda versión sobrecargada de este método es:

```
static <T,K,A,D> Collector<T,?,Map<K,D>>
    groupingBy(Function<? super T,? extends K> classifier,
        Collector<? super T,A,D> downstream)
```

Recibe como primer argumento la función de clasificación que ya conocemos, y como segundo argumento un segundo colector que es aplicado a los resultados del primer colector. En realidad, cuando sólo especificamos una función de clasificación y no indicamos explícitamente un segundo colector, entre bambalinas se está utilizando el colector **toList()**.

Por ejemplo, podemos contar los elementos en cada grupo del ejemplo anterior:

```
Map<Integer, Long> map2 =
        Stream.of(2, 34, 54, 23, 33, 20, 59, 11, 19, 37)
                .collect(
                    Collectors.groupingBy(i -> i/10 * 10,
                        Collectors.counting()
                    )
                );
```

La salida que obtenemos es:

```
{0=1, 50=2, 20=2, 10=2, 30=3}
```

Podemos incluso utilizar otro **groupingBy()** para clasificar los elementos en un segundo nivel. Por ejemplo, en lugar de contar, podemos clasificar los elementos del mapa como pares o impares:

```
Map<Integer, Map<String, List<Integer>>> map3 =
            Stream.of(2, 34, 54, 23, 33, 20, 59, 11, 19, 37)
                .collect(Collectors.groupingBy(i -> i/10 * 10,
                    Collectors.groupingBy(i ->
                        i%2 == 0 ? "EVEN" : "ODD")
                    )
                );
```

La salida que obtenemos es la siguiente:

```
{0={EVEN=[2]}, 50={EVEN=[54], ODD=[59]}, 20={EVEN=[20], ODD=[23]},
10={ODD=[11, 19]}, 30={EVEN=[34], ODD=[33, 37]}}
```

Podemos ver que la clave del mapa de más alto nivel (o mapa más externo) es de tipo **Integer** porque el primer colector **groupingBy()** devuelve un número entero mediante su función de clasificación. El tipo de los valores del mapa de más alto nivel cambia para reflejar el tipo retornado por el segundo colector, que es un segundo **groupingBy()**. Este tipo retornado por este segundo colector es a su vez un mapa, el mapa más interno o mapa de segundo nivel. Este mapa más interno tiene como tipo de las claves **String** ya que su función de clasificación devuelve una cadena de caracteres, y como tipo de los valores una lista de **Integer**.

Podemos preguntarnos si existe una manera de ordenar los resultados. Para ello, tenemos la tercera versión sobrecargada de **groupingBy()**:

```
static <T,K,D,A,M extends Map<K,D>> Collector<T,?,M>
    groupingBy(Function<? super T,? extends K> classifier,
    Supplier<M> mapFactory, Collector<? super T,A,D> downstream)
```

Recibe como primer argumento la función de clasificación que ya conocemos, como tercer argumento un segundo colector que es aplicado a los resultados del primer colector y como segundo argumento un método proveedor que proporcionará la implementación de **java.util.Map< K, V >** que contendrá el resultado final. Dado que **java.util.TreeMap< K, V >** es la única implementación de los mapas que mantiene el orden entre sus elementos, podemos ordenar los resultados del ejemplo anterior de la siguiente forma:

```
Map<Integer, Map<String, List<Integer>>> map4 =
            Stream.of(2,34,54,23,33,20,59,11,19,37)
                .collect( Collectors.groupingBy(i -> i/10 * 10,
                    TreeMap::new,
                    Collectors.groupingBy(i -> i%2 == 0 ? "EVEN" :
"ODD")
                    )
            );
```

De este modo, se obtiene la siguiente salida:

```
{0={EVEN=[2]}, 10={ODD=[11, 19]}, 20={EVEN=[20], ODD=[23]},
30={EVEN=[34], ODD=[33, 37]}, 50={EVEN=[54], ODD=[59]}}
```

▶ El método **Collectors.partitioningBy()** es un caso especializado de **groupingBy()** que recibe como argumento un predicado y reúne los elementos de un stream en un mapa cuyas claves son de tipo **Boolean**. Bajo la clave **true**, se almacena una colección de los elementos del stream que satisfacen el predicado y, bajo la clave **false**, se almacena la colección de elementos del stream que no verifican el predicado.

Por ejemplo, supongamos que queremos particionar un stream de números según la condición de cuáles son menores que 50:

```
Map<Boolean, List<Integer>> map5 =
            Stream.of(45, 9, 65, 77, 12, 89, 31, 12)
                .collect(Collectors.partitioningBy(i -> i < 50));
```

La salida que obtenemos es la siguiente:

```
{false=[65, 77, 89], true=[45, 9, 12, 31, 12]}
```

El método **partitioningBy()** tiene una versión sobrecargada, al igual que **groupingBy()**, que recibe como segundo argumento un segundo colector que es aplicado a los resultados obtenidos por la aplicación del predicado. Así, en el ejemplo anterior, podemos eliminar los duplicados utilizando un conjunto:

```
Map<Boolean, Set<Integer>> map6 =
            Stream.of(45, 9, 65, 77, 12, 89, 31, 12)
            .collect(
                    Collectors.partitioningBy(i -> i < 50,
                            Collectors.toSet()
                    )
            );
```

De esta manera, el resultado obtenido es el siguiente:

```
{false=[65, 89, 77], true=[9, 12, 45, 31]}
```

El orden de disposición es el orden en el que la fuente de datos presenta sus elementos como disponibles al stream. Por tanto, la elección de la colección que constituye la fuente de datos del stream afecta sustancialmente al orden de disposición del stream. Así, un stream puede estar ordenado o desordenado. Por ejemplo, si la fuente de datos es un array, el stream está ordenado y su orden de disposición viene dado por la ordenación de los elementos del array; de manera semejante, si la fuente de datos es una lista, el stream también está ordenado y su orden de disposición viene dado por el orden de iteración de la lista; si la fuente de datos es una función generadora, el stream está igualmente ordenado y su orden de disposición está dado por la propia función generadora. Ahora bien, si la fuente de datos es un conjunto, que es una colección carente de orden, el stream no está ordenado.

El orden de disposición del stream es preservado por la mayoría de las operaciones intermedias; por ejemplo, la operación **toArray()**, invocada sobre un stream ordenado, retornará un array cuyos elementos reflejarán el mismo orden que tienen los elementos en el stream. No obstante, hay excepciones. Se puede imponer un orden mediante la operación **sorted()**. También se puede eliminar cualquier ordenación que exista mediante la operación **unordered()**. En caso de ausencia de orden de disposición entre los elementos, el método **findFirst()** devuelve un elemento cualquiera del stream.

En cuanto a operaciones terminales, la operación **forEach()** no garantiza respetar el orden de disposición del stream en operaciones paralelas, pero sí lo respetaría en operaciones secuenciales; sin embargo, la operación **forEachOrdered()** sí garantiza respetar el orden de disposición del stream tanto en operaciones paralelas como secuenciales. En general, si empleamos operaciones secuenciales, la presencia o ausencia de orden influye poco en el rendimiento de la aplicación. Las operaciones paralelas, no obstante, pueden verse seriamente afectadas en el rendimiento por un stream ordenado; la razón de esto es que cada hilo de ejecución debe esperar a que finalice el cálculo del elemento anterior del stream.

7

PROGRAMACIÓN FUNCIONAL II

7.1 INMUTABILIDAD

Ya hemos mencionado que uno de los pilares del estilo de programación funcional es la inmutabilidad. Un objeto inmutable es un objeto cuyo estado interno permanece constante una vez que ha sido completamente creado.

Los objetos inmutables poseen una serie de ventajas importantes:

▶ Un objeto inmutable puede ser compartido libremente entre otros objetos porque está libre de efectos colaterales.

▶ Un objeto inmutable es también una opción perfecta para ser utilizado como elemento de un conjunto y como clave de un mapa, dado que tanto uno como otro no debe ser modificable.

▶ Un objeto inmutable puede ser compartido de forma segura entre múltiples hilos de ejecución.

Para diseñar una clase inmutable, se fijan los siguientes criterios:

▶ Se establecen todos los atributos como privados y finales.

▶ No se proporciona método alguno que modifique el estado del objeto. Donde tuviera que existir un método que modificaría el estado de un objeto, deberemos en su lugar retornar un nuevo objeto.

▶ Se establece la clase como final, de modo que no se pueda heredar de ella.

▼ Se establece un acceso exclusivo a los atributos que sean mutables; es decir, no se debe proporcionar método alguno que retorne una referencia directa a un atributo que sea mutable. De ser necesario dicho método, creará y retornará una copia profunda del atributo mutable.

▼ Si la clase es genérica, la única manera práctica de que sus objetos sean inmutables en tiempo de ejecución es, además de aplicar los criterios anteriores, utilizar un tipo inmutable como parámetro genérico real a la hora de realizar una derivación genérica.

7.2 ESTRUCTURAS DE DATOS FUNCIONALES: LISTAS INMUTABLES

Vamos a diseñar una lista genérica simplemente enlazada inmutable y persistente. Una estructura de datos es persistente si la actualización de la estructura de datos por medio de una de sus operaciones no modifica la versión existente de la misma; en cambio, crea una nueva versión de la estructura de datos, de modo que ambas existen y se puede acceder también a las dos.

Se concibe la lista como una estructura recursiva compuesta de la siguiente forma:

▼ O bien es la lista vacía.

▼ O bien es una lista no vacía compuesta del primer elemento de la lista, también llamado la *cabeza* de la lista, más el resto de la lista, que es una lista en sí misma y se conoce como la *cola* de la lista.

La lista se implementa como una clase abstracta. La clase **ImmutableList** contiene dos subclases privadas estáticas para representar las dos formas posibles que puede adoptar una lista: **EmptyImmutableList** para la lista vacía y **NonEmptyImmutableList** para la lista no vacía. Las subclases se han diseñado privadas, de modo que las listas se construyen a través de llamadas a métodos factoría estáticos.

La lista implementa la interfaz **Iterable** y se apoya en su implementación en la clase que implementa una tupla de dos elementos.

Los métodos que implementa la lista son los siguientes:

▼ Un método **ImmutableList< A > empty()** que devuelve la lista vacía.

▼ Un método **ImmutableList< A > cons(final A left)** que devuelve una lista después de añadir el elemento **head** al comienzo (es decir, a la izquierda) de la lista actual.

▶ Un método **ImmutableList< A > cons(final A head, final ImmutableList< A > tail)** que devuelve una lista después de añadir el elemento **head** al comienzo de **tail**.

▶ Un método **ImmutableList< A > from(final Iterable< A > list)** que construye una nueva lista formada por los elementos del objeto **list**, que es del tipo **java.lang.Iterable**, perteneciente al API de Java.

▶ Un método **ImmutableList< A > from(final A head, final A... el)** que construye una nueva lista tal que **head** es el primer elemento de la lista y **el** es el resto de elementos de la misma.

▶ Un método **ImmutableList< A > fromBounded(A[] el, int start, int end)** que construye una lista potencialmente vacía a partir de un array **el**, de modo que se comienza en el índice **start** y se detiene en el índice **end - 1**.

▶ Un método **ImmutableList< A > of(A... el)** que construye una lista potencialmente vacía a partir de un array **el**.

▶ Un método **ImmutableList< A > unfold(S z, Function< S, Result< Tuple2< A, S > > > f)** que recibe como argumento un estado inicial de tipo **S** y una función de **S** a **Result< Tuple2< A, S > >**, retornando una lista inmutable de **A**. El hecho de que la función retorne un objeto de tipo **Result** permite indicar cuándo el procesamiento debe parar o continuar. Emplear un estado **S** significa que la fuente de la generación de datos no tiene que ser del mismo tipo de datos que los datos generados.

▶ Un método **A[] toArray(final Class< A > type)** que convierte esta lista en un array. Debido al borrado de tipos, el tipo del array resultante debe ser resuelto en tiempo de ejecución. Es por ello que se pasa por parámetro al método mediante el argumento **type**.

▶ Un método **ArrayList< A > toArrayList()** que convierte esta lista en un objeto de la clase **java.util.ArrayList** del API de Java.

▶ Un método **LinkedList< A > toLinkedList()** que convierte esta lista en un objeto de la clase **java.util.LinkedList** del API de Java.

▶ Un método **Collector< A, ?, ImmutableList< A > > collector()** que crea un colector a partir de la lista actual.

▶ Un método **Iterator< A > iterator()** que crea un iterador a partir de la lista actual. El iterador sólo permite recorrer la lista hacia adelante y no permite eliminar elementos.

▶ Un método **Spliterator< A > spliterator()** que crea un objeto de la clase **java.util.Spliterator** del API de Java a partir de la lista actual. Un objeto de la clase **Spliterator** es un iterador interno que fractura el stream en partes más pequeñas que pueden ser procesadas en paralelo. Lo habitual es no necesitar utilizar directamente este objeto de la clase **Spliterator**, debido a que tenemos a nuestra disposición el método siguiente.

▶ Un método **Stream< A > stream()** que crea un objeto de la clase **java.util.stream.Stream** del API de Java a partir de la lista actual. Este método internamente utiliza el objeto de la clase **Spliterator** mediante la llamada al método **spliterator()**.

▶ Un método **forEach(final Consumer< ? super A > action)** que ejecuta sobre cada uno de los elementos de la lista actual una función que produce efectos laterales.

▶ Un método **boolean isNotEmpty()** que devuelve **true** si la lista actual no está vacía.

▶ Un método **boolean isEmpty()** que devuelve **true** si la lista actual está vacía.

▶ Un método **int length()** que devuelve el número de elementos de la lista.

▶ Un método **Result< A > index(int index)** que retorna un **Result** con el elemento que está en la posición **index** de la lista actual. Si el elemento no se puede encontrar, devolverá un **Result** vacío.

▶ Un método **Result< A > find(final Predicate< A > p)** que retorna un **Result** con el primer elemento de la lista actual que satisface el predicado **p**, o bien un **Result** vacío si ningún elemento de la lista satisface dicho predicado.

▶ Un método **Result< Integer > findIndex(final Predicate< A > p)** que retorna un **Result** con el índice del primer elemento de la lista actual que satisface el predicado **p**, o bien un **Result** vacío si ningún elemento de la lista satisface dicho predicado.

▶ Un método **B foldLeft(final B init, final BiFunction< B, ? super A, B > f)** que reduce la lista actual aplicando una función **f** a cada elemento, de izquierda a derecha, partiendo de un valor inicial **init**.

▶ Un método **B foldRight(final B init, final BiFunction< ? super A, B, B > f)** que reduce la lista actual aplicando una función **f** a cada elemento, de derecha a izquierda, partiendo de un valor inicial **init**.

▶ Un método **Result< A > head()** que retorna un **Result** con la cabeza de la lista actual, que puede estar vacío si la lista está vacía.

▶ Un método **Result< A > last()** que retorna un **Result** con el último elemento de la lista actual, o bien vacío si la lista está vacía.

▶ Un método **Result< ImmutableList< A > > tail()** que devuelve un **Result** con la cola de la lista actual, o bien vacío si la lista está vacía.

▶ Un método **Result< ImmutableList< A > > init()** que devuelve un **Result** con el inicio de la lista actual -es decir, el resto de la lista después de haber eliminado el último elemento- o bien un **Result** vacío si la lista está vacía.

▶ Un método **ImmutableList< A > filter(final Predicate< A > p)** que devuelve una nueva lista de elementos formada por todos aquellos elementos de la lista actual que satisfacen el predicado **p**.

▶ Un método **int count(final Predicate< A > p)** que devuelve el número de elementos de la lista actual que satisface el predicado **p**.

▶ Un método **ImmutableList< B > map(final Function< A, B > f)** que retorna una nueva lista inmutable, de la misma longitud que la actual, obtenida de aplicar la función **f** a cada elemento de la lista actual.

▶ Un método **ImmutableList< A > take(int n)** que retorna una nueva lista que contiene los primeros **n** elementos de la lista actual. Si la lista actual tiene menos de **n** elementos, el método devuelve una copia de ésta.

▶ Un método **ImmutableList< A > drop(int n)** que retorna una referencia al resto de la lista actual después de haber eliminado los primeros **n** elementos de la misma. Si la lista actual tiene menos de **n** elementos, el método devuelve la lista vacía.

▶ Un método **ImmutableList< C > zipWith(BiFunction< A, B, C > f, ImmutableList< B > list)** que devuelve una nueva lista resultado de combinar los elementos de la lista actual con los elementos de la lista **list**, posiblemente de tipo diferente, mediante la función **f**. La longitud de la lista resultado será la longitud de la lista más corta entre la lista actual y **list**.

▶ Un método **ImmutableList< A > append(final ImmutableList< ? extends B > list)** que retorna una nueva lista con los elementos de la lista actual concatenados con los elementos de la lista **list**. Si la lista actual está vacía, simplemente se devuelve **list**.

▶ Un método **boolean exists(final Predicate< A > p)** que devuelve **true** si existe un elemento en la lista actual que satisface el predicado **p**.

▶ Un método **boolean every(final Predicate< A > p)** que devuelve **true** si todos los elementos de la lista actual satisfacen el predicado **p**.

▶ Un método **boolean contains(final A a)** que devuelve **true** si la lista actual contiene el elemento **a**. La pertenencia se examina utilizando el operador de igualdad ==. Si, por el contrario, se desea examinar la pertenencia de un elemento a través del método **equals()**, será necesario utilizar el método **exists()**.

▶ Un método **Tuple2< ImmutableList< A >, ImmutableList< A > > span(Predicate< A > p)** que retorna una pareja de listas tal que la concatenación de las dos listas es igual a la lista actual; además, la primera lista es la sublista más larga de la lista actual tal que cada uno de sus elementos satisface el predicado **p**.

▶ Un método **ImmutableList<B> flatMap(Function<A, ImmutableList< B > > f)** que retorna una nueva lista inmutable obtenida de la siguiente manera: Aplicar **f** a cada elemento de la lista actual para obtener así una lista de listas -no necesariamente del mismo tipo-; Concatenar todas estas listas para obtener así una única lista.

▶ Un método **ImmutableList< A > removeAll(final Predicate< A > p)** que devuelve una nueva lista que tiene los mismos elementos que la lista actual menos aquellos que satisfacen el predicado **p**.

▶ Un método **ImmutableList< A > reverse()** que retorna una nueva lista con los mismos elementos de la lista actual pero colocados en orden inverso.

El código de la clase que implementa la lista inmutable persistente sería el siguiente:

```
package org.jomaveger.functional.data;
import java.io.Serializable;
import java.util.ArrayList;
import java.util.Deque;
import java.util.HashSet;
import java.util.Iterator;
import java.util.LinkedList;
import java.util.List;
import java.util.NoSuchElementException;
import java.util.Objects;
import java.util.Set;
import java.util.Spliterator;
```

```java
import java.util.Spliterators;
import java.util.function.BiConsumer;
import java.util.function.BiFunction;
import java.util.function.BinaryOperator;
import java.util.function.Consumer;
import java.util.function.Function;
import java.util.function.Predicate;
import java.util.function.Supplier;
import java.util.stream.Collector;
import java.util.stream.Stream;
import java.util.stream.StreamSupport;
import org.jomaveger.functional.control.Result;
import org.jomaveger.functional.tuples.Tuple2;
public abstract class ImmutableList<A> implements Iterable<A> {

    private static final ImmutableList<?> empty = new EmptyImmutableList<>();

    private ImmutableList() {
    }

    public static <A> ImmutableList<A> empty() {

        return (ImmutableList<A>) empty;
    }

    public final ImmutableList<A> cons(final A left) {

        return cons(Objects.requireNonNull(left), this);
    }

    public static <A> ImmutableList<A> cons(final A head, final ImmutableList<A>
tail) {

        return new NonEmptyImmutableList<>(
            Objects.requireNonNull(head),
            Objects.requireNonNull(tail));
    }

    private static <A> ImmutableList<A> from(final ArrayList<A> list) {

        ArrayList<A> list2 = Objects.requireNonNull(list);
        ImmutableList<A> l = empty();
        int size = list2.size();
        for (int i = size - 1; i >= 0; i--) {
            l = cons(list2.get(i), l);
        }
        return l;
    }

    public static <A> ImmutableList<A> from(final Iterable<A> list) {

        Iterable<A> list2 = Objects.requireNonNull(list);
        if (list2 instanceof ArrayList) {
            return from((ArrayList<A>) list);
        } else if (list2 instanceof Deque) {
            ImmutableList<A> l = empty();
            for (Iterator<A> iterator = ((Deque<A>) list2).descendingIterator();
```

```
                    iterator.hasNext();) {
            A item = iterator.next();
            l = cons(item, l);
        }
        return l;
    }
    ArrayList<A> arrayList = new ArrayList<>();
    list2.forEach(arrayList::add);
    return from(arrayList);
}

public static <A> ImmutableList<A> from(final A head, final A... el) {

    if (null == el || el.length == 0) {
        return cons(Objects.requireNonNull(head), ImmutableList.empty());
    }
    ImmutableList<A> l = cons(Objects.requireNonNull(el[el.length - 1]),
                        ImmutableList.empty());
    for (int i = el.length - 2; i >= 0; i--) {
        l = cons(Objects.requireNonNull(el[i]), l);
    }
    return cons(Objects.requireNonNull(head), l);
}

public static <A> ImmutableList<A> fromBounded(A[] el, int start, int end) {
    if (null == el || el.length == 0) {
        return empty();
    }
    if (end == start) {
        return empty();
    }
    ImmutableList<A> l = cons(el[end - 1], ImmutableList.empty());
    for (int i = end - 2; i >= start; i--) {
        l = cons(el[i], l);
    }
    return l;
}

public static <A> ImmutableList<A> of(A... el) {
    return fromBounded(el, 0, el.length);
 }

public static <A, S> ImmutableList<A> unfold(S z,
                Function<S, Result<Tuple2<A, S>>> f)
{
    return f.apply(z).map(x -> cons(x._1, unfold(x._2, f))).
getOrElse(empty());
}

public final A[] toArray(final Class<A> type) {

    Class<A> t = Objects.requireNonNull(type);
    A[] array = (A[]) java.lang.reflect.Array.newInstance(t, this.length());
    ImmutableList<A> l = this;
    for (int i = 0; i < this.length(); i++) {
        array[i] = ((NonEmptyImmutableList<A>) l).head;
        l = ((NonEmptyImmutableList<A>) l).tail;
```

```java
        }
      return array;
}

public final ArrayList<A> toArrayList() {

   ArrayList<A> list = new ArrayList<>(this.length());
     ImmutableList<A> l = this;
     for (int i = 0; i < this.length(); i++) {
         list.add(((NonEmptyImmutableList<A>) l).head);
         l = ((NonEmptyImmutableList<A>) l).tail;
     }
     return list;
 }

public final LinkedList<A> toLinkedList() {

   LinkedList<A> list = new LinkedList<>();
     ImmutableList<A> l = this;
     for (int i = 0; i < this.length(); i++) {
         list.add(((NonEmptyImmutableList<A>) l).head);
         l = ((NonEmptyImmutableList<A>) l).tail;
     }
     return list;
 }

public static <A> Collector<A, ?, ImmutableList<A>> collector() {

   return new Collector<A, ArrayList<A>, ImmutableList<A>>() {
       @Override
       public Supplier<ArrayList<A>> supplier() {
          return ArrayList::new;
       }
       @Override
       public BiConsumer<ArrayList<A>, A> accumulator() {
          return ArrayList::add;
       }
       @Override
       public BinaryOperator<ArrayList<A>> combiner() {
          return (left, right) -> {
             left.addAll(right);
             return left;
          };
       }
       @Override
       public Function<ArrayList<A>, ImmutableList<A>> finisher() {
          return ImmutableList::from;
       }
       @Override
       public Set<Characteristics> characteristics() {
          return new HashSet<>();
       }
   };
}

@Override
 public final Iterator<A> iterator() {
```

```java
        return new Iterator<A>() {
            private ImmutableList<A> curr = ImmutableList.this;
            @Override
            public boolean hasNext() {
                return !this.curr.isEmpty();
            }
            @Override
            public A next() {
                if (this.curr instanceof NonEmptyImmutableList) {
                    NonEmptyImmutableList<A> nel =
                    (NonEmptyImmutableList<A>) this.curr;
                    this.curr = nel.tail;
                    return nel.head;
                }
                throw new NoSuchElementException();
            }
            @Override
            public void remove() {
                throw new UnsupportedOperationException();
            }
        };
    }
    @Override
    public final Spliterator<A> spliterator() {
      return Spliterators.spliterator(iterator(),
            this.length(),
            Spliterator.IMMUTABLE | Spliterator.NONNULL);
    }
    public final Stream<A> stream() {
      return StreamSupport.stream(this.spliterator(), false);
    }

    @Override
    public void forEach(final Consumer<? super A> action) {
      Consumer<? super A> act = Objects.requireNonNull(action);
        ImmutableList<A> list = this;
        while (list instanceof NonEmptyImmutableList) {
            A head = ((NonEmptyImmutableList<A>) list).head;
            act.accept(head);
            list = ((NonEmptyImmutableList<A>) list).tail;
        }
    }

    public final boolean isNotEmpty() {
        return !this.isEmpty();
    }

    public final Result<A> index(int index) {
        ImmutableList<A> l = this;
        if (index < 0) {
            return Result.failure("negative index");
        }
        while (index > 0) {
            if (l.isEmpty()) {
                return Result.empty();
            }
```

```
            index--;
            l = ((NonEmptyImmutableList<A>) l).tail;
        }
        return l.head();
    }

    public final Result<A> find(final Predicate<A> p) {
        ImmutableList<A> self = this;
        while (self instanceof NonEmptyImmutableList) {
            NonEmptyImmutableList<A> selfNel = (NonEmptyImmutableList<A>) self;
            boolean result = p.test(selfNel.head);
            if (result) {
             return Result.success(selfNel.head);
            }
            self = selfNel.tail;
        }
        return Result.empty();
    }

    public final Result<Integer> findIndex(final Predicate<A> p) {
        ImmutableList<A> self = this;
        int i = 0;
        while (self instanceof NonEmptyImmutableList) {
            NonEmptyImmutableList<A> selfNel = (NonEmptyImmutableList<A>) self;
            if (p.test(selfNel.head)) {
                return Result.success(i);
            }
            self = selfNel.tail;
            ++i;
        }
        return Result.empty();
    }

    public abstract int length();

    public abstract boolean isEmpty();

    public abstract <B> B foldLeft(final B init, final BiFunction<B, ? super A, B>
f);

    public abstract <B> B foldRight(final B init, final BiFunction<? super A, B, B>
f);

    public abstract Result<A> head();

    public abstract Result<A> last();

    public abstract Result<ImmutableList<A>> tail();

    public abstract Result<ImmutableList<A>> init();

    public abstract ImmutableList<A> filter(final Predicate<A> p);

    public abstract int count(final Predicate<A> p);

    public abstract <B> ImmutableList<B> map(final Function<A, B> f);
```

```java
public abstract ImmutableList<A> take(int n);

public abstract ImmutableList<A> drop(int n);

public abstract <B, C> ImmutableList<C> zipWith(
    final BiFunction<A, B, C> f, final ImmutableList<B> list);
public abstract <B extends A> ImmutableList<A> append(
    final ImmutableList<? extends B> list);

public abstract boolean exists(final Predicate<A> p);

public abstract boolean every(final Predicate<A> p);

public abstract boolean contains(final A a);

public abstract Tuple2<ImmutableList<A>, ImmutableList<A>> span(Predicate<A>
p);

public abstract <B> ImmutableList<B> flatMap(Function<A, ImmutableList<B>> f);

public abstract ImmutableList<A> removeAll(final Predicate<A> p);

public abstract ImmutableList<A> reverse();

private static class EmptyImmutableList<A> extends ImmutableList<A> {
    @Override
    public String toString() {

        StringBuilder string = new StringBuilder();
        string.append("[");
        string.append("Nil");
          string.append("]");
          return string.toString();
    }

    @Override
    public boolean equals(Object o) {

        if (o == null) return false;
        if (!(o.getClass() == this.getClass()))
            return false;
        return this == o;
    }

    @Override
    public int hashCode() {

        return "Nil".hashCode();
    }

    @Override
    public int length() {

        return 0;
    }
    @Override
    public boolean isEmpty() {
```

```java
            return true;
        }
        @Override
        public <B> B foldLeft(B init, BiFunction<B, ? super A, B> f) {
            return init;
        }
        @Override
        public <B> B foldRight(B init, BiFunction<? super A, B, B> f) {
            return init;
        }
        @Override
        public Result<A> head() {
            return Result.empty();
        }
        @Override
        public Result<A> last() {
            return Result.empty();
        }
        @Override
        public Result<ImmutableList<A>> tail() {
            return Result.empty();
        }
        @Override
        public Result<ImmutableList<A>> init() {
            return Result.empty();
        }
        @Override
        public ImmutableList<A> filter(Predicate<A> p) {
            return this;
        }
        @Override
        public int count(Predicate<A> p) {
            return 0;
        }
        @Override
        public <B> ImmutableList<B> map(Function<A, B> f) {
            return empty();
        }
        @Override
        public ImmutableList<A> take(int n) {
            return this;
        }
        @Override
        public ImmutableList<A> drop(int n) {
            return this;
        }
        @Override
        public <B, C> ImmutableList<C> zipWith(
            BiFunction<A, B, C> f, ImmutableList<B> list)
        {
            return (ImmutableList<C>) this;
        }
        @Override
        public <B extends A> ImmutableList<A> append(ImmutableList<? extends B>
    list) {
            return (ImmutableList<A>) list;
```

```java
    }
    @Override
    public boolean exists(Predicate<A> p) {
        return false;
    }
    @Override
    public boolean every(Predicate<A> p) {
        return true;
    }
    @Override
    public boolean contains(A a) {
        return false;
    }
    @Override
    public Tuple2<ImmutableList<A>, ImmutableList<A>> span(Predicate<A> p) {
        return new Tuple2(empty(), empty());
    }
    @Override
    public <B> ImmutableList<B> flatMap(Function<A, ImmutableList<B>> f) {
        return (ImmutableList<B>) this;
    }
    @Override
    public ImmutableList<A> removeAll(Predicate<A> p) {
        return this;
    }
    @Override
    public ImmutableList<A> reverse() {
        return this;
    }

}


private static class NonEmptyImmutableList<A> extends ImmutableList<A> {

    private final A head;
    private final ImmutableList<A> tail;

    public NonEmptyImmutableList(final A head, final ImmutableList<A> tail) {

        this.head = Objects.requireNonNull(head);
        this.tail = Objects.requireNonNull(tail);
    }

    @Override
    public String toString() {

        StringBuilder string = new StringBuilder();
        string.append("[");
        ImmutableList<A> l = this;
        for (int i = 0; i < this.length(); i++) {
            string.append(((NonEmptyImmutableList<A>) l).head).append(", ");
            l = ((NonEmptyImmutableList<A>) l).tail;
        }
        string.append("NIL");
        string.append("]");
        return string.toString();
```

```java
    }

    @Override
    public boolean equals(Object o) {

        if (this == o) {
            return true;
        }
        if (!(o instanceof NonEmptyImmutableList)) {
            return false;
        }
        ImmutableList<A> l = this;
        ImmutableList<A> r = (ImmutableList<A>) o;
        if (l.length() != r.length()) {
            return false;
        }
        while (l instanceof NonEmptyImmutableList
                && r instanceof NonEmptyImmutableList) {
            if (l == r) {
                return true;
            }
            NonEmptyImmutableList<A> nelL = (NonEmptyImmutableList<A>) l;
            NonEmptyImmutableList<A> nelR = (NonEmptyImmutableList<A>) r;
            if (!nelL.head.equals(nelR.head)) {
                return false;
            }
            l = nelL.tail;
            r = nelR.tail;
        }
        return l == r;
    }

    @Override
    public int hashCode() {

        ImmutableList<A> l = this;
        Object[] array = new Object[this.length() + 1];
        array[0] = this.length();
        int j = 1;
          for (int i = 0; i < this.length(); i++) {
              array[j] = ((NonEmptyImmutableList<A>) l).head;
              l = ((NonEmptyImmutableList<A>) l).tail;
              j++;
          }
          return Objects.hash(array);
    }
    @Override
    public int length() {

        return 1 + tail.length();
    }
    @Override
    public boolean isEmpty() {

        return false;
    }
    @Override
```

```java
public <B> B foldLeft(B init, BiFunction<B, ? super A, B> f) {
    f = Objects.requireNonNull(f);
    init = Objects.requireNonNull(init);
    ImmutableList<A> list = this;
      while (list instanceof NonEmptyImmutableList) {
          init = f.apply(init, ((NonEmptyImmutableList<A>) list).head);
          list = ((NonEmptyImmutableList<A>) list).tail;
      }
      return init;
}
@Override
public <B> B foldRight(B init, BiFunction<? super A, B, B> f) {
    f = Objects.requireNonNull(f);
    init = Objects.requireNonNull(init);
    ArrayList<A> list = this.toArrayList();
      for (int i = this.length() - 1; i >= 0; i--) {
          init = f.apply(list.get(i), init);
      }
      return init;
}
@Override
public Result<A> head() {
    return Result.of(this.head);
}
@Override
public Result<A> last() {
    return Result.of(this.getLast());
}
private A getLast() {
    NonEmptyImmutableList<A> other = this;
      while (true) {
          if (other.tail instanceof NonEmptyImmutableList) {
              other = ((NonEmptyImmutableList<A>) other.tail);
          } else {
              return other.head;
          }
      }
}
@Override
public Result<ImmutableList<A>> tail() {
    return Result.of(this.tail);
}
@Override
public Result<ImmutableList<A>> init() {
    return Result.of(this.getInit());
}
private ImmutableList<A> getInit() {
    ArrayList<A> arrList = this.toArrayList();
    arrList.remove(arrList.size() - 1);
    return from(arrList);
}
@Override
public ImmutableList<A> filter(Predicate<A> p) {
    p = Objects.requireNonNull(p);
    A[] result = (A[]) new Object[this.length()];
      ImmutableList<A> list = this;
      int j = 0;
```

```java
            for (int i = 0; i < this.length(); i++) {
                A el = ((NonEmptyImmutableList<A>) list).head;
                if (p.test(el)) {
                    result[j] = el;
                    j++;
                }
                list = ((NonEmptyImmutableList<A>) list).tail;
            }
            return fromBounded(result, 0, j);
        }
        @Override
        public int count(Predicate<A> p) {
            p = Objects.requireNonNull(p);
            int count = 0;
            ImmutableList<A> list = this;
            for (int i = 0; i < this.length(); i++) {
                if (p.test(((NonEmptyImmutableList<A>) list).head)) {
                    count++;
                }
                list = ((NonEmptyImmutableList<A>) list).tail;
            }
            return count;
        }
        @Override
        public <B> ImmutableList<B> map(Function<A, B> f) {
            f = Objects.requireNonNull(f);
            List<B> result = new ArrayList<>();
            ImmutableList<A> list = this;
            for (int i = 0; i < this.length(); i++) {
                result.add(f.apply(((NonEmptyImmutableList<A>) list).head));
                list = ((NonEmptyImmutableList<A>) list).tail;
            }
            return (ImmutableList<B>) ImmutableList.from(result);
        }
        @Override
        public ImmutableList<A> take(int n) {
            if (n <= 0) {
                return empty();
            }
            A[] result = (A[]) new Object[n];
            ImmutableList<A> list = this;
            for (int i = 0; i < n; i++) {
                result[i] = ((NonEmptyImmutableList<A>) list).head;
                list = ((NonEmptyImmutableList<A>) list).tail;
            }
            return ImmutableList.fromBounded(result, 0, result.length);
        }
        @Override
        public ImmutableList<A> drop(int n) {
            if (n <= 0) {
                return this;
            }
            ImmutableList<A> list = this;
            while (n > 0) {
                if (list instanceof NonEmptyImmutableList) {
                    list = ((NonEmptyImmutableList<A>) list).tail;
                    n--;
```

```java
                }
            }
            return list;
        }
        @Override
        public <B, C> ImmutableList<C> zipWith(
            BiFunction<A, B, C> f,
            ImmutableList<B> list)
        {

            f = Objects.requireNonNull(f);
            list = Objects.requireNonNull(list);

            ImmutableList<A> list1 = this;
            ImmutableList<B> list2 = list;
            int n = Math.min(list1.length(), list2.length());
            C[] result = (C[]) new Object[n];
            for (int i = 0; i < n; i++) {
                result[i] =
                 f.apply(((NonEmptyImmutableList<A>) list1).head,
                    ((NonEmptyImmutableList<B>) list2).head);
                list1 = ((NonEmptyImmutableList<A>) list1).tail;
                list2 = ((NonEmptyImmutableList<B>) list2).tail;
            }
            return ImmutableList.fromBounded(result, 0, result.length);
        }
        @Override
        public <B extends A> ImmutableList<A> append(ImmutableList<? extends B>
    list) {
            list = Objects.requireNonNull(list);
            if (list.length() == 0) {
                return this;
            }
            ArrayList<A> copy = this.toArrayList();
            ImmutableList<A> listT = (ImmutableList<A>) list;
            for (int i = copy.size() - 1; i >= 0; i--) {
                listT = cons(copy.get(i), listT);
            }
            return listT;
        }
        @Override
        public boolean exists(Predicate<A> p) {
            p = Objects.requireNonNull(p);
            NonEmptyImmutableList<A> list = this;
            while (true) {
                if (p.test(list.head)) {
                    return true;
                }
                if (list.tail instanceof EmptyImmutableList) {
                    return false;
                }
                list = ((NonEmptyImmutableList<A>) list.tail);
            }
        }
        @Override
        public boolean every(Predicate<A> p) {
            p = Objects.requireNonNull(p);
```

```java
        NonEmptyImmutableList<A> list = this;
          while (true) {
              if (!p.test(list.head)) {
                  return false;
              }
              if (list.tail instanceof EmptyImmutableList) {
                  return true;
              }
              list = ((NonEmptyImmutableList<A>) list.tail);
          }
      }
      @Override
      public boolean contains(A a) {
          a = Objects.requireNonNull(a);
          NonEmptyImmutableList<A> list = this;
            while (true) {
                if (list.head == a) {
                    return true;
                }
                if (list.tail instanceof EmptyImmutableList) {
                    return false;
                }
                list = ((NonEmptyImmutableList<A>) list.tail);
            }
      }
      @Override
      public Tuple2<ImmutableList<A>, ImmutableList<A>> span(Predicate<A> p) {
          p = Objects.requireNonNull(p);
          A[] result = (A[]) new Object[this.length()];
            ImmutableList<A> list = this;
            int j = 0;
            for (int i = 0; i < this.length(); i++) {
                A el = ((NonEmptyImmutableList<A>) list).head;
                if (p.test(el)) {
                    result[j] = el;
                    j++;
                } else {
                    break;
                }
                list = ((NonEmptyImmutableList<A>) list).tail;
            }
            return new Tuple2(fromBounded(result, 0, j), list);
      }
      @Override
      public <B> ImmutableList<B> flatMap(Function<A, ImmutableList<B>> f) {
          f = Objects.requireNonNull(f);
          ArrayList<B> result = new ArrayList<>();
            ImmutableList<A> list = this;
            while (list instanceof NonEmptyImmutableList) {
                ImmutableList<B> bucket =
                  f.apply(((NonEmptyImmutableList<A>) list).head);
                while (bucket instanceof NonEmptyImmutableList) {
                    result.add(((NonEmptyImmutableList<B>) bucket).head);
                    bucket = ((NonEmptyImmutableList<B>) bucket).tail;
                }
                list = ((NonEmptyImmutableList<A>) list).tail;
            }
```

```
                    return from(result);
            }
            @Override
            public ImmutableList<A> removeAll(Predicate<A> p) {
                Predicate<A> q = Objects.requireNonNull(p);
                return this.filter(x -> !q.test(x));
            }
            @Override
            public ImmutableList<A> reverse() {
                ImmutableList<A> list = this;
                ImmutableList<A> acc = empty();
                while (list instanceof NonEmptyImmutableList) {
                    acc = acc.cons(((NonEmptyImmutableList<A>) list).head);
                    list = ((NonEmptyImmutableList<A>) list).tail;
                }
                return (NonEmptyImmutableList<A>) acc;
            }
        }
    }
}
```

La clase con las pruebas unitarias sería la siguiente:

```
package org.jomaveger.functional.data;
import static org.junit.Assert.assertEquals;
import static org.junit.Assert.assertFalse;
import static org.junit.Assert.assertNotEquals;
import static org.junit.Assert.assertTrue;
import java.util.ArrayList;
import java.util.List;
import java.util.stream.Collectors;
import java.util.stream.StreamSupport;
import org.jomaveger.functional.tuples.Tuple2;
import org.junit.Test;
public class ImmutableListTest {
    @Test
    public void testEmpty() {
        ImmutableList<Integer> list = ImmutableList.empty();
        assertFalse(list.head().isSuccess());
        assertFalse(list.tail().isSuccess());
        assertEquals(list, list);
        assertEquals(list, ImmutableList.<Integer>empty());
        assertNotEquals(list, ImmutableList.cons(0, list));
    }

    @Test
    public void testCons() {
        ImmutableList<Integer> list = ImmutableList.of(3, 2, 1);
        ImmutableList<Integer> listP = ImmutableList.cons(0, list);
        assertEquals(list.length() + 1, listP.length());
        assertEquals((Integer)0, listP.head().getOrElse(1));
        assertEquals(list, listP.tail().getOrElse(ImmutableList.empty()));
        assertEquals(listP, list.cons(0));
    }
    @Test
```

```java
  public void testToArray() {
    ImmutableList<Integer> list = ImmutableList.of(0, 1, 2);
    Integer[] array = new Integer[3];
    array[0] = 0; array[1] = 1; array[2] = 2;
    Integer[] arr = list.toArray(Integer.class);
    assertEquals(array.length, arr.length);
      for (int i = 0; i < array.length; i++) {
          assertEquals(array[i], arr[i]);
      }
  }

@Test
 public void testIndex() {
     ImmutableList<Integer> l = ImmutableList.of(0, 1, 2, 3, 4);
     assertTrue(l.index(0).getOrElse(1) == 0);
     assertFalse(l.index(2).getOrElse(1) == 0);
     assertTrue(l.index(5).isEmpty());
     assertTrue(l.index(-1).isFailure());
     assertTrue(ImmutableList.<Integer>empty().index(1).isEmpty());
 }

@Test
 public void testFromArray() {
    ImmutableList<Integer> list = ImmutableList.of(0, 1, 2, 3, 4);
    Integer[] array = list.toArray(Integer.class);
    ImmutableList<Integer> list1 = ImmutableList.of(array);
    assertEquals(list, list1);
 }

@Test
 public void testFromList() {
    ImmutableList<Integer> list = ImmutableList.of(0, 1, 2, 3, 4);
    List<Integer> arrList = new ArrayList<>();
    list.forEach(arrList::add);
    ImmutableList<Integer> listP = ImmutableList.from(arrList);
    assertEquals(list, listP);
 }

@Test
 public void testMap() {
    ImmutableList<Integer> list = ImmutableList.of(5, 6, 7, 8);
    Integer[] addArray = new Integer[list.length()];
      for (int i = 0; i < addArray.length; i++) {
          addArray[i] = list.index(i).getOrElse(-1) + 1;
      }
      assertEquals(list.map(x -> x + 1), ImmutableList.of(addArray));
 }

@Test
 public void testFlatMap() {
    ImmutableList<Integer> list = ImmutableList.of(0, 1, 2, 3, 4, 5, 6, 7, 8);
    Integer[] dups = new Integer[list.length() * 2];
      for (int i = 0; i < dups.length / 2; i++) {
          dups[i * 2] = list.index(i).getOrElse(-1);
          dups[i * 2 + 1] = list.index(i).getOrElse(-1);
      }
      assertEquals(ImmutableList.of(dups),
```

```java
            list.flatMap(x -> ImmutableList.of(x, x)));
    }

    @Test
     public void testInit() {
        ImmutableList<Integer> list = ImmutableList.of(0, 1, 2, 3, 4, 5, 6, 7, 8);
        ImmutableList<Integer> init = ImmutableList.of(0, 1, 2, 3, 4, 5, 6, 7);
        assertEquals(init, list.init().getOrElse(ImmutableList.empty()));
    }

    @Test
     public void testReverse() {
        ImmutableList<Integer> l = ImmutableList.empty();
        for (int i = 0; i < 10000; i++) {
            l = l.cons(i);
        }
        l = l.reverse();
        for (int i = 0; i < 10000; i++) {
            assertEquals((Integer)i, l.head().getOrElse(-1));
            l = l.tail().getOrElse(ImmutableList.empty());
        }
        assertTrue(l.equals(ImmutableList.empty()));
    }

    @Test
     public void testSpan() {
        ImmutableList<Integer> list = ImmutableList.of(5, 10, 15);
        int lengthA = 1; int lengthB = 2;
        Tuple2<ImmutableList<Integer>, ImmutableList<Integer>> s = list.span(i ->
i < 10);
        assertEquals(s._1.length(), lengthA);
         assertEquals(s._2.length(), lengthB);
    }

    @Test
     public void testZipWith() {
        ImmutableList<Integer> list = ImmutableList.of(0, 1, 2, 3, 4, 5, 6, 7, 8);
        ImmutableList<Integer> integers =
           list.zipWith((a, b) -> 0,
               ImmutableList.<Integer>empty());
        assertEquals(0, integers.length());
        integers = list.zipWith((a, b) -> a + b, list);
        list.foldLeft(integers, (l, integer) -> {
            assertEquals(integer * 2, (int) l.head().getOrElse(3));
            return l.tail().getOrElse(ImmutableList.<Integer>empty());
        });
        if (list.isNotEmpty()) {
            ImmutableList<Integer> a = list.zipWith((x, y) -> x + y,
             list.tail().getOrElse(ImmutableList.<Integer>empty()));
            assertEquals(a.length(), list.length() - 1);
        }
    }

    @Test
     public void testCount() {
       ImmutableList<Integer> list =
       ImmutableList.of(0, 1, 2, 3, 4, 5, 6, 7, 8, 9, 10, 11, 12, 13, 14, 15, 16,
```

```
17);
        int count = list.count(i -> i > 15);
        assertEquals(2, count);
    }
    @Test
    public void testFilter() {
      ImmutableList<Integer> list =
      ImmutableList.of(0, 1, 2, 3, 4, 5, 6, 7, 8, 9, 10, 11, 12, 13, 14, 15, 16,
17);
        ImmutableList<Integer> integers = list.filter(i -> i > 7);
        assertEquals(10, integers.length());
    }
    @Test
    public void testRemoveAll() {
      ImmutableList<Integer> list =
      ImmutableList.of(0, 1, 2, 3, 4, 5, 6, 7, 8, 9, 10, 11, 12, 13, 14, 15, 16,
17);
        ImmutableList<Integer> integers = list.removeAll(i -> i <= 15);
        assertEquals(2, integers.length());
    }
    @Test
    public void testTakeDrop() {
      ImmutableList<Integer> list =
      ImmutableList.of(0, 1, 2, 3, 4, 5, 6, 7, 8, 9, 10, 11, 12, 13, 14, 15, 16,
17);
        assertEquals(3, list.drop(15).length());
        assertEquals(15, list.take(15).length());
    }

    @Test
    public void testExists() {
        ImmutableList<Integer> list = ImmutableList.empty();
        assertFalse(list.contains(0));
    }
    @Test
    public void testEvery() {
        ImmutableList<Integer> list = ImmutableList.of(5, 10, 15, 20);
        assertTrue(list.every(integer -> integer % 5 == 0));
        list = list.cons(1);
        assertFalse(list.every(integer -> integer % 5 == 0));
        assertTrue(ImmutableList.empty().every(x -> false));
    }

    @Test
    public void testFoldRight() {
      ImmutableList<Integer> integers =
      ImmutableList.of(0, 1, 2, 3, 4, 5, 6, 7, 8, 9, 10, 11, 12, 13, 14, 15, 16,
17);
        int total = 0;
        for (int i : integers) {
            total += i;
        }
        assertEquals((Integer) total, integers.foldRight(0, (a, b) -> a + b));
    }

    @Test
    public void testContains() {
```

```java
        String a = new String("Luke");
        String b = new String("Han");
        String c = new String("Leia");
        String d = new String("");
        ImmutableList<String> l = ImmutableList.of(a, b, c);
        assertTrue(l.contains(a));
        assertTrue(l.contains(b));
        assertTrue(l.contains(c));
        assertFalse(l.contains(d));
    }

    @Test
    public void testFindIndex() {
        assertTrue(!ImmutableList.empty().findIndex(i -> true).isSuccess());
        assertTrue(!ImmutableList.of(1).findIndex(i -> i == 0).isSuccess());
        assertTrue(ImmutableList.of(1).findIndex(i -> i == 1).getOrElse(3) == 0);
        assertTrue(ImmutableList.of(0, 1).findIndex(i -> i == 1).getOrElse(3) == 1);
        assertTrue(ImmutableList.of(0, 1, 1)
          .findIndex(i -> i == 1)
          .getOrElse(3) == 1);
        assertTrue(!ImmutableList.of(0, 1).findIndex(i -> i == 2).isSuccess());
    }

    @Test
    public void testStream() {
        ImmutableList<Integer> list = ImmutableList.of(1, 2, 3, 4, 5);
        List<Integer> mutableList = list.stream().collect(Collectors.toList());
        assertEquals(list, ImmutableList.from(mutableList));
        mutableList.sort((int1, int2) -> int2 - int1); // reversed
        assertEquals(list.reverse(), ImmutableList.from(mutableList));
        assertEquals(mutableList,
          list.stream().sorted((int1, int2) -> int2 - int1).collect(Collectors.toList()));
    }
    @Test
    public void testCollector() {
        ImmutableList<Integer> list = ImmutableList.of(1, 2, 3, 4, 5);
        assertEquals(list, StreamSupport.stream(list.spliterator(), false)
          .map(x -> x + 1)
          .map(x -> x - 1)
          .collect(ImmutableList.collector()));
    }
}
```

7.3 ENTRADA/SALIDA EN UN ENTORNO FUNCIONAL

Una lista **ImmutableList** de números enteros es un contexto computacional para el tipo de datos entero **Integer**. Por ejemplo, permite aplicar, a una lista de números enteros, una función de **Integer** a otro tipo, sin importar el número de elementos que hay en la lista. **Result** no es diferente. Crea un contexto computacional para un valor, permitiendo aplicar una función a ese valor sin importar si dicho valor está realmente presente. Por eso, ambos son mónadas.

Estudiamos en el capítulo anterior qué eran los efectos y cómo un efecto puro se modela mediante la interfaz funcional **java.util.function.Consumer< T >** del API de Java. El método **forEach(Consumer< A > action)** añadido a **Result**, **Option** e **ImmutableList** recibe como argumento un efecto puro y lo aplica al valor (o valores, en el caso de la lista) subyacentes del contexto computacional correspondiente.

En el caso de resultados que sean errores, puede ser necesario aplicar un efecto a los errores. La clase **Result** contendrá un objeto de tipo **Exception** en caso de error. Se puede pensar en dos efectos diferentes para este caso. El primer efecto es lanzar la excepción, y el segundo es manejar la excepción de alguna otra forma, evitando lanzarla.

Para la clase **Result**, se diseñó el método **forEachOrThrow(Consumer< A > action)** de modo que recibe como argumento un efecto puro y lo aplica al valor del contexto computacional si está presente; en caso contrario, lanza la excepción.

Lanzar una excepción en caso de un fallo no es generalmente lo que deseamos hacer, al menos en la clase **Result**. Podríamos hacer algo menos radical, como escribir una traza de la excepción antes de continuar. Bien es verdad que escribir trazas no es muy funcional, puesto que el acto de escribir una traza es generalmente un efecto colateral; pero también es cierto que rara es la aplicación en Java que no tenga como requisito poseer un sistema de escritura de trazas. Por ello, es muy conveniente tener una manera limpia de hacerlo. No obstante, no hay una manera simple de escribir una traza de una excepción en caso de producirse un error. Lo que se necesita es transformar un error en un éxito de su excepción.

Por ello, el método **Result< RuntimeException > forEachOrException (Consumer< T > e)** de **Result** retorna un resultado con la propia excepción. En el caso de **Empty**, el método se limita a devolver **Result.empty()**. En el caso de **Success**, el método aplica el efecto puro que recibe como argumento y retorna también **Result.empty()**; finalmente, en el caso de **Failure**, el método se limita a retornar el éxito de la excepción **Result.success(exception)**.

A su vez, el método **Result< String > forEachOrFail(Consumer< T > e)** retornará un resultado con el mensaje de la excepción, en lugar de la propia excepción. En el caso de **Empty**, el método se limita a devolver **Result.empty()**. En el caso de **Success**, el método aplica el efecto puro que recibe como argumento y retorna también **Result.empty()**; finalmente, en el caso de **Failure**, el método se limita a retornar el éxito del mensaje de la excepción **Result.success(exception. getMessage())**.

Nótese que ni **forEachOrFail** ni **forEachOrException** son métodos funcionales. Aunque retornan un valor, pueden producir un efecto colateral.

Sea el siguiente ejemplo:

```java
package org.jomaveger.examples.chapter7;
import java.util.function.Function;
import org.jomaveger.functional.control.Result;
public class ResultTest {

    public static void main(String... args) {
        Result<Integer> ra = Result.success(4);
        Result<Integer> rb = Result.success(0);
        Function<Integer, Result<Double>> inverse = x -> x != 0
                ? Result.success((double) 1 / x)
                : Result.failure("Division by 0");
        Result<Double> rt1 = ra.flatMap(inverse);
        Result<Double> rt2 = rb.flatMap(inverse);
        System.out.print("Inverse of 4: ");
        rt1.forEachOrFail(System.out::println);
        System.out.print("Inverse of 0: ");
        rt2.forEachOrFail(System.out::println).forEach(ResultTest::log);
    }
    private static void log(String s) {
        System.out.println(s);
    }
}
```

Produce la siguiente salida:

```
Inverse of 4: 0.25
Inverse of 0: Division by 0
```

Hasta ahora, hemos visto únicamente cómo tratar con la salida. Ahora es el momento de estudiar cómo realizar la entrada de datos, quizá no de una manera funcional, pero sí de una forma limpia que se integre correctamente con las partes funcionales del código. Vamos a definir la siguiente interfaz:

```java
package org.jomaveger.functional.io;
import org.jomaveger.functional.control.Result;
import org.jomaveger.functional.tuples.Tuple2;
public interface Input {
    Result<Tuple2<String, Input>> readString();
    Result<Tuple2<Integer, Input>> readInt();
    default Result<Tuple2<String, Input>> readString(String message) {
        return readString();
    }
    default Result<Tuple2<Integer, Input>> readInt(String message) {
        return readInt();
    }
}
```

Sería posible escribir una implementación concreta de esta interfaz pero, en primer lugar, diseñaremos una implementación abstracta, por el simple hecho de que podemos querer leer los datos de diferentes fuentes de entrada, como puede ser la consola o bien un fichero. Por tanto, situaremos el código común en una clase abstracta y heredaremos de esta clase abstracta para cada tipo de fuente de entrada. El siguiente código muestra la implementación de esta clase abstracta:

```java
package org.jomaveger.functional.io;
import java.io.BufferedReader;
import org.jomaveger.functional.control.Result;
import org.jomaveger.functional.tuples.Tuple2;
public class AbstractReader implements Input {
    protected final BufferedReader reader;
    protected AbstractReader(BufferedReader reader) {
        this.reader = reader;
    }
    @Override
    public Result<Tuple2<String, Input>> readString() {
        try {
            String s = reader.readLine();
            return s.length() == 0
                    ? Result.empty()
                    : Result.success(new Tuple2<>(s, this));
        } catch (Exception e) {
            return Result.failure(e);
        }
    }
    @Override
    public Result<Tuple2<Integer, Input>> readInt() {
        try {
            String s = reader.readLine();
            return s.length() == 0
                    ? Result.empty()
                    : Result.success(new Tuple2<>(Integer.parseInt(s), this));
        } catch (Exception e) {
            return Result.failure(e);
        }
    }
}
```

Esta clase abstracta **AbstractReader** se construye con un objeto de la clase **BufferedReader**, el lector, permitiendo así diferentes fuentes de entrada. El método **readString()** -y de igual forma el método **readInt()**- leerán una línea de caracteres del lector y devolverá un **Result.empty()** si la línea estaba vacía, un **Result.success()** si se han obtenido datos del lector y, finalmente, un **Result.failure()** si algo fue mal.

Ahora sería el momento de implementar la clase concreta con el fin de leer desde la consola. Esta clase será la responsable de proporcionar el lector. De manera adicional, se reimplementarán lo dos métodos por defecto de la interfaz para mostrar un mensaje de *prompt* al usuario.

```
package org.jomaveger.functional.io;
import java.io.BufferedReader;
import java.io.InputStreamReader;
import org.jomaveger.functional.control.Result;
import org.jomaveger.functional.tuples.Tuple2;
public class ConsoleReader extends AbstractReader {
    protected ConsoleReader(BufferedReader reader) {
        super(reader);
    }
    @Override
    public Result<Tuple2<String, Input>> readString(String message) {
        System.out.print(message + " ");
        return readString();
    }
    @Override
    public Result<Tuple2<Integer, Input>> readInt(String message) {
        System.out.print(message + " ");
        return readInt();
    }
    public static ConsoleReader consoleReader() {
        return new ConsoleReader(new BufferedReader(new InputStreamReader(System.
in)));
    }
}
```

De manera análoga, vamos a implementar una clase concreta **FileReader** con el fin de leer desde un fichero de texto. La única diferencia con la clase **ConsoleReader** es que el método factoría estático debe manejar una **IOException**, de modo que retorna un objeto de tipo **Result< Input >** en lugar de devolver simplemente un objeto de la clase **FileReader**:

```
package org.jomaveger.functional.io;
import java.io.BufferedReader;
import java.io.File;
import java.io.FileInputStream;
import java.io.InputStreamReader;
import org.jomaveger.functional.control.Result;
public class FileReader extends AbstractReader {
    private FileReader(BufferedReader reader) {
        super(reader);
    }
    public static Result<Input> fileReader(String path) {
        try {
            return Result.success(
                new FileReader(
                    new BufferedReader(
                        new InputStreamReader(
                            new FileInputStream(new File(path))))));
        } catch (Exception e) {
            return Result.failure(e);
        }
    }
}
```

Para probar nuestro código, vamos a desarrollar un programa que, repetidamente, pide al usuario que introduzca los datos de una lista de personas: Un número entero a modo de identificador, un nombre y un apellido; posteriormente, mostraremos en la consola la lista de personas que se hayan introducido. La entrada de datos finaliza tan pronto coomo el usuario introduce un identificador en blanco, y es entonces cuando la lista introducida de datos es mostrada.

Lo primero que necesitamos es una clase **Person** para almacenar los datos de cada persona:

```java
package org.jomaveger.examples.chapter7;
import java.io.Serializable;
public class Person implements Comparable<Person>, Serializable {
    private static final long serialVersionUID = 1L;
    private static final String FORMAT = "ID: %s, First name: %s, Last name: %s";
    public final int id;
    public final String firstName;
    public final String lastName;
    private Person(int id, String firstName, String lastName) {
        this.id = id;
        this.firstName = firstName;
        this.lastName = lastName;
    }
    public static Person apply(int id, String firstName, String lastName) {
        return new Person(id, firstName, lastName);
    }
    @Override
    public String toString() {
        return String.format(FORMAT, id, firstName, lastName);
    }
    @Override
    public int compareTo(Person o) {
        return Integer.compare(id, o.id);
    }
}
```

El programa sería el siguiente:

```java
package org.jomaveger.examples.chapter7;
import org.jomaveger.functional.control.Result;
import org.jomaveger.functional.data.ImmutableList;
import org.jomaveger.functional.io.ConsoleReader;
import org.jomaveger.functional.io.Input;
import org.jomaveger.functional.tuples.Tuple2;
public class ReadConsole {
  public static void main(String... args) {
    Input input = ConsoleReader.consoleReader();
    ImmutableList<Person> list = ImmutableList.unfold(input,
ReadConsole::person);
    list.forEach(System.out::println);
```

```
        }
    public static Result<Tuple2<Person, Input>> person(Input input) {
      return input.readInt("Enter ID:")
        .flatMap(id -> id._2.readString("Enter first name:")
        .flatMap(firstName -> firstName._2.readString("Enter last name:")
          .map(lastName ->
          new Tuple2<>(
            Person.apply(id._1, firstName._1, lastName._1),
            lastName._2))));
    }
}
```

Como vemos, si partimos de que tenemos un método **person()** que nos devuelve los datos de una única persona, el método **unfold()** de **ImmutableList** nos permite crear una lista de personas, para posteriormente escribir el resultado por la consola -en este caso, ignorando cualquier error que se haya podido producir-.

Nos gustaría ahora desarrollar un programa similar, pero que lea de un fichero de texto que contenga los datos de entrada, cada uno en una línea distinta. El fichero de texto, que tendrá de nombre *data.txt*, situado junto al *pom.xml* del proyecto, contendrá los siguientes valores:

```
1
John
Rambo
2
John
Wick
3
John
McClane
4
John
Connor
```

El programa sería el siguiente:

```
package org.jomaveger.examples.chapter7;
import org.jomaveger.functional.control.Result;
import org.jomaveger.functional.data.ImmutableList;
import org.jomaveger.functional.io.FileReader;
import org.jomaveger.functional.io.Input;
import org.jomaveger.functional.tuples.Tuple2;
public class ReadFile {
    private static String path = System.getProperty("user.dir") + "/data.txt";
    public static void main(String... args) {
        Result<Input> rInput = FileReader.fileReader(path);
        Result<ImmutableList<Person>> rList = rInput.map(
            input -> ImmutableList.unfold(input, ReadFile::person));
        rList.forEachOrFail(list -> list.forEach(System.out::println));
```

```
        }
        public static Result<Tuple2<Person, Input>> person(Input input)
        {
          return input.readInt("Enter ID:")
            .flatMap(id -> id._2.readString("Enter first name:")
              .flatMap(firstName -> firstName._2.readString("Enter last name:")
                .map(lastName ->
                  new Tuple2<>(
                    Person.apply(id._1, firstName._1, lastName._1),
                      lastName._2))));
        }
    }
```

La salida por pantalla es la esperada:

```
ID: 1, First name: John, Last name: Rambo
ID: 2, First name: John, Last name: Wick
ID: 3, First name: John, Last name: McClane
ID: 4, First name: John, Last name: Connor
```

El método **person()** presenta el llamado patrón de comprensión -del inglés *comprehension*-. El patrón de comprensión sigue el siguiente esquema:

```
a.flatMap(b -> flatMap(c -> map(d -> getSomething(a, b, c, d))))
```

Se trata de una serie de llamadas a **flatMap()** que terminan con una llamada a **map()** siempre y cuando el tipo de retorno del último método -**getSomething()**- sea un valor simple. En caso de que el tipo de retorno de **getSomething()** sea un contexto computacional (como **Result**), entonces el patrón sería el siguiente:

```
a.flatMap(b -> flatMap(c -> flatMap(d -> getSomething(a, b, c, d))))
```

7.4 REFACTORIZACIÓN DE PROGRAMAS IMPERATIVOS: LECTURA DE PROPIEDADES DE UN FICHERO

Una de las tareas más habituales en el desarrollo de una aplicación es la carga y lectura de un fichero de propiedades. El código imperativo que realiza esta tarea suele ser semejante al siguiente:

```
package org.jomaveger.examples.chapter7.properties.imperative;
import java.io.InputStream;
import java.util.Properties;
```

```java
import org.apache.log4j.Logger;
public final class PropertyReader {

    private final Logger log = Logger.getLogger(PropertyReader.class);
    private final Properties properties;

    public PropertyReader(String configFileName) throws Exception {
        this.properties = readProperties(configFileName);
    }
    private Properties readProperties(String configFileName) throws Exception {
        try (InputStream inputStream =
            getClass().getClassLoader().getResourceAsStream(configFileName))
        {
            Properties properties = new Properties();
            properties.load(inputStream);
            return properties;
        } catch (Exception e) {
            log.error(e.getMessage());
            throw e;
        }
    }

    public String getProperty(String name) {
        return this.properties.getProperty(name);
    }
}
```

El fichero de propiedades *config.properties* con el que vamos a probar, situado en la carpeta *resources* del proyecto, es el siguiente:

```
host=genesis.org
port=6666
name=
temp=55.5
price=$77
id=1
firstName=John
lastName=Connor
type=APPLE
```

La clase utilizada para hacer la prueba es la siguiente:

```java
package org.jomaveger.examples.chapter7.properties.imperative;
import org.apache.log4j.Logger;
public class PropertyReaderTest {

    private static final Logger log = Logger.getLogger(PropertyReaderTest.class);
    public static void main(String[] args) throws Exception {

        PropertyReader preader = new PropertyReader("config.properties");
```

```
            log.info(preader.getProperty("host"));
            log.info(preader.getProperty("port"));
            log.info(preader.getProperty("name"));
            log.info(preader.getProperty("temp"));
            log.info(preader.getProperty("price"));
            log.info(preader.getProperty("id"));
            log.info(preader.getProperty("firstName"));
            log.info(preader.getProperty("lastName"));
            log.info(preader.getProperty("type"));

        }
    }
```

Y la salida es la esperada:

```
INFO   PropertyReaderTest:13 - genesis.org
INFO   PropertyReaderTest:14 - 6666
INFO   PropertyReaderTest:15 -
INFO   PropertyReaderTest:16 - 55.5
INFO   PropertyReaderTest:17 - $77
INFO   PropertyReaderTest:18 - 1
INFO   PropertyReaderTest:19 - John
INFO   PropertyReaderTest:20 - Connor
INFO   PropertyReaderTest:21 - APPLE
```

En la carpeta *resources* del proyecto también se encuentra el fichero *log4j.properties*, que tiene el siguiente contenido y permite configurar el gestor de trazas para que éstas aparezcan tanto por consola como en un fichero:

```
# Root logger option
log4j.rootLogger=DEBUG, stdout, file
# Redirect log messages to console
log4j.appender.stdout=org.apache.log4j.ConsoleAppender
log4j.appender.stdout.Target=System.out
log4j.appender.stdout.layout=org.apache.log4j.PatternLayout
log4j.appender.stdout.layout.ConversionPattern=%d{yyyy-MM-dd HH:mm:ss} %-5p
%c{1}:%L - %m%n
# Redirect log messages to a log file
log4j.appender.file=org.apache.log4j.RollingFileAppender
log4j.appender.file.File=${user.home}/book.log
log4j.appender.file.MaxFileSize=5MB
log4j.appender.file.MaxBackupIndex=10
log4j.appender.file.layout=org.apache.log4j.PatternLayout
log4j.appender.file.layout.ConversionPattern=%d{yyyy-MM-dd HH:mm:ss} %-5p
%c{1}:%L - %m%n
```

Ahora nos planteamos cómo cambiar este código imperativo para hacerlo más funcional. Una primera versión sería la siguiente:

```
package org.jomaveger.examples.chapter7.properties.functional;
import java.io.InputStream;
import java.util.Properties;
import org.apache.log4j.Logger;
import org.jomaveger.functional.control.Result;
public final class PropertyReader1 {

    private final Logger log = Logger.getLogger(PropertyReader1.class);
    private final Result<Properties> properties;
    public PropertyReader1(String configFileName) {
        this.properties = readProperties(configFileName);
    }
    private Result<Properties> readProperties(String configFileName) {
        try (InputStream inputStream =
            getClass().getClassLoader().getResourceAsStream(configFileName))
        {
            Properties properties = new Properties();
            properties.load(inputStream);
            return Result.of(properties);
        } catch (Exception e) {
            Result.failure(e).forEachOrFail(System.out::println).
forEach(log::error);
            return Result.failure(e);
        }
    }

    public Result<String> getProperty(String name) {
        return properties.map(props -> props.getProperty(name));
    }
}
```

Como vemos, lo primero es leer el fichero y devolver un objeto **Result< Properties >**. El fichero de propiedades es cargado, pudiendo causar una excepción **IOException**. Hay que tener en cuenta, no obstante, que no será una **IOException** sino una excepción **NullPointerException** la que se lanzará si el fichero no se encuentra. Por ello, capturamos la clase padre de ambas, **Exception**, y retornamos un objeto **Result.Failure** que contiene la excepción.

Pero hacemos algo más cuando se produce una excepción: También escribimos una traza con la información de la excepción. Para hacerlo de una manera funcional, primero construimos el objeto resultado fracaso que representa la excepción:

```
Result.failure(excepcion)
```

Después le aplicamos el método **forEachOrFail()** que permite transformar un fracaso en un éxito que recibe como argumento la descripción de la excepción. En este caso, el argumento que se le pasa al método **forEachOrFail()** es indiferente porque no es utilizado por el objeto fracaso:

```
Result.failure(excepcion).forEachOrFail(...)
```

Finalmente, al nuevo objeto resultado éxito se le envía un mensaje para que ejecute el método **forEach()**, aplicando el efecto colateral de registrar la traza que contiene el mensaje de descripción de la excepción. Para ello, utiliza una referencia al método **error()** del objeto **log** declarado en la clase:

```
Result.failure(excepcion).forEachOrFail(...).forEach(log::error)
```

A continuación, como es lógico, debemos tener un método que reciba el nombre de una propiedad como argumento y devuelva un **Result< String >**, que debería contener la propiedad correspondiente del fichero de propiedades. El método **getProperty()** emplea internamente **map()** para obtener dicha propiedad: El método **map()** recibe como argumento una función que transforma un objeto **Properties** en un objeto **String** y, posteriormente, convierte este objeto **String** en un **Result. Success**.

Veamos qué ocurre cuando ejecutamos el código. Si intentamos cargar un fichero que no existe:

```
package org.jomaveger.examples.chapter7.properties.functional;
import org.apache.log4j.Logger;
public class PropertyReaderTest {

    private static final Logger log = Logger.getLogger(PropertyReaderTest.class);
    public static void main(String[] args) throws Exception {

        PropertyReader1 preader = new PropertyReader1("no existe.properties");

    }
}
```

Obtenemos lo siguiente:

```
ERROR PropertyReader1:453 - java.lang.NullPointerException
```

Si a continuación intentamos cargar nuestro fichero de propiedades:

```
package org.jomaveger.examples.chapter7.properties.functional;
import org.apache.log4j.Logger;
public class PropertyReaderTest {
```

```
    private static final Logger log = Logger.getLogger(PropertyReaderTest.class);
    public static void main(String[] args) throws Exception {

        //PropertyReader1 preader = new PropertyReader1("no existe.properties");
        PropertyReader1 preader = new PropertyReader1("config.properties");

        preader.getProperty("host")
                .forEachOrFail(System.out::println)
                .forEach(log::error);
        preader.getProperty("port")
                .forEachOrFail(System.out::println)
                .forEach(log::error);
        preader.getProperty("name")
                .forEachOrFail(System.out::println)
                .forEach(log::error);
        preader.getProperty("temp")
                .forEachOrFail(System.out::println)
                .forEach(log::error);
        preader.getProperty("price")
                .forEachOrFail(System.out::println)
                .forEach(log::error);
        preader.getProperty("id")
                .forEachOrFail(System.out::println)
                .forEach(log::error);
        preader.getProperty("firstName")
                .forEachOrFail(System.out::println)
                .forEach(log::error);
        preader.getProperty("lastName")
                .forEachOrFail(System.out::println)
                .forEach(log::error);
        preader.getProperty("type")
                .forEachOrFail(System.out::println)
                .forEach(log::error);
        preader.getProperty("range")
                .forEachOrFail(System.out::println)
                .forEach(log::error);
    }
}
```

Obtenemos los siguientes mensajes:

```
genesis.org
6666
55.5
$77
1
John
Connor
APPLE
null
```

¿Qué conclusiones podemos sacar de ambas ejecuciones?

- El método **getProperty()** que hemos implementado no funciona tal y como lo hemos diseñado porque, en caso de que la propiedad no exista, como es el caso de *range*, devuelve el valor **Result.Success(null)**, lo que es incorrecto.
- Sin lugar a dudas, podemos proporcionar mensajes de error más descriptivos, por ejemplo para los casos en que una propiedad no existe o bien cuando el fichero de propiedades no existe. Podemos mejorar, con este fin, la carga del fichero de propiedades, personalizando los mensajes de error para cada una de las posibles excepciones que se pueden presentar. También podemos, en caso de que no exista la propiedad que se consulta, proporcionar un mensaje de error más revelador mediante **mapFailure()**.

La nueva versión sería la siguiente:

```
package org.jomaveger.examples.chapter7.properties.functional;
import java.io.IOException;
import java.io.InputStream;
import java.util.Properties;
import org.apache.log4j.Logger;
import org.jomaveger.functional.control.Result;
public final class PropertyReader {

   private static final Logger log = Logger.getLogger(PropertyReader.class);
   private final Result<Properties> properties;

   private final String source;
   private PropertyReader(Result<Properties> properties, String source) {
      this.properties = properties;
      this.source = source;
   }

   public static PropertyReader filePropertyReader(String fileName) {
       return new PropertyReader(
         readPropertiesFromFile(fileName),
            String.format("File: %s", fileName));
     }
   private static Result<Properties> readPropertiesFromFile(String configFileNa-
me) {
      try (InputStream inputStream =
         PropertyReader.class.getClassLoader().getResourceAsStream(configFileNa
me))
      {
         Properties properties = new Properties();
         properties.load(inputStream);
         return Result.of(properties);
      } catch (NullPointerException e) {
         Result.failure(String.format("File %s not found in classpath",
                      configFileName))
            .forEachOrFail(System.out::println)
            .forEach(log::error);
```

```
            return Result.failure(String.format("File %s not found in classpath",
                        configFileName));
        } catch (IOException e) {
          Result.failure(String.format("IOException reading classpath resource %s",
            configFileName))
             .forEachOrFail(System.out::println)
             .forEach(log::error);
          return Result.failure(
          String.format("IOException reading classpath resource %s", configFileName));
        } catch (Exception e) {
          Result.failure(
             String.format("Exception reading classpath resource %s",
                configFileName), e)
             .forEachOrFail(System.out::println)
             .forEach(log::error);
          return Result.failure(
             String.format("Exception reading classpath resource %s",
                configFileName), e);
        }
    }

    public Result<String> getProperty(String name) {
        return properties.flatMap(props -> getProperty(props, name));
    }
    private Result<String> getProperty(Properties props, String name) {
        return Result.of(props.getProperty(name))
            .mapFailure(String.format("Property \"%s\" not found in %s",
                                      name, this.source));
    }
}
```

Si se intenta cargar un fichero de propiedades que no existe:

```
package org.jomaveger.examples.chapter7.properties.functional;
import org.apache.log4j.Logger;
public class PropertyReaderTest {

    private static final Logger log = Logger.getLogger(PropertyReaderTest.class);
    public static void main(String[] args) throws Exception {

        PropertyReader preader = PropertyReader.filePropertyReader("no.properties");

    }
}
```

El mensaje de error que obtenemos ahora, mucho más clarificador, es el siguiente:

```
ERROR PropertyReader:453 - File no.properties not found in classpath
```

De modo semejante, si la propiedad que consultamos no existe:

```java
package org.jomaveger.examples.chapter7.properties.functional;
import org.apache.log4j.Logger;
public class PropertyReaderTest {

    private static final Logger log = Logger.getLogger(PropertyReaderTest.class);
    public static void main(String[] args) throws Exception {

        PropertyReader preader = PropertyReader.filePropertyReader("config.properties");

        preader.getProperty("host")
                .forEachOrFail(System.out::println)
                .forEach(log::error);
        preader.getProperty("port")
                .forEachOrFail(System.out::println)
                .forEach(log::error);
        preader.getProperty("name")
                .forEachOrFail(System.out::println)
                .forEach(log::error);
        preader.getProperty("temp")
                .forEachOrFail(System.out::println)
                .forEach(log::error);
        preader.getProperty("price")
                .forEachOrFail(System.out::println)
                .forEach(log::error);
        preader.getProperty("list")
                .forEachOrFail(System.out::println)
                .forEach(log::error);
        preader.getProperty("person")
                .forEachOrFail(System.out::println)
                .forEach(log::error);
        preader.getProperty("id")
                .forEachOrFail(System.out::println)
                .forEach(log::error);
        preader.getProperty("type")
                .forEachOrFail(System.out::println)
                .forEach(log::error);
        preader.getProperty("range")
                .forEachOrFail(System.out::println)
                .forEach(log::error);
    }
}
```

El ejemplo precedente muestra los siguientes mensajes de traza, indicando claramente que la propiedad *range* no estaba presente en el fichero de propiedades:

```
genesis.org
6666
55.5
$77
1
John
```

```
Connor
APPLE
ERROR PropertyReaderTest:453 - Property "range" not found in File: config.proper-
ties
```

Podemos usar también el patrón de comprensión para ejemplificar la construcción de un objeto de la clase **Person** a partir del fichero de propiedades. Así, si ejecutamos el siguiente código:

```java
package org.jomaveger.examples.chapter7.properties.functional;
import org.apache.log4j.Logger;
import org.jomaveger.examples.chapter7.Person;
import org.jomaveger.functional.control.Result;
public class PropertyReaderTest {

    private static final Logger log = Logger.getLogger(PropertyReaderTest.class);
    public static void main(String[] args) throws Exception {

        PropertyReader preader = PropertyReader.filePropertyReader("config.properties");

        Result<Person> person = preader.getProperty("id").map(Integer::parseInt)
            .flatMap(id -> preader.getProperty("firstName")
            .flatMap(firstName -> preader.getProperty("lastName")
            .map(lastName -> Person.apply(id, firstName, lastName))));

        person.forEach(log::info);
    }
}
```

Entonces presenta la siguiente traza:

```
INFO  PropertyReaderTest:453 - ID: 1, First name: John,
Last name: Connor
```

7.5 REFACTORIZACIÓN DE PROGRAMAS IMPERATIVOS: LECTURA DE XML

Supongamos que partimos de un código imperativo que lee un fichero XML utilizando la biblioteca JDOM. Este código sería el siguiente:

```java
package org.jomaveger.examples.chapter7.xmlreader.imperative;
import org.jdom2.Document;
import org.jdom2.Element;
import org.jdom2.JDOMException;
import org.jdom2.input.SAXBuilder;
import java.io.File;
import java.io.IOException;
```

```java
import java.util.List;
public class ReadXmlFile {
    public static void main(String[] args) {
        SAXBuilder builder = new SAXBuilder();
        File xmlFile = new File(System.getProperty("user.dir") + "/file.xml"); try {
            Document document = (Document) builder.build(xmlFile);
            Element rootNode = document.getRootElement();
            List<Element> list = rootNode.getChildren("staff");
            for (int i = 0; i < list.size(); i++) {
                Element node = list.get(i);
                System.out.println("First Name : "
                    + node.getChildText("firstname"));
                System.out.println("\tLast Name : "
                    + node.getChildText("lastname"));
                System.out.println("\tEmail : "
                    + node.getChildText("email"));
                System.out.println("\tSalary : "
                    + node.getChildText("salary"));
            }
        } catch (IOException io) {
            System.out.println(io.getMessage());
        } catch (JDOMException jdomex) {
            System.out.println(jdomex.getMessage());
        }
    }
}
```

El fichero XML de prueba que vamos a utilizar es:

```xml
<?xml version="1.0"?>
<company>
    <staff>
        <firstname>John</firstname>
        <lastname>Rambo</lastname>
        <email>john.rambo@gov.us</email>
        <salary>100000</salary>
    </staff>
    <staff>
        <firstname>John</firstname>
        <lastname>Connor</lastname>
        <email>john.connor@genesis.com</email>
        <salary>200000</salary>
    </staff>
</company>
```

Y la salida generada por el programa es la siguiente:

```
First Name : John
    Last Name : Rambo
    Email : john.rambo@gov.us
    Salary : 100000
First Name : John
```

```
Last Name : Connor
Email : john.connor@genesis.com
Salary : 200000
```

Para hacer este programa más funcional, deberíamos empezar por enumerar las funciones fundamentales que se necesitan:

▶ Una función que lea un fichero y retorne el contenido como una cadena de caracteres en formato XML.

▶ Una función que convierta la cadena de caracteres en formato XML en una lista de elementos.

▶ Una función que convierta una lista de elementos en una lista de representaciones en forma de cadenas de caracteres de esos elementos.

▶ Una función para crear un efecto colateral que muestre la traza de la lista de cadenas de caracteres tanto en fichero como en la pantalla del ordenador.

La primera función puede ser implementada mediante el siguiente método:

```
public static Result<String> readFile2String(String path)
```

Este método no lanzará excepción alguna pero retorna un **Result< String >**. Una posible implementación sería la siguiente:

```
public static Result<String> readFile2String(String path) {
    try {
        return Result.success(new String(Files.readAllBytes(Paths.get(path))));

    } catch (IOException e) {
        Result.failure(String.format("IO error while reading file %s", path), e)
            .forEachOrFail(System.out::println)
            .forEach(log::error);
        return Result.failure(String.format("IO error while reading file %s",
path), e);
    } catch (Exception e) {
        Result.failure(String.format("Unexpected error while reading file %s",
path), e)
            forEachOrFail(System.out::println)
            .forEach(log::error);
        return Result.failure
            (String.format("Unexpected error while reading file %s", path), e);
    }
}
```

Nótese que capturamos **IOException** y **Exception** de forma separada. No es obligatorio hacerlo pero nos permite proporcionar mejores mensajes de error. En cualquier caso, siempre se debe capturar **Exception**.

La segunda función puede ser implementada mediante el siguiente método:

```
private static Result<List<Element>> readDocument(String rootElementName,
                                String stringDoc)
```

Dado que convierte una cadena de caracteres en formato XML en una lista de elementos, necesita recibir como argumento el nombre del elemento raíz del XML. La implementación sería la siguiente:

```
private static Result<ImmutableList<Element>> readDocument(String rootElementName,
                                             String stringDoc)
{
    final SAXBuilder builder = new SAXBuilder();
    try {
        final Document document = builder.build(new StringReader(stringDoc));
        final Element rootElement = document.getRootElement();
        return Result.success(
            ImmutableList.from(rootElement.getChildren(rootElementName)));
    } catch (IOException | JDOMException io) {
        Result.failure(
            String.format("Invalid root element name '%s' or XML data %s",
                rootElementName, stringDoc), io)
            .forEachOrFail(System.out::println)
            .forEach(log::error);
        return Result.failure(
            String.format("Invalid root element name '%s' or XML data %s",
                rootElementName, stringDoc), io);
    } catch (Exception e) {
        Result.failure(
            String.format("Unexpected error while reading XML data %s", string-
Doc), e)
            .forEachOrFail(System.out::println)
            .forEach(log::error);
        return Result.failure(String.format("Unexpected error while reading XML
data %s",
            stringDoc), e);
    }
}
```

En la tercera función, recibiremos una lista de elementos como argumento y retornaremos una lista de representaciones de esos elementos en forma de cadenas de caracteres. Esta función puede implementarse con un método con la siguiente signatura:

```
private static ImmutableList<String> toStringList(ImmutableList<Element> list,
   Tuple2<String, ImmutableList<String>> format))
```

El formato que recibe como argumento este método es una tupla de dos elementos que contiene, en la primera posición, la cadena de caracteres con el formato de salida del mensaje incluyendo la posición que debe ocupar cada elemento del XML y, en segunda posición, una lista con los nombres de los elementos que se van a leer del XML. La implementación sería la siguiente:

```
private static ImmutableList<String> toStringList(ImmutableList<Element> list,
   Tuple2<String, ImmutableList<String>> format)
{
   return list.map(e -> processElement(e, format));
}
private static String processElement(Element element,
   Tuple2<String, ImmutableList<String>> format)
{
   String formatString = format._1;
   ImmutableList<String> parameters = format._2.map(element::getChildText);
   return String.format(formatString, parameters.toArray(String.class));
}
```

La siguiente función a desarrollar sería, en principio, el efecto que se aplica al resultado. No obstante, para hacer totalmente funcional el programa, vamos a hacer que reciba una serie de argumentos:

- La ruta del fichero.
- El nombre del elemento raíz del XML.
- El formato usado para convertir los elementos a una cadena de caracteres.
- Y, finalmente, el efecto que queremos aplicar al resultado.

Y vamos a hacer que retorne una función ejecutable como resultado, para lo que nos vamos a apoyar en la siguiente interfaz funcional:

```
package org.jomaveger.functional.functions;
@FunctionalInterface
public interface Executable {
   void exec();
}
```

Esta interfaz funcional representa un programa ejecutable. Podríamos haber usado la interfaz estándar del API de Java **java.lang.Runnable**, pero lo cierto es que la mayoría de los verificadores de código lanzan una advertencia si **Runnable** se utiliza para algo que no sea ejecutar un hilo de ejecución en programación concurrente.

De esta manera, nuestro programa puede ser representado mediante una función pura, que será implementada por un método que tiene la siguiente signatura:

```
public static Executable readXmlFile(Supplier<Result<String>> sPath,
                        Supplier<Result<String>> sRootName,
                        Tuple2<String, ImmutableList<String>> for-
mat,
                        Consumer<ImmutableList<String>> e)
```

Los argumentos de la ruta del fichero y el nombre del elemento raíz del XML son proporcionados al método mediante evaluación perezosa. En realidad, tenemos todas las herramientas para implementar este método. En primer lugar, debemos evaluar perezosamente para obtener los argumentos reales:

```
final Result<String> path = sPath.get();
final Result<String> rRoot = sRootName.get();
```

El siguiente paso es leer el fichero XML en una cadena de caracteres:

```
final Result<String> rDoc = path.flatMap(XMLReader::readFile2String);
```

Hemos empleado **flatMap()** porque **readFile2String()** retorna un objeto de tipo **Result< String >**. Si, por el contrario, retornara un objeto de tipo **String**, hubiéramos empleado **map**.

A continuación, no hay más que aplicar el patrón de comprensión:

```
final Result<ImmutableList<String>> result = rDoc
    .flatMap(doc -> rRoot
        .flatMap(rootElementName -> readDocument(rootElementName, doc))
            .map(list -> toStringList(list, format)));
```

Por último, nos queda devolver el programa ejecutable aplicando el efecto recibido como argumento al resultado. Hay que tener en cuenta que podría lanzarse una excepción, pero no hay otra opción mejor dado que se trata de un efecto y, por tanto, no retorna valor alguno:

```
return () -> result.forEachOrThrow(e);
```

El código quedaría finalmente del siguiente modo:

```java
package org.jomaveger.examples.chapter7.xmlreader.functional;
import java.io.IOException;
import java.io.StringReader;
import java.nio.file.Files;
import java.nio.file.Paths;
import java.util.function.Consumer;
import java.util.function.Supplier;
import org.jdom2.Document;
import org.jdom2.Element;
import org.jdom2.JDOMException;
import org.jdom2.input.SAXBuilder;
import org.apache.log4j.Logger;
import org.jomaveger.functional.control.Result;
import org.jomaveger.functional.data.ImmutableList;
import org.jomaveger.functional.functions.Executable;
import org.jomaveger.functional.tuples.Tuple2;
public final class XMLReader {

    private static final Logger log = Logger.getLogger(XMLReader.class);

    public static Executable readXmlFile(Supplier<Result<String>> sPath,
        Supplier<Result<String>> sRootName,
        Tuple2<String, ImmutableList<String>> format,
        Consumer<ImmutableList<String>> e)
    {
        final Result<String> path = sPath.get();
        final Result<String> rRoot = sRootName.get();
        final Result<String> rDoc = path.flatMap(XMLReader::readFile2String);
        final Result<ImmutableList<String>> result = rDoc
            .flatMap(doc -> rRoot
                .flatMap(rootElementName -> readDocument(rootElementName, doc))
                    .map(list -> toStringList(list, format)));
        return () -> result.forEachOrThrow(e);
    }
    public static Result<String> readFile2String(String path) {
        try {
            return Result.success(new String(Files.readAllBytes(Paths.
get(path))));
        } catch (IOException e) {
            Result.failure(String.format("IO error while reading file %s", path),
e)
                .forEachOrFail(System.out::println)
                .forEach(log::error);
            return Result.failure(
                String.format("IO error while reading file %s", path), e);
        } catch (Exception e) {
            Result.failure(
                String.format("Unexpected error while reading file %s", path), e)
                .forEachOrFail(System.out::println)
                .forEach(log::error);
```

```
            return Result.failure(
                String.format("Unexpected error while reading file %s", path), e);
        }
    }

    private static Result<ImmutableList<Element>> readDocument(String rootEle-
mentName,
                                                    String stringDoc)
    {
        final SAXBuilder builder = new SAXBuilder();
        try {
            final Document document = builder.build(new StringReader(stringDoc));
            final Element rootElement = document.getRootElement();
            return Result.success(
                ImmutableList.from(rootElement.getChildren(rootElementName)));
        } catch (IOException | JDOMException io) {
            Result.failure(
                String.format("Invalid root element name '%s' or XML data %s",
                    rootElementName, stringDoc), io)
                .forEachOrFail(System.out::println)
                .forEach(log::error);
            return Result.failure(
                String.format("Invalid root element name '%s' or XML data %s",
                    rootElementName, stringDoc), io);
        } catch (Exception e) {
            Result.failure(
                String.format("Unexpected error while reading XML data %s",
                    stringDoc), e)
                .forEachOrFail(System.out::println)
                .forEach(log::error);
            return Result.failure(
                String.format("Unexpected error while reading XML data %s",
                    stringDoc), e);
        }
    }

    private static ImmutableList<String> toStringList(ImmutableList<Element>
list,
                        Tuple2<String, ImmutableList<String>> format)
    {
        return list.map(e -> processElement(e, format));
    }
    private static String processElement(Element element,
                        Tuple2<String, ImmutableList<String>> format)
    {
        String formatString = format._1;
        ImmutableList<String> parameters = format._2.map(element::getChildText);
        return String.format(formatString, parameters.toArray(String.class));
    }
}
```

La clase de prueba sería la siguiente:

```
package org.jomaveger.examples.chapter7.xmlreader.functional;
```

```java
import org.apache.log4j.Logger;
import org.jomaveger.functional.control.Result;
import org.jomaveger.functional.data.ImmutableList;
import org.jomaveger.functional.functions.Executable;
import org.jomaveger.functional.tuples.Tuple2;
public class XMLReaderTest {

    private static final Logger log = Logger.getLogger(XMLReaderTest.class);
    private final static Tuple2<String, ImmutableList<String>> format = new Tu-
ple2<>(
            "First Name : %s\n" + "\tLast Name : %s\n"
            + "\tEmail : %s\n" + "\tSalary : %s",
            ImmutableList.of("firstname", "lastname", "email", "salary"));
    public static void main(String... args) {
        Executable program = XMLReader.readXmlFile(XMLReaderTest::getXmlFilePath,
                XMLReaderTest::getRootElementName, format,
                XMLReaderTest::processList);
        program.exec();
    }
    private static Result<String> getXmlFilePath() {
        return Result.of(System.getProperty("user.dir") + "/file.xml");
    }
    private static Result<String> getRootElementName() {
        return Result.of("staff");
    }
    private static <T> void processList(ImmutableList<T> list) {
        list.forEach(log::info);
    }
}
```

La salida obtenida es la esperada:

```
INFO  XMLReaderTest:229 - First Name : John
    Last Name : Rambo
    Email : john.rambo@gov.us
    Salary : 100000
INFO  XMLReaderTest:229 - First Name : John
    Last Name : Connor
    Email : john.connor@genesis.com
    Salary : 200000
```

7.6 ESTRUCTURAS DE DATOS FUNCIONALES: ÁRBOLES BINARIOS DE BÚSQUEDA

Un árbol binario es una estructura recursiva compuesta de la siguiente forma:

▶ O bien es el árbol vacío.

▶ O bien es un único elemento, que constituye la raíz del árbol.

⯈ O bien es un elemento (la raíz) con una rama (derecha o izquierda), donde la rama es un árbol binario en sí misma, también conocido como subárbol.

⯈ O bien es un elemento (la raíz) con dos ramas (derecha e izquierda), donde cada rama es un árbol binario en sí misma, también conocido como subárbol.

Los elementos del árbol que son terminales porque poseen las dos ramas vacías reciben el nombre de hojas.

Un árbol binario recibe el nombre de árbol binario lleno si, para cada uno de sus elementos, tiene o bien dos ramas o bien ninguna si se trata de una hoja.

El tamaño de un árbol binario es el número de elementos del árbol.

La altura de un árbol binario es el número de niveles del árbol, sin contar la raíz; es decir, es el número de elementos de la rama más larga del árbol, sin contar la raíz. La altura de la raíz es la altura del árbol y la altura de un elemento es la altura del subárbol que tiene dicho elemento como raíz. Por convención, la altura de un árbol vacío es -1.

La profundidad de un elemento es la longitud del camino desde la raíz hasta el elemento. El primer elemento, la raíz, tiene una profundidad de 0. Por convención, la profundidad de un árbol vacío es -1.

Cuando se recorre una lista, se puede hacer de izquierda a derecha o de derecha a izquierda. En el caso de los árboles, existen más de dos aproximaciones a la hora de recorrer un árbol. Por un lado, tenemos un grupo de tres recorridos recursivos en profundidad: Preorden, Inorden y Postorden. En cada recorrido, se tiene en cuenta la posición de la raíz -de ahí su nombre- y que siempre se debe ejecutar primero el hijo izquierdo y luego el derecho.

⯈ **Preorden**: Este recorrido se realiza así: Primero visita la raíz; segundo recorre el subárbol izquierdo y por último va a subárbol derecho. En síntesis: **raíz — hijo izquierdo — hijo derecho**.

⯈ **Inorden**: Este recorrido se realiza así: primero recorre el subárbol izquierdo, segundo visita la raíz y por último, va al subárbol derecho. En síntesis: **hijo izquierdo — raíz — hijo derecho**.

⯈ **Postorden**: Primero recorre el subárbol izquierdo; segundo, recorre el subárbol derecho y por último, visita la raíz. En síntesis: **hijo izquierdo— hijo derecho — raíz**.

Por otro lado, tenemos el recorrido por niveles o recorrido en anchura. Este recorrido primero visita la raíz y después recorre el árbol por niveles. Este recorrido por niveles puede hacerse de derecha a izquierda o de izquierda a derecha.

Un árbol binario está bien equilibrado si el árbol es vacío o bien si la diferencia entre las alturas del hijo izquierdo y el hijo derecho es menor o igual que uno y además si ambos hijos están bien equilibrados.

UN árbol binario ordenado, también llamado árbol binario de búsqueda, es un árbol binario que contiene elementos que se pueden ordenar, de modo que todos los elementos de la rama izquierda tienen un valor menor que la raíz, mientras que todos los elementos de la rama derecha tienen un valor mayor que la raíz, cumpliéndose además la condición de que nunca pueden contener duplicados. Las mismas condiciones se cumplen en un árbol binario de búsqueda en cada uno de sus subárboles.

El árbol binario de búsqueda se implementa como una clase abstracta. La clase **ImmutableTree** contiene dos subclases privadas estáticas para representar las dos formas posibles que puede adoptar un árbol binario ordenado: **EmptyImmutableTree** para el árbol vacío y **NonEmptyImmutableTree** para el árbol no vacío. Las subclases se han diseñado privadas, de modo que los árboles se construyen a través de llamadas a métodos factoría estáticos.

La clase **ImmutableTree** está parametrizada, y el parámetro genérico formal debe implementar la interfaz **java.lang.Comparable< T >**.

El siguiente código muestra la implementación mínima de un árbol binario de búsqueda:

```
package org.jomaveger.functional.data;
public abstract class ImmutableTree<A extends Comparable<A>> {

    private static final ImmutableTree<?> empty = new EmptyImmutableTree<>();

    private ImmutableTree() {
    }

    public static <A extends Comparable<A>> ImmutableTree<A> empty() {

        return (ImmutableTree<A>) empty;
    }

    public abstract A value();
    public abstract ImmutableTree<A> left();
    public abstract ImmutableTree<A> right();

    private static class EmptyImmutableTree<A extends Comparable<A>>
```

```java
            extends ImmutableTree<A> {
        @Override
        public A value() {
            throw new IllegalStateException("value() called on empty");
        }
        @Override
        public ImmutableTree<A> left() {
            throw new IllegalStateException("left() called on empty");
        }
        @Override
        public ImmutableTree<A> right() {
            throw new IllegalStateException("right() called on empty");
        }

        @Override
        public String toString() {
            return "E";
        }
    }


    private static class NonEmptyImmutableTree<A extends Comparable<A>>
            extends ImmutableTree<A> {

        private final ImmutableTree<A> left;
        private final ImmutableTree<A> right;
        private final A value;
        private NonEmptyImmutableTree(ImmutableTree<A> left, A value,
                            ImmutableTree<A> right)
        {
            this.left = left;
            this.right = right;
            this.value = value;
        }

        @Override
        public A value() {
            return this.value;
        }
        @Override
        public ImmutableTree<A> left() {
            return this.left;
        }
        @Override
        public ImmutableTree<A> right() {
            return this.right;
        }

        @Override
        public String toString() {
            return String.format("(T %s %s %s)", left, value, right);
        }
    }
}
```

De momento, sólo tenemos los siguientes métodos:

▀ Un método factoría estático **ImmutableTree< A > empty()** que devuelve el árbol vacío.

▀ Un método **A value()** que devuelve el valor de la raíz del árbol.

▀ Un método **ImmutableTree< A > left()** que retorna el subárbol izquierdo o rama izquierda del árbol.

▀ Un método **ImmutableTree< A > right()** que retorna el subárbol derecho o rama derecha del árbol.

A continuación, vamos a ir añadiendo funcionalidad a nuestro árbol.

Nos interesa diseñar un método para insertar un valor en el árbol. Debido a que el árbol es una estructura de datos funcional inmutable y persistente, realmente no se va a insertar valor alguno en el árbol; lo que ocurre de verdad es que se construye un nuevo árbol con el valor a insertar, dejando el árbol original sin modificar.

Si el valor que se desea insertar es igual que la raíz, se debe devolver un nuevo árbol con el valor a insertar como raíz y dejando las dos ramas originales sin modificar. En caso contrario, un valor menor que la raíz se inserta en la rama izquierda, y un valor mayor que la raíz se inserta en la rama derecha.

La signatura del método sería la siguiente:

```
public abstract ImmutableTree<A> insert(A a);
```

La implementación para **EmptyImmutableTree** sería sencilla, construir un árbol no vacío con el valor a insertar como la raíz y dos árboles vacíos como las ramas:

```
@Override
public ImmutableTree<A> insert(A value) {
    return new NonEmptyImmutableTree<>(empty(), value, empty());
}
```

La implementación para **NonEmptyImmutableTree** es más compleja, primero se compara el valor a insertar con la raíz y, en función del resultado de la comparación, se opera en uno o otro sentido:

```java
@Override
public ImmutableTree<A> insert(A value) {
    return value.compareTo(this.value) < 0
        ? new NonEmptyImmutableTree<>(left.insert(value), this.value, right)
        : value.compareTo(this.value) > 0
            ? new NonEmptyImmutableTree<>(left, this.value, right.insert(value))
            : new NonEmptyImmutableTree<>(this.left, value, this.right);
}
```

Una operación que nos interesa tener es poder comprobar si un elemento concreto está presente en el árbol. La signatura del método sería la siguiente:

```java
public abstract boolean member(A a);
```

La implementación para **EmptyImmutableTree** sería:

```java
@Override
public boolean member(A a) {
    return false;
}
```

Y la implementación para **NonEmptyImmutableTree** es:

```java
@Override
public boolean member(A value) {
    return value.compareTo(this.value) < 0
        ? left.member(value)
        : value.compareTo(this.value) > 0
            ? right.member(value)
            : true;
}
```

Vamos a crear un par de métodos estáticos para simplificar la creación de un árbol. Se trata de construir un árbol a partir de una lista de elementos o bien a partir de una serie de elementos dados individualmente mediante un número variable de parámetros. Ambos métodos son los siguientes, pudiendo definir uno en función de otro:

```java
public static <A extends Comparable<A>> ImmutableTree<A> tree(ImmutableList<A>
list) {
    return list.foldLeft(empty(), (t, a) -> t.insert(a));
}
public static <A extends Comparable<A>> ImmutableTree<A> tree(A... as) {
    return tree(ImmutableList.of(as));
}
```

Otras dos características del árbol que vamos a calcular son su tamaño y su altura. Las signaturas de los métodos en la clase **ImmutableTree** es:

```
public abstract int size();
public abstract int height();
```

Por supuesto, la implementación de **EmptyImmutableTree** para **size()** retorna 0, y su implementación para **height()** retorna -1. La implementación para **NonEmptyImmutableTree** es:

```
@Override
public int size() {
    return 1 + left.size() + right.size();
}
@Override
public int height() {
    return  1 + Math.max(left.height(), right.height());
}
```

También nos interesa poder calcular el valor máximo y el valor mínimo contenidos en el árbol. Las signaturas de los métodos en la clase **ImmutableTree** es:

```
public abstract Result<A> max();
public abstract Result<A> min();
```

Por supuesto, en un árbol vacío no hay valores máximo ni mínimo, por lo que la implementación de ambos métodos en **EmptyImmutableTree** retornará **Result.empty()**. La implementación para **NonEmptyImmutableTree** de **max()** se basa en buscar recursivamente el máximo en la rama derecha, mientras que la implementación para **NonEmptyImmutableTree** de **min()** se basa en buscar recursivamente el mínimo en la rama izquierda:

```
@Override
public Result<A> max() {
    return right.max().orElse(() -> Result.success(value));
}
@Override
public Result<A> min() {
    return left.min().orElse(() -> Result.success(value));
}
```

En el método **max()**, si la rama derecha es vacía, se obtiene **Result. Empty**, por lo que sabemos que el valor máximo es la raíz del árbol actual, así que simplemente llamamos al método **orElse()** sobre **Result.Empty** pasando el parámetro que será evaluado perezosamente y retornado por el método **max()**. El método **min()** funciona de forma simétrica.

Vamos a escribir un método que recibe como parámetro real un elemento y elimina dicho elemento del árbol. La signatura del método en la clase **ImmutableTree** es:

```
public abstract ImmutableTree<A> remove(A a);
```

Para implementar **remove()**, vamos a necesitar un método **isEmpty()** que indica si un árbol está vacío o no, cuya signatura es:

```
public abstract boolean isEmpty();
```

La implementación para **EmptyImmutableTree** de **isEmpty()** retorn **true** y la implementación para **NonEmptyImmutableTree** de **isEmpty()** retorna **false**.

Para implementar **remove()**, también vamos a necesitar un método que combina o mezcla dos árboles con la particularidad de que todos los elementos de un árbol son o bien mayores o bien menores que todos los elementos del otro árbol. La signatura de este método en la clase **ImmutableTree** será:

```
protected abstract ImmutableTree<A> removeMerge(ImmutableTree<A> ta);
```

La implementación para **EmptyImmutableTree** de **removeMerge()** simplemente devuelve el argumento sin modificar, ya que mezclar un árbol **ta** con el árbol vacío resulta en el mismo árbol **ta**.

La implementación para **NonEmptyImmutableTree** emplea el siguiente algoritmo:

▷ Si el argumento **ta** está vacío, se devuelve el árbol actual, que sabemos que no está vacío.

▷ Si la raíz de **ta** es menor que la raíz del árbol actual, mezclamos **ta** con la rama izquierda.

▷ Si la raíz de **ta** es mayor que la raíz del árbol actual, mezclamos **ta** con la rama derecha.

La implementación sería la siguiente:

```
@Override
protected ImmutableTree<A> removeMerge(ImmutableTree<A> ta) {
    if (ta.isEmpty()) {
        return this;
    }
    if (ta.value().compareTo(value) < 0) {
        return new NonEmptyImmutableTree<>(left.removeMerge(ta), value, right);
    } else if (ta.value().compareTo(value) > 0) {
        return new NonEmptyImmutableTree<>(left, value, right.removeMerge(ta));
    }
    throw new IllegalStateException
        ("Shouldn't be merging two subtrees with the same value");
}
```

Nótese que el método lanza una excepción si las raíces de los dos árboles son iguales, lo que nunca debería ocurrir porque se supone que los dos árboles que se van a mezclar son las ramas izquierda y derecha del mismo árbol original.

A partir de aquí, ya podemos implementar el método que elimina un elemento del árbol. La implementación para **EmptyImmutableTree** de **remove()** no puede eliminar elemento alguno y se limita a retornar **this**. La implementación para **NonEmptyImmutableTree** de **remove()** retorna el siguiente algoritmo:

▶ Si el elemento que se desea eliminar es menor que la raíz del árbol, se elimina recursivamente de la rama izquierda del árbol.

▶ Si el elemento que se desea eliminar es mayor que la raíz del árbol, se elimina recursivamente de la rama derecha del árbol.

▶ Si no, es la raíz el elemento que se va a eliminar. Se mezclan las ramas izquierda y derecha, descartando la raíz, y retornando el resultado.

La implementación quedaría así:

```
@Override
public ImmutableTree<A> remove(A a) {
    if (a.compareTo(this.value) < 0) {
        return new NonEmptyImmutableTree<>(left.remove(a), value, right);
    } else if (a.compareTo(this.value) > 0) {
        return new NonEmptyImmutableTree<>(left, value, right.remove(a));
    } else {
        return left.removeMerge(right);
    }
}
```

Llegados a este punto, resultaría útil disponer de un método para mezclar o combinar dos árboles arbitrarios. La signatura del método sería:

```
public abstract ImmutableTree<A> merge(ImmutableTree<A> a);
```

La implementación para **EmptyImmutableTree** se limita a devolver el argumento. La implementación para **NonEmptyImmutableTree** sería la siguiente:

```
@Override
public ImmutableTree<A> merge(ImmutableTree<A> a) {
    if (a.isEmpty()) {
        return this;
    }
    if (a.value().compareTo(this.value) > 0) {
        return new NonEmptyImmutableTree<>(left, value, right.merge(
            new NonEmptyImmutableTree<>(empty(), a.value(), a.right()))))
                .merge(a.left());
    }
    if (a.value().compareTo(this.value) < 0) {
        return new NonEmptyImmutableTree<>(left.merge(
            new NonEmptyImmutableTree<>(a.left(), a.value(), empty())), value,
right)
                .merge(a.right());
    }
    return new NonEmptyImmutableTree<>(left.merge(a.left()), value,
                                      right.merge(a.right()));
}
```

El algoritmo empleado es el siguiente:

- ▶ Si el argumento es el árbol vacío, devolvemos el árbol original.

- ▶ Si la raíz del argumento es mayor que la raíz del árbol original, mezclamos la rama derecha del árbol original con el árbol creado a partir del argumento eliminando su rama izquierda. Posteriormente, el resultado de esta operación es mezclado con la rama izquierda del argumento.

- ▶ Si la raíz del argumento es menor que la raíz del árbol original, mezclamos la rama izquierda del árbol original con el árbol creado a partir del argumento eliminando su rama derecha. Posteriormente, el resultado de esta operación es mezclado con la rama derecha del argumento.

- ▶ Si la raíz del argumento es igual que la raíz del árbol original, se mezcla la rama izquierda del argumento con la rama izquierda del árbol original y se mezcla la rama derecha del argumento con la rama derecha del árbol original.

Reducir el árbol consiste en transformar el árbol en un único valor. Existen muchas formas posibles de reducir el árbol, dependiendo de la manera en que se recorra. Nos interesa tener al menos tres métodos para reducir un árbol, basados en los tres tipos de recorridos en profundidad. Sus signaturas serían las siguientes:

```
public abstract <B> B foldInOrder(
    B identity, Function<B, Function<A, Function<B, B>>> f);
public abstract <B> B foldPreOrder(
    B identity, Function<A, Function<B, Function<B, B>>> f);
public abstract <B> B foldPostOrder(
    B identity, Function<B, Function<B, Function<A, B>>> f);
```

Las implementaciones de los tres métodos para **EmptyImmutableTree** se limitan a devolver el argumento **identity**. Las implementaciones para **NonEmptyImmutableTree** serían las siguientes:

```
@Override
public <B> B foldInOrder(B identity, Function<B, Function<A, Function<B, B>>> f)
{
    return f.apply(left.foldInOrder(identity, f))
        .apply(value)
        .apply(right.foldInOrder(identity, f));
}
@Override
public <B> B foldPreOrder(B identity, Function<A, Function<B, Function<B, B>>>
f) {
    return f.apply(value)
        .apply(left.foldPreOrder(identity, f))
        .apply(right.foldPreOrder(identity, f));
}
@Override
public <B> B foldPostOrder(B identity, Function<B, Function<B, Function<A, B>>>
f) {
    return f.apply(left.foldPostOrder(identity, f))
        .apply(right.foldPostOrder(identity, f))
        .apply(value);
}
```

A continuación, vamos a diseñar un método que combine dos árboles y una raíz para crear un nuevo árbol. La signatura de este método será:

```
public static <A extends Comparable<A>> ImmutableTree<A> tree
        (ImmutableTree<A> t1, A a, ImmutableTree<A> t2);
```

Si los árboles que se van a mezclar están ordenados, lo que significa que el valor máximo de **t1** es menor que la raíz y el valor mínimo de **t2** es mayor que

la raíz, es suficiente con ensamblar los tres argumentos utilizando el constructor de
NonEmptyImmutableTree. En caso contrario, es necesario seguir otro camino; en
primer lugar, necesitamos definir métodos que devuelvan el resultado de comparar
los elementos:

```
public static <A extends Comparable<A>> boolean lt(A first, A second) {
    return first.compareTo(second) < 0;
}
public static <A extends Comparable<A>> boolean lt(A first, A second, A third) {
    return lt(first, second) && lt(second, third);
}
```

A continuación, podemos implementar el método que comprueba la
ordenación del árbol:

```
public static <A extends Comparable<A>> boolean ordered
                (ImmutableTree<A> left, A a, ImmutableTree<A> right)
{
    return left.max().flatMap(lMax -> right.min().map(rMin -> lt(lMax, a, rMin)))
        .getOrElse(left.isEmpty() && right.isEmpty())

    || left.min().mapEmpty().flatMap(ignore -> right.min().map(rMin -> lt(a,
rMin)))
        .getOrElse(false)

    || right.min().mapEmpty().flatMap(ignore -> left.max().map(lMax -> lt(lMax,
a)))
        .getOrElse(false);
}
```

La primera comprobación -antes del primer operador ||- retorna **true**
si ambos árboles no están vacíos y el valor máximo de **left**, **a** y el valor mínimo
right están ordenados, o bien si ambos árboles están vacíos. La segunda y tercera
comprobaciones manejan los casos en que el árbol izquierdo o el derecho están
vacíos (pero no ambos). Recordemos que **Result.mapEmpty()** devuelve **Success<
Nothing >** si el objeto **Result** es **Empty**, o un fallo en caso contrario.

Ahora ya escribir el método anterior **tree()** es sencillo:

```
public static <A extends Comparable<A>> ImmutableTree<A> tree
            (ImmutableTree<A> t1, A a, ImmutableTree<A> t2)
{
    return ordered(t1, a, t2) ? new NonEmptyImmutableTree<>(t1, a, t2)
        : ordered(t2, a, t1) ? new NonEmptyImmutableTree<>(t2, a, t1)
            : ImmutableTree.<A>empty().insert(a).merge(t1).merge(t2);
}
```

Es posible aplicar una función a cada elemento de un árbol. La signatura para este método sería:

```
public abstract <B extends Comparable<B>> ImmutableTree<B> map(Function<A, B>
f);
```

La implementación para **EmptyImmutableTree** retorna **empty()**. La implementación para **NonEmptyImmutableTree** sería la siguiente:

```
@Override
public <B extends Comparable<B>> ImmutableTree<B> map(Function<A, B> f) {
    return foldInOrder(ImmutableTree.<B>empty(),
        t1 -> i -> t2 -> ImmutableTree.tree(t1, f.apply(i), t2));
}
```

Los árboles que no están equilibrados pueden provocar un rendimiento deficiente en la aplicación, debido a que las operaciones tendrían para ejecutarse un coste de tiempo proporcional al tamaño del árbol, en lugar de tener un coste de tiempo proporcional al logaritmo en base 2 del tamaño del árbol. Lo que es peor, los árboles que no están equilibrados pueden causar que la ejecución de sus métodos recursivos dé lugar a un desbordamiento de la pila de ejecución. Vamos a ver cómo podemos equilibrar un árbol.

Lo primero que necesitamos saber es cómo cambiar incrementalmente la estructura de un árbol. Diseñaremos dos métodos para rotar un árbol en ambas direcciones, preservando siempre el orden de las ramas, de modo que los elementos de la izquierda siempre sean menores que la raíz y los elementos de la derecha siempre sean mayores que la raíz. Las signaturas de estos métodos son las siguientes:

```
protected abstract ImmutableTree<A> rotateLeft();
protected abstract ImmutableTree<A> rotateRight();
```

Las implementaciones de ambos métodos para **EmptyImmutableTree** simplemente retornan **this**. El algoritmo de la rotación de un árbol a la derecha para **NonEmptyImmutableTree** sería el siguiente:

▶ Se comprueba si la rama izquierda está vacía.

▶ Si la rama izquierda está vacía, se retorna **this**, porque rotar a la derecha consiste en promocionar el elemento raíz del subárbol izquierdo a la raíz del árbol. Y, obviamente, no se puede promocionar un subárbol izquierdo vacío.

▶ Si la rama izquierda no está vacía, el elemento raíz de esta rama izquierda se convierte en la nueva raíz del árbol, de modo que un nuevo **NonEmptyImmutableTree** es creado con **left.value** como la raíz. Como es lógico, la que era la rama izquierda de la nueva raíz del árbol se convierte en la nueva rama izquierda del árbol. Para la rama derecha, se construye un nuevo árbol cuya raíz es la raíz original, cuya rama izquierda es la rama derecha de la rama izquierda original y cuaya rama derecha es la rama derecha original.

El algortimo de rotación de un árbol a la izquierda es simétrico.

Las implementaciones de los métodos para **NonEmptyImmutableTree** serían:

```
@Override
protected ImmutableTree<A> rotateLeft() {
    return right.isEmpty() ? this
        : new NonEmptyImmutableTree<>
          (new NonEmptyImmutableTree<>(left, value, right.left()),
              right.value(), right.right());
}
@Override
protected ImmutableTree<A> rotateRight() {
    return left.isEmpty() ? this
        : new NonEmptyImmutableTree<>(left.left(), left.value(),
          new NonEmptyImmutableTree<>(left.right(), value, right));
}
```

Para equilibrar el árbol, necesitaremos también un método que transforme el árbol en una lista ordenada. Para ello, vamos a recorrer el árbol en inorden de derecha a izquierda almacenando los elementos en una lista. Por tanto, los elementos estarán almacenados en orden descendente. La signatura del método sería la siguiente:

```
public abstract ImmutableList<A> toListInOrderRight();
```

La implementación para **EmptyImmutableTree** simplemente retorna la lista vacía. Se nos podría ocurrir que la implementación para **NonEmptyImmutableTree** fuera la siguiente:

```
@Override
public ImmutableList<A> toListInOrderRight() {
    return right.toListInOrderRight()
        .append(ImmutableList.of(value))
        .append(left.toListInOrderRight());
}
```

Es correcta, sin duda, pero en caso de que el árbol esté muy desequilibrado, esta implementación provocará un desbordamiento de pila. Para solucionar este problema, utilizaremos la técnica del trampolín:

```
@Override
public ImmutableList<A> toListInOrderRight() {
    return unBalanceRight(ImmutableList.empty(), this).eval();
}

private <A extends Comparable<A>> TailCall<ImmutableList<A>>
        unBalanceRight(ImmutableList<A> acc, ImmutableTree<A> tree) {

    return tree.isEmpty() ? TailCall.ret(acc)
        : tree.left().isEmpty()
        ? TailCall.sus(() -> unBalanceRight(acc.cons(tree.value()), tree.
right()))
            : TailCall.sus(() -> unBalanceRight(acc, tree.rotateRight()));
}
```

El método **unBalanceRight()** simplemente rota el árbol a la derecha hasta que la rama izquierda está vacía. Posteriormente, se llama recursivamente para realizar la misma tarea a todos los subárboles derechos, después de haber añadido cada elemento a la lista acumuladora. Eventualmente, el parámetro **tree** acaba siendo vacío y el método se limita a retornar la lista acumuladora.

Finalmente, vamos a ver cómo equilibrar un árbol binario de búsqueda empleando el algoritmo de Day-Stout-Warren. En primer lugar, se transforma el árbol en un árbol totalmente desequilibrado. Después, se aplican rotaciones hasta que el árbol está totalmente equilibrado. Transformar el árbol en uno desequilibrado es una simple cuestión de generar una lista a partir del mismo mediante un recorrido en inorden y, a continuación, crear un nuevo árbol a partir de dicha lista. Dado que queremos crear el árbol en orden ascendente, deberemos crear la lista en orden descendente y comenzar a rotar a la izquierda. Para implementar el algoritmo, utilizaremos varios métodos auxiliares de ayuda:

```
public static <A extends Comparable<A>> ImmutableTree<A>
                    balance(ImmutableTree<A> tree)
{
    return balance_(tree.toListInOrderRight()
    .foldLeft(ImmutableTree.<A>empty(),
      (t, a) -> new NonEmptyImmutableTree<>(empty(), a, t)));
}

private static <A extends Comparable<A>> ImmutableTree<A>
                    balance_(ImmutableTree<A> tree)
{
    return !tree.isEmpty() && tree.height() > log2nlz(tree.size())
```

```
            ? Math.abs(tree.left().height() - tree.right().height()) > 1 ?
                balance_(balanceFirstLevel(tree))
            : new NonEmptyImmutableTree<>(balance_(
                    tree.left()), tree.value(), balance_(tree.right()))
            : tree;
    }

    private static <A extends Comparable<A>> ImmutableTree<A>
                    balanceFirstLevel(ImmutableTree<A> tree) {
        return unfold(tree,
            t -> isUnBalanced(t) ? tree.right().height() > tree.left().height()
            ? Result.success(t.rotateLeft())
            : Result.success(t.rotateRight()) : Result.empty());
    }
    private static <A extends Comparable<A>> boolean
                    isUnBalanced(ImmutableTree<A> tree)
    {
        // Difference must be 0 if total size of branches is even and 1 if size is
odd
        return Math.abs(tree.left().height() - tree.right().height())
            >
            (tree.size() - 1) % 2;
    }
    public static <A> A unfold(A a, Function<A, Result<A>> f) {
        Result<A> ra = Result.success(a);
        return unfold(new Tuple2<>(ra, ra), f).eval()._2.getOrElse(a);
    }
    public static <A> TailCall<Tuple2<Result<A>, Result<A>>>
            unfold(Tuple2<Result<A>, Result<A>> a, Function<A, Result<A>> f) {
        Result<A> x = a._2.flatMap(f::apply);
        return x.isSuccess()
            ? TailCall.sus(() -> unfold(new Tuple2<>(a._2, x), f))
            : TailCall.ret(a);
    }

    public static int log2nlz(int n) {
        return n == 0 ? 0 : 31 - Integer.numberOfLeadingZeros(n);
    }
```

Aunque podemos de esta manera equilibrar un árbol, es imposible equilibrar con este método un árbol con 15000 elementos que esté totalmente desequilibrado sin provocar un desbordamiento de pila durante el proceso de equilibrado. La solución es equilibrar gradualmente el árbol, cada vez que se realiza una operación que lo modifique. Ahora bien, si se hace el proceso de equilibrado incondicionalmente, el rendimiento disminuiría de manera considerable. Por ello, lo que se hace es ejecutar el proceso de equilibrado sólo cuando la altura es **X** veces la altura ideal de un árbol completamente equilibrado. Se suele escoger para **X** el valor de 20. El código final de la clase quedaría de la siguiente manera:

```
package org.jomaveger.functional.data;
import java.util.function.Function;
```

```java
import org.jomaveger.functional.control.Result;
import org.jomaveger.functional.control.TailCall;
import org.jomaveger.functional.tuples.Tuple2;
public abstract class ImmutableTree<A extends Comparable<A>> {

    private static final ImmutableTree<?> empty = new EmptyImmutableTree<>();

    private ImmutableTree() {
    }

    public static <A extends Comparable<A>> ImmutableTree<A> empty() {

        return (ImmutableTree<A>) empty;
    }

    public static <A extends Comparable<A>> ImmutableTree<A>
                    tree(ImmutableList<A> list)
    {
        return list.foldLeft(empty(), (t, a) -> t.insert(a));
    }
    public static <A extends Comparable<A>> ImmutableTree<A> tree(A... as) {
        return tree(ImmutableList.of(as));
    }

    public static <A extends Comparable<A>> ImmutableTree<A> tree
                (ImmutableTree<A> t1, A a, ImmutableTree<A> t2) {
        return ordered(t1, a, t2) ? new NonEmptyImmutableTree<>(t1, a, t2)
            : ordered(t2, a, t1) ? new NonEmptyImmutableTree<>(t2, a, t1)
                : ImmutableTree.<A>empty().insert(a).merge(t1).merge(t2);
    }

    public static <A extends Comparable<A>> boolean lt(A first, A second) {
        return first.compareTo(second) < 0;
    }
    public static <A extends Comparable<A>> boolean lt(A first, A second, A third) {
        return lt(first, second) && lt(second, third);
    }

    public static <A extends Comparable<A>> boolean
        ordered(ImmutableTree<A> left, A a, ImmutableTree<A> right)
    {

        return left.max().flatMap(lMax -> right.min().map(rMin -> lt(lMax, a,
rMin)))
                .getOrElse(left.isEmpty() && right.isEmpty())
        || left.min().mapEmpty().flatMap(ignore -> right.min().map(rMin -> lt(a,
rMin)))
                .getOrElse(false)
        || right.min().mapEmpty().flatMap(ignore -> left.max().map(lMax -> lt(lMax,
a)))
                .getOrElse(false);
    }

    public static <A extends Comparable<A>> ImmutableTree<A>
        balance(ImmutableTree<A> tree)
    {
        return balance_(tree.toListInOrderRight()
```

```
           .foldLeft(ImmutableTree.<A>empty(),
              (t, a) -> new NonEmptyImmutableTree<>(empty(), a, t)));
}

private static <A extends Comparable<A>> ImmutableTree<A>
    balance_(ImmutableTree<A> tree)
{
    return !tree.isEmpty() && tree.height() > log2nlz(tree.size())
        ? Math.abs(tree.left().height() - tree.right().height()) > 1
        ? balance_(balanceFirstLevel(tree))
        : new NonEmptyImmutableTree<>(balance_(tree.left()),
                                      tree.value(),
                                      balance_(tree.right()))
        : tree;
}

private static <A extends Comparable<A>> ImmutableTree<A>
    balanceFirstLevel(ImmutableTree<A> tree)
{
    return unfold(tree, t -> isUnBalanced(t)
        ? tree.right().height() > tree.left().height()
        ? Result.success(t.rotateLeft())
        : Result.success(t.rotateRight()) : Result.empty());
}
private static <A extends Comparable<A>> boolean
    isUnBalanced(ImmutableTree<A> tree)
{
    // Difference must be 0 if total size of branches is even and 1 if size is odd
    return Math.abs(tree.left().height() - tree.right().height())
            > (tree.size() - 1) % 2;
}
public static <A> A unfold(A a, Function<A, Result<A>> f) {
    Result<A> ra = Result.success(a);
    return unfold(new Tuple2<>(ra, ra), f).eval()._2.getOrElse(a);
}
public static <A> TailCall<Tuple2<Result<A>, Result<A>>>
        unfold(Tuple2<Result<A>, Result<A>> a, Function<A, Result<A>> f) {
    Result<A> x = a._2.flatMap(f::apply);
    return x.isSuccess()
        ? TailCall.sus(() -> unfold(new Tuple2<>(a._2, x), f))
        : TailCall.ret(a);
}

public static int log2nlz(int n) {
    return n == 0 ? 0 : 31 - Integer.numberOfLeadingZeros(n);
}

public abstract A value();
public abstract ImmutableTree<A> left();
public abstract ImmutableTree<A> right();

public abstract ImmutableTree<A> insert(A a);

public abstract boolean member(A a);
public abstract Result<A> get(A elt);

public abstract int size();
```

```java
public abstract int height();

public abstract Result<A> max();
public abstract Result<A> min();

public abstract ImmutableTree<A> remove(A a);

public abstract boolean isEmpty();

protected abstract ImmutableTree<A> removeMerge(ImmutableTree<A> ta);

public abstract ImmutableTree<A> merge(ImmutableTree<A> a);

public abstract <B> B foldInOrder(B identity,
    Function<B, Function<A, Function<B, B>>> f);
public abstract <B> B foldPreOrder(B identity,
    Function<A, Function<B, Function<B, B>>> f);
public abstract <B> B foldPostOrder(B identity,
    Function<B, Function<B, Function<A, B>>> f);

public abstract <B extends Comparable<B>> ImmutableTree<B> map(Function<A, B>
f);

protected abstract ImmutableTree<A> rotateLeft();
protected abstract ImmutableTree<A> rotateRight();

public abstract ImmutableList<A> toListInOrderRight();
public abstract ImmutableList<A> toListInOrder();

protected abstract ImmutableTree<A> ins(A a);

protected abstract ImmutableTree<A> rem(A a);

protected abstract ImmutableTree<A> mrg(ImmutableTree<A> a);


private static class EmptyImmutableTree<A extends Comparable<A>>
        extends ImmutableTree<A> {
  @Override
  public A value() {
    throw new IllegalStateException("value() called on empty");
  }
  @Override
  public ImmutableTree<A> left() {
    throw new IllegalStateException("left() called on empty");
  }
  @Override
  public ImmutableTree<A> right() {
    throw new IllegalStateException("right() called on empty");
  }

  @Override
  public String toString() {
    return "E";
  }
  @Override
  public boolean equals(Object o) {
```

```java
        if (o == null) return false;
        if (!(o.getClass() == this.getClass()))
            return false;
        return this == o;
    }

    @Override
    public int hashCode() {

        return "E".hashCode();
    }
    @Override
    public ImmutableTree<A> insert(A value) {
        return new NonEmptyImmutableTree<>(empty(), value, empty());
    }
    @Override
    public boolean member(A a) {
        return false;
    }
    @Override
    public Result<A> get(A value) {
        return Result.empty();
    }
    @Override
    public int size() {
        return 0;
    }
    @Override
    public int height() {
        return -1;
    }
    @Override
    public Result<A> max() {
        return Result.empty();
    }
    @Override
    public Result<A> min() {
        return Result.empty();
    }
    @Override
    public ImmutableTree<A> remove(A a) {
        return this;
    }
    @Override
    public boolean isEmpty() {
        return true;
    }
    @Override
    protected ImmutableTree<A> removeMerge(ImmutableTree<A> ta) {
        return ta;
    }
    @Override
    public ImmutableTree<A> merge(ImmutableTree<A> a) {
        return a;
    }
    @Override
```

```java
        public <B> B foldInOrder(
            B identity, Function<B, Function<A, Function<B, B>>> f)
        {
            return identity;
        }
        @Override
        public <B> B foldPreOrder(
            B identity, Function<A, Function<B, Function<B, B>>> f)
        {
            return identity;
        }
        @Override
        public <B> B foldPostOrder(
            B identity, Function<B, Function<B, Function<A, B>>> f)
        {
            return identity;
        }
        @Override
        public <B extends Comparable<B>> ImmutableTree<B> map(Function<A, B> f) {
            return empty();
        }
        @Override
        protected ImmutableTree<A> rotateLeft() {
            return this;
        }
        @Override
        protected ImmutableTree<A> rotateRight() {
            return this;
        }
        @Override
        public ImmutableList<A> toListInOrderRight() {
            return ImmutableList.empty();
        }
        @Override
        public ImmutableList<A> toListInOrder() {
            return ImmutableList.empty();
        }
        @Override
        protected ImmutableTree<A> ins(A a) {
            return insert(a);
        }
        @Override
        protected ImmutableTree<A> rem(A a) {
            return this;
        }
        @Override
        protected ImmutableTree<A> mrg(ImmutableTree<A> a) {
            return a;
        }
    }


    private static class NonEmptyImmutableTree<A extends Comparable<A>>
            extends ImmutableTree<A> {

        private final ImmutableTree<A> left;
        private final ImmutableTree<A> right;
```

```java
 private final A value;
private NonEmptyImmutableTree(ImmutableTree<A> left,
                             A value,
                             ImmutableTree<A> right)
{
   this.left = left;
   this.right = right;
   this.value = value;
}

@Override
public A value() {
   return this.value;
}
@Override
public ImmutableTree<A> left() {
   return this.left;
}
@Override
public ImmutableTree<A> right() {
   return this.right;
}

@Override
public String toString() {
   return String.format("(T %s %s %s)", left, value, right);
}
@Override
public boolean equals(Object o) {

   if (this == o) {
      return true;
   }
   if (!(o instanceof NonEmptyImmutableTree)) {
      return false;
   }
   ImmutableTree<A> l = this;
   ImmutableTree<A> r = (ImmutableTree<A>) o;
   if (l.size() != r.size()) {
      return false;
   }
   ImmutableList<A> il = l.toListInOrder();
   ImmutableList<A> ir = r.toListInOrder();

   return il.equals(ir);
}

@Override
public int hashCode() {

   return this.toListInOrder().hashCode();
}
@Override
public ImmutableTree<A> insert(A value) {
   ImmutableTree<A> t = ins(value);
   return t.height() > log2nlz(t.size()) * 20 ? balance(t) : t;
}
```

```java
@Override
protected ImmutableTree<A> ins(A value) {
    return value.compareTo(this.value) < 0
        ? new NonEmptyImmutableTree<>(left.ins(value), this.value, right)
        : value.compareTo(this.value) > 0
        ? new NonEmptyImmutableTree<>(left, this.value, right.ins(value))
        : new NonEmptyImmutableTree<>(this.left, value, this.right);
}
@Override
public boolean member(A value) {
    return value.compareTo(this.value) < 0
        ? left.member(value)
        : value.compareTo(this.value) > 0
            ? right.member(value)
            : true;
}
@Override
public Result<A> get(A value) {
    return value.compareTo(this.value) < 0 ? left.get(value)
            : value.compareTo(this.value) > 0 ? right.get(value)
            : Result.success(this.value);
}
@Override
public int size() {
    return 1 + left.size() + right.size();
}
@Override
public int height() {
    return 1 + Math.max(left.height(), right.height());
}
@Override
public Result<A> max() {
    return right.max().orElse(() -> Result.success(value));
}
@Override
public Result<A> min() {
    return left.min().orElse(() -> Result.success(value));
}
@Override
public ImmutableTree<A> remove(A a) {
    ImmutableTree<A> t = rem(a);
     return t.height() > log2nlz(t.size()) * 20 ? balance(t) : t;
}

@Override
protected ImmutableTree<A> rem(A a) {
    if (a.compareTo(this.value) < 0) {
        return new NonEmptyImmutableTree<>(left.rem(a), value, right);
    } else if (a.compareTo(this.value) > 0) {
        return new NonEmptyImmutableTree<>(left, value, right.rem(a));
    } else {
        return left.removeMerge(right);
    }
}
@Override
public boolean isEmpty() {
```

```
            return false;
        }
        @Override
        protected ImmutableTree<A> removeMerge(ImmutableTree<A> ta) {
            if (ta.isEmpty()) {
                return this;
            }
            if (ta.value().compareTo(value) < 0) {
                return new NonEmptyImmutableTree<>(
                        left.removeMerge(ta), value, right);
            } else if (ta.value().compareTo(value) > 0) {
                return new NonEmptyImmutableTree<>(
                        left, value, right.removeMerge(ta));
            }
            throw new IllegalStateException(
                "Shouldn't be merging two subtrees with the same value");
        }
        @Override
        public ImmutableTree<A> merge(ImmutableTree<A> a) {
            ImmutableTree<A> t = mrg(a);
            return t.height() > log2nlz(t.size()) * 20 ? balance(t) : t;
        }

        @Override
        protected ImmutableTree<A> mrg(ImmutableTree<A> a) {
            if (a.isEmpty()) {
                return this;
            }
            if (a.value().compareTo(this.value) > 0) {
            return new NonEmptyImmutableTree<>(left, value, right.mrg(
                new NonEmptyImmutableTree<>(empty(), a.value(), a.right())))
                    .mrg(a.left());
            }
            if (a.value().compareTo(this.value) < 0) {
            return new NonEmptyImmutableTree<>(left.mrg(
                new NonEmptyImmutableTree<>(a.left(), a.value(), empty())),
                    value, right).mrg(a.right());
            }
            return new NonEmptyImmutableTree<>
                (left.mrg(a.left()), value, right.mrg(a.right()));
        }
        @Override
        public <B> B foldInOrder(B identity, Function<B, Function<A, Function<B,
    B>>> f) {
            return f.apply(left.foldInOrder(identity, f))
                .apply(value)
                .apply(right.foldInOrder(identity, f));
        }
        @Override
        public <B> B foldPreOrder(B identity, Function<A, Function<B, Function<B,
    B>>> f) {
            return f.apply(value)
                .apply(left.foldPreOrder(identity, f))
                .apply(right.foldPreOrder(identity, f));
        }
        @Override
        public <B> B foldPostOrder(B identity, Function<B, Function<B, Function<A,
```

```
  B>>> f)
      {
          return f.apply(left.foldPostOrder(identity, f))
                  .apply(right.foldPostOrder(identity, f))
                  .apply(value);
      }
      @Override
      public <B extends Comparable<B>> ImmutableTree<B> map(Function<A, B> f) {
          return foldInOrder(ImmutableTree.<B>empty(),
              t1 -> i -> t2 -> ImmutableTree.tree(t1, f.apply(i), t2));
      }
      @Override
      protected ImmutableTree<A> rotateLeft() {
          return right.isEmpty() ? this
              : new NonEmptyImmutableTree<>(
                  new NonEmptyImmutableTree<>(
                      left, value, right.left()),
                          right.value(), right.right());
      }
      @Override
      protected ImmutableTree<A> rotateRight() {
          return left.isEmpty() ? this
              : new NonEmptyImmutableTree<>(left.left(), left.value(),
                  new NonEmptyImmutableTree<>(left.right(), value, right));
      }
      @Override
      public ImmutableList<A> toListInOrderRight() {
          return unBalanceRight(ImmutableList.empty(), this).eval();
      }

      private <A extends Comparable<A>> TailCall<ImmutableList<A>>
          unBalanceRight(ImmutableList<A> acc, ImmutableTree<A> tree)
      {
          return tree.isEmpty() ? TailCall.ret(acc)
              : tree.left().isEmpty()
              ? TailCall.sus(() ->
                  unBalanceRight(acc.cons(tree.value()), tree.right()))
              : TailCall.sus(() -> unBalanceRight(acc, tree.rotateRight()));
      }
      @Override
      public ImmutableList<A> toListInOrder() {
          return unBalanceLeft(ImmutableList.empty(), this).eval();
      }

      private <A extends Comparable<A>> TailCall<ImmutableList<A>>
          unBalanceLeft(ImmutableList<A> acc, ImmutableTree<A> tree)
      {
          return tree.isEmpty() ? TailCall.ret(acc)
              : tree.right().isEmpty()
              ? TailCall.sus(() ->
                  unBalanceLeft(acc.cons(tree.value()), tree.left()))
              : TailCall.sus(() -> unBalanceLeft(acc, tree.rotateLeft()));
      }
  }
}
```

La clase con las pruebas unitarias sería la siguiente:

```java
package org.jomaveger.functional.data;
import static org.junit.Assert.*;
import java.util.function.Function;
import org.junit.Test;
public class ImmutableTreeTest {
    @Test
    public void testInsert() {
        ImmutableTree<Integer> tree =
            ImmutableTree.<Integer>empty().insert(4)
                .insert(2).insert(6).insert(1)
                .insert(3).insert(7).insert(5);
        assertEquals("(T (T (T E 1 E) 2 (T E 3 E)) 4 (T (T E 5 E) 6 (T E 7 E)))",
            tree.toString());
    }

    @Test
    public void testMemberTrue() {
        ImmutableTree<Integer> tree =
            ImmutableTree.<Integer>empty().insert(4)
                .insert(2).insert(6)
                .insert(1).insert(3)
                .insert(7).insert(5);
        assertTrue(tree.member(3));
    }
    @Test
    public void testMemberFalse() {
        ImmutableTree<Integer> tree =
            ImmutableTree.<Integer>empty().insert(4)
                .insert(2).insert(6).insert(1)
                .insert(3).insert(7).insert(5);
        assertFalse(tree.member(8));
    }

    @Test
    public void testTree() throws Exception {
        ImmutableTree<Integer> tree = ImmutableTree.tree(4, 2, 6, 1, 3, 7, 5);
        assertEquals("(T (T (T E 1 E) 2 (T E 3 E)) 4 (T (T E 5 E) 6 (T E 7 E)))",
            tree.toString());
    }

    @Test
    public void testSize() throws Exception {
        ImmutableTree<Integer> tree = ImmutableTree.tree(4, 2, 6, 1, 3, 7, 5);
        assertEquals(7, tree.size());
    }
    @Test
    public void testHeight() throws Exception {
        ImmutableTree<Integer> tree = ImmutableTree.tree(4, 2, 6, 1, 3, 7, 5);
        assertEquals(2, tree.height());
    }
    @Test
    public void testSize2() throws Exception {
        ImmutableTree<Integer> tree = ImmutableTree.tree(1, 2, 3, 4, 5, 6, 7);
```

```java
        assertEquals(7, tree.size());
    }
    @Test
    public void testHeight2() throws Exception {
        ImmutableTree<Integer> tree = ImmutableTree.tree(1, 2, 3, 4, 5, 6, 7);
        assertEquals(6, tree.height());
    }

    @Test
    public void testMax() throws Exception {
        ImmutableTree<Integer> tree = ImmutableTree.tree(4, 2, 6, 1, 3, 7, 5);
        assertTrue(tree.max().map(i -> i.equals(7)).getOrElse(false));
    }
    @Test
    public void testMin() throws Exception {
        ImmutableTree<Integer> tree = ImmutableTree.tree(4, 2, 6, 1, 3, 7, 5);
        assertTrue(tree.min().map(i -> i.equals(1)).getOrElse(false));
    }
    @Test
    public void testMax2() throws Exception {
        ImmutableTree<Integer> tree = ImmutableTree.tree(1, 2, 3, 4, 5, 6, 7);
        assertTrue(tree.max().map(i -> i.equals(7)).getOrElse(false));
    }
    @Test
    public void testMin2() throws Exception {
        ImmutableTree<Integer> tree = ImmutableTree.tree(1, 2, 3, 4, 5, 6, 7);
        assertTrue(tree.min().map(i -> i.equals(1)).getOrElse(false));
    }
    @Test
    public void testRemoveLower() {
        ImmutableTree<Integer> tree = ImmutableTree.tree(4, 2, 1, 3, 6, 5, 7);
        assertEquals("(T (T E 1 (T E 3 E)) 4 (T (T E 5 E) 6 (T E 7 E)))",
            tree.remove(2).toString());
    }
    @Test
    public void testRemoveEquals() {
        ImmutableTree<Integer> tree = ImmutableTree.tree(4, 2, 1, 3, 6, 5, 7);
        assertEquals("(T (T E 1 E) 2 (T E 3 (T (T E 5 E) 6 (T E 7 E))))",
            tree.remove(4).toString());
    }
    @Test
    public void testRemoveHigher() {
        ImmutableTree<Integer> tree = ImmutableTree.tree(4, 2, 1, 3, 6, 5, 7);
        assertEquals("(T (T (T E 1 E) 2 (T E 3 E)) 4 (T E 5 (T E 7 E)))",
            tree.remove(6).toString());
    }
    @Test
    public void testRemoveEmpty() {
        ImmutableTree<Integer> tree = ImmutableTree.tree();
        assertEquals("E", tree.remove(6).toString());
    }

    ImmutableTree<Integer> tree1 =
        ImmutableList.of(3, 1, 5, 0, 2, 4, 6, 7)
            .foldLeft(ImmutableTree.empty(), (t, a) -> t.insert(a));
    ImmutableTree<Integer> tree2 =
        ImmutableList.of(5, 3, 7, 1, 4, 6, 8, -2)
```

```
            .foldLeft(ImmutableTree.empty(), (t, a) -> t.insert(a));
    ImmutableTree<Integer> tree3 =
        ImmutableList.of(3, 7, 1, 4, 6, 8, -1, 9)
            .foldLeft(ImmutableTree.empty(), (t, a) -> t.insert(a));
    @Test
    public void testMerge1() {
        assertEquals(
"(T (T (T (T E -2 E) 0 E) 1 (T E 2 E)) 3 (T (T E 4 E) 5 (T E 6 (T E 7 (T E 8
E)))))",
                tree1.merge(tree2).toString());
        assertEquals(
"(T (T (T (T E -2 (T E 0 E)) 1 (T E 2 E)) 3 (T E 4 E)) 5 (T (T E 6 E) 7 (T E 8
E)))",
                tree2.merge(tree1).toString());
    }
    @Test
    public void testMerge2() {
        assertEquals(
"(T (T (T (T E -1 E) 0 E) 1 (T E 2 E)) 3 (T (T E 4 E) 5 (T E 6 (T E 7 (T E 8 (T
E 9 E))))))",
                tree1.merge(tree3).toString());
        assertEquals(
"(T (T (T E -1 (T E 0 E)) 1 (T E 2 E)) 3 (T (T E 4 (T (T E 5 E) 6 E)) 7 (T E 8
(T E 9 E))))",
                tree3.merge(tree1).toString());
    }

    @Test
    public void testFoldInOrder_inOrderLeft() {
        Function<String, Function<Integer, Function<String, String>>> f =
            s1 -> i -> s2 -> s1 + i + s2;
        ImmutableTree<Integer> tree = ImmutableTree.tree(4, 2, 1, 3, 6, 5, 7);
        assertEquals("1234567", tree.foldInOrder("", f));
    }
    @Test
    public void testFoldPreOrder_preOrderLeft() {
        Function<Integer, Function<String, Function<String, String>>> f =
            i -> s1 -> s2 -> i + s1 + s2;
        ImmutableTree<Integer> tree = ImmutableTree.tree(4, 2, 1, 3, 6, 5, 7);
        assertEquals("4213657", tree.foldPreOrder("", f));
    }
    @Test
    public void testFoldPostOrder_postOrderLeft() {
        Function<String, Function<String, Function<Integer, String>>> f =
            s1 -> s2 -> i -> s1 + s2 + i;
        ImmutableTree<Integer> tree = ImmutableTree.tree(4, 2, 1, 3, 6, 5, 7);
        assertEquals("1325764", tree.foldPostOrder("", f));
    }

    @Test
    public void testMergeLeftEmpty() {
        ImmutableTree<Integer> tree = ImmutableTree.tree(6, 7, 5, 9, 8);
        ImmutableTree<Integer> result = ImmutableTree.tree(ImmutableTree.empty(),
4, tree);
        assertEquals("(T E 4 (T (T E 5 E) 6 (T E 7 (T (T E 8 E) 9 E))))",
            result.toString());
    }
```

```java
    @Test
    public void testMergeLeftEmptyNok() {
        ImmutableTree<Integer> tree = ImmutableTree.tree(4, 6, 7, 5, 2, 1, 0);
        ImmutableTree<Integer> result = ImmutableTree.tree(ImmutableTree.empty(),
4, tree);
        assertEquals("(T (T (T (T E 0 E) 1 E) 2 E) 4 (T (T E 5 E) 6 (T E 7 E)))",
            result.toString());
    }
    @Test
    public void testMergeRightEmpty() {
        ImmutableTree<Integer> tree = ImmutableTree.tree(4, 6, 7, 5, 2, 1, 0);
        ImmutableTree<Integer> result =
            ImmutableTree.tree(tree, 4, ImmutableTree.<Integer>empty());
        assertEquals("(T (T (T (T E 0 E) 1 E) 2 E) 4 (T (T E 5 E) 6 (T E 7 E)))",
            result.toString());
    }
    @Test
    public void testMergeNok() {
        ImmutableTree<Integer> tree1 = ImmutableTree.tree(4, 6, 7, 5, 2);
        ImmutableTree<Integer> tree2 = ImmutableTree.tree(7, 5, 2, 1, 0);
        ImmutableTree<Integer> result = ImmutableTree.tree(tree1, 4, tree2);
        assertEquals("(T (T (T (T E 0 E) 1 E) 2 E) 4 (T (T E 5 E) 6 (T E 7 E)))",
            result.toString());
    }
    @Test
    public void testMergeEmpty() {
        ImmutableTree<Integer> result =
            ImmutableTree.tree(
                ImmutableTree.<Integer>empty(), 4, ImmutableTree.<Integer>empty());
        assertEquals("(T E 4 E)", result.toString());
    }
    @Test
    public void testMerge() {
        ImmutableTree<Integer> tree1 = ImmutableTree.tree(2, 1, 3);
        ImmutableTree<Integer> tree2 = ImmutableTree.tree(6, 5, 7);
        ImmutableTree<Integer> result = ImmutableTree.tree(tree1, 4, tree2);
        assertEquals("(T (T (T E 1 E) 2 (T E 3 E)) 4 (T (T E 5 E) 6 (T E 7 E)))",
            result.toString());
        assertEquals("[4, 2, 1, 3, 6, 5, 7, NIL]",
            result.foldPreOrder(ImmutableList.<Integer>empty(),
                i -> l1 -> l2 ->
                    ImmutableList.of(i).append(l1).append(l2)).toString());
    }
    @Test
    public void testMergeInverseOrder() {
        ImmutableTree<Integer> tree1 = ImmutableTree.tree(2, 1, 3);
        ImmutableTree<Integer> tree2 = ImmutableTree.tree(6, 5, 7);
        ImmutableTree<Integer> result = ImmutableTree.tree(tree2, 4, tree1);
        assertEquals("(T (T (T E 1 E) 2 (T E 3 E)) 4 (T (T E 5 E) 6 (T E 7 E)))",
            result.toString());
        assertEquals("[4, 2, 1, 3, 6, 5, 7, NIL]",
            result.foldPreOrder(ImmutableList.<Integer>empty(),
                i -> l1 -> l2 -> ImmutableList.of(i).append(l1).append(l2)).toS-
tring());
    }
    @Test
    public void testTreeFold1() {
```

```
        ImmutableList<Integer> list = ImmutableList.of(4, 6, 7, 5, 2, 1, 3);
        ImmutableTree<Integer> tree0 = ImmutableTree.tree(list);
        ImmutableTree<Integer> tree1 = tree0.foldInOrder(
            ImmutableTree.<Integer>empty(),
            t1 -> i -> t2 -> ImmutableTree.tree(t1, i, t2));
        assertEquals(tree0.toString(), tree1.toString());
        ImmutableTree<Integer> tree2 = tree0.foldPostOrder(
            ImmutableTree.<Integer>empty(),
            t1 -> t2 -> i -> ImmutableTree.tree(t1, i, t2));
        assertEquals(tree0.toString(), tree2.toString());
        ImmutableTree<Integer> tree3 = tree0.foldPreOrder(
            ImmutableTree.<Integer>empty(),
            i -> t1 -> t2 -> ImmutableTree.tree(t1, i, t2));
        assertEquals(tree0.toString(), tree3.toString());
    }

    @Test
    public void testMap() {
        ImmutableTree<Integer> tree = ImmutableTree.tree(4, 2, 1, 3, 6, 5, 7);
        ImmutableTree<Integer> result = tree.map(x -> x + 2);
        assertEquals("(T (T (T E 3 E) 4 (T E 5 E)) 6 (T (T E 7 E) 8 (T E 9 E)))",
            result.toString());
    }
    @Test
    public void testMap2() {
        ImmutableTree<Integer> tree = ImmutableTree.tree(-4, 2, -1, 3, 6, -5, 7);
        ImmutableTree<Integer> result = tree.map(x -> x * x);
        assertEquals("(T (T (T E 1 E) 4 (T E 9 E)) 16 (T E 25 (T E 36 (T E 49
E))))",
                result.toString());
    }

    @Test
    public void testRotateLeft() {
        ImmutableTree<Integer> tree = ImmutableTree.tree(4, 6, 7, 5, 2, 1, 3);
        assertEquals("(T (T (T E 1 E) 2 (T E 3 E)) 4 (T (T E 5 E) 6 (T E 7 E)))",
            tree.toString());
        ImmutableTree<Integer> tree1 = tree.rotateLeft();
        assertEquals("(T (T (T (T E 1 E) 2 (T E 3 E)) 4 (T E 5 E)) 6 (T E 7 E))",
            tree1.toString());
        ImmutableTree<Integer> tree2 = tree1.rotateLeft();
        assertEquals("(T (T (T (T (T E 1 E) 2 (T E 3 E)) 4 (T E 5 E)) 6 E) 7 E)",
            tree2.toString());
        ImmutableTree<Integer> tree3 = tree2.rotateLeft();
        assertEquals("(T (T (T (T (T E 1 E) 2 (T E 3 E)) 4 (T E 5 E)) 6 E) 7 E)",
            tree3.toString());
    }
    @Test
    public void testRotateRight() {
        ImmutableTree<Integer> tree = ImmutableTree.tree(7, 6, 5, 4, 3, 2, 1);
        ImmutableTree<Integer> tree1 = tree.rotateRight();
        assertEquals("(T (T (T (T (T (T E 1 E) 2 E) 3 E) 4 E) 5 E) 6 (T E 7 E))",
            tree1.toString());
        ImmutableTree<Integer> tree2 = tree1.rotateRight();
        assertEquals("(T (T (T (T (T E 1 E) 2 E) 3 E) 4 E) 5 (T E 6 (T E 7 E)))",
            tree2.toString());
        ImmutableTree<Integer> tree3 = tree2.rotateRight();
```

```
        assertEquals("(T (T (T (T E 1 E) 2 E) 3 E) 4 (T E 5 (T E 6 (T E 7 E)))))",
            tree3.toString());
        ImmutableTree<Integer> tree4 = tree3.rotateRight();
        assertEquals("(T (T (T E 1 E) 2 E) 3 (T E 4 (T E 5 (T E 6 (T E 7 E)))))",
            tree4.toString());
        ImmutableTree<Integer> tree5 = tree4.rotateRight();
        assertEquals("(T (T E 1 E) 2 (T E 3 (T E 4 (T E 5 (T E 6 (T E 7 E)))))",
            tree5.toString());
        ImmutableTree<Integer> tree6 = tree5.rotateRight();
        assertEquals("(T E 1 (T E 2 (T E 3 (T E 4 (T E 5 (T E 6 (T E 7 E)))))))",
            tree6.toString());
        ImmutableTree<Integer> tree7 = tree6.rotateRight();
        assertEquals("(T E 1 (T E 2 (T E 3 (T E 4 (T E 5 (T E 6 (T E 7 E)))))))",
            tree7.toString());
    }

    @Test
    public void testToListInOrderRight() {
        ImmutableTree<Integer> tree2 = ImmutableTree.tree(4, 6, 7, 5, 2, 1, 3);
        assertEquals("[7, 6, 5, 4, 3, 2, 1, NIL]", tree2.toListInOrderRight().
    toString());
    }

    @Test
    public void testToListInOrder() {
        ImmutableTree<Integer> tree2 = ImmutableTree.tree(4, 6, 7, 5, 2, 1, 3);
        assertEquals("[1, 2, 3, 4, 5, 6, 7, NIL]", tree2.toListInOrder().toString());
    }
}
```

7.7 ESTRUCTURAS DE DATOS FUNCIONALES: MAPAS

Los árboles binarios de búsqueda que hemos diseñado son estructuras de datos funcionales inmutables y persistentes; por tanto, pueden ser utilizados en aplicaciones concurrentes sin tener que preocuparnos de posibles problemas de sincronización.

Una aplicación muy importante de los árboles binarios de búsqueda son los mapas. Un mapa, también llamado tabla o diccionario, es una colección de elementos identificados por una clave, que debe ser única para cada elemento de la colección, y donde el acceso, tanto para lectura como para escritura, se hace mediante dicha clave.

El mapa se implementa utilizando como delegado del mismo un árbol binario de búsqueda. La cuestión es cómo almacenar datos en el mapa. La solución es crear un componente para representar el par clave/valor, y almacenar instancias de este componente en el árbol. Este componente es muy parecido a una tupla de dos elementos, pero con una diferencia importante: Debe ser comparable, y la comparación debe estar basada en la clave.

```
package org.jomaveger.functional.data.map;
import org.jomaveger.functional.control.Result;
public class MapEntry<K, V> implements Comparable<MapEntry<K, V>> {

    public final K key;
    public final Result<V> value;
    private MapEntry(K key, Result<V> value) {
        this.key = key;
        this.value = value;
    }
    @Override
    public String toString() {
        return String.format("MapEntry(%s, %s)", key, value);
    }
    @Override
    public int compareTo(MapEntry<K, V> that) {
        int thisHashCode = this.hashCode();
        int thatHashCode = that.hashCode();
        return thisHashCode < thatHashCode ? -1 : thisHashCode > thatHashCode ? 1
: 0;
    }
    @Override
    public boolean equals(Object o) {
        return o instanceof MapEntry && this.key.equals(((MapEntry<?, ?>) o).key);
    }
    @Override
    public int hashCode() {
        return key.hashCode();
    }
    public static <K, V> MapEntry<K, V> mapEntry(K key, V value) {
        return new MapEntry<>(key, Result.success(value));
    }
    public static <K, V> MapEntry<K, V> mapEntry(K key) {
        return new MapEntry<>(key, Result.empty());
    }
}
```

Nótese que **MapEntry**, el componente que representa el par clave/valor, es comparable porque así lo exige el tipo de los elementos que puede contener un árbol binario de búsqueda, pero la clave **K** no es comparable. La manera de realizar la comparación es a través de la función de dispersión de la clave.

Una función de dispersión (*hash function*) traduce un valor de un determinado tipo de datos a un número entero. Si dos claves son iguales, la función de dispersión debe devolver el mismo valor para ambas; es decir, la función de dispersión es determinista. Pero el inverso no es cierto. Es perfectamente posible, e incluso habitual, que dos claves distintas obtengan el mismo valor al aplicarles la función de dispersión. Se produce en este caso una colisión. Cuando dos claves colisionan, se dice que son sinónimas.

Por tanto, es necesario gestionar las colisiones que ocurren cuando dos entradas del mapa tienen diferentes claves con la misma función de dispersión. El atributo privado basado en el árbol binario de búsqueda que representará el mapa será el siguiente:

```
private final ImmutableTree<MapEntry<Integer, ImmutableList<Tuple2<K, V>>>> dele-
gate;
```

Es decir, cada nodo del árbol almacenará un código de dispersión y la lista de pares clave/valor asociados, donde todas las claves de dicha lista poseen dicho código de dispersión.

La estructura básica de nuestro mapa inmutable sería la siguiente:

```
package org.jomaveger.functional.data.map;
import org.jomaveger.functional.control.Result;
import org.jomaveger.functional.data.ImmutableList;
import org.jomaveger.functional.data.ImmutableTree;
import org.jomaveger.functional.tuples.Tuple2;
public class ImmutableMap<K, V> {
    private final
        ImmutableTree<MapEntry<Integer, ImmutableList<Tuple2<K, V>>>> delegate;
    private ImmutableMap() {
        this.delegate = ImmutableTree.empty();
    }
    public ImmutableMap
        (ImmutableTree<MapEntry<Integer, ImmutableList<Tuple2<K, V>>>> delegate)
    {
        this.delegate = delegate;
    }
    public boolean isEmpty() {
        return delegate.isEmpty();
    }
    public static <K, V> ImmutableMap<K, V> empty() {
        return new ImmutableMap<>();
    }
    @Override
    public String toString() {
        return String.format("Map[%s]", this.delegate);
    }
}
```

A continuación, nos hace falta un método para obtener la lista de pares clave/valor que corresponden al mismo código de dispersión:

```
private Result<ImmutableList<Tuple2<K, V>>> getAll(K key) {
    return delegate.get(MapEntry.mapEntry(key.hashCode()))
            .flatMap(x -> x.value.map(lt -> lt.map(t -> t)));
}
```

```
    }
```

Basándonos en este método, vamos a definir los demás. Para empezar, el método que nos devuelve un determinado par clave/valor:

```
public Result<Tuple2<K, V>> get(K key) {
    return getAll(key).flatMap(lt -> lt.find(t -> t._1.equals(key)));
}
```

El método que devuelve **true** si existe una determinada clave en el mapa, y **false** en caso contrario:

```
public boolean contains(K key) {
    return getAll(key).map(lt -> lt.exists(t -> t._1.equals(key))).
getOrElse(false);
}
```

El método que añade un par clave/valor:

```
public ImmutableMap<K, V> add(K key, V value) {
    Tuple2<K, V> tuple = new Tuple2<>(key, value);
    ImmutableList<Tuple2<K, V>> ltkv =
        getAll(key).map((ImmutableList<Tuple2<K, V>> lt)
            -> lt.foldLeft(ImmutableList.of(tuple),
                (l, t) -> t._1.equals(key) ? l : l.cons(t)))
            .getOrElse(() -> ImmutableList.of(tuple));
    return new ImmutableMap<>(delegate.insert(MapEntry.mapEntry(key.hashCode(),
ltkv)));
}
```

El método que elimina una clave:

```
public ImmutableMap<K, V> remove(K key) {
    ImmutableList<Tuple2<K, V>> ltkv =
        getAll(key).map((ImmutableList<Tuple2<K, V>> lt) ->
            lt.foldLeft(ImmutableList.empty(),
                (ImmutableList<Tuple2<K, V>> l, Tuple2<K, V> t) ->
                    t._1.equals(key) ? l : l.cons(t)))
                .getOrElse(ImmutableList.empty());
    return ltkv.isEmpty()
            ? new ImmutableMap<>(
                    delegate.remove(
                        MapEntry.mapEntry(
                            key.hashCode())))
            : new ImmutableMap<>(
                    delegate.insert(
```

```
            MapEntry.mapEntry(
                key.hashCode(), ltkv)));
}
```

La clase quedaría finalmente del siguiente modo:

```java
package org.jomaveger.functional.data.map;
import org.jomaveger.functional.control.Result;
import org.jomaveger.functional.data.ImmutableList;
import org.jomaveger.functional.data.ImmutableTree;
import org.jomaveger.functional.tuples.Tuple2;
public class ImmutableMap<K, V> {
    private final
        ImmutableTree<MapEntry<Integer, ImmutableList<Tuple2<K, V>>>> delegate;
    private ImmutableMap() {
        this.delegate = ImmutableTree.empty();
    }
    public ImmutableMap
        (ImmutableTree<MapEntry<Integer, ImmutableList<Tuple2<K, V>>>> delegate)
    {
        this.delegate = delegate;
    }
    public ImmutableMap<K, V> add(K key, V value) {
        Tuple2<K, V> tuple = new Tuple2<>(key, value);
        ImmutableList<Tuple2<K, V>> ltkv =
            getAll(key).map((ImmutableList<Tuple2<K, V>> lt)
            -> lt.foldLeft(ImmutableList.of(tuple),
                (l, t) -> t._1.equals(key) ? l : l.cons(t)))
                .getOrElse(() -> ImmutableList.of(tuple));
        return new ImmutableMap<>(
            delegate.insert(MapEntry.mapEntry(key.hashCode(), ltkv)));
    }
    public boolean contains(K key) {
        return getAll(key).map(lt -> lt.exists(t -> t._1.equals(key))).
getOrElse(false);
    }
    public ImmutableMap<K, V> remove(K key) {
        ImmutableList<Tuple2<K, V>> ltkv =
        getAll(key).map((ImmutableList<Tuple2<K, V>> lt) ->
            lt.foldLeft(ImmutableList.empty(),
                (ImmutableList<Tuple2<K, V>> l, Tuple2<K, V> t) ->
                    t._1.equals(key) ? l : l.cons(t)))
                .getOrElse(ImmutableList.empty());
        return ltkv.isEmpty()
            ? new ImmutableMap<>(
                    delegate.remove(
                        MapEntry.mapEntry(
                            key.hashCode())))
            : new ImmutableMap<>(
                    delegate.insert(
                        MapEntry.mapEntry(
                            key.hashCode(), ltkv)));
    }
    public Result<Tuple2<K, V>> get(K key) {
```

```
        return getAll(key).flatMap(lt -> lt.find(t -> t._1.equals(key)));
    }
    private Result<ImmutableList<Tuple2<K, V>>> getAll(K key) {
        return delegate.get(MapEntry.mapEntry(key.hashCode()))
                    .flatMap(x -> x.value.map(lt -> lt.map(t -> t)));
    }
    public boolean isEmpty() {
        return delegate.isEmpty();
    }
    public static <K, V> ImmutableMap<K, V> empty() {
        return new ImmutableMap<>();
    }
    @Override
    public String toString() {
        return String.format("Map[%s]", this.delegate);
    }
}
```

La clase con las pruebas unitarias sería la siguiente:

```
package org.jomaveger.functional.data.map;
import static org.junit.Assert.assertEquals;
import static org.junit.Assert.assertFalse;
import static org.junit.Assert.assertTrue;
import org.jomaveger.functional.control.Result;
import org.jomaveger.functional.tuples.Tuple2;
import org.junit.Test;
public class ImmutableMapTest {
    @Test
    public void testAddContainsRemoveGet() {
        ImmutableMap<String, Integer> jedis = ImmutableMap.empty();
        jedis = jedis.add("Han", 100).add("Leia", 200).add("Luke", 300)
                .add("Anakin", 400).add("Aa", 2260).add("BB", 2260);

        assertTrue(jedis.contains("Han"));
        assertFalse(jedis.contains("Yoda"));

        jedis = jedis.remove("Aa");
        assertTrue(jedis.contains("BB"));
        assertFalse(jedis.contains("Aa"));

        Result<Tuple2<String, Integer>> result = jedis.get("Luke");
        Tuple2<String, Integer> defaultT = new Tuple2<>("", 0);
        assertEquals("Luke", result.getOrElse(defaultT)._1);
        assertEquals((Integer)300, result.getOrElse(defaultT)._2);
    }
}
```

BIBLIOGRAFÍA

Construcción de Software Orientado a Objetos, *Bertrand Meyer*, Ed. Prenctice Hall, 2ª Edición, 1999.

Diseño de Programas, Formalismo y Abstracción, *Ricardo Peña Marí*, Ed. Pearson-Prentice Hall, 3ª Edición, 2005.

Programación Metódica, *José Luis Balcázar*, Ed. McGraw-Hill, 1993.

Estructuras de Datos, un Enfoque Moderno, *Mario Rodríguez Artalejo & Pedro Antonio González Calero & Marco Antonio Gómez Martín*, Ed. Complutense, 2011.

Estructuras de Datos y Métodos Algorítmicos, Ejercicios Resueltos, *Narciso Martí Oliet & Yolanda Ortega Mallén & José Alberto Verdejo López*, Ed. Pearson-Prentice Hall, 2004.

Design by Contract, by Example, *Richard Mitchell & Jim McKim*, Ed. Addison-Wesley, 2002.

Introduction to Programming and Object Oriented Desing using Java, *Jaime Nino & Frederick A. Hosch*, Ed. John Wiley & Sons, Third Edition, 2008.

Core Java Volume I Fundamentals, *Cay S. Horstmann*, Ed. Prentice Hall, Tenth Edition, 2016.

Core Java Volume II Advanced Features, *Cay S. Horstmann*, Ed. Prentice Hall, Tenth Edition, 2016.

Java The Complete Reference, *Herbert Schildt*, Ed. McGraw-Hill Education, Ninth Edition, 2014.

Java Generics and Collections, *Maurice Naftalin & Philip Wadler*, Ed. O'Reilly, 2006.

Java Generics FAQ, *Angelika Langer*, 2015, [Enlace](http://www.angelikalanger.com/GenericsFAQ/JavaGenericsFAQ.pdf)

Algorithms, *Robert Sedgewick & Kevin Payne*, Ed. Addison-Wesley Professional, Fourth Edition, 2011.

Object-Oriented Data Structures using Java, *Nell Dale & Daniel T. Joyce & Chip Weems*, Ed. Jones & Bartlett Learning, Fourth Edition, 2018.

Effective Java, *Joshua Bloch*, Ed. Addison-Wesley Professional, Third Edition, 2018.

Functional Programming in Java: How functional techniques improve your Java programs, *Pierre-Yves Saumont*, Ed. Manning Publications, 2017.

Functional Programming in Java: Harnessing the Power Of Java 8 Lambda Expressions, *Venkat Subramaniam*, Ed. Pragmatic Bookshelf, 2014.

Learning Java Functional Programming, *Richard M Reese*, Ed. Packt Publishing, 2015.

Java Concurrency in Practice, *Brian Goetz et al.*, Ed. Addison-Wesley Professional, 2006.

Mastering Concurrency Programming with Java 8, *Javier Fernandez Gonzalez*, Ed. Packt Publishing, 2016.

Java Threads, *Scott Oaks & Henry Wong*, Ed. O'Reilly, Third Edition, 2004.

MATERIAL ADICIONAL

El material adicional de este libro puede descargarlo en nuestro portal web: *http://www.ra-ma.es*.

Debe dirigirse a la ficha correspondiente a esta obra, dentro de la ficha encontrará el enlace para poder realizar la descarga.

Cuando descomprima el fichero obtendrá los archivos que complementan al libro para que pueda continuar con su aprendizaje.

INFORMACIÓN ADICIONAL Y GARANTÍA

- ▶ RA-MA EDITORIAL garantiza que estos contenidos han sido sometidos a un riguroso control de calidad.

- ▶ Los archivos están libres de virus, para comprobarlo se han utilizado las últimas versiones de los antivirus líderes en el mercado.

- ▶ RA-MA EDITORIAL no se hace responsable de cualquier pérdida, daño o costes provocados por el uso incorrecto del contenido descargable.

- ▶ Este material es gratuito y se distribuye como contenido complementario al libro que ha adquirido, por lo que queda terminantemente prohibida su venta o distribución.

SÍGUENOS EN INSTAGRAM Y ACCEDE GRATIS A NUESTRA BIBLIOTECA DIGITAL DURANTE 30 DÍAS.

@grupoeditorialrama

¡ENVIANOS TU MAIL POR PRIVADO!

 Grupo Editorial
ra-ma

40 ANIVERSARIO